U0922394

2015

CHINA POPULATION AND EMPLOYMENT STATISTICS YEARBOOK

中国人口和就业统计年鉴

蒋正華题

国家统计局人口和就业统计司　编

COMPILED BY
Department of Population and Employment Statistics
National Bureau of Statistics of China

图书在版编目（CIP）数据

中国人口和就业统计年鉴. 2015 : 汉英对照 / 国家统计局人口和就业统计司编. -- 北京 : 中国统计出版社, 2015.11
ISBN 978-7-5037-7682-3

Ⅰ. ①中… Ⅱ. ①国… Ⅲ. ①人口调查－统计资料－中国－2015－年鉴－汉、英②就业－统计资料－中国－2015－年鉴－汉、英 Ⅳ. ①C924.25-54②D669.2-54

中国版本图书馆 CIP 数据核字（2015）第 251530 号

中国人口和就业统计年鉴—2015

作　　者 / 国家统计局人口和就业统计司
责任编辑 / 徐　涛
封面设计 / 李雪燕
出版发行 / 中国统计出版社
通信地址 / 北京市丰台区西三环南路甲 6 号　邮政编码/100073
电　　话 / 邮购（010）63376909　书店（010）68783171
网　　址 / http://www.zgtjcbs.com/
印　　刷 / 河北天普润印刷厂
经　　销 / 新华书店
开　　本 / 890×1240mm　1/16
字　　数 / 736 千字
印　　张 / 23
版　　别 / 2015 年 11 月第 1 版
版　　次 / 2015 年 11 月第 1 次印刷
定　　价 / 280.00 元

本书附同版本 CD-ROM 一张，光盘内容以书面文字为准。
如有印装差错，由本社发行部调换。

《中国人口和就业统计年鉴—2015》编委会和编辑工作人员

CHINA POPULATION AND EMPLOYMENT STATISTICS YEARBOOK-2015 EDITORIAL BOARD AND STAFF

编辑说明

一、《中国人口和就业统计年鉴—2015》是一部以全面反映我国人口和就业状况为主的资料性年刊，收集了全国和各省、自治区、直辖市人口就业统计的主要数据，同时附录了世界部分国家和地区的相关数据。

二、本年鉴由国家统计局人口和就业统计司负责编辑整理，并得到公安部治安管理局、国家卫生和计划生育委员会规划与信息司等单位的大力支持和协助。

三、本年鉴内容分为八部分：（一）综合数据；（二）2014 年全国人口变动情况抽样调查数据；（三）2014 年劳动力抽样调查主要数据；（四）2014 年城镇单位就业人员统计数据；（五）2014 年全国户籍统计人口数据 ；（六）2014 年全国计划生育统计人口数据；（七）世界部分国家及地区人口和就业统计数据；（八）2014 年人口变动和劳动力调查制度说明及主要统计指标解释。

四、2014 年全国人口变动调查的调查时点为 2014 年 11 月 1 日零时。该调查以全国为总体，以各省、自治区、直辖市为次总体，采用分层、多阶段、整群概率比例抽样方法，在全国 31 个省、自治区、直辖市抽取了 2130 个县(市、区)、4439 个乡(镇、街道)、4818 个调查小区中的 112 万人。经加权后汇总，2014 年全国人口出生率为 12.37 ‰，死亡率为 7.16‰，自然增长率为 5.21 ‰。按此推算，2014 年末全国总人口为 136782 万人，出生人口为 1687 万人，死亡人口为 977 万人，净增人口为 710 万人。本年鉴第二部分除表 2-1、表 2-2 外，其余各表中的绝对数为样本数，全国抽样比为 0.822‰。

五、本年鉴中收集的 2014 年全国人口变动情况抽样调查数据（第二部分）和 2014 年全国户籍统计人口数据（第五部分），统计方法和口径不同，请用户在使用时加以注意。

六、本年鉴涉及的全国性统计数据，均未包括香港、澳门特别行政区和台湾省数据。

七、符号使用说明：

年鉴各表中的“空格”表示该项统计指标数据不足本表最小单位数、数据不详或无该项数据；“#”表示其中的主要项。

八、本年鉴在资料的整理和编排方面难免存在不足和疏误，敬请用户指正。

PREFACE

Ⅰ. *China Population and Employment Statistics Yearbook 2015* is an annual statistical publication, which contains data on basic condition of population and employment in 2014 as well as for the previous years for the whole nation and 31 provinces, autonomous regions and municipalities directly under the Central Government. It also includes the relevant data of some other countries and territories in the world.

Ⅱ. The yearbook is compiled by the Department of Population and Employment Statistics of the National Bureau of Statistics of China, and assisted by the Public Order Bureau of the Ministry of Public Security and the Department of Planning and Information of the National Health and Family Planning Commission of China.

Ⅲ. The yearbook contains the following eight chapters: 1.General Survey; 2.Data from 2014 National Sample Survey on Population Changes; 3.Main Data from 2014 Labor Force Survey; 4. Data from Statistics on Employment in Urban Units in 2014; 5.Data from Household Registration in 2014; 6.Data from Family Planning Statistics in 2014; 7.Population and Employment Data of Selected Countries and Territories of the World; 8.Explanatory Notes on Main Statistical Indicators.

Ⅳ. The reference time of 2014 National Sample Survey on Population Changes and Labor Force was at zero hour on November 1 in 2014. The sample survey adopted multi-stage systematic PPES cluster sampling scheme，taking the whole nation as the population and each province, autonomous region or municipality as sub-population. A total of 1.12 million people were selected from 4818 survey districts in 4439 townships (towns or street committees) in 2130 counties (cities or districts) of the 31 provinces, autonomous regions and municipalities. The weighted estimation procedure suggested that the birth rate was 12.37 per thousand，the death rate was 7.16 per thousand and the natural growth rate was 5.21 per thousand for China in 2014. Based on these rates, it was further estimated that China had a total population of 1,367.82 million at the end of 2014, with 16.87 million births, 9.77 million deaths and a net increase of 7.10 million people during the year. Except table 2-1 and table 2-2, the rest of tabulations in Chapter Two were sample data. The sampling fraction for the nation was 0.822 per thousand.

Ⅴ. The population data of Chapter Two in the yearbook are from 2014 National Sample Survey on Population Changes, and those of Chapter Five are from the household registration, which use different definitions and data collection methods. Users should notice that the data under the same or similar heading in these two chapters may be different.

Ⅵ. The national data in the yearbook do not include that of Hong Kong Special Administrative Region, Macao Special Administrative Region and Taiwan Province.

Ⅶ. Notations used in the yearbook:

(blank space) indicates that the figure is not large enough to be measured with the smallest unit in the table, or data are unknown or are not available; "#" indicates a major breakdown of the total.

Ⅷ. We welcome comments and suggestions from users with regard to deficiencies and mistakes in data editing and compilation.

目　　录
CONTENTS

第一部分　综合数据
Chapter One　General Survey

1-1　分地区年末人口数 …… 2
Population at Year-end by Region
1-2　按性别分人口数 …… 4
Population by Sex
1-3　人口年龄结构和抚养比 …… 5
Age Composition and Dependency Ratio of Population
1-4　按城乡分人口数 …… 6
Population by Urban and Rural Residence
1-5　分地区年末城镇人口比重 …… 7
Proportion of Urban Population at Year-end by Region
1-6　人口出生率、死亡率和自然增长率 …… 8
Birth Rate, Death Rate and Natural Growth Rate of Population
1-7　各地区人口出生率、死亡率和自然增长率 …… 9
Birth Rate, Death Rate and Natural Growth Rate of Population by Region
1-8　六次全国人口普查人口基本情况 …… 16
Basic Statistics on National Population Census in 1953, 1964, 1982, 1990, 2000 and 2010
1-9　各地区人口平均预期寿命 …… 17
Population Life Expectancy by Region
1-10　全国历年人口密度 …… 18
Population Density
1-11　就业基本情况 …… 19
Employment
1-12　分城乡就业人员年末人数 …… 20
Number of Employed Persons at Year-end in Urban and Rural Areas
1-13　分产业就业人员年末人数 …… 22
Number of Employed Persons at Year-end by Three Strata Industries
1-14　城镇登记失业人数及失业率(年末数) …… 24
Registered Unemployed Persons and Registered Unemployment Rate in Urban Areas (year-end)
1-15　分地区城镇登记失业人员数(年末数) …… 25
Registered Unemployed Persons in Urban Areas by Region (year-end)
1-16　分地区城镇登记失业率(年末数) …… 26
Registered Unemployment Rate in Urban Areas by Region (year-end)

1-17 分行业城镇非私营单位就业人员年末人数 …… 27
Employed Persons at Year-end in Urban Units Excluding Private Units by Sector
1-18 分登记注册类型城镇非私营单位就业人员年末人数 …… 29
Employed Persons at Year-end in Urban Units Excluding Private Units by Registration Status
1-19 分地区按行业分私营企业和个体就业人数(2014 年底) …… 30
Number of Engaged Persons in Private Enterprises and Self-employed Individuals at Year-end by Sector and Region (2014)
1-20 分地区按行业分城镇私营企业和个体就业人数(2014 年底) …… 31
Number of Engaged Persons in Urban Private Enterprises and Self-employed Individuals at Year-end by Sector and Region (2014)
1-21 分地区私营企业就业人数(2014 年底) …… 32
Number of Engaged Persons in Private Enterprises at Year-end by Region (2014)
1-22 分地区个体就业人数(2014 年底) …… 33
Number of Self-employed Individuals at Year-end by Region (2014)
1-23 分行业城镇非私营单位女性就业人员年末人数 …… 34
Female Employed Persons at Year-end in Urban Units Excluding Private Units by Sector
1-24 分登记注册类型城镇非私营单位女性就业人员年末人数 …… 37
Female Employed Persons at Year-end in Urban Units Excluding Private Units by Registration Status
1-25 分登记注册类型城镇非私营单位就业人员平均工资 …… 38
Average Wage of Employed Persons in Urban Units Excluding Private Units by Status of Registration
1-26 分登记注册类型城镇非私营单位就业人员平均工资指数 …… 39
Indices of Average Wage of Employed Persons in Urban Units Excluding Private Units by Status of Registration
1-27 分行业城镇非私营单位就业人员平均工资 …… 40
Average Wage of Employed Persons in Urban Units Excluding Private Units by Sector
1-28 分地区城镇非私营单位就业人员平均工资 …… 42
Average Wage of Employed Persons in Urban Units Excluding Private Units by Region
1-29 分地区按行业分城镇私营单位就业人员平均工资(2014 年) …… 43
Average Wage of Employed Persons in Urban Private Units by Sector and Region (2014)
1-30 国内生产总值及构成 …… 46
Gross Domestic Product and Its Composition
1-31 国内生产总值指数 …… 47
Indices of Gross Domestic Product

第二部分 2014 年全国人口变动情况抽样调查数据

Chapter Two Data from 2014 National Sample Survey on Population Changes

2-1 各地区人口数及人口自然变动情况 …… 50
Total Population and Natural Changes by Region
2-2 各地区人口的城乡构成 …… 51
Population by Urban and Rural Residence and Region
2-3 全国分年龄、性别的人口数 …… 52
Population by Age and Sex
2-4 全国城市分年龄、性别的人口数 …… 55
City Population by Age and Sex

2-5 全国镇分年龄、性别的人口数 …… 58
Town Population by Age and Sex
2-6 全国乡村分年龄、性别的人口数 …… 61
Rural Population by Age and Sex
2-7 各地区人口年龄构成和抚养比 …… 64
Age Composition and Dependency Ratio of Population by Region
2-8 各地区城市人口年龄构成和抚养比 …… 65
Age Composition and Dependency Ratio of City Population by Region
2-9 各地区镇人口年龄构成和抚养比 …… 66
Age Composition and Dependency Ratio of Town Population by Region
2-10 各地区乡村人口年龄构成和抚养比 …… 67
Age Composition and Dependency Ratio of Rural Population by Region
2-11 各地区户数、人口数、性别比和平均家庭户规模 …… 68
Households, Population, Sex Ratio and Household Size by Region
2-12 各地区城市户数、人口数、性别比和平均家庭户规模 …… 70
Households, Population, Sex Ratio and Household Size of Cities by Region
2-13 各地区镇的户数、人口数、性别比和平均家庭户规模 …… 72
Households, Population, Sex Ratio and Household Size of Towns by Region
2-14 各地区乡村户数、人口数、性别比和平均家庭户规模 …… 74
Households, Population, Sex Ratio and Household Size of Rural Areas by Region
2-15 各地区按家庭户规模分的户数 …… 76
Family Households by Size and Region
2-16 各地区城市按家庭户规模分的户数 …… 77
Family Households of Cities by Size and Region
2-17 各地区镇按家庭户规模分的户数 …… 78
Family Households of Towns by Size and Region
2-18 各地区乡村按家庭户规模分的户数 …… 79
Family Households of Rural Areas by Size and Region
2-19 各地区家庭户类别 …… 80
Family Households by Type and Region
2-20 各地区城市家庭户类别 …… 81
Family Households of Cities by Type and Region
2-21 各地区镇家庭户类别 …… 82
Family Households of Towns by Type and Region
2-22 各地区乡村家庭户类别 …… 83
Family Households of Rural Areas by Type and Region
2-23 全国家庭户人数和户主的年龄、性别构成 …… 84
Population of Family Households, Age and Sex Composition of the Household Head
2-24 各地区分性别、受教育程度的人口 …… 86
Population by Sex, Educational Attainment and Region
2-25 各地区城市分性别、受教育程度的人口 …… 88
City Population by Sex, Educational Attainment and Region
2-26 各地区镇分性别、受教育程度的人口 …… 90
Town Population by Sex, Educational Attainment and Region

2-27 各地区乡村分性别、受教育程度的人口 …… 92
Rural Population by Sex, Educational Attainment and Region
2-28 各地区分性别的 15 岁及以上文盲人口 …… 94
Illiterate Population Aged 15 and Over by Sex and Region
2-29 各地区城市分性别的 15 岁及以上文盲人口 …… 95
City Illiterate Population Aged 15 and Over by Sex and Region
2-30 各地区镇分性别的 15 岁及以上文盲人口 …… 96
Town Illiterate Population Aged 15 and Over by Sex and Region
2-31 各地区乡村分性别的 15 岁及以上文盲人口 …… 97
Rural Illiterate Population Aged 15 and Over by Sex and Region
2-32 全国 15 岁及以上人口分年龄、性别的婚姻状况 …… 98
Population Aged 15 and Over by Age, Sex and Marital Status
2-33 全国城市 15 岁及以上人口分年龄、性别的婚姻状况 …… 102
City Population Aged 15 and Over by Age, Sex and Marital Status
2-34 全国镇 15 岁及以上人口分年龄、性别的婚姻状况 …… 106
Town Population Aged 15 and Over by Age, Sex and Marital Status
2-35 全国乡村 15 岁及以上人口分年龄、性别的婚姻状况 …… 110
Rural Population Aged 15 and Over by Age, Sex and Marital Status
2-36 各地区分性别、婚姻状况的人口 …… 114
Population by Sex, Marital Status and Region
2-37 各地区城市分性别、婚姻状况的人口 …… 116
City Population by Sex, Marital Status and Region
2-38 各地区镇分性别、婚姻状况的人口 …… 118
Town Population by Sex, Marital Status and Region
2-39 各地区农村分性别、婚姻状况的人口 …… 120
Rural Population by Sex, Marital Status and Region
2-40 全国育龄妇女分年龄、孩次的生育状况(2013 年 11 月 1 日至 2014 年 10 月 31 日) …… 122
Age-specific Fertility Rate of Women at Childbearing Ages by Age of Mother and Birth Order (2013.11.1-2014.10.31)
2-41 全国城市育龄妇女分年龄、孩次的生育状况(2013 年 11 月 1 日至 2014 年 10 月 31 日) …… 123
Age-specific Fertility Rate of City Women at Childbearing Ages by Age of Mother and Birth Order (2013.11.1-2014.10.31)
2-42 全国镇育龄妇女分年龄、孩次的生育状况(2013 年 11 月 1 日至 2014 年 10 月 31 日) …… 124
Age-specific Fertility Rate of Town Women at Childbearing Ages by Age of Mother and Birth Order (2013.11.1-2014.10.31)
2-43 全国乡村育龄妇女分年龄、孩次的生育状况(2013 年 11 月 1 日至 2014 年 10 月 31 日) …… 125
Age-specific Fertility Rate of Rural Women at Childbearing Ages by Age of Mother and Birth Order (2013.11.1-2014.10.31)
2-44 全国分年龄、性别的死亡人口状况(2013 年 11 月 1 日至 2014 年 10 月 31 日) …… 126
Status of Deaths by Age and Sex (2013.11.1-2014.10.31)
2-45 全国城市分年龄、性别的死亡人口状况(2013 年 11 月 1 日至 2014 年 10 月 31 日) …… 129
Status of City Deaths by Age and Sex (2013.11.1-2014.10.31)
2-46 全国镇分年龄、性别的死亡人口状况(2013 年 11 月 1 日至 2014 年 10 月 31 日) …… 132
Status of Town Deaths by Age and Sex (2013.11.1-2014.10.31)

2-47 全国乡村分年龄、性别的死亡人口状况(2013 年 11 月 1 日至 2014 年 10 月 31 日) ······ 135
Status of Rural Deaths by Age and Sex (2013.11.1-2014.10.31)
2-48 各地区分性别的各种户口状况人口 ······ 138
Population by Sex, Household Registration Status and Region
2-49 各地区城市分性别的各种户口状况人口 ······ 140
City Population by Sex, Household Registration Status and Region
2-50 各地区镇分性别的各种户口状况人口 ······ 142
Town Population by Sex, Household Registration Status and Region
2-51 各地区乡村分性别的各种户口状况人口 ······ 144
Rural Population by Sex, Household Registration Status and Region

第三部分 2014 年劳动力抽样调查主要数据

Chapter Three Main Data from 2014 Labor Force Survey

3-1 分地区全国就业人员受教育程度构成 ······ 149
Educational Attainment of Employed Persons by Region
3-2 分地区全国男性就业人员受教育程度构成 ······ 150
Educational Attainment of Male Employed Persons by Region
3-3 分地区全国女性就业人员受教育程度构成 ······ 151
Educational Attainment of Female Employed Persons by Region
3-4 按年龄、性别分的全国就业人员受教育程度构成 ······ 152
Educational Attainment of Employed Persons by Age and Sex
3-5 按受教育程度、性别分的全国就业人员年龄构成 ······ 153
Age Composition of Employed Persons by Educational Attainment and Sex
3-6 按行业、性别分的全国就业人员受教育程度构成 ······ 154
Educational Attainment of Employed Persons by Sector and Sex
3-7 按职业、性别分的全国就业人员受教育程度构成 ······ 157
Educational Attainment of Employed Persons by Occupation and Sex
3-8 按受教育程度、性别分的全国就业人员职业构成 ······ 158
Occupation of Employed Persons by Educational Attainment and Sex
3-9 按年龄、性别分的全国就业人员就业身份构成 ······ 159
Employment Status of Employed Persons by Age and Sex
3-10 按就业身份、性别分的全国就业人员年龄构成 ······ 160
Age Composition of Employed Persons by Employment Status and Sex
3-11 按受教育程度、性别分的全国就业人员就业身份构成 ······ 161
Employment Status of Employed Persons by Educational Attainment and Sex
3-12 按就业身份、性别分的全国就业人员受教育程度构成 ······ 162
Educational Attainment of Employed Persons by Employment Status and Sex
3-13 按年龄、性别分的城镇就业人员就业身份构成 ······ 163
Employment Status of Urban Employed Persons by Age and Sex
3-14 按就业身份、性别分的城镇就业人员年龄构成 ······ 164
Age Composition of Urban Employed Persons by Employment Status and Sex
3-15 按受教育程度、性别分的城镇就业人员就业身份构成 ······ 165
Employment Status of Urban Employed Persons by Educational Attainment and Sex

3-16 按就业身份、性别分的城镇就业人员受教育程度构成 ··· 166
Educational Attainment of Urban Employed Persons by Employment Status and Sex
3-17 按年龄、性别分的城镇就业人员行业构成 ··· 167
Urban Employed Persons by Age, Sex and Sector
3-18 按行业、性别分的城镇就业人员年龄构成 ··· 170
Age Composition of Urban Employed Persons by Sector and Sex
3-19 按受教育程度、性别分的城镇就业人员行业构成 ··· 173
Urban Employed Persons by Sex, Educational Attainment and Sector
3-20 按行业、性别分的城镇就业人员受教育程度构成 ··· 176
Educational Attainment of Urban Employed Persons by Sector and Sex
3-21 按年龄、性别分的城镇就业人员职业构成 ··· 179
Occupation of Urban Employed Persons by Age and Sex
3-22 按职业、性别分的城镇就业人员年龄构成 ··· 180
Age Composition of Urban Employed Persons by Occupation and Sex
3-23 按受教育程度、性别分的城镇就业人员职业构成 ··· 181
Occupation of Urban Employed Persons by Educational Attainment and Sex
3-24 按职业、性别分的城镇就业人员受教育程度构成 ··· 182
Educational Attainment of Urban Employed Persons by Occupation and Sex
3-25 城镇就业人员调查周平均工作时间 ··· 183
Weekly Working Hours of Urban Employed Persons
3-26 城镇男性就业人员调查周平均工作时间 ··· 184
Weekly Working Hours of Urban Male Employed Persons
3-27 城镇女性就业人员调查周平均工作时间 ··· 185
Weekly Working Hours of Urban Female Employed Persons
3-28 按年龄、性别分的城镇就业人员工作时间构成 ··· 186
Working Hours of Urban Employed Persons by Age and Sex
3-29 按受教育程度、性别分的城镇就业人员工作时间构成 ··· 187
Working Hours of Urban Employed Persons by Educational Attainment and Sex
3-30 按户口性质、性别分的城镇就业人员工作时间构成 ··· 188
Working Hours of Urban Employed Persons by Household Registration and Sex
3-31 按就业身份、性别分的城镇就业人员工作时间构成 ··· 188
Working Hours of Urban Employed Persons by Employment Status and Sex
3-32 按行业、性别分的城镇就业人员工作时间构成 ··· 189
Working Hours of Urban Employed Persons by Sector and Sex
3-33 按职业、性别分的城镇就业人员工作时间构成 ··· 191
Working Hours of Urban Employed Persons by Occupation and Sex
3-34 按年龄、性别分的城镇失业人员失业原因构成 ··· 192
Reason for Unemployment of Urban Unemployed Persons by Age and Sex
3-35 按失业原因、性别分的城镇失业人员年龄构成 ··· 193
Age Composition of Urban Unemployed Persons by Reason and Sex
3-36 按受教育程度、性别分的城镇失业人员失业原因构成 ··· 194
Reason for Unemployment of Urban Unemployed Persons by Educational Attainment and Sex
3-37 按失业原因、性别分的城镇失业人员受教育程度构成 ··· 195
Educational Attainment of Urban Unemployed Persons by Reason and Sex

3-38 按年龄、性别分的城镇失业人员受教育程度构成 …… 196
Educational Attainment of Urban Unemployed Persons by Age and Sex
3-39 按受教育程度、性别分的城镇失业人员年龄构成 …… 197
Age Composition of Urban Unemployed Persons by Educational Attainment and Sex
3-40 按年龄、性别分的城镇失业人员寻找工作方式构成 …… 198
Method of Job-seeking of Urban Unemployed Persons by Age and Sex
3-41 按受教育程度、性别分的城镇失业人员寻找工作方式构成 …… 199
Method of Job-seeking of Urban Unemployed Persons by Educational Attainment and Sex
3-42 按年龄、性别分的城镇失业人员失业前的行业构成 …… 200
Sector of Urban Unemployed Persons (Prior to Unemployment) by Age and Sex
3-43 按受教育程度、性别分的城镇失业人员失业前的行业构成 …… 203
Sector of Urban Unemployed Persons (Prior to Unemployment) by Educational Attainment and Sex
3-44 按年龄、性别分的城镇失业人员失业前的职业构成 …… 206
Occupation of Urban Unemployed Persons (Prior to Unemployment) by Age and Sex
3-45 按受教育程度、性别分的城镇失业人员失业前的职业构成 …… 207
Occupation of Urban Unemployed Persons (Prior to Unemployment) by Educational Attainment and Sex
3-46 按受教育程度、性别分的城镇失业人员未工作时间构成 …… 208
Unemployment Duration of Urban Unemployed Persons by Educational Attainment and Sex
3-47 按年龄、性别分的城镇失业人员未工作时间构成 …… 209
Unemployment Duration of Urban Unemployed Persons by Age and Sex

第四部分　2014 年城镇单位就业人员统计数据

Chapter Four　Data from Statistics on Employment in Urban Units in 2014

4-1 各地区分行业国有单位就业人员数 …… 213
Employed Persons in State-owned Units by Sector and Region
4-2 各地区分行业城镇集体单位就业人员数 …… 231
Employed Persons in Urban Collective-owned Units by Sector and Region
4-3 各地区分行业其他单位就业人员数 …… 248
Employed Persons in Units of Other Types of Ownership by Sector and Region

第五部分　2014 年全国户籍统计人口数据

Chapter Five　Data from Household Registration in 2014

5-1 各地区总户数、总人口 …… 267
Households and Population by Region
5-2 各地区市总户数、总人口 …… 268
Households and Population in Cities by Region
5-3 各地区县总户数、总人口 …… 269
Households and Population in Counties by Region
5-4 各地区非农业、农业人口 …… 270
Non-agricultural and Agricultural Population by Region

5-5 各地区市非农业、农业人口 …… 271
Non-agricultural and Agricultural Population in Cities by Region
5-6 各地区县非农业、农业人口 …… 272
Non-agricultural and Agricultural Population in Counties by Region
5-7 按总人口排序的市及人口数 …… 273
Cities and Population by Size of Total Population
5-8 按非农业人口排序的市及人口数 …… 280
Cities and Population by Size of Non-agricultural Population

第六部分 2014 年全国计划生育统计人口数据

Chapter Six Data from Family Planning Statistics in 2014

6-1 各地区分孩次出生政策符合率与上年同期比较 …… 289
Family Planning Rate Compared with That of Last Year by Birth Order and Region
6-2 各地区已婚育龄妇女领证情况及避孕率与上年同期比较 …… 290
Married Women at Childbearing Ages with One-child Certificate and Contraception Rate Compared with That of Last Year by Region
6-3 各地区采用各种节育措施人数 …… 291
Contraception User by Method and Region
6-4 各地区采用各种节育措施人数与上年同期比较 …… 292
Contraception User Compared with That of Last Year by Method and Region
6-5 各地区采取各种避孕措施分布 …… 293
Distribution of Contraception Method by Region
6-6 各地区采取各种避孕措施分布与上年同期对比 …… 294
Distribution of Contraception Method Compared with That of Last Year by Region

第七部分 世界部分国家及地区人口和就业统计数据

Chapter Seven Population and Employment Data of Selected Countries and Territories of the World

一、国际人口和就业统计数据

I.Population and Employment Data of Other Countries/Regions

7-1 人口数 …… 299
Total Population
7-2 人口出生率、死亡率、自然增长率 …… 301
Crude Birth Rate, Crude Death Rate and Rate of Natural Increase
7-3 人口年龄构成 …… 302
Age Composition
7-4 人口指标 …… 303
Demographic Indicators
7-5 全部就业人数 …… 304
Employment
7-6 按三次产业分就业人员构成 …… 305
Employment by Type of Industry

7-7 失业人数……306
Unemployment
7-8 失业率……307
Unemployment Rate
7-9 消费价格指数……308
Consumer Price Indices

二、香港特别行政区人口和就业统计数据
II.Population and Employment Data of Hong Kong Special Administrative Region

7-10 人口主要指标……311
Main Indicators of Population
7-11 劳动人口及失业状况……311
Labour Force and Unemployment
7-12 按行业划分的就业人数……312
Employed Persons by Industry
7-13 按每月就业收入划分的就业人数……313
Employed Persons by Monthly Employment Earnings
7-14 按行业划分督导级(不包括经理级与专业雇员)及以下雇员的工资指数……314
Wage Indices for Employees up to Supervisory Level
7-15 消费价格指数(2009 年 10 月-2010 年 9 月=100)……315
Consumer Price Indices (Oct. 2009 - Sep. 2010=100)

三、澳门特别行政区人口和就业统计数据
III.Population and Employment Data of Macao Special Administrative Region

7-16 人口主要指标……319
Main Demographic Indicator
7-17 经济活动人口及失业状况……319
Labour Force and Unemployment
7-18 按行业划分的就业人口……320
Employed Population by Industry
7-19 按行业划分的月工作收入中位数……320
Median Monthly Employment Earnings by Industry
7-20 消费物价指数……321
Consumer Price Index

四、台湾省人口和就业统计数据
IV.Population and Employment Data of Taiwan Province

7-21 面积和人口主要指标……325
Main Indicators of Area and Population
7-22 劳动力和就业状况……326
Labour Force and Employment
7-23 居民消费价格分类指数……327
Consumer Price Indices

第八部分　2014 年人口变动和劳动力调查制度说明及主要指标解释

Chapter Eight　Explanatory Notes on Main Statistical Indicators

一、2014 年人口变动情况抽样调查制度说明 ………… 331

二、2014 年劳动力调查制度说明 ………… 336

三、主要统计指标解释 ………… 344

Explanatory Notes on Main Statistical Indicators

第一部分

Chapter One

综合数据

General Survey

1-1 分地区年末人口数

单位：万人

地 区	Region	1990	1991	1992	1993	1994	1995	1996	1997	1998	1999	2000
全 国	**National Total**	**114333**	**115823**	**117171**	**118517**	**119850**	**121121**	**122389**	**123626**	**124761**	**125786**	**126743**
北 京	Beijing	1086	1094	1102	1112	1125	1251	1259	1240	1246	1257	1364
天 津	Tianjin	884	909	920	928	935	942	948	953	957	959	1001
河 北	Hebei	6159	6220	6275	6334	6388	6437	6484	6525	6569	6614	6674
山 西	Shanxi	2899	2942	2979	3012	3045	3077	3109	3141	3172	3204	3247
内蒙古	Inner Mongolia	2163	2184	2207	2232	2260	2284	2307	2326	2345	2362	2372
辽 宁	Liaoning	3967	3990	4016	4042	4067	4092	4116	4138	4157	4171	4184
吉 林	Jilin	2483	2509	2532	2555	2574	2592	2610	2628	2644	2658	2682
黑龙江	Heilongjiang	3543	3575	3608	3640	3672	3701	3728	3751	3773	3792	3807
上 海	Shanghai	1337	1340	1345	1349	1356	1415	1419	1457	1464	1474	1609
江 苏	Jiangsu	6767	6844	6911	6967	7021	7066	7110	7148	7182	7213	7327
浙 江	Zhejiang	4168	4202	4236	4266	4294	4319	4343	4435	4456	4475	4680
安 徽	Anhui	5675	5761	5834	5897	5955	6013	6070	6127	6184	6237	6093
福 建	Fujian	3037	3079	3116	3150	3183	3237	3261	3282	3299	3316	3410
江 西	Jiangxi	3810	3865	3913	3966	4015	4063	4105	4150	4191	4231	4149
山 东	Shandong	8493	8570	8610	8642	8671	8705	8738	8785	8838	8883	8998
河 南	Henan	8649	8763	8862	8946	9027	9100	9172	9243	9315	9387	9488
湖 北	Hubei	5439	5512	5580	5653	5719	5772	5825	5873	5907	5938	5646
湖 南	Hunan	6128	6209	6267	6311	6355	6392	6428	6465	6502	6532	6562
广 东	Guangdong	6346	6439	6525	6607	6689	6868	6961	7051	7143	7270	8650
广 西	Guangxi	4261	4324	4380	4438	4493	4543	4589	4633	4675	4713	4751
海 南	Hainan	663	674	686	701	711	724	734	743	753	762	789
重 庆	Chongqing								3042	3060	3075	2849
四 川	Sichuan	10804	10897	10998	11104	11214	11325	11430	8430	8493	8550	8329
贵 州	Guizhou	3268	3315	3361	3409	3458	3508	3555	3606	3658	3710	3756
云 南	Yunnan	3731	3782	3832	3885	3939	3990	4042	4094	4144	4192	4241
西 藏	Tibet	222	226	228	232	236	240	244	248	252	256	258
陕 西	Shaanxi	3316	3363	3405	3443	3481	3514	3543	3570	3596	3618	3644
甘 肃	Gansu	2255	2285	2314	2345	2378	2438	2467	2494	2519	2543	2515
青 海	Qinghai	448	454	461	467	474	481	488	496	503	510	517
宁 夏	Ningxia	470	480	487	495	504	513	521	530	538	543	554
新 疆	Xinjiang	1529	1555	1581	1605	1632	1661	1689	1718	1747	1774	1849

注：1.1990、2000、2010年数据为当年人口普查数据推算数；其余年份数据为年度人口抽样调查推算数据。2005年起各地区数据为常住人口口径。

2.2012年，根据第六次全国人口普查数据，北京对2006-2009年数据，西藏对2001-2009年数据进行了修订。

3.全国人口数中包括中国人民解放军现役军人，分地区人口数中未包括。

Note: a) Data of 1990, 2000 and 2010 are the census year estimates; the rest are the estimates from the annual national sample survey of population. Since 2005, data by region are of usual residents.

b) Data of 2006-2009 of Beijing and data of 2001-2009 of Tibet were revised according to the 2010 National Population Census results in 2012

c) The millitary personnel of Chinese People's Liberation Army are included in the national total population, but are not included in the population by region.

Population at Year-end by Region

(10 000 persons)

2001	2002	2003	2004	2005	2006	2007	2008	2009	2010	2011	2012	2013	2014
127627	**128453**	**129227**	**129988**	**130756**	**131448**	**132129**	**132802**	**133450**	**134091**	**134735**	**135404**	**136072**	**136782**
1385	1423	1456	1493	1538	1601	1676	1771	1860	1962	2019	2069	2115	2152
1004	1007	1011	1024	1043	1075	1115	1176	1228	1299	1355	1413	1472	1517
6699	6735	6769	6809	6851	6898	6943	6989	7034	7194	7241	7288	7333	7384
3272	3294	3314	3335	3355	3375	3393	3411	3427	3574	3593	3611	3630	3648
2381	2384	2386	2393	2403	2415	2429	2444	2458	2472	2482	2490	2498	2505
4194	4203	4210	4217	4221	4271	4298	4315	4341	4375	4383	4389	4390	4391
2691	2699	2704	2709	2716	2723	2730	2734	2740	2747	2749	2750	2751	2752
3811	3813	3815	3817	3820	3823	3824	3825	3826	3833	3834	3834	3835	3833
1668	1713	1766	1835	1890	1964	2064	2141	2210	2303	2347	2380	2415	2426
7359	7406	7458	7523	7588	7656	7723	7762	7810	7869	7899	7920	7939	7960
4729	4776	4857	4925	4991	5072	5155	5212	5276	5447	5463	5477	5498	5508
6128	6144	6163	6228	6120	6110	6118	6135	6131	5957	5968	5988	6030	6083
3445	3476	3502	3529	3557	3585	3612	3639	3666	3693	3720	3748	3774	3806
4186	4222	4254	4284	4311	4339	4368	4400	4432	4462	4488	4504	4522	4542
9041	9082	9125	9180	9248	9309	9367	9417	9470	9588	9637	9685	9733	9789
9555	9613	9667	9717	9380	9392	9360	9429	9487	9405	9388	9406	9413	9436
5658	5672	5685	5698	5710	5693	5699	5711	5720	5728	5758	5779	5799	5816
6596	6629	6663	6698	6326	6342	6355	6380	6406	6570	6596	6639	6691	6737
8733	8842	8963	9111	9194	9442	9660	9893	10130	10441	10505	10594	10644	10724
4788	4822	4857	4889	4660	4719	4768	4816	4856	4610	4645	4682	4719	4754
796	803	811	818	828	836	845	854	864	869	877	887	895	903
2829	2814	2803	2793	2798	2808	2816	2839	2859	2885	2919	2945	2970	2991
8143	8110	8176	8090	8212	8169	8127	8138	8185	8045	8050	8076	8107	8140
3799	3837	3870	3904	3730	3690	3632	3596	3537	3479	3469	3484	3502	3508
4287	4333	4376	4415	4450	4483	4514	4543	4571	4602	4631	4659	4687	4714
264	268	272	276	280	285	289	292	296	300	303	308	312	318
3653	3662	3672	3681	3690	3699	3708	3718	3727	3735	3743	3753	3764	3775
2523	2531	2537	2541	2545	2547	2548	2551	2555	2560	2564	2578	2582	2591
523	529	534	539	543	548	552	554	557	563	568	573	578	583
563	572	580	588	596	604	610	618	625	633	639	647	654	662
1876	1905	1934	1963	2010	2050	2095	2131	2159	2185	2209	2233	2264	2298

1-2 按性别分人口数
Population by Sex

单位：万人，%　　(10 000 persons,%)

年 份 Year	总人口(年末) Total Population (year-end)	男 Male		女 Female	
		人口数 Population	比重 Proportion	人口数 Population	比重 Proportion
1949	54167	28145	51.96	26022	48.04
1950	55196	28669	51.94	26527	48.06
1951	56300	29231	51.92	27069	48.08
1955	61465	31809	51.75	29656	48.25
1960	66207	34283	51.78	31924	48.22
1965	72538	37128	51.18	35410	48.82
1970	82992	42686	51.43	40306	48.57
1971	85229	43819	51.41	41410	48.59
1972	87177	44813	51.40	42364	48.60
1973	89211	45876	51.42	43335	48.58
1974	90859	46727	51.43	44132	48.57
1975	92420	47564	51.47	44856	48.53
1976	93717	48257	51.49	45460	48.51
1977	94974	48908	51.50	46066	48.50
1978	96259	49567	51.49	46692	48.51
1979	97542	50192	51.46	47350	48.54
1980	98705	50785	51.45	47920	48.55
1981	100072	51519	51.48	48553	48.52
1982	101654	52352	51.50	49302	48.50
1983	103008	53152	51.60	49856	48.40
1984	104357	53848	51.60	50509	48.40
1985	105851	54725	51.70	51126	48.30
1986	107507	55581	51.70	51926	48.30
1987	109300	56290	51.50	53010	48.50
1988	111026	57201	51.52	53825	48.48
1989	112704	58099	51.55	54605	48.45
1990	114333	58904	51.52	55429	48.48
1991	115823	59466	51.34	56357	48.66
1992	117171	59811	51.05	57360	48.95
1993	118517	60472	51.02	58045	48.98
1994	119850	61246	51.10	58604	48.90
1995	121121	61808	51.03	59313	48.97
1996	122389	62200	50.82	60189	49.18
1997	123626	63131	51.07	60495	48.93
1998	124761	63940	51.25	60821	48.75
1999	125786	64692	51.43	61094	48.57
2000	126743	65437	51.63	61306	48.37
2001	127627	65672	51.46	61955	48.54
2002	128453	66115	51.47	62338	48.53
2003	129227	66556	51.50	62671	48.50
2004	129988	66976	51.52	63012	48.48
2005	130756	67375	51.53	63381	48.47
2006	131448	67728	51.52	63720	48.48
2007	132129	68048	51.50	64081	48.50
2008	132802	68357	51.47	64445	48.53
2009	133450	68647	51.44	64803	48.56
2010	134091	68748	51.27	65343	48.73
2011	134735	69068	51.26	65667	48.74
2012	135404	69395	51.25	66009	48.75
2013	136072	69728	51.24	66344	48.76
2014	136782	70079	51.23	66703	48.77

注：1. 本表各年人口数中包括中国人民解放军现役军人，但未包括香港、澳门特别行政区和台湾省的人口。
2. 1981年及以前数据为户籍统计数;1982、1990、2000、2010年数据为当年人口普查数据推算数；其余年份数据为年度人口抽样调查推算数据(下相关表同)。

Note: a) Data in this table include the military personnel of Chinese People's Liberation Army, but do not include the population of Hong Kong SAR, Macao SAR and Taiwan Province.
b)Figures 1981 (inclusive) are from household registrations; for the year 1982, 1990, 2000 and 2010 are the census year estimates; the rest of the data covered in those tables have been estimated on the basis of the annual national sample surveys of population.
The same applies to the relevant tables following.

1-3 人口年龄结构和抚养比

Age Composition and Dependency Ratio of Population

单位：万人，%　　(10 000 persons,%)

年份 Year	总人口(年末) Total Population (year-end)	各年龄组人口 0-14岁 Aged 0-14 人口数 Population	比重(%) Proportion	15-64岁 Aged 15-64 人口数 Population	比重(%) Proportion	65岁及以上 Aged 65 and Over 人口数 Population	比重(%) Proportion	总抚养比 Gross Dependency Ratio	少儿抚养比 Children Dependency Ratio	老年抚养比 Old Dependency Ratio
1953	58796	21331	36.3	34872	59.3	2593	4.4	68.6	61.2	7.4
1964	70499	28686	40.7	39303	55.8	2510	3.6	79.4	73.0	6.4
1982	101654	34146	33.6	62517	61.5	4991	4.9	62.6	54.6	8.0
1987	109300	31347	28.7	71985	65.9	5968	5.4	51.8	43.5	8.3
1990	114333	31659	27.7	76306	66.7	6368	5.6	49.8	41.5	8.3
1995	121121	32218	26.6	81393	67.2	7510	6.2	48.8	39.6	9.2
1996	122389	32311	26.4	82245	67.2	7833	6.4	48.8	39.3	9.5
1997	123626	32093	26.0	83448	67.5	8085	6.5	48.1	38.5	9.7
1998	124761	32064	25.7	84338	67.6	8359	6.7	47.9	38.0	9.9
1999	125786	31950	25.4	85157	67.7	8679	6.9	47.7	37.5	10.2
2000	126743	29011	22.9	88910	70.1	8821	7.0	42.6	32.6	9.9
2001	127627	28716	22.5	89849	70.4	9062	7.1	42.0	32.0	10.1
2002	128453	28774	22.4	90302	70.3	9377	7.3	42.2	31.9	10.4
2003	129227	28559	22.1	90976	70.4	9692	7.5	42.0	31.4	10.7
2004	129988	27947	21.5	92184	70.9	9857	7.6	41.0	30.3	10.7
2005	130756	26504	20.3	94197	72.0	10055	7.7	38.8	28.1	10.7
2006	131448	25961	19.8	95068	72.3	10419	7.9	38.3	27.3	11.0
2007	132129	25660	19.4	95833	72.5	10636	8.1	37.9	26.8	11.1
2008	132802	25166	19.0	96680	72.7	10956	8.3	37.4	26.0	11.3
2009	133450	24659	18.5	97484	73.0	11307	8.5	36.9	25.3	11.6
2010	134091	22259	16.6	99938	74.5	11894	8.9	34.2	22.3	11.9
2011	134735	22164	16.5	100283	74.4	12288	9.1	34.4	22.1	12.3
2012	135404	22287	16.5	100403	74.1	12714	9.4	34.9	22.2	12.7
2013	136072	22329	16.4	100582	73.9	13161	9.7	35.3	22.2	13.1
2014	136782	22558	16.5	100469	73.4	13755	10.1	36.2	22.5	13.7

1-4 按城乡分人口数

Population by Urban and Rural Residence

单位：万人，%　　(10 000 persons,%)

年 份 Year	总人口(年末) Total Population (year-end)	城 镇 Urban		乡 村 Rural	
		人口数 Population	比重 Proportion	人口数 Population	比重 Proportion
1949	54167	5765	10.64	48402	89.36
1950	55196	6169	11.18	49027	88.82
1951	56300	6632	11.78	49668	88.22
1955	61465	8285	13.48	53180	86.52
1960	66207	13073	19.75	53134	80.25
1965	72538	13045	17.98	59493	82.02
1970	82992	14424	17.38	68568	82.62
1971	85229	14711	17.26	70518	82.74
1972	87177	14935	17.13	72242	82.87
1973	89211	15345	17.20	73866	82.80
1974	90859	15595	17.16	75264	82.84
1975	92420	16030	17.34	76390	82.66
1976	93717	16341	17.44	77376	82.56
1977	94974	16669	17.55	78305	82.45
1978	96259	17245	17.92	79014	82.08
1979	97542	18495	18.96	79047	81.04
1980	98705	19140	19.39	79565	80.61
1981	100072	20171	20.16	79901	79.84
1982	101654	21480	21.13	80174	78.87
1983	103008	22274	21.62	80734	78.38
1984	104357	24017	23.01	80340	76.99
1985	105851	25094	23.71	80757	76.29
1986	107507	26366	24.52	81141	75.48
1987	109300	27674	25.32	81626	74.68
1988	111026	28661	25.81	82365	74.19
1989	112704	29540	26.21	83164	73.79
1990	114333	30195	26.41	84138	73.59
1991	115823	31203	26.94	84620	73.06
1992	117171	32175	27.46	84996	72.54
1993	118517	33173	27.99	85344	72.01
1994	119850	34169	28.51	85681	71.49
1995	121121	35174	29.04	85947	70.96
1996	122389	37304	30.48	85085	69.52
1997	123626	39449	31.91	84177	68.09
1998	124761	41608	33.35	83153	66.65
1999	125786	43748	34.78	82038	65.22
2000	126743	45906	36.22	80837	63.78
2001	127627	48064	37.66	79563	62.34
2002	128453	50212	39.09	78241	60.91
2003	129227	52376	40.53	76851	59.47
2004	129988	54283	41.76	75705	58.24
2005	130756	56212	42.99	74544	57.01
2006	131448	58288	44.34	73160	55.66
2007	132129	60633	45.89	71496	54.11
2008	132802	62403	46.99	70399	53.01
2009	133450	64512	48.34	68938	51.66
2010	134091	66978	49.95	67113	50.05
2011	134735	69079	51.27	65656	48.73
2012	135404	71182	52.57	64222	47.43
2013	136072	73111	53.73	62961	46.27
2014	136782	74916	54.77	61866	45.23

注：按城乡分人口数中现役军人全部计入城镇人口。

Note: The military personnel of Chinese People's Liberation Army are classified as urban population in the item of population by residence.

1-5 分地区年末城镇人口比重

Proportion of Urban Population at Year-end by Region

单位：% (%)

地 区	Region	2005	2006	2007	2008	2009	2010	2011	2012	2013	2014
全 国	**National Total**	**42.99**	**44.34**	**45.89**	**46.99**	**48.34**	**49.95**	**51.27**	**52.57**	**53.73**	**54.77**
北 京	Beijing	83.62	84.33	84.50	84.90	85.00	85.96	86.20	86.20	86.30	86.35
天 津	Tianjin	75.11	75.73	76.31	77.23	78.01	79.55	80.50	81.55	82.01	82.27
河 北	Hebei	37.69	38.77	40.25	41.90	43.74	44.50	45.60	46.80	48.12	49.33
山 西	Shanxi	42.11	43.01	44.03	45.11	45.99	48.05	49.68	51.26	52.56	53.79
内蒙古	Inner Mongolia	47.20	48.64	50.15	51.71	53.40	55.50	56.62	57.74	58.71	59.51
辽 宁	Liaoning	58.70	58.99	59.20	60.05	60.35	62.10	64.05	65.65	66.45	67.05
吉 林	Jilin	52.52	52.97	53.16	53.21	53.32	53.35	53.40	53.70	54.20	54.81
黑龙江	Heilongjiang	53.10	53.50	53.90	55.40	55.50	55.66	56.50	56.90	57.40	58.01
上 海	Shanghai	89.09	88.70	88.70	88.60	88.60	89.30	89.30	89.30	89.60	89.60
江 苏	Jiangsu	50.50	51.90	53.20	54.30	55.60	60.58	61.90	63.00	64.11	65.21
浙 江	Zhejiang	56.02	56.50	57.20	57.60	57.90	61.62	62.30	63.20	64.00	64.87
安 徽	Anhui	35.50	37.10	38.70	40.50	42.10	43.01	44.80	46.50	47.86	49.15
福 建	Fujian	49.40	50.40	51.40	53.00	55.10	57.10	58.10	59.60	60.77	61.80
江 西	Jiangxi	37.00	38.68	39.80	41.36	43.18	44.06	45.70	47.51	48.87	50.22
山 东	Shandong	45.00	46.10	46.75	47.60	48.32	49.70	50.95	52.43	53.75	55.01
河 南	Henan	30.65	32.47	34.34	36.03	37.70	38.50	40.57	42.43	43.80	45.20
湖 北	Hubei	43.20	43.80	44.30	45.20	46.00	49.70	51.83	53.50	54.51	55.67
湖 南	Hunan	37.00	38.71	40.45	42.15	43.20	43.30	45.10	46.65	47.96	49.28
广 东	Guangdong	60.68	63.00	63.14	63.37	63.40	66.18	66.50	67.40	67.76	68.00
广 西	Guangxi	33.62	34.64	36.24	38.16	39.20	40.00	41.80	43.53	44.81	46.01
海 南	Hainan	45.20	46.10	47.20	48.00	49.13	49.80	50.50	51.60	52.74	53.76
重 庆	Chongqing	45.20	46.70	48.30	49.99	51.59	53.02	55.02	56.98	58.34	59.60
四 川	Sichuan	33.00	34.30	35.60	37.40	38.70	40.18	41.83	43.53	44.90	46.30
贵 州	Guizhou	26.87	27.46	28.24	29.11	29.89	33.81	34.96	36.41	37.83	40.01
云 南	Yunnan	29.50	30.50	31.60	33.00	34.00	34.70	36.80	39.31	40.48	41.73
西 藏	Tibet	20.85	21.13	21.50	21.90	22.30	22.67	22.71	22.75	23.71	25.75
陕 西	Shaanxi	37.23	39.12	40.62	42.10	43.50	45.76	47.30	50.02	51.31	52.57
甘 肃	Gansu	30.02	31.09	32.25	33.56	34.89	36.12	37.15	38.75	40.13	41.68
青 海	Qinghai	39.25	39.26	40.07	40.86	41.90	44.72	46.22	47.44	48.51	49.78
宁 夏	Ningxia	42.28	43.00	44.02	44.98	46.10	47.90	49.82	50.67	52.01	53.61
新 疆	Xinjiang	37.15	37.94	39.15	39.64	39.85	43.01	43.54	43.98	44.47	46.07

注：2010年数据为当年人口普查数据推算数；其余年份数据为年度人口抽样调查推算数据，部分省份2005-2009年数据根据2010年普查数据进行了修订。

Note: Data of 2010 are the census year estimates; the rest are the estimates from the annual national sample survey of population. Data of some provinces from 2005 to 2009 have been revised according to the Sixth National Population Census in 2010.

1-6 人口出生率、死亡率和自然增长率
Birth Rate, Death Rate and Natural Growth Rate of Population

单位：‰ (‰)

年 份 Year	出生率 Birth Rate	死亡率 Death Rate	自然增长率 Natural Growth Rate
1978	18.25	6.25	12.00
1979	17.82	6.21	11.61
1980	18.21	6.34	11.87
1981	20.91	6.36	14.55
1982	22.28	6.60	15.68
1983	20.19	6.90	13.29
1984	19.90	6.82	13.08
1985	21.04	6.78	14.26
1986	22.43	6.86	15.57
1987	23.33	6.72	16.61
1988	22.37	6.64	15.73
1989	21.58	6.54	15.04
1990	21.06	6.67	14.39
1991	19.68	6.70	12.98
1992	18.24	6.64	11.60
1993	18.09	6.64	11.45
1994	17.70	6.49	11.21
1995	17.12	6.57	10.55
1996	16.98	6.56	10.42
1997	16.57	6.51	10.06
1998	15.64	6.50	9.14
1999	14.64	6.46	8.18
2000	14.03	6.45	7.58
2001	13.38	6.43	6.95
2002	12.86	6.41	6.45
2003	12.41	6.40	6.01
2004	12.29	6.42	5.87
2005	12.40	6.51	5.89
2006	12.09	6.81	5.28
2007	12.10	6.93	5.17
2008	12.14	7.06	5.08
2009	11.95	7.08	4.87
2010	11.90	7.11	4.79
2011	11.93	7.14	4.79
2012	12.10	7.15	4.95
2013	12.08	7.16	4.92
2014	12.37	7.16	5.21

1-7 各地区人口出生率、死亡率和自然增长率

Birth Rate, Death Rate and Natural Growth Rate of Population by Region

单位：‰ (‰)

地区	Region	1990 出生率 Birth Rate	1990 死亡率 Death Rate	1990 自然增长率 Natural Growth Rate	1991 出生率 Birth Rate	1991 死亡率 Death Rate	1991 自然增长率 Natural Growth Rate	1992 出生率 Birth Rate	1992 死亡率 Death Rate	1992 自然增长率 Natural Growth Rate	1993 出生率 Birth Rate	1993 死亡率 Death Rate	1993 自然增长率 Natural Growth Rate
全国	**National Total**	**21.06**	**6.67**	**14.39**	**19.68**	**6.70**	**12.98**	**18.24**	**6.64**	**11.60**	**18.09**	**6.64**	**11.45**
北京	Beijing	13.01	5.81	7.20	8.03	5.82	2.21	9.22	6.11	3.11	9.35	6.16	3.19
天津	Tianjin	15.61	5.78	9.83	11.94	5.78	6.16	12.50	6.00	6.50	10.71	6.20	4.51
河北	Hebei	20.46	6.82	13.64	16.59	6.75	9.84	15.33	6.43	8.90	15.43	6.11	9.32
山西	Shanxi	22.54	6.56	15.98	21.56	6.87	14.69	19.59	6.94	12.65	17.48	6.36	11.12
内蒙古	Inner Mongolia	21.19	7.21	13.98	16.77	6.97	9.80	17.07	6.73	10.34	18.48	6.83	11.65
辽宁	Liaoning	16.30	6.59	9.71	12.10	6.64	5.46	12.57	6.11	6.46	12.43	6.11	6.32
吉林	Jilin	19.49	6.56	12.93	17.09	6.84	10.25	15.74	6.57	9.17	15.28	6.31	8.97
黑龙江	Heilongjiang	18.11	6.35	11.76	15.89	5.70	10.19	16.25	6.12	10.13	15.90	5.52	10.38
上海	Shanghai	10.31	6.64	3.67	7.68	7.01	0.67	7.28	6.74	0.54	6.50	7.30	-0.80
江苏	Jiangsu	20.54	6.53	14.01	17.05	6.50	10.55	15.71	6.76	8.95	13.97	6.61	7.36
浙江	Zhejiang	15.33	6.31	9.02	14.48	6.39	8.09	14.72	6.57	8.15	13.61	6.58	7.03
安徽	Anhui	24.47	6.25	18.22	21.19	6.06	15.13	18.76	6.14	12.62	17.18	6.51	10.67
福建	Fujian	24.44	6.71	17.73	20.03	6.26	13.77	18.18	6.02	12.16	16.72	5.62	11.10
江西	Jiangxi	24.59	7.54	17.05	21.20	7.13	14.07	19.53	7.07	12.46	20.33	6.89	13.44
山东	Shandong	18.21	6.96	11.25	15.40	6.54	8.86	11.43	6.88	4.55	10.47	6.76	3.71
河南	Henan	24.92	6.52	18.40	19.78	6.63	13.15	18.13	6.99	11.14	15.87	6.35	9.52
湖北	Hubei	21.60	7.30	14.30	20.70	7.36	13.34	19.05	6.87	12.18	20.04	6.93	13.11
湖南	Hunan	23.93	7.23	16.70	20.50	7.30	13.20	16.70	7.30	9.40	14.08	7.13	6.95
广东	Guangdong	22.26	5.76	16.50	20.54	5.95	14.59	19.31	6.17	13.14	18.34	5.84	12.50
广西	Guangxi	20.20	6.60	13.60	21.89	7.24	14.65	20.19	7.28	12.91	19.58	6.35	13.23
海南	Hainan	24.86	6.26	18.60	22.97	5.97	17.00	21.31	6.07	15.24	20.81	5.26	15.55
重庆	Chongqing												
四川	Sichuan	19.11	7.66	11.45	15.82	7.29	8.53	16.27	7.03	9.24	16.77	7.21	9.56
贵州	Guizhou	23.09	7.90	15.19	22.42	8.11	14.31	22.40	8.52	13.88	22.60	8.50	14.10
云南	Yunnan	23.60	7.92	15.68	21.80	8.10	13.70	21.00	8.00	13.00	22.00	8.10	13.90
西藏	Tibet	23.98	7.55	16.43	23.53	7.40	16.13	23.63	8.09	15.54	26.68	7.60	19.08
陕西	Shaanxi	23.48	6.52	16.96	19.82	6.51	13.31	18.85	6.57	12.28	17.63	6.55	11.08
甘肃	Gansu	20.68	6.20	14.48	19.38	6.05	13.33	19.37	6.64	12.73	20.16	6.84	13.32
青海	Qinghai	24.34	7.47	16.87	23.37	8.35	15.02	22.54	8.14	14.40	20.50	8.26	12.24
宁夏	Ningxia	24.34	5.52	18.82	21.96	5.13	16.83	20.11	5.36	14.75	19.43	5.36	14.07
新疆	Xinjiang	26.44	7.82	18.62	24.45	7.86	16.59	22.80	7.84	14.96	21.53	7.68	13.85

1-7 续表 1 continued

单位：‰ (‰)

地区 Region	1994			1995			1996			1997		
	出生率 Birth Rate	死亡率 Death Rate	自然增长率 Natural Growth Rate	出生率 Birth Rate	死亡率 Death Rate	自然增长率 Natural Growth Rate	出生率 Birth Rate	死亡率 Death Rate	自然增长率 Natural Growth Rate	出生率 Birth Rate	死亡率 Death Rate	自然增长率 Natural Growth Rate
全国 National Total	**17.70**	**6.49**	**11.21**	**17.12**	**6.57**	**10.55**	**16.98**	**6.56**	**10.42**	**16.57**	**6.51**	**10.06**
北京 Beijing	8.96	5.76	3.20	7.92	5.12	2.80	8.02	5.34	2.68	7.91	6.02	1.89
天津 Tianjin	10.98	6.19	4.79	10.23	6.23	4.00	10.09	6.53	3.56	9.98	6.95	3.03
河北 Hebei	14.93	6.50	8.43	13.93	6.32	7.61	13.85	6.55	7.30	13.11	6.82	6.29
山西 Shanxi	17.46	6.70	10.76	16.60	6.12	10.48	16.59	6.25	10.34	16.18	6.06	10.12
内蒙古 Inner Mongolia	18.98	6.50	12.48	17.23	6.70	10.53	16.09	6.43	9.66	15.21	6.96	8.25
辽宁 Liaoning	12.26	6.03	6.23	12.17	6.15	6.02	12.15	6.19	5.96	11.78	6.38	5.40
吉林 Jilin	14.11	6.35	7.76	12.90	6.09	6.81	12.53	5.60	6.93	12.22	5.42	6.80
黑龙江 Heilongjiang	15.15	5.47	9.68	13.23	5.33	7.90	12.40	5.05	7.35	12.02	5.17	6.85
上海 Shanghai	5.80	7.00	-1.20	5.75	7.05	-1.30	5.60	7.00	-1.40	5.50	6.80	-1.30
江苏 Jiangsu	13.78	6.86	6.92	12.32	6.56	5.76	12.11	6.58	5.53	11.43	6.84	4.59
浙江 Zhejiang	13.24	6.60	6.64	12.66	6.75	5.91	12.09	6.58	5.51	11.41	6.48	4.93
安徽 Anhui	16.70	6.86	9.84	16.07	6.41	9.66	16.00	6.50	9.50	15.80	6.50	9.30
福建 Fujian	16.24	5.95	10.29	15.20	5.90	9.30	13.22	5.94	7.28	12.41	6.09	6.32
江西 Jiangxi	19.38	7.00	12.38	18.94	7.28	11.66	17.53	7.02	10.51	17.43	6.56	10.87
山东 Shandong	9.69	6.67	3.02	9.82	6.47	3.35	10.60	6.76	3.84	11.28	6.65	4.63
河南 Henan	15.36	6.34	9.02	14.41	6.28	8.13	14.28	6.44	7.84	13.97	6.30	7.67
湖北 Hubei	18.17	6.68	11.49	16.18	6.91	9.27	16.08	6.93	9.15	14.81	6.69	8.12
湖南 Hunan	13.88	7.03	6.85	13.02	7.15	5.87	12.81	7.20	5.61	12.59	6.99	5.60
广东 Guangdong	18.20	5.78	12.42	18.10	5.70	12.40	18.05	6.09	11.96	16.90	5.40	11.50
广西 Guangxi	18.84	6.60	12.24	17.54	6.53	11.01	16.83	6.82	10.01	15.93	6.40	9.53
海南 Hainan	20.77	6.29	14.48	20.12	5.61	14.51	20.08	5.88	14.20	19.18	5.62	13.56
重庆 Chongqing										13.60	7.36	6.24
四川 Sichuan	16.93	6.99	9.94	17.08	7.21	9.87	16.68	7.35	9.33	15.75	7.00	8.75
贵州 Guizhou	22.92	8.14	14.78	21.86	7.60	14.26	22.05	7.69	14.36	22.15	7.67	14.48
云南 Yunnan	21.80	8.00	13.80	20.75	8.03	12.72	20.87	7.94	12.93	20.82	7.91	12.91
西藏 Tibet	25.64	8.71	16.93	24.90	8.80	16.10	24.70	8.50	16.20	23.90	7.90	16.00
陕西 Shaanxi	17.59	6.60	10.99	15.93	6.57	9.36	14.99	6.51	8.48	13.91	6.29	7.62
甘肃 Gansu	20.82	6.84	13.98	20.65	6.49	14.16	18.43	6.64	11.79	17.22	6.20	11.02
青海 Qinghai	22.06	6.82	15.24	22.01	6.89	15.12	21.89	7.20	14.69	21.80	6.95	14.85
宁夏 Ningxia	19.67	6.02	13.65	19.28	5.49	13.79	19.03	5.25	13.78	18.90	5.43	13.47
新疆 Xinjiang	20.82	7.43	13.39	18.90	6.45	12.45	19.45	6.60	12.85	19.66	6.55	13.11

1-7 续表 2 continued

单位：‰ (‰)

地区	Region	1998 出生率 Birth Rate	1998 死亡率 Death Rate	1998 自然增长率 Natural Growth Rate	1999 出生率 Birth Rate	1999 死亡率 Death Rate	1999 自然增长率 Natural Growth Rate	2001 出生率 Birth Rate	2001 死亡率 Death Rate	2001 自然增长率 Natural Growth Rate	2002 出生率 Birth Rate	2002 死亡率 Death Rate	2002 自然增长率 Natural Growth Rate
全　国	**National Total**	**15.64**	**6.50**	**9.14**	**14.64**	**6.46**	**8.18**	**13.38**	**6.43**	**6.95**	**12.86**	**6.41**	**6.45**
北　京	Beijing	6.00	5.30	0.70	6.50	5.60	0.90	6.10	5.30	0.80	6.60	5.70	0.90
天　津	Tianjin	9.89	6.49	3.40	9.68	6.73	2.95	7.58	5.94	1.64	7.49	6.04	1.45
河　北	Hebei	13.01	6.18	6.83	12.99	6.26	6.73	11.16	6.18	4.98	11.53	6.25	5.28
山　西	Shanxi	16.09	6.17	9.92	15.93	6.07	9.86	13.06	5.90	7.16	12.86	6.14	6.72
内蒙古	Inner Mongolia	14.40	6.17	8.23	13.32	6.08	7.24	10.77	5.79	4.98	9.60	5.92	3.68
辽　宁	Liaoning	11.39	6.81	4.58	10.38	7.05	3.33	7.74	6.10	1.64	7.38	6.04	1.34
吉　林	Jilin	11.81	5.76	6.05	10.68	5.45	5.23	8.76	5.38	3.38	8.30	5.11	3.19
黑龙江	Heilongjiang	11.68	5.32	6.36	10.55	5.49	5.06	8.48	5.49	2.99	7.98	5.44	2.54
上　海	Shanghai	5.20	7.00	-1.80	5.40	6.50	-1.10	5.02	5.97	-0.95	5.41	5.95	-0.54
江　苏	Jiangsu	10.97	6.84	4.13	10.50	6.94	3.56	9.03	6.62	2.41	9.17	6.99	2.18
浙　江	Zhejiang	11.15	6.33	4.82	10.64	6.35	4.29	10.02	6.25	3.77	9.98	6.19	3.79
安　徽	Anhui	15.74	6.54	9.20	15.10	6.50	8.60	12.46	5.85	6.61	11.20	5.17	6.03
福　建	Fujian	11.53	6.20	5.33	11.06	5.85	5.21	11.56	5.52	6.04	11.35	5.57	5.78
江　西	Jiangxi	16.85	7.05	9.80	16.51	7.02	9.49	15.44	6.06	9.38	14.74	6.02	8.72
山　东	Shandong	11.58	6.12	5.46	11.08	6.27	4.81	11.12	6.24	4.88	11.17	6.62	4.55
河　南	Henan	14.17	6.37	7.80	14.07	6.35	7.72	13.20	6.26	6.94	12.41	6.38	6.03
湖　北	Hubei	12.58	6.70	5.88	11.57	6.37	5.20	8.51	6.07	2.44	8.38	6.17	2.21
湖　南	Hunan	12.31	7.10	5.21	11.72	7.12	4.60	11.80	6.72	5.08	11.56	6.70	4.86
广　东	Guangdong	16.51	5.61	10.90	15.32	5.40	9.92	13.95	5.12	8.83	13.29	5.08	8.21
广　西	Guangxi	15.87	6.86	9.01	14.96	6.93	8.03	13.80	6.07	7.73	13.30	6.30	7.00
海　南	Hainan	18.48	5.56	12.92	17.26	5.23	12.03	15.23	5.76	9.47	15.20	5.72	9.48
重　庆	Chongqing	13.19	7.68	5.51	11.90	6.94	4.96	9.70	6.90	2.80	9.36	6.08	3.28
四　川	Sichuan	14.62	7.14	7.48	13.80	7.02	6.78	11.16	6.79	4.37	10.44	6.55	3.89
贵　州	Guizhou	22.02	7.76	14.26	21.92	7.68	14.24	18.56	7.23	11.33	17.96	7.21	10.75
云　南	Yunnan	20.01	7.91	12.10	19.48	7.82	11.66	18.51	7.57	10.94	17.90	7.30	10.60
西　藏	Tibet	23.70	7.80	15.90	23.20	7.40	15.80	18.60	6.50	12.10	18.83	6.07	12.76
陕　西	Shaanxi	13.56	6.43	7.13	12.51	6.38	6.13	10.50	6.34	4.16	10.48	6.36	4.12
甘　肃	Gansu	16.45	6.41	10.04	15.61	6.44	9.17	13.58	6.43	7.15	13.16	6.45	6.71
青　海	Qinghai	21.26	6.78	14.48	20.68	6.78	13.90	19.06	6.44	12.62	18.05	6.35	11.70
宁　夏	Ningxia	18.19	5.11	13.08	17.97	5.65	12.32	16.55	4.84	11.71	16.42	4.86	11.56
新　疆	Xinjiang	19.74	6.93	12.81	18.76	6.96	11.80	16.82	5.69	11.13	16.30	5.43	10.87

1-7 续表 3 continued

单位：‰ (‰)

地 区	Region	2003 出生率 Birth Rate	2003 死亡率 Death Rate	2003 自然增长率 Natural Growth Rate	2004 出生率 Birth Rate	2004 死亡率 Death Rate	2004 自然增长率 Natural Growth Rate	2005 出生率 Birth Rate	2005 死亡率 Death Rate	2005 自然增长率 Natural Growth Rate
全 国	**National Total**	**12.41**	**6.40**	**6.01**	**12.29**	**6.42**	**5.87**	**12.40**	**6.51**	**5.89**
北 京	Beijing	5.10	5.20	-0.10	6.10	5.40	0.70	6.29	5.20	1.09
天 津	Tianjin	7.14	6.04	1.10	7.31	5.97	1.34	7.44	6.01	1.43
河 北	Hebei	11.43	6.27	5.16	11.98	6.19	5.79	12.84	6.75	6.09
山 西	Shanxi	12.26	6.04	6.22	12.36	6.11	6.25	12.02	6.00	6.02
内蒙古	Inner Mongolia	9.24	6.17	3.07	9.53	5.98	3.55	10.08	5.46	4.62
辽 宁	Liaoning	6.90	5.83	1.07	6.51	5.60	0.91	7.01	6.04	0.97
吉 林	Jilin	7.25	5.64	1.61	7.39	5.63	1.76	7.89	5.32	2.57
黑龙江	Heilongjiang	7.48	5.45	2.03	7.27	5.45	1.82	7.87	5.20	2.67
上 海	Shanghai	4.85	6.20	-1.35	6.00	6.00	0.00	7.04	6.08	0.96
江 苏	Jiangsu	9.04	7.03	2.01	9.45	7.20	2.25	9.24	7.03	2.21
浙 江	Zhejiang	9.66	6.38	3.28	10.71	5.76	4.95	11.10	6.08	5.02
安 徽	Anhui	11.15	5.20	5.95	11.62	5.50	6.12	12.43	6.23	6.20
福 建	Fujian	11.43	5.58	5.85	11.58	5.62	5.96	11.60	5.62	5.98
江 西	Jiangxi	14.07	5.98	8.09	13.61	5.99	7.62	13.79	5.96	7.83
山 东	Shandong	11.42	6.64	4.78	12.50	6.49	6.01	12.14	6.31	5.83
河 南	Henan	12.10	6.46	5.64	11.67	6.47	5.20	11.55	6.30	5.25
湖 北	Hubei	8.26	5.94	2.32	8.43	6.03	2.40	8.74	5.69	3.05
湖 南	Hunan	11.82	6.87	4.95	11.89	6.80	5.09	11.90	6.75	5.15
广 东	Guangdong	13.66	5.31	8.35	13.13	5.12	8.01	11.70	4.68	7.02
广 西	Guangxi	13.86	6.57	7.29	13.32	6.12	7.20	14.26	6.09	8.16
海 南	Hainan	14.68	5.52	9.16	14.77	5.79	8.98	14.65	5.72	8.93
重 庆	Chongqing	9.89	7.20	2.69	9.45	6.60	2.85	9.40	6.40	3.00
四 川	Sichuan	9.18	6.06	3.12	9.05	6.27	2.78	9.70	6.80	2.90
贵 州	Guizhou	15.91	6.87	9.04	15.08	6.35	8.73	14.59	7.21	7.38
云 南	Yunnan	17.00	7.20	9.80	15.60	6.60	9.00	14.72	6.75	7.97
西 藏	Tibet	17.40	6.30	11.10	17.40	6.20	11.20	17.94	7.15	10.79
陕 西	Shaanxi	10.67	6.38	4.29	10.59	6.33	4.26	10.02	6.01	4.01
甘 肃	Gansu	12.58	6.46	6.12	12.43	6.52	5.91	12.59	6.57	6.02
青 海	Qinghai	16.94	6.09	10.85	16.32	6.45	9.87	15.70	6.21	9.49
宁 夏	Ningxia	15.68	4.73	10.95	15.97	4.79	11.18	15.93	4.95	10.98
新 疆	Xinjiang	16.01	5.23	10.78	16.00	5.09	10.91	16.42	5.04	11.38

1-7 续表 4 continued

单位：‰ (‰)

地 区	Region	2006 出生率 Birth Rate	2006 死亡率 Death Rate	2006 自然增长率 Natural Growth Rate	2007 出生率 Birth Rate	2007 死亡率 Death Rate	2007 自然增长率 Natural Growth Rate	2008 出生率 Birth Rate	2008 死亡率 Death Rate	2008 自然增长率 Natural Growth Rate
全 国	**National Total**	**12.09**	**6.81**	**5.28**	**12.10**	**6.93**	**5.17**	**12.14**	**7.06**	**5.08**
北 京	Beijing	6.26	4.97	1.29	8.32	4.92	3.40	8.17	4.75	3.42
天 津	Tianjin	7.67	6.07	1.60	7.91	5.86	2.05	8.13	5.94	2.19
河 北	Hebei	12.82	6.59	6.23	13.33	6.78	6.55	13.04	6.49	6.55
山 西	Shanxi	11.48	5.73	5.75	11.30	5.97	5.33	11.31	6.01	5.31
内蒙古	Inner Mongolia	9.87	5.91	3.96	10.21	5.73	4.48	9.81	5.54	4.27
辽 宁	Liaoning	6.40	5.30	1.10	6.89	5.36	1.53	6.32	5.22	1.10
吉 林	Jilin	7.67	5.00	2.67	7.55	5.05	2.50	6.65	5.04	1.61
黑龙江	Heilongjiang	7.57	5.18	2.39	7.88	5.39	2.49	7.91	5.68	2.23
上 海	Shanghai	7.47	5.89	1.58	9.07	6.03	3.04	8.89	6.17	2.72
江 苏	Jiangsu	9.36	7.08	2.28	9.37	7.07	2.30	9.34	7.04	2.30
浙 江	Zhejiang	10.29	5.42	4.87	10.38	5.57	4.81	10.20	5.62	4.58
安 徽	Anhui	12.60	6.30	6.30	12.75	6.40	6.35	13.05	6.60	6.45
福 建	Fujian	12.00	5.75	6.25	11.90	5.90	6.00	12.20	5.90	6.30
江 西	Jiangxi	13.80	6.01	7.79	13.86	5.99	7.87	13.92	6.01	7.91
山 东	Shandong	11.60	6.10	5.50	11.11	6.11	5.00	11.25	6.16	5.09
河 南	Henan	11.59	6.27	5.32	11.26	6.32	4.94	11.42	6.45	4.97
湖 北	Hubei	9.08	5.95	3.13	9.19	5.96	3.23	9.21	6.50	2.71
湖 南	Hunan	11.92	6.73	5.19	11.96	6.71	5.25	12.68	7.28	5.40
广 东	Guangdong	11.78	4.49	7.29	11.96	4.66	7.30	11.80	4.55	7.25
广 西	Guangxi	14.44	6.10	8.34	14.19	5.99	8.20	14.40	5.70	8.70
海 南	Hainan	14.59	5.73	8.86	14.62	5.71	8.91	14.71	5.72	8.99
重 庆	Chongqing	9.90	6.50	3.40	10.10	6.30	3.80	10.10	6.30	3.80
四 川	Sichuan	9.14	6.28	2.86	9.21	6.29	2.92	9.54	7.15	2.39
贵 州	Guizhou	13.97	6.71	7.26	13.28	6.60	6.68	13.49	6.77	6.72
云 南	Yunnan	13.20	6.30	6.90	13.08	6.22	6.86	12.63	6.31	6.32
西 藏	Tibet	17.40	5.70	11.70	16.40	5.10	11.30	15.50	5.20	10.30
陕 西	Shaanxi	10.19	6.15	4.04	10.21	6.16	4.05	10.29	6.21	4.08
甘 肃	Gansu	12.86	6.62	6.24	13.14	6.65	6.49	13.22	6.68	6.54
青 海	Qinghai	15.24	6.27	8.97	14.93	6.13	8.80	14.49	6.14	8.35
宁 夏	Ningxia	15.53	4.84	10.69	14.80	5.04	9.76	14.31	4.62	9.69
新 疆	Xinjiang	15.79	5.03	10.76	16.79	5.01	11.78	16.05	4.88	11.17

1-7 续表 5 continued

单位：‰ (‰)

地 区	Region	2009 出生率 Birth Rate	2009 死亡率 Death Rate	2009 自然增长率 Natural Growth Rate	2010 出生率 Birth Rate	2010 死亡率 Death Rate	2010 自然增长率 Natural Growth Rate	2011 出生率 Birth Rate	2011 死亡率 Death Rate	2011 自然增长率 Natural Growth Rate
全 国	**National Total**	**11.95**	**7.08**	**4.87**	**11.90**	**7.11**	**4.79**	**11.93**	**7.14**	**4.79**
北 京	Beijing	8.06	4.56	3.50	7.48	4.41	3.07	8.29	4.27	4.02
天 津	Tianjin	8.30	5.70	2.60	8.18	5.58	2.60	8.58	6.08	2.50
河 北	Hebei	12.93	6.43	6.50	13.22	6.41	6.81	13.02	6.52	6.50
山 西	Shanxi	10.87	5.98	4.89	10.68	5.38	5.30	10.47	5.61	4.86
内蒙古	Inner Mongolia	9.57	5.61	3.96	9.30	5.54	3.76	8.94	5.43	3.51
辽 宁	Liaoning	6.06	5.09	0.97	6.68	6.26	0.42	5.71	6.05	-0.34
吉 林	Jilin	6.69	4.74	1.95	7.91	5.88	2.03	6.53	5.51	1.02
黑龙江	Heilongjiang	7.48	5.42	2.06	7.35	5.03	2.32	6.99	5.92	1.07
上 海	Shanghai	8.64	5.94	2.70	7.05	5.07	1.98	6.97	5.10	1.87
江 苏	Jiangsu	9.55	6.99	2.56	9.73	6.88	2.85	9.59	6.98	2.61
浙 江	Zhejiang	10.22	5.59	4.63	10.27	5.54	4.73	9.47	5.40	4.07
安 徽	Anhui	13.07	6.60	6.47	12.70	5.95	6.75	12.23	5.91	6.32
福 建	Fujian	12.20	6.00	6.20	11.27	5.16	6.11	11.41	5.20	6.21
江 西	Jiangxi	13.87	5.98	7.89	13.72	6.06	7.66	13.48	5.98	7.50
山 东	Shandong	11.70	6.08	5.62	11.65	6.26	5.39	11.50	6.40	5.10
河 南	Henan	11.45	6.46	4.99	11.52	6.57	4.95	11.56	6.62	4.94
湖 北	Hubei	9.48	6.00	3.48	10.36	6.02	4.34	10.39	6.01	4.38
湖 南	Hunan	13.05	6.94	6.11	13.10	6.70	6.40	13.35	6.80	6.55
广 东	Guangdong	11.78	4.52	7.26	11.18	4.21	6.97	10.45	4.35	6.10
广 西	Guangxi	14.17	5.64	8.53	14.13	5.48	8.65	13.71	6.04	7.67
海 南	Hainan	14.66	5.70	8.96	14.71	5.73	8.98	14.72	5.75	8.97
重 庆	Chongqing	9.90	6.20	3.70	9.17	6.40	2.77	9.88	6.71	3.17
四 川	Sichuan	9.15	6.43	2.72	8.93	6.62	2.31	9.79	6.81	2.98
贵 州	Guizhou	13.65	6.69	6.96	13.96	6.55	7.41	13.31	6.93	6.38
云 南	Yunnan	12.53	6.45	6.08	13.10	6.56	6.54	12.71	6.36	6.35
西 藏	Tibet	15.31	5.07	10.24	15.80	5.55	10.25	15.39	5.13	10.26
陕 西	Shaanxi	10.24	6.24	4.00	9.73	6.01	3.72	9.75	6.06	3.69
甘 肃	Gansu	13.32	6.71	6.61	12.05	6.02	6.03	12.08	6.03	6.05
青 海	Qinghai	14.51	6.19	8.32	14.94	6.31	8.63	14.43	6.12	8.31
宁 夏	Ningxia	14.38	4.70	9.68	14.14	5.10	9.04	13.65	4.68	8.97
新 疆	Xinjiang	15.99	5.43	10.56	15.99	5.43	10.56	14.99	4.42	10.57

1-7 续表 6 continued

单位：‰ (‰)

地 区	Region	2012 出生率 Birth Rate	2012 死亡率 Death Rate	2012 自然增长率 Natural Growth Rate	2013 出生率 Birth Rate	2013 死亡率 Death Rate	2013 自然增长率 Natural Growth Rate	2014 出生率 Birth Rate	2014 死亡率 Death Rate	2014 自然增长率 Natural Growth Rate
全 国	**National Total**	**12.10**	**7.15**	**4.95**	**12.08**	**7.16**	**4.92**	**12.37**	**7.16**	**5.21**
北 京	Beijing	9.05	4.31	4.74	8.93	4.52	4.41	9.75	4.92	4.83
天 津	Tianjin	8.75	6.12	2.63	8.28	6.00	2.28	8.19	6.05	2.14
河 北	Hebei	12.88	6.41	6.47	13.04	6.87	6.17	13.18	6.23	6.95
山 西	Shanxi	10.70	5.83	4.87	10.81	5.57	5.24	10.92	5.93	4.99
内蒙古	Inner Mongolia	9.17	5.52	3.65	8.98	5.62	3.36	9.31	5.75	3.56
辽 宁	Liaoning	6.15	6.54	-0.39	6.09	6.12	-0.03	6.49	6.23	0.26
吉 林	Jilin	5.73	5.37	0.36	5.36	5.04	0.32	6.62	6.22	0.40
黑龙江	Heilongjiang	7.30	6.03	1.27	6.86	6.08	0.78	7.37	6.46	0.91
上 海	Shanghai	9.56	5.36	4.20	8.18	5.24	2.94	8.35	5.21	3.14
江 苏	Jiangsu	9.44	6.99	2.45	9.44	7.01	2.43	9.45	7.02	2.43
浙 江	Zhejiang	10.12	5.52	4.60	10.01	5.45	4.56	10.51	5.51	5.00
安 徽	Anhui	13.00	6.14	6.86	12.88	6.06	6.82	12.86	5.89	6.97
福 建	Fujian	12.74	5.73	7.01	12.20	6.01	6.19	13.70	6.20	7.50
江 西	Jiangxi	13.46	6.14	7.32	13.19	6.28	6.91	13.24	6.26	6.98
山 东	Shandong	11.90	6.95	4.95	11.41	6.40	5.01	14.23	6.84	7.39
河 南	Henan	11.87	6.71	5.16	12.27	6.76	5.51	12.80	7.02	5.78
湖 北	Hubei	11.00	6.12	4.88	11.08	6.15	4.93	11.86	6.96	4.90
湖 南	Hunan	13.58	7.01	6.57	13.50	6.96	6.54	13.52	6.89	6.63
广 东	Guangdong	11.60	4.65	6.95	10.71	4.69	6.02	10.80	4.70	6.10
广 西	Guangxi	14.20	6.31	7.89	14.28	6.35	7.93	14.07	6.21	7.86
海 南	Hainan	14.66	5.81	8.85	14.59	5.90	8.69	14.56	5.95	8.61
重 庆	Chongqing	10.86	6.86	4.00	10.37	6.77	3.60	10.67	7.05	3.62
四 川	Sichuan	9.89	6.92	2.97	9.90	6.90	3.00	10.22	7.02	3.20
贵 州	Guizhou	13.27	6.96	6.31	13.05	7.15	5.90	12.98	7.18	5.80
云 南	Yunnan	12.63	6.41	6.22	12.60	6.43	6.17	12.65	6.45	6.20
西 藏	Tibet	15.48	5.21	10.27	15.77	5.39	10.38	15.76	5.21	10.55
陕 西	Shaanxi	10.12	6.24	3.88	10.01	6.15	3.86	10.13	6.26	3.87
甘 肃	Gansu	12.11	6.05	6.06	12.16	6.08	6.08	12.21	6.11	6.10
青 海	Qinghai	14.30	6.06	8.24	14.16	6.13	8.03	14.67	6.18	8.49
宁 夏	Ningxia	13.26	4.33	8.93	13.12	4.50	8.62	13.10	4.53	8.57
新 疆	Xinjiang	15.32	4.48	10.84	15.84	4.92	10.92	16.44	4.97	11.47

1-8 六次全国人口普查人口基本情况
Basic Statistics on National Population Census in 1953, 1964, 1982, 1990, 2000 and 2010

指　标	Item	1953	1964	1982	1990	2000	2010
总人口（万人）	**Total Population (10 000 persons)**	**58260**	**69458**	**100818**	**113368**	**126583**	**133972**
男	Male	30190	35652	51944	58495	65355	68685
女	Female	28070	33806	48874	54873	61228	65287
性别比（以女性为100）	Sex Ratio (female=100)	107.56	105.46	106.30	106.60	106.74	105.20
家庭户规模（人/户）	**Average Family Household Size (person/household)**	**4.33**	**4.43**	**4.41**	**3.96**	**3.44**	**3.10**
各年龄组人口比重（%）	**Percentage of Population by Age Group (%)**						
0-14岁	Aged 0-14	36.28	40.69	33.59	27.69	22.89	16.60
15-64岁	Aged 15-64	59.31	55.75	61.50	66.74	70.15	74.53
65岁及以上	Aged 65 and Over	4.41	3.56	4.91	5.57	6.96	8.87
民族人口	**Population by Ethnicity**						
汉族（万人）	Han (10 000 persons)	54728	65456	94088	104248	115940	122593
占总人口比重（%）	Percentage to Total Population (%)	93.94	94.24	93.32	91.96	91.59	91.51
少数民族（万人）	Ethnic Minorities (10 000 persons)	3532	4002	6730	9120	10643	11379
占总人口比重（%）	Percentage to Total Population (%)	6.06	5.76	6.68	8.04	8.41	8.49
每十万人拥有的各种受教育程度人口（人）	**Population with Various Education Attainments Per 100 000 Persons (person)**						
大专及以上	Junior College and Above		416	615	1422	3611	8930
高中和中专	Senior Secondary School and Technical Secondary School		1319	6779	8039	11146	14032
初中	Junior Secondary School		4680	17892	23344	33961	38788
小学	Primary School		28330	35237	37057	35701	26779
文盲人口及文盲率	**Illiterate Population and Illiterate Rate**						
文盲人口（万人）	Illiterate Population (10 000 persons)		23327	22996	18003	8507	5466
文盲率（%）	Illiterate Rate (%)		33.58	22.81	15.88	6.72	4.08
城乡人口	**Population by Residence**						
城镇化率（%）	Urbanization Rate (%)	13.26	18.30	20.91	26.44	36.22	49.68
城镇人口（万人）	Urban Population (10 000 persons)	7726	12710	21082	29971	45844	66557
乡村人口（万人）	Rural Population (10 000 persons)	50534	56748	79736	83397	80739	67415
平均预期寿命（岁）	**Life Expectancy (year old)**			**67.77***	**68.55**	**71.40**	**74.83**
男	Male			66.28*	66.84	69.63	72.38
女	Female			69.27*	70.47	73.33	77.37

注：1.1953年、1964年、1982年及1990年全国人口普查标准时点为当年7月1日零时，2000年和2010年全国人口普查标准时点为当年11月1日零时。
2.历次普查总人口数据包括中国人民解放军现役军人。在城乡人口中，中国人民解放军现役军人列为城镇人口统计。
3.1964年文盲人口为13岁及以上不识字人口，1982、1990、2000、2010年文盲人口为15岁及以上不识字或识字很少的人。
4.表中“*”号表示为1981年数据。

Note:a) Standard reference time of national population census in 1953, 1964, 1982 and 1990 was zero hour of July 1st, and in 2000 and 2010 was zero hour of November 1st.
b) Total population from the five national population censuses includes the military personnel. Military personnel is listed as urban population in population by residence.
c) Illiterate population of 1964 National Population Census referred to the population aged 13 and over who are unable to read. Illiterate population of 1982, 1990, 2000 and 2010 National Population Censuses referred to the population aged 15 and over who are unable or have difficulty to read.
d) Data with "*" in this table are of 1981.

1-9 各地区人口平均预期寿命
Population Life Expectancy by Region

单位：岁 (year old)

地 区	Region	1990年预期寿命 Life Expectancy in 1990	男 Male	女 Female	2000年预期寿命 Life Expectancy in 2000	男 Male	女 Female	2010年预期寿命 Life Expectancy in 2010	男 Male	女 Female
全 国	**National Total**	**68.55**	**66.84**	**70.47**	**71.40**	**69.63**	**73.33**	**74.83**	**72.38**	**77.37**
北 京	Beijing	72.86	71.07	74.93	76.10	74.33	78.01	80.18	78.28	82.21
天 津	Tianjin	72.32	71.03	73.73	74.91	73.31	76.63	78.89	77.42	80.48
河 北	Hebei	70.35	68.47	72.53	72.54	70.68	74.57	74.97	72.70	77.47
山 西	Shanxi	68.97	67.33	70.93	71.65	69.96	73.57	74.92	72.87	77.28
内蒙古	Inner Mongolia	65.68	64.47	67.22	69.87	68.29	71.79	74.44	72.04	77.27
辽 宁	Liaoning	70.22	68.72	71.94	73.34	71.51	75.36	76.38	74.12	78.86
吉 林	Jilin	67.95	66.65	69.49	73.10	71.38	75.04	76.18	74.12	78.44
黑龙江	Heilongjiang	66.97	65.50	68.73	72.37	70.39	74.66	75.98	73.52	78.81
上 海	Shanghai	74.90	72.77	77.02	78.14	76.22	80.04	80.26	78.20	82.44
江 苏	Jiangsu	71.37	69.26	73.57	73.91	71.69	76.23	76.63	74.60	78.81
浙 江	Zhejiang	71.78	69.66	74.24	74.70	72.50	77.21	77.73	75.58	80.21
安 徽	Anhui	69.48	67.75	71.36	71.85	70.18	73.59	75.08	72.65	77.84
福 建	Fujian	68.57	66.49	70.93	72.55	70.30	75.07	75.76	73.27	78.64
江 西	Jiangxi	66.11	64.87	67.49	68.95	68.37	69.32	74.33	71.94	77.06
山 东	Shandong	70.57	68.64	72.67	73.92	71.70	76.26	76.46	74.05	79.06
河 南	Henan	70.15	67.96	72.55	71.54	69.67	73.41	74.57	71.84	77.59
湖 北	Hubei	67.25	65.51	69.23	71.08	69.31	73.02	74.87	72.68	77.35
湖 南	Hunan	66.93	65.41	68.70	70.66	69.05	72.47	74.70	72.28	77.48
广 东	Guangdong	72.52	69.71	75.43	73.27	70.79	75.93	76.49	74.00	79.37
广 西	Guangxi	68.72	67.17	70.34	71.29	69.07	73.75	75.11	71.77	79.05
海 南	Hainan	70.01	66.93	73.28	72.92	70.66	75.26	76.30	73.20	80.01
重 庆	Chongqing				71.73	69.84	73.89	75.70	73.16	78.60
四 川	Sichuan	66.33	65.06	67.70	71.20	69.25	73.39	74.75	72.25	77.59
贵 州	Guizhou	64.29	63.04	65.63	65.96	64.54	67.57	71.10	68.43	74.11
云 南	Yunnan	63.49	62.08	64.98	65.49	64.24	66.89	69.54	67.06	72.43
西 藏	Tibet	59.64	57.64	61.57	64.37	62.52	66.15	68.17	66.33	70.07
陕 西	Shaanxi	67.40	66.23	68.79	70.07	68.92	71.30	74.68	72.84	76.74
甘 肃	Gansu	67.24	66.35	68.25	67.47	66.77	68.26	72.23	70.60	74.06
青 海	Qinghai	60.57	59.29	61.96	66.03	64.55	67.70	69.96	68.11	72.07
宁 夏	Ningxia	66.94	65.95	68.05	70.17	68.71	71.84	73.38	71.31	75.71
新 疆	Xinjiang	62.59	61.95	63.26	67.41	65.98	69.14	72.35	70.30	74.86

注：根据人口普查数据计算。
Note: Data in this table are calculated according to the National Population Census.

1-10 全国历年人口密度
Population Density

年 份 Year	总人口 (万人) Population (10 000 persons)	人口密度 (人/平方公里) Population Density (person/sq.km)
1949	54167	56
1950	55196	57
1951	56300	59
1952	57482	60
1953	58796	61
1954	60266	63
1955	61465	64
1956	62828	65
1957	64653	67
1958	65994	69
1959	67207	70
1960	66207	69
1961	65859	69
1962	67295	70
1963	69172	72
1964	70499	73
1965	72538	76
1966	74542	78
1967	76368	80
1968	78534	82
1969	80671	84
1970	82992	86
1971	85229	89
1972	87177	91
1973	89211	93
1974	90859	95
1975	92420	96
1976	93717	98
1977	94974	99
1978	96259	100
1979	97542	102
1980	98705	103
1981	100072	104
1982	101654	106
1983	103008	107
1984	104357	109
1985	105851	110
1986	107507	112
1987	109300	114
1988	111026	116
1989	112704	117
1990	114333	119
1991	115823	121
1992	117171	122
1993	118517	123
1994	119850	125
1995	121121	126
1996	122389	127
1997	123626	129
1998	124761	130
1999	125786	131
2000	126743	132
2001	127627	133
2002	128453	134
2003	129227	135
2004	129988	135
2005	130756	136
2006	131448	137
2007	132129	138
2008	132802	138
2009	133450	139
2010	134091	140
2011	134735	140
2012	135404	141
2013	136072	142
2014	136782	142

1-11 就业基本情况
Employment

项　目	Item	2009	2010	2011	2012	2013	2014
经济活动人口(万人)	**Economically Active Population (10 000 persons)**	**77510**	**78388**	**78579**	**78894**	**79300**	**79690**
就业人员合计(万人)	**Total Number of Employed Persons (10 000 persons)**	**75828**	**76105**	**76420**	**76704**	**76977**	**77253**
第一产业	Primary Industry	28890	27931	26594	25773	24171	22790
第二产业	Secondary Industry	21080	21842	22544	23241	23170	23099
第三产业	Tertiary Industry	25857	26332	27282	27690	29636	31364
就业人员构成(合计=100)	**Composition of Employed Persons (total=100)**						
第一产业	Primary Industry	38.1	36.7	34.8	33.6	31.4	29.5
第二产业	Secondary Industry	27.8	28.7	29.5	30.3	30.1	29.9
第三产业	Tertiary Industry	34.1	34.6	35.7	36.1	38.5	40.6
按城乡分就业人员(万人)	**Number of Employed Persons by Urban and Rural Areas (10 000 persons)**						
城镇就业人员	Urban Employed Persons	33322	34687	35914	37102	38240	39310
#国有单位	State-owned Units	6420	6516	6704	6839	6365	6312
城镇集体单位	Urban Collective-owned Units	618	597	603	589	566	537
股份合作单位	Cooperative Units	160	156	149	149	108	103
联营单位	Joint Ownership Units	37	36	37	39	25	22
有限责任公司	Limited Liability Corporations	2433	2613	3269	3787	6069	6315
股份有限公司	Share-holding Corporations Ltd.	956	1024	1183	1243	1721	1751
私营企业	Private Enterprises	5544	6071	6912	7557	8242	9857
港澳台商投资单位	Units with Funds from Hong Kong, Macao & Taiwan	721	770	932	969	1397	1393
外商投资单位	Foreign Funded Units	978	1053	1217	1246	1566	1562
个体	Self-employed Individuals	4245	4467	5227	5643	6142	7009
乡村就业人员	Rural Employed Persons	42506	41418	40506	39602	38737	37943
#私营企业	Private Enterprises	3063	3347	3442	3739	4279	4533
个体	Self-employed Individuals	2341	2540	2718	2986	3193	3575
城镇登记失业人数(万人)	**Number of Registered Unemployed Persons in Urban Areas (10 000 persons)**	**921**	**908**	**922**	**917**	**926**	**952**
城镇登记失业率(%)	**Registered Unemployment Rate in Urban Areas (%)**	**4.3**	**4.1**	**4.1**	**4.1**	**4.05**	**4.09**

注：1. 全国就业人员1990年及以后的数据根据劳动力调查、人口普查推算(下表同)。

2. 2013年部分经济类型单位、部分行业就业人员、工资总额变动较大，系将原属于乡镇企业的规模以上法人单位纳入劳动工资统计范围所致(以下相关表同)。

Note: a) From 1990, the total number of employed persons were estimated according to Labour Force Survey and Population Census. The same applies to the following tables.

b) In 2013, some units by status of registration, some employment by industry, total wages bill changed greatly, because legal persons above designated size originally belonged to township enterprises were taken into statistics of labour wages. The same applis to the relevant tables following.

1-12 分城乡就业人员年末人数

Number of Employed Persons at Year-end in Urban and Rural Areas

单位: 万人, %　　(10 000 persons,%)

年 份 Year	就业人员 Total Number of Employed Persons	城镇 Urban		乡村 Rural	
		就业人员 Employed Persons	比重 Proportion	就业人员 Employed Persons	比重 Proportion
1952	20729	2486	12.0	18243	88.0
1953	21364	2754	12.9	18610	87.1
1954	21832	2744	12.6	19088	87.4
1955	22328	2802	12.5	19526	87.5
1956	23018	2993	13.0	20025	87.0
1957	23771	3205	13.5	20566	86.5
1958	26600	5300	19.9	21300	80.1
1959	26173	5389	20.6	20784	79.4
1960	25880	6119	23.6	19761	76.4
1961	25590	5336	20.9	20254	79.1
1962	25910	4537	17.5	21373	82.5
1963	26640	4603	17.3	22037	82.7
1964	27736	4828	17.4	22908	82.6
1965	28670	5136	17.9	23534	82.1
1966	29805	5354	18.0	24451	82.0
1967	30814	5446	17.7	25368	82.3
1968	31915	5630	17.6	26285	82.4
1969	33225	5825	17.5	27400	82.5
1970	34432	6312	18.3	28120	81.7
1971	35620	6868	19.3	28752	80.7
1972	35854	7200	20.1	28654	79.9
1973	36652	7388	20.2	29264	79.8
1974	37369	7687	20.6	29682	79.4
1975	38168	8222	21.5	29946	78.5
1976	38834	8692	22.4	30142	77.6
1977	39377	9127	23.2	30250	76.8
1978	40152	9514	23.7	30638	76.3
1979	41024	9999	24.4	31025	75.6
1980	42361	10525	24.8	31836	75.2
1981	43725	11053	25.3	32672	74.7
1982	45295	11428	25.2	33867	74.8
1983	46436	11746	25.3	34690	74.7

1-12 续表 continued

单位: 万人，%　　　　(10 000 persons,%)

年 份 Year	就业人员 Total Number of Employed Persons	城镇 Urban		乡村 Rural	
		就业人员 Employed Persons	比重 Proportion	就业人员 Employed Persons	比重 Proportion
1984	48197	12229	25.4	35968	74.6
1985	49873	12808	25.7	37065	74.3
1986	51282	13292	25.9	37990	74.1
1987	52783	13783	26.1	39000	73.9
1988	54334	14267	26.3	40067	73.7
1989	55329	14390	26.0	40939	74.0
1990	64749	17041	26.3	47708	73.7
1991	65491	17465	26.7	48026	73.3
1992	66152	17861	27.0	48291	73.0
1993	66808	18262	27.3	48546	72.7
1994	67455	18653	27.7	48802	72.3
1995	68065	19040	28.0	49025	72.0
1996	68950	19922	28.9	49028	71.1
1997	69820	20781	29.8	49039	70.2
1998	70637	21616	30.6	49021	69.4
1999	71394	22412	31.4	48982	68.6
2000	72085	23151	32.1	48934	67.9
2001	72797	24123	33.1	48674	66.9
2002	73280	25159	34.3	48121	65.7
2003	73736	26230	35.6	47506	64.4
2004	74264	27293	36.8	46971	63.2
2005	74647	28389	38.0	46258	62.0
2006	74978	29630	39.5	45348	60.5
2007	75321	30953	41.1	44368	58.9
2008	75564	32103	42.5	43461	57.5
2009	75828	33322	43.9	42506	56.1
2010	76105	34687	45.6	41418	54.4
2011	76420	35914	47.0	40506	53.0
2012	76704	37102	48.4	39602	51.6
2013	76977	38240	49.7	38737	50.3
2014	77253	39310	50.9	37943	49.1

注：全国就业人员1990年及以后的数据根据劳动力调查、人口普查推算(下表同)。

Note: From 1990, the total number of employed persons were estimated according to Labour Force Survey and Population Census, The same applies to the following tables.

1-13 分产业就业人员年末人数

Number of Employed Persons at Year-end by Three Strata Industries

单位：万人，% (10 000 persons,%)

年份 Year	就业人员合计 Total Number of Employed Persons	第一产业 Primary Industry		第二产业 Secondary Industry		第三产业 Tertiary Industry	
		就业人员 Employed Persons	比重 Proportion	就业人员 Employed Persons	比重 Proportion	就业人员 Employed Persons	比重 Proportion
1952	20729	17317	83.5	1531	7.4	1881	9.1
1953	21364	17747	83.1	1715	8.0	1902	8.9
1954	21832	18151	83.1	1882	8.6	1799	8.3
1955	22328	18592	83.3	1913	8.6	1823	8.1
1956	23018	18544	80.6	2468	10.7	2006	8.7
1957	23771	19309	81.2	2142	9.0	2320	9.8
1958	26600	15490	58.2	7076	26.6	4034	15.2
1959	26173	16271	62.2	5402	20.6	4500	17.2
1960	25880	17016	65.7	4112	15.9	4752	18.4
1961	25590	19747	77.2	2856	11.2	2987	11.6
1962	25910	21276	82.1	2059	8.0	2575	9.9
1963	26640	21966	82.5	2038	7.6	2636	9.9
1964	27736	22801	82.2	2183	7.9	2752	9.9
1965	28670	23396	81.6	2408	8.4	2866	10.0
1966	29805	24297	81.5	2600	8.7	2908	9.8
1967	30814	25165	81.7	2661	8.6	2988	9.7
1968	31915	26063	81.7	2743	8.6	3109	9.7
1969	33225	27117	81.6	3030	9.1	3078	9.3
1970	34432	27811	80.8	3518	10.2	3103	9.0
1971	35620	28397	79.7	3990	11.2	3233	9.1
1972	35854	28283	78.9	4276	11.9	3295	9.2
1973	36652	28857	78.7	4492	12.3	3303	9.0
1974	37369	29218	78.2	4712	12.6	3439	9.2
1975	38168	29456	77.2	5152	13.5	3560	9.3
1976	38834	29443	75.8	5611	14.5	3780	9.7
1977	39377	29340	74.5	5831	14.8	4206	10.7
1978	40152	28318	70.5	6945	17.3	4890	12.2
1979	41024	28634	69.8	7214	17.6	5177	12.6
1980	42361	29122	68.7	7707	18.2	5532	13.1
1981	43725	29777	68.1	8003	18.3	5945	13.6
1982	45295	30859	68.1	8346	18.4	6090	13.5

1-13 续表 continued

单位: 万人, % (10 000 persons,%)

年 份 Year	就业人员合 计 Total Number of Employed Persons	第一产业 Primary Industry		第二产业 Secondary Industry		第三产业 Tertiary Industry	
		就业人员 Employed Persons	比重 Proportion	就业人员 Employed Persons	比重 Proportion	就业人员 Employed Persons	比重 Proportion
1983	46436	31151	67.1	8679	18.7	6606	14.2
1984	48197	30868	64.0	9590	19.9	7739	16.1
1985	49873	31130	62.4	10384	20.8	8359	16.8
1986	51282	31254	60.9	11216	21.9	8811	17.2
1987	52783	31663	60.0	11726	22.2	9395	17.8
1988	54334	32249	59.3	12152	22.4	9933	18.3
1989	55329	33225	60.1	11976	21.6	10129	18.3
1990	64749	38914	60.1	13856	21.4	11979	18.5
1991	65491	39098	59.7	14015	21.4	12378	18.9
1992	66152	38699	58.5	14355	21.7	13098	19.8
1993	66808	37680	56.4	14965	22.4	14163	21.2
1994	67455	36628	54.3	15312	22.7	15515	23.0
1995	68065	35530	52.2	15655	23.0	16880	24.8
1996	68950	34820	50.5	16203	23.5	17927	26.0
1997	69820	34840	49.9	16547	23.7	18432	26.4
1998	70637	35177	49.8	16600	23.5	18860	26.7
1999	71394	35768	50.1	16421	23.0	19205	26.9
2000	72085	36043	50.0	16219	22.5	19823	27.5
2001	72797	36399	50.0	16234	22.3	20165	27.7
2002	73280	36640	50.0	15682	21.4	20958	28.6
2003	73736	36204	49.1	15927	21.6	21605	29.3
2004	74264	34830	46.9	16709	22.5	22725	30.6
2005	74647	33442	44.8	17766	23.8	23439	31.4
2006	74978	31941	42.6	18894	25.2	24143	32.2
2007	75321	30731	40.8	20186	26.8	24404	32.4
2008	75564	29923	39.6	20553	27.2	25087	33.2
2009	75828	28890	38.1	21080	27.8	25857	34.1
2010	76105	27931	36.7	21842	28.7	26332	34.6
2011	76420	26594	34.8	22544	29.5	27282	35.7
2012	76704	25773	33.6	23241	30.3	27690	36.1
2013	76977	24171	31.4	23170	30.1	29636	38.5
2014	77253	22790	29.5	23099	29.9	31364	40.6

1-14 城镇登记失业人数及失业率(年末数)

Registered Unemployed Persons and Registered Unemployment Rate in Urban Areas (year-end)

单位：万人，%　　　　(10 000 persons,%)

年 份 Year	城镇登记失业人数 Registered Unemployed Persons in Urban Areas	比上年增长 Increase over Preceeding year	城镇登记失业率 Registered Unemployment Rate in Urban Areas
1978	530.0		5.3
1979	567.6	7.1	5.4
1980	541.5	-4.6	4.9
1981	439.5	-18.8	3.8
1982	379.4	-13.7	3.2
1983	271.4	-28.5	2.3
1984	235.7	-13.2	1.9
1985	238.5	1.2	1.8
1986	264.4	10.9	2.0
1987	276.6	4.6	2.0
1988	296.2	7.1	2.0
1989	377.9	27.6	2.6
1990	383.2	1.4	2.5
1991	352.2	-8.1	2.3
1992	363.9	3.3	2.3
1993	420.1	15.4	2.6
1994	476.4	13.4	2.8
1995	519.6	9.1	2.9
1996	552.8	6.3	3.0
1997	576.8	4.3	3.1
1998	571.0	-1.0	3.1
1999	575.0	0.7	3.1
2000	595.0	3.5	3.1
2001	681.0	14.4	3.6
2002	770.0	13.1	4.0
2003	800.0	3.9	4.3
2004	827.0	3.4	4.2
2005	839.0	1.5	4.2
2006	847.0	1.0	4.1
2007	830.0	-2.0	4.0
2008	886.0	6.7	4.2
2009	921.0	4.0	4.3
2010	908.0	-1.4	4.1
2011	922.0	1.5	4.1
2012	917.0	-0.5	4.1
2013	926.0	1.0	4.05
2014	952.0	2.8	4.09

1-15 分地区城镇登记失业人员数(年末数)

Registered Unemployed Persons in Urban Areas by Region (year-end)

单位：万人 (10 000 persons)

地 区	Region	2000	2001	2002	2003	2004	2005	2006	2007	2008	2009	2010	2011	2012	2013	2014
北 京	Beijing	3.3	5.2	6.0	7.0	6.5	10.6	10.4	10.6	10.3	8.2	7.7	8.1	8.1	7.5	7.4
天 津	Tianjin	10.5	11.4	12.9	12.0	11.8	11.7	11.7	15.0	13.0	15.0	16.1	20.1	20.4	21.7	22.5
河 北	Hebei	17.4	19.5	22.2	25.7	28.0	27.8	28.7	29.3	32.2	34.5	35.1	36.0	36.8	37.2	38.3
山 西	Shanxi	9.7	12.2	14.5	13.1	13.7	14.3	15.6	16.1	17.5	21.6	20.4	21.1	21.0	21.1	24.5
内蒙古	Inner Mongolia	12.6	14.5	16.3	17.6	18.5	17.7	18.0	18.5	19.9	20.1	20.8	21.8	23.1	23.8	24.8
辽 宁	Liaoning	41.2	55.5	75.6	72.0	70.1	60.4	54.1	44.5	41.7	41.6	38.9	39.4	38.1	39.6	41.0
吉 林	Jilin	23.0	20.2	23.8	28.4	28.2	27.6	26.3	23.9	24.3	23.4	22.7	22.2	22.3	22.6	23.2
黑龙江	Heilongjiang	25.3	35.5	41.6	35.0	32.9	31.3	31.2	31.5	32.1	31.4	36.2	35.0	41.3	41.4	39.9
上 海	Shanghai	20.1	25.7	28.8	30.1	27.4	27.5	27.8	26.7	26.6	27.9	27.6	27.0	26.7	25.3	25.6
江 苏	Jiangsu	30.4	36.1	42.2	41.8	42.9	41.6	40.4	39.3	41.1	40.7	40.6	41.4	40.5	37.6	36.6
浙 江	Zhejiang	21.8	24.0	27.7	28.3	30.1	29.0	29.1	28.6	30.7	30.7	31.1	31.7	33.4	33.4	33.1
安 徽	Anhui	16.5	19.9	22.6	25.1	26.1	27.8	28.2	27.2	29.3	30.1	26.9	33.1	31.3	32.4	31.5
福 建	Fujian	9.1	13.2	15.0	14.6	14.5	14.9	15.1	14.9	15.0	15.2	14.5	14.6	14.5	14.7	14.3
江 西	Jiangxi	16.7	17.3	17.8	21.6	22.4	22.8	25.3	24.3	26.0	27.3	26.3	24.6	25.7	27.4	29.4
山 东	Shandong	37.5	35.4	39.7	41.3	42.3	42.9	43.7	43.5	60.7	45.1	44.5	45.1	43.4	42.2	43.1
河 南	Henan	21.4	23.1	25.4	26.3	31.2	33.0	35.4	33.1	36.5	38.5	38.2	38.4	38.3	40.2	40.0
湖 北	Hubei	36.6	42.2	44.7	49.3	49.4	52.6	52.6	54.1	55.1	55.3	55.7	55.1	42.3	40.2	37.9
湖 南	Hunan	27.6	30.3	30.4	37.1	43.0	41.9	43.3	44.4	47.0	47.8	43.2	43.1	44.1	45.6	47.3
广 东	Guangdong	30.2	34.5	36.5	35.5	35.9	34.5	36.2	36.2	38.1	39.5	39.3	38.8	39.6	38.0	36.8
广 西	Guangxi	11.3	14.2	14.7	14.9	17.8	18.5	20.0	18.5	18.8	19.1	19.1	18.8	18.9	18.0	18.7
海 南	Hainan	3.7	3.8	4.0	3.6	4.7	5.1	5.2	5.4	5.6	5.3	4.8	2.9	3.6	3.9	4.3
重 庆	Chongqing	10.1	13.7	16.2	16.2	16.8	16.9	15.4	14.1	13.0	13.4	13.0	13.0	12.4	12.1	13.4
四 川	Sichuan	30.8	31.9	33.8	33.1	33.3	34.3	36.1	34.5	37.9	36.3	34.6	36.9	40.7	42.9	54.4
贵 州	Guizhou	10.2	11.1	11.1	11.2	11.6	12.1	12.1	12.1	12.5	12.3	12.2	12.5	12.6	13.7	14.1
云 南	Yunnan	6.8	8.0	9.8	12.1	11.9	13.0	13.8	14.0	14.8	15.4	15.7	16.0	17.4	18.1	19.2
西 藏	Tibet	1.0		1.3		1.2					2.0	2.1	1.0	1.6	1.6	1.7
陕 西	Shaanxi	11.4	14.0	13.5	13.9	18.5	21.5	21.5	21.0	20.8	21.5	21.4	20.9	19.5	21.1	22.3
甘 肃	Gansu	7.4	7.4	8.7	9.3	9.5	9.3	9.7	9.5	9.4	10.3	10.7	10.8	9.8	9.3	9.7
青 海	Qinghai	1.8	2.4	2.9	3.1	3.5	3.6	3.7	3.7	3.9	4.1	4.2	4.4	4.1	4.2	4.2
宁 夏	Ningxia	3.8	3.7	3.5	3.8	4.1	4.4	4.2	4.4	4.8	4.8	4.8	5.2	4.6	4.7	5.0
新 疆	Xinjiang	11.0	9.7	9.9	9.9	13.3	11.1	11.6	11.7	11.8	11.9	11.0	11.1	11.8	11.9	11.2

1-16 分地区城镇登记失业率(年末数)

Registered Unemployment Rate in Urban Areas by Region (year-end)

单位：% (%)

地 区	Region	2000	2001	2002	2003	2004	2005	2006	2007	2008	2009	2010	2011	2012	2013	2014
北 京	Beijing	0.8	1.2	1.4	1.4	1.3	2.1	2.0	1.8	1.8	1.4	1.4	1.4	1.3	1.2	1.3
天 津	Tianjin	3.2	3.6	3.9	3.8	3.8	3.7	3.6	3.6	3.6	3.6	3.6	3.6	3.6	3.6	3.5
河 北	Hebei	2.8	3.2	3.6	3.9	4.0	3.9	3.8	3.8	4.0	3.9	3.9	3.8	3.7	3.7	3.6
山 西	Shanxi	2.2	2.6	3.4	3.0	3.1	3.0	3.2	3.2	3.3	3.9	3.6	3.5	3.3	3.1	3.4
内蒙古	Inner Mongolia	3.3	3.7	4.1	4.5	4.6	4.3	4.1	4.0	4.1	4.0	3.9	3.8	3.7	3.7	3.6
辽 宁	Liaoning	3.7	3.2	6.5	6.5	6.5	5.6	5.1	4.3	3.9	3.9	3.6	3.7	3.6	3.4	3.4
吉 林	Jilin	3.7	3.1	3.6	4.3	4.2	4.2	4.2	3.9	4.0	4.0	3.8	3.7	3.7	3.7	3.4
黑龙江	Heilongjiang	3.3	4.7	4.9	4.2	4.5	4.4	4.3	4.3	4.2	4.3	4.3	4.1	4.2	4.4	4.5
上 海	Shanghai	3.5		4.8	4.9	4.5		4.4	4.2	4.2	4.3	4.4	3.5	3.1	4.0	4.1
江 苏	Jiangsu	3.2	3.6	4.2	4.1	3.8	3.6	3.4	3.2	3.3	3.2	3.2	3.2	3.1	3.0	3.0
浙 江	Zhejiang	3.5	3.7	4.2	4.2	4.1	3.7	3.5	3.3	3.5	3.3	3.2	3.1	3.0	3.0	3.0
安 徽	Anhui	3.3	3.7	4.0	4.1	4.2	4.4	4.2	4.1	3.9	3.9	3.7	3.7	3.7	3.4	3.2
福 建	Fujian	2.6	3.8	4.2	4.1	4.0	4.0	3.9	3.9	3.9	3.9	3.8	3.7	3.6	3.6	3.5
江 西	Jiangxi	2.9	3.3	3.4	3.6	3.6	3.5	3.6	3.4	3.4	3.4	3.3	3.0	3.0	3.2	3.3
山 东	Shandong	3.2	3.3	3.6	3.6	3.4	3.3	3.3	3.2	3.7	3.4	3.4	3.4	3.3	3.2	3.3
河 南	Henan	2.6	2.8	2.9	3.1	3.4	3.5	3.5	3.4	3.4	3.5	3.4	3.4	3.1	3.1	3.0
湖 北	Hubei	3.5	4.0	4.3	4.3	4.2	4.3	4.2	4.2	4.2	4.2	4.2	4.1	3.8	3.5	3.1
湖 南	Hunan	3.7	4.0	4.0	4.5	4.4	4.3	4.3	4.3	4.2	4.1	4.2	4.2	4.2	4.2	4.1
广 东	Guangdong	2.5	2.9	3.1	2.9	2.7	2.6	2.6	2.5	2.6	2.6	2.5	2.5	2.5	2.4	2.4
广 西	Guangxi	3.2	3.5	3.7	3.6	4.1	4.2	4.1	3.8	3.8	3.7	3.7	3.5	3.4	3.3	3.2
海 南	Hainan	3.2	3.4	3.1	3.4	3.4	3.6	3.6	3.5	3.7	3.5	3.0	1.7	2.0	2.2	2.3
重 庆	Chongqing	3.5	3.9	4.1	4.1	4.1	4.1	4.0	4.0	4.0	4.0	3.9	3.5	3.3	3.4	3.5
四 川	Sichuan	4.0	4.3	4.5	4.4	4.4	4.6	4.5	4.2	4.6	4.3	4.1	4.2	4.0	4.1	4.2
贵 州	Guizhou	3.8	4.0	4.1	4.0	4.1	4.2	4.1	4.0	4.0	3.8	3.6	3.6	3.3	3.3	3.3
云 南	Yunnan	2.6	3.3	4.0	4.1	4.3	4.2	4.3	4.2	4.2	4.3	4.2	4.1	4.0	4.0	4.0
西 藏	Tibet	4.1		4.9		4.0					3.8	4.0	3.2	2.6	2.5	2.5
陕 西	Shaanxi	2.7	3.2	3.3	3.5	3.8	4.2	4.0	4.0	3.9	3.9	3.9	3.6	3.2	3.3	3.3
甘 肃	Gansu	2.7	2.8	3.2	3.4	3.4	3.3	3.6	3.3	3.2	3.3	3.2	3.1	2.7	2.3	2.2
青 海	Qinghai	2.4	3.5	3.6	3.8	3.9	3.9	3.9	3.8	3.8	3.8	3.8	3.8	3.4	3.3	3.2
宁 夏	Ningxia	4.6	4.4	4.4	4.4	4.5	4.5	4.3	4.3	4.4	4.4	4.4	4.4	4.2	4.1	4.0
新 疆	Xinjiang	3.8	3.7	3.7	3.5	3.5	3.9	3.9	3.9	3.7	3.8	3.2	3.2	3.4	3.4	3.2

1-17 分行业城镇非私营单位就业人员年末人数
Employed Persons at Year-end in Urban Units Excluding Private Units by Sector

单位：万人 (10 000 persons)

行 业	Sector	2003	2004	2005	2006	2007	2008
合 计	**Total**	**10969.7**	**11098.9**	**11404.0**	**11713.2**	**12024.4**	**12192.5**
农、林、牧、渔业	Agriculture, Forestry, Animal Husbandry and Fishery	484.5	466.1	446.3	435.2	426.3	410.1
采矿业	Mining	488.3	500.7	509.2	529.7	535.0	540.4
制造业	Manufacturing	2980.5	3050.8	3210.9	3351.6	3465.4	3434.3
电力、热力、燃气及水生产和供应业	Production and Supply of Electricity, Heat, Gas and Water	297.6	300.6	299.9	302.5	303.4	306.5
建筑业	Construction	833.7	841.0	926.6	988.7	1050.8	1072.6
批发和零售业	Wholesale and Retail Trades	628.1	586.7	544.0	515.7	506.9	514.4
交通运输、仓储和邮政业	Transport, Storage and Post	636.5	631.8	613.9	612.7	623.1	627.3
住宿和餐饮业	Hotels and Catering Services	172.1	177.1	181.2	183.9	185.8	193.2
信息传输、软件和信息技术服务业	Information Transmission, Software and Information Technology	116.8	123.7	130.1	138.2	150.2	159.5
金融业	Financial Intermediation	353.3	356.0	359.3	367.4	389.7	417.6
房地产业	Real Estate	120.2	133.4	146.5	153.9	166.5	172.7
租赁和商务服务业	Leasing and Business Services	183.5	194.4	218.5	236.7	247.2	274.7
科学研究和技术服务业	Scientific Research and Technical Services	221.9	222.1	227.7	235.5	243.4	257.0
水利、环境和公共设施管理业	Management of Water Conservancy, Environment and Public Facilities	172.5	176.1	180.4	187.0	193.5	197.3
居民服务、修理和其他服务业	Services to Households, Repair and Other Services	52.8	54.2	53.9	56.6	57.4	56.5
教育	Education	1442.8	1466.8	1483.2	1504.4	1520.9	1534.0
卫生和社会工作	Health and Social Service	485.8	494.7	508.9	525.4	542.8	563.6
文化、体育和娱乐业	Culture, Sports and Entertainment	127.8	123.4	122.5	122.4	125.0	126.0
公共管理、社会保障和社会组织	Public Management, Social Security and Social Organization	1171.0	1199.0	1240.8	1265.6	1291.2	1335.0

1-17 续表 continued

单位：万人 (10 000 persons)

行业	Sector	2009	2010	2011	2012	2013	2014
合　计	**Total**	**12573.0**	**13051.5**	**14413.3**	**15236.4**	**18108.4**	**18277.8**
农、林、牧、渔业	Agriculture, Forestry, Animal Husbandry and Fishery	373.7	375.7	359.5	338.9	294.8	284.6
采矿业	Mining	553.7	562.0	611.6	631.0	636.5	596.5
制造业	Manufacturing	3491.9	3637.2	4088.3	4262.2	5257.9	5243.1
电力、热力、燃气及水生产和供应业	Production and Supply of Electricity, Heat, Gas and Water	307.7	310.5	334.7	344.6	404.5	403.7
建筑业	Construction	1177.5	1267.5	1724.8	2010.3	2921.9	2921.2
批发和零售业	Wholesale and Retail Trades	520.8	535.1	647.5	711.8	890.8	888.6
交通运输、仓储和邮政业	Transport, Storage and Post	634.4	631.1	662.8	667.5	846.2	861.4
住宿和餐饮业	Hotels and Catering Services	202.1	209.2	242.7	265.1	304.4	289.3
信息传输、软件和信息技术服务业	Information Transmission, Software and Information Technology	173.8	185.8	212.8	222.8	327.3	336.3
金融业	Financial Intermediation	449.0	470.1	505.3	527.8	537.9	566.3
房地产业	Real Estate	190.9	211.6	248.6	273.7	373.7	402.2
租赁和商务服务业	Leasing and Business Services	290.5	310.1	286.6	292.3	421.9	449.4
科学研究和技术服务业	Scientific Research and Technical Services	272.6	292.3	298.5	330.7	387.8	408.0
水利、环境和公共设施管理业	Management of Water Conservancy, Environment and Public Facilities	205.7	218.9	230.3	243.8	259.2	269.1
居民服务、修理和其他服务业	Services to Households, Repair and Other Services	58.8	60.2	59.9	62.1	72.3	75.4
教育	Education	1550.4	1581.8	1617.8	1653.4	1687.2	1727.3
卫生和社会工作	Health and Social Service	595.8	632.5	679.1	719.3	770.0	810.4
文化、体育和娱乐业	Culture, Sports and Entertainment	129.5	131.4	135.0	137.7	147.0	145.5
公共管理、社会保障和社会组织	Public Management, Social Security and Social Organization	1394.3	1428.5	1467.6	1541.5	1567.0	1599.3

1-18 分登记注册类型城镇非私营单位就业人员年末人数
Employed Persons at Year-end in Urban Units Excluding Private Units by Registration Status

单位：万人 (10 000 persons)

年 份 Year	合 计 Total	国有单位 State-owned Units	城镇集体单位 Urban Collective-owned Units	其他单位 Units of Other Types of Ownership
1994	15258.5	11213.9	3285.4	759.2
1995	15300.8	11260.5	3146.7	893.6
1996	15221.1	11243.6	3015.8	961.7
1997	15036.2	11044.2	2882.7	1109.4
1998	12695.7	9058.1	1963.2	1674.5
1999	12130.2	8572.1	1711.8	1846.3
2000	11612.5	8101.9	1499.3	2011.3
2001	11165.8	7639.9	1291.0	2234.9
2002	10985.2	7162.9	1122.0	2700.3
2003	10969.7	6875.6	999.9	3094.3
2004	11098.9	6709.9	897.2	3491.8
2005	11404.0	6488.2	809.9	4105.9
2006	11713.2	6430.5	763.6	4519.1
2007	12024.4	6423.5	718.4	4882.4
2008	12192.5	6447.0	661.8	5083.7
2009	12573.0	6420.2	618.1	5534.7
2010	13051.5	6516.4	597.5	5937.6
2011	14413.3	6704.2	603.1	7106.0
2012	15236.4	6839.0	589.7	7807.7
2013	18108.4	6365.1	566.2	11177.2
2014	18277.8	6312.3	536.7	11428.8

1-19 分地区按行业分私营企业和个体就业人数(2014年底)

Number of Engaged Persons in Private Enterprises and Self-employed Individuals at Year-end by Sector and Region (2014)

单位: 万人 (10 000 persons)

地区	Region	合计 Total	#制造业 Manufacturing	#建筑业 Construction	#批发和零售业 Wholesale and Retail Trades	#交通运输、仓储和邮政业 Transport, Storage and Post	#住宿和餐饮业 Hotels and Catering Services	#租赁和商务服务业 Leasing and Business Services	#居民服务、修理和其他服务业 Services to Household, Repair and Other Services
全国	**National Total**	**24975.0**	**5074.3**	**1132.6**	**10131.8**	**629.6**	**1547.9**	**1598.5**	**1400.4**
北京	Beijing	828.6	55.7	54.4	213.3	24.4	35.5	122.5	19.0
天津	Tianjin	163.7	41.2	6.9	33.2	3.2	31.4	11.7	6.8
河北	Hebei	672.9	148.6	14.1	317.0	21.9	40.0	18.7	41.8
山西	Shanxi	472.0	67.5	17.5	217.1	14.8	34.1	17.1	32.3
内蒙古	Inner Mongolia	522.7	48.5	13.4	248.0	19.5	54.0	19.0	47.9
辽宁	Liaoning	927.2	161.4	52.3	359.8	69.5	41.1	54.5	61.3
吉林	Jilin	512.4	58.5	34.6	194.0	17.0	42.5	17.6	41.2
黑龙江	Heilongjiang	472.5	58.5	15.1	205.8	17.3	53.1	20.4	45.8
上海	Shanghai	924.4	136.7	63.1	340.5	32.5	18.6	154.8	19.2
江苏	Jiangsu	2615.4	978.1	257.6	745.5	54.7	91.1	126.0	97.9
浙江	Zhejiang	1970.8	862.2	71.7	579.5	31.2	71.3	112.4	79.8
安徽	Anhui	816.4	157.8	35.5	370.1	14.1	48.7	37.3	56.4
福建	Fujian	756.7	169.8	28.7	317.8	12.9	41.2	55.5	36.7
江西	Jiangxi	776.5	149.1	25.1	341.4	24.2	40.6	45.7	45.4
山东	Shandong	1757.4	377.1	72.9	806.4	54.9	84.4	86.2	94.8
河南	Henan	894.2	157.3	31.1	441.3	12.9	57.7	36.1	63.6
湖北	Hubei	1444.2	211.9	43.2	626.2	43.4	145.3	63.3	110.3
湖南	Hunan	967.8	113.6	32.0	401.1	16.9	51.3	133.2	48.9
广东	Guangdong	2526.8	541.4	59.0	1183.0	39.7	136.6	151.4	123.7
广西	Guangxi	571.0	64.8	12.2	286.8	22.6	39.4	32.9	32.0
海南	Hainan	155.3	7.4	13.4	57.6	5.6	13.3	16.3	11.3
重庆	Chongqing	781.0	88.1	29.6	311.8	14.3	54.0	69.3	41.9
四川	Sichuan	983.7	160.1	26.7	453.3	17.1	75.6	66.5	59.5
贵州	Guizhou	428.6	47.2	14.0	188.3	8.8	41.3	25.2	28.1
云南	Yunnan	700.5	74.9	42.4	287.4	13.8	58.2	37.5	42.0
西藏	Tibet	60.1	3.0	11.6	22.6	0.9	8.7	3.4	4.2
陕西	Shaanxi	517.5	52.1	22.9	242.7	6.4	54.3	23.0	53.1
甘肃	Gansu	318.4	30.1	16.1	154.5	5.0	33.7	11.0	21.9
青海	Qinghai	72.1	8.8	2.9	27.5	0.8	14.7	2.1	5.2
宁夏	Ningxia	114.7	11.1	4.8	53.7	2.1	10.7	7.3	10.3
新疆	Xinjiang	249.4	31.8	7.9	104.8	7.0	25.5	20.6	17.7

1-20 分地区按行业分城镇私营企业和个体就业人数(2014年底)

Number of Engaged Persons in Urban Private Enterprises and Self-employed Individuals at Year-end by Sector and Region (2014)

单位: 万人 (10 000 persons)

地区	Region	合计 Total	#制造业 Manufacturing	#建筑业 Construction	#批发和零售业 Wholesale and Retail Trades	#交通运输、仓储和邮政业 Transport, Storage and Post	#住宿和餐饮业 Hotels and Catering Services	#租赁和商务服务业 Leasing and Business Services	#居民服务、修理和其他服务业 Services to Household, Repair and Other Services
全　国	**National Total**	**16866.7**	**2717.5**	**792.8**	**7198.5**	**412.4**	**1179.5**	**1271.3**	**1026.4**
北　京	Beijing	553.3	20.3	32.2	134.7	12.7	25.9	93.4	12.6
天　津	Tianjin	141.8	33.3	6.2	27.4	3.0	29.1	10.8	5.8
河　北	Hebei	373.7	54.5	10.2	180.9	13.3	29.3	14.9	27.2
山　西	Shanxi	250.5	27.2	12.2	122.9	8.3	17.8	10.7	16.3
内蒙古	Inner Mongolia	437.3	38.5	10.4	207.9	15.7	48.1	16.8	42.5
辽　宁	Liaoning	675.1	95.1	45.1	278.2	50.0	33.6	47.2	36.7
吉　林	Jilin	392.0	42.4	31.6	148.5	12.4	33.7	14.6	34.5
黑龙江	Heilongjiang	353.5	39.6	11.6	156.8	12.8	42.3	15.8	35.9
上　海	Shanghai	500.3	52.3	34.0	182.4	17.2	15.6	93.0	13.4
江　苏	Jiangsu	1776.8	554.4	160.5	548.7	41.4	81.6	108.8	78.4
浙　江	Zhejiang	1208.4	382.6	50.1	432.8	20.1	53.8	94.4	61.4
安　徽	Anhui	655.4	111.9	26.2	307.8	10.6	44.8	31.1	50.8
福　建	Fujian	562.9	100.9	24.5	246.0	11.0	32.9	50.9	27.7
江　西	Jiangxi	450.5	63.3	16.9	213.5	12.9	30.8	33.1	32.6
山　东	Shandong	861.3	131.8	40.3	421.0	22.5	50.6	58.8	53.2
河　南	Henan	604.3	71.6	17.2	322.9	7.5	47.6	26.8	50.4
湖　北	Hubei	809.6	108.7	31.7	360.6	20.8	87.2	40.0	66.7
湖　南	Hunan	810.2	76.7	27.7	345.3	13.6	48.1	121.2	44.8
广　东	Guangdong	2106.5	365.3	51.0	1038.6	34.9	118.7	138.7	104.5
广　西	Guangxi	343.0	31.8	8.0	178.6	13.5	26.5	22.6	22.5
海　南	Hainan	133.7	5.6	11.9	49.1	4.8	11.3	15.1	9.8
重　庆	Chongqing	614.3	53.1	27.6	267.3	12.4	45.9	65.8	37.3
四　川	Sichuan	687.5	114.4	17.1	325.6	11.2	60.0	44.6	46.4
贵　州	Guizhou	185.5	16.8	6.2	87.0	3.7	19.9	12.6	12.9
云　南	Yunnan	438.4	48.0	37.6	169.1	10.2	31.0	32.3	25.8
西　藏	Tibet	47.4	2.3	6.1	19.0	0.8	7.2	3.2	3.8
陕　西	Shaanxi	355.4	26.0	16.1	172.2	3.9	41.0	20.1	33.6
甘　肃	Gansu	189.9	13.6	11.0	99.5	2.7	21.8	7.7	13.5
青　海	Qinghai	54.1	4.4	1.6	22.9	0.6	13.8	1.5	4.3
宁　夏	Ningxia	75.1	5.3	3.2	38.2	1.2	7.5	5.3	6.0
新　疆	Xinjiang	218.8	25.8	6.7	93.3	6.5	22.4	19.3	15.3

1-21 分地区私营企业就业人数(2014年底)

Number of Engaged Persons in Private Enterprises at Year-end by Region (2014)

单位: 万户, 万人 (10 000 households, 10 000 persons)

地 区	Region	户 数 Number of Households	就业人数 Number of Engaged Persons	#投资者 Employers	城镇就业人数 Number of Engaged Persons in Urban Area	#投资者 Employers	乡村就业人数 Number of Engaged Persons in Rural Area	#投资者 Employers
全 国	**National Total**	**1546.4**	**14390.4**	**2963.1**	**9857.4**	**2229.9**	**4533.0**	**733.1**
北 京	Beijing	84.8	725.6	151.7	497.7	106.9	227.9	44.8
天 津	Tianjin	22.9	106.1	47.5	95.8	42.5	10.3	5.0
河 北	Hebei	54.5	206.3	102.8	141.1	78.4	65.2	24.4
山 西	Shanxi	26.6	242.8	54.4	137.9	28.7	104.9	25.7
内蒙古	Inner Mongolia	20.2	207.9	41.5	173.2	35.9	34.6	5.6
辽 宁	Liaoning	45.9	483.7	83.0	380.3	69.1	103.4	13.9
吉 林	Jilin	21.6	222.5	42.0	183.1	35.8	39.3	6.2
黑龙江	Heilongjiang	23.3	175.3	47.8	129.5	38.0	45.8	9.8
上 海	Shanghai	112.2	874.7	207.7	467.5	116.7	407.2	91.0
江 苏	Jiangsu	157.4	1972.9	269.3	1303.1	200.9	669.9	68.4
浙 江	Zhejiang	111.3	1345.5	224.2	811.0	157.1	534.5	67.2
安 徽	Anhui	45.2	373.2	92.9	272.4	72.5	100.7	20.4
福 建	Fujian	50.6	476.6	100.3	385.7	84.8	91.0	15.5
江 西	Jiangxi	32.9	398.6	66.4	218.1	47.5	180.5	18.9
山 东	Shandong	99.7	926.1	187.5	477.3	127.7	448.8	59.8
河 南	Henan	54.8	391.8	119.0	224.6	81.4	167.3	37.6
湖 北	Hubei	58.3	498.2	118.0	293.0	83.9	205.2	34.2
湖 南	Hunan	38.4	582.6	81.5	478.6	64.7	104.0	16.8
广 东	Guangdong	194.8	1514.8	359.5	1318.9	311.0	195.9	48.5
广 西	Guangxi	34.9	289.9	69.9	152.3	42.5	137.5	27.4
海 南	Hainan	13.5	94.8	28.7	83.9	27.6	10.9	1.1
重 庆	Chongqing	44.4	560.5	77.1	436.1	62.8	124.3	14.3
四 川	Sichuan	64.2	514.9	128.7	351.1	114.9	163.8	13.8
贵 州	Guizhou	26.2	207.8	46.2	90.3	22.8	117.5	23.4
云 南	Yunnan	29.3	367.8	57.6	300.3	50.8	67.4	6.8
西 藏	Tibet	1.8	32.0	3.9	25.6	3.5	6.4	0.4
陕 西	Shaanxi	34.5	237.0	69.7	170.7	57.0	66.3	12.7
甘 肃	Gansu	15.7	149.2	30.3	91.2	20.1	58.0	10.2
青 海	Qinghai	3.5	27.5	6.8	14.0	4.2	13.5	2.6
宁 夏	Ningxia	7.1	58.3	14.8	39.6	9.5	18.7	5.3
新 疆	Xinjiang	15.9	125.6	32.4	113.4	30.9	12.2	1.5

1-22 分地区个体就业人数(2014年底)
Number of Self-employed Individuals at Year-end by Region (2014)

单位：万户，万人 (10 000 households, 10 000 persons)

地区	Region	个体户数 Number of Households	个体就业人数 Number of Engaged Persons	城镇 Urban Area	乡村 Rural Area
全国	**National Total**	**4984.1**	**10584.6**	**7009.3**	**3575.2**
北京	Beijing	65.3	103.0	55.7	47.3
天津	Tianjin	31.0	57.6	46.0	11.6
河北	Hebei	197.9	466.6	232.5	234.1
山西	Shanxi	108.8	229.1	112.5	116.6
内蒙古	Inner Mongolia	122.2	314.8	264.1	50.7
辽宁	Liaoning	180.6	443.6	294.8	148.8
吉林	Jilin	126.6	289.9	208.8	81.1
黑龙江	Heilongjiang	152.4	297.2	224.0	73.2
上海	Shanghai	39.0	49.7	32.8	16.8
江苏	Jiangsu	371.1	642.5	473.8	168.7
浙江	Zhejiang	284.4	625.3	397.4	228.0
安徽	Anhui	187.8	443.3	382.9	60.3
福建	Fujian	133.6	280.1	177.2	102.8
江西	Jiangxi	154.2	377.9	232.5	145.5
山东	Shandong	397.4	831.3	384.0	447.3
河南	Henan	249.2	502.4	379.8	122.6
湖北	Hubei	320.8	946.1	516.6	429.4
湖南	Hunan	205.5	385.2	331.6	53.5
广东	Guangdong	446.6	1012.0	787.7	224.4
广西	Guangxi	137.6	281.1	190.6	90.5
海南	Hainan	35.1	60.5	49.8	10.7
重庆	Chongqing	121.0	220.5	178.2	42.3
四川	Sichuan	272.9	468.8	336.4	132.3
贵州	Guizhou	128.0	220.8	95.1	125.7
云南	Yunnan	169.6	332.7	138.1	194.6
西藏	Tibet	11.9	28.1	21.8	6.3
陕西	Shaanxi	127.4	280.4	184.7	95.8
甘肃	Gansu	87.1	169.3	98.7	70.6
青海	Qinghai	19.2	44.6	40.1	4.4
宁夏	Ningxia	27.9	56.4	35.5	20.9
新疆	Xinjiang	71.9	123.8	105.4	18.4

1-23 分行业城镇非私营单位女性就业人员年末人数
Female Employed Persons at Year-end in Urban Units Excluding Private Units by Sector

单位：万人 (10 000 persons)

行　业	Sector	2003	2004	2005	2006	2007
合　计	**Total**	**4156.1**	**4227.3**	**4324.6**	**4445.7**	**4540.3**
农、林、牧、渔业	Agriculture,Forestry,Animal Husbandry and Fishery	176.1	172.3	165.7	163.5	157.3
采矿业	Mining	119.7	117.1	113.0	115.0	109.7
制造业	Manufacturing	1292.7	1329.8	1397.5	1464.0	1495.0
电力、燃气及水的生产和供应业	Production and Distribution of Electricity,Gas and Water	92.7	93.1	91.3	91.3	90.7
建筑业	Construction	128.4	129.3	134.2	138.1	142.4
交通运输、仓储和邮政业	Transport,Storage and Post	182.5	177.6	171.0	164.7	169.3
信息传输、计算机服务和软件业	Information Transmission, Computer Service and Software	42.1	45.2	48.7	52.4	58.5
批发和零售业	Wholesale and Retail Trades	280.3	260.2	242.3	230.3	228.8
住宿和餐饮业	Hotels and Catering Services	95.0	97.8	98.9	99.5	100.8
金融业	Financial Intermediation	164.5	170.5	172.0	178.6	192.9
房地产业	Real Estate	40.4	44.9	48.3	50.8	56.0
租赁和商务服务业	Leasing and Business Services	62.7	65.6	74.0	78.0	82.1
科学研究、技术服务和地质勘查业	Scientific Research,Technical Services and Geological Prospecting	70.7	70.3	71.6	74.9	75.6
水利、环境和公共设施管理业	Management of Water Conservancy, Environment and Public Facilities	68.8	70.7	73.5	76.6	79.2
居民服务和其他服务业	Services to Households and Other Services	22.2	24.1	21.6	21.9	22.1
教　育	Education	672.8	696.7	713.2	733.8	747.7
卫生、社会保障和社会福利业	Health,Social Securities and Social Welfare	284.5	292.2	300.9	312.9	324.1
文化、体育和娱乐业	Culture, Sports and Entertainment	51.9	50.3	50.1	50.7	52.1
公共管理和社会组织	Public Management and Social Organization	308.1	319.6	336.9	348.6	356.0

注：本表中2003-2011年数据仍执行2002年版的国民经济行业分类标准。
Note: From 2003 to 2011, the classification for national standard of industry classification in this table are still implementing the version of 2002.

1-23 续表 1 continued

单位：万人 (10 000 persons)

行　业	Sector	2008	2009	2010	2011
合　计	**Total**	**4579.6**	**4678.5**	**4861.5**	**5227.7**
农、林、牧、渔业	Agriculture,Forestry,Animal Husbandry and Fishery	148.9	136.1	137.8	132.5
采矿业	Mining	105.1	107.6	105.5	115.9
制造业	Manufacturing	1444.3	1447.9	1501.3	1613.3
电力、燃气及水的生产和供应业	Production and Distribution of Electricity,Gas and Water	90.1	89.8	91.6	95.7
建筑业	Construction	149.3	157.4	165.9	206.5
交通运输、仓储和邮政业	Transport,Storage and Post	171.5	171.2	168.8	178.6
信息传输、计算机服务和软件业	Information Transmission, Computer Service and Software	61.9	66.0	71.3	84.9
批发和零售业	Wholesale and Retail Trades	237.2	239.6	249.7	308.7
住宿和餐饮业	Hotels and Catering Services	105.2	109.2	113.2	131.5
金融业	Financial Intermediation	209.1	225.8	237.7	256.8
房地产业	Real Estate	58.5	64.2	72.4	86.0
租赁和商务服务业	Leasing and Business Services	93.8	97.5	104.1	91.6
科学研究、技术服务和地质勘查业	Scientific Research,Technical Services and Geological Prospecting	80.0	85.6	92.1	90.0
水利、环境和公共设施管理业	Management of Water Conservancy, Environment and Public Facilities	80.9	84.1	89.5	94.3
居民服务和其他服务业	Services to Households and Other Services	24.7	24.0	26.4	25.6
教　育	Education	759.4	775.0	795.0	820.8
卫生、社会保障和社会福利业	Health,Social Securities and Social Welfare	336.8	354.9	379.8	411.4
文化、体育和娱乐业	Culture, Sports and Entertainment	52.5	54.6	55.8	57.4
公共管理和社会组织	Public Management and Social Organization	370.2	388.0	403.7	426.1

1-23 续表 2 continued

单位：万人 (10 000 persons)

行 业	Sector	2012	2013	2014
合 计	**Total**	**5458.9**	**6338.3**	**6546.2**
农、林、牧、渔业	Agriculture, Forestry, Animal Husbandry and Fishery	125.1	108.7	104.7
采 矿 业	Mining	114.6	111.7	110.2
制 造 业	Manufacturing	1661.0	2073.8	2119.3
电力、热力、燃气及水生产和供应业	Production and Supply of Electricity, Heat, Gas and Water	97.7	109.8	112.4
建 筑 业	Construction	233.8	295.4	316.3
批发和零售业	Wholesale and Retail Trades	339.4	446.3	450.2
交通运输、仓储和邮政业	Transport, Storage and Post	175.7	219.0	224.6
住宿和餐饮业	Hotels and Catering Services	140.6	168.8	162.2
信息传输、软件和信息技术服务业	Information Transmission, Software and Information Technology	90.6	128.9	132.6
金融业	Financial Intermediation	268.8	272.3	287.8
房地产业	Real Estate	95.6	134.1	149.3
租赁和商务服务业	Leasing and Business Services	92.4	138.5	147.7
科学研究和技术服务业	Scientific Research and Technical Services	101.4	117.1	124.4
水利、环境和公共设施管理业	Management of Water Conservancy, Environment and Public Facilities	98.2	104.6	108.5
居民服务、修理和其他服务业	Services to Households, Repair and Other Services	23.1	29.3	30.5
教 育	Education	847.5	876.6	911.9
卫生和社会工作	Health and Social Service	440.1	473.8	505.5
文化、体育和娱乐业	Culture, Sports and Entertainment	59.4	64.1	65.1
公共管理、社会保障和社会组织	Public Management, Social Security and Social Organization	453.8	465.5	483.3

1-24 分登记注册类型城镇非私营单位女性就业人员年末人数
Female Employed Persons at Year-end in Urban Units Excluding Private Units by Registration Status

单位：万人 (10 000 persons)

年 份 Year	合 计 Total	国有单位 State-owned Units	城镇集体单位 Urban Collective-owned Units	其他单位 Units of Other Types of Ownership
1994	5799.1	3982.5	1451.1	364.5
1995	5889.0	4059.0	1399.0	431.0
1996	5883.3	4088.3	1337.8	457.3
1997	5824.8	4030.2	1271.0	523.6
1999	4613.4	3128.0	702.8	782.7
2000	4411.3	2952.5	605.8	853.0
2001	4225.7	2788.2	509.9	927.5
2002	4156.2	2627.7	436.9	1091.5
2003	4156.1	2529.6	383.9	1242.6
2004	4227.3	2480.7	336.7	1410.0
2005	4324.6	2399.3	299.1	1626.2
2006	4445.7	2386.9	277.7	1781.1
2007	4540.3	2383.0	254.5	1902.8
2008	4579.6	2401.7	234.2	1943.7
2009	4678.5	2391.6	212.7	2074.2
2010	4861.5	2447.4	205.2	2208.9
2011	5227.7	2522.4	195.9	2509.4
2012	5458.9	2590.1	188.4	2680.4
2013	6338.3	2472.3	179.1	3686.9
2014	6546.2	2509.0	173.1	3864.1

1-25 分登记注册类型城镇非私营单位就业人员平均工资

Average Wage of Employed Persons in Urban Units Excluding Private Units by Status of Registration

年 份 Year	合计 Total	#在岗职工 Staff and Workers	国有单位 State-owned Units	城镇集体单位 Urban Collective-owned Units	其他单位 Units of Other Types of Ownership
1995	5348	5500	5553	3934	7728
1996	5980	6210	6207	4312	8521
1997	6444	6470	6679	4516	9092
1998	7446	7479	7579	5314	9241
1999	8319	8346	8443	5758	10142
2000	9333	9371	9441	6241	11238
2001	10834	10870	11045	6851	12437
2002	12373	12422	12701	7636	13486
2003	13969	14040	14358	8627	14843
2004	15920	16024	16445	9723	16519
2005	18200	18364	18978	11176	18362
2006	20856	21001	21706	12866	21004
2007	24721	24932	26100	15444	24271
2008	28898	29229	30287	18103	28552
2009	32244	32736	34130	20607	31350
2010	36539	37147	38359	24010	35801
2011	41799	42452	43483	28791	41323
2012	46769	47593	48357	33784	46360
2013	51483	52388	52657	38905	51453
2014	56360	57361	57296	42742	56485

1-26 分登记注册类型城镇非私营单位就业人员平均工资指数
Indices of Average Wage of Employed Persons in Urban Units Excluding Private Units by Status of Registration

年 份 Year	平均货币工资指数(上年=100) Indices of Average Wage (preceding year=100)					平均实际工资指数(上年=100) Indices of Average Real Wage (preceding year=100)				
	合计 Total	#在岗职工 Of Which: Staff and Workers	国有单位 State-owned Units	城镇集体单位 Urban Collective-owned Units	其他单位 Units of Other Types of Ownership	合计 Total	#在岗职工 Of Which: Staff and Workers	国有单位 State-owned Units	城镇集体单位 Urban Collective-owned Units	其他单位 Units of Other Types of Ownership
1995	118.9	121.2	117.3	121.1	119.9	101.8	103.8	100.4	103.7	102.6
1996	111.8	112.9	111.8	109.6	110.3	102.8	103.8	102.7	100.7	101.3
1997	107.8	104.2	107.6	104.7	106.7	104.5	101.1	104.4	101.6	103.5
1998	115.5	106.6	113.5	117.7	101.6	116.2	107.2	114.2	118.4	102.3
1999	111.7	111.6	111.4	108.4	109.8	113.2	113.1	112.9	109.8	111.2
2000	112.2	112.3	111.8	108.4	110.8	111.3	111.4	110.9	107.5	109.9
2001	116.1	116.0	117.0	109.8	110.7	115.3	115.2	116.2	109.0	109.9
2002	114.2	114.3	115.0	111.5	108.4	115.4	115.5	116.2	112.6	109.5
2003	112.9	113.0	113.0	113.0	110.1	111.9	112.0	112.0	112.0	109.1
2004	114.0	114.1	114.5	112.7	111.3	110.3	110.5	110.9	109.1	107.7
2005	114.3	114.6	115.4	114.9	111.2	112.5	112.8	113.6	113.1	109.4
2006	114.6	114.4	114.4	115.1	114.4	112.9	112.7	112.7	113.4	112.7
2007	118.5	118.7	120.2	120.0	115.6	113.4	113.6	115.0	114.8	110.6
2008	116.9	117.2	116.0	117.2	117.6	110.7	111.0	109.8	111.0	111.4
2009	111.6	112.0	112.7	113.8	109.8	112.6	113.0	113.7	114.8	110.8
2010	113.3	113.5	112.4	116.5	114.2	109.8	110.0	108.9	112.9	110.7
2011	114.4	114.3	113.4	119.9	115.4	108.6	108.5	107.7	113.9	109.6
2012	111.9	112.1	111.2	117.3	112.2	109.0	109.2	108.3	114.3	109.2
2013	110.1	110.1	108.9	115.2	111.0	107.3	107.3	106.1	112.2	108.2
2014	109.5	109.5	108.8	109.9	109.8	107.2	107.2	106.6	107.6	107.5

1-27 分行业城镇非私营单位就业人员平均工资
Average Wage of Employed Persons in Urban Units Excluding Private Units by Sector

单位：元 (yuan)

行　业	Sector	2003	2004	2005	2006	2007	2008
合　计	**Total**	**13969**	**15920**	**18200**	**20856**	**24721**	**28898**
农、林、牧、渔业	Agriculture, Forestry, Animal Husbandry and Fishery	6884	7497	8207	9269	10847	12560
采矿业	Mining	13627	16774	20449	24125	28185	34233
制造业	Manufacturing	12671	14251	15934	18225	21144	24404
电力、热力、燃气及水生产和供应业	Production and Supply of Electricity, Heat, Gas and Water	18574	21543	24750	28424	33470	38515
建筑业	Construction	11328	12578	14112	16164	18482	21223
批发和零售业	Wholesale and Retail Trades	10894	13012	15256	17796	21074	25818
交通运输、仓储和邮政业	Transport, Storage and Post	15753	18071	20911	24111	27903	32041
住宿和餐饮业	Hotels and Catering Services	11198	12618	13876	15236	17046	19321
信息传输、软件和信息技术服务业	Information Transmission, Software and Information Technology	30897	33449	38799	43435	47700	54906
金融业	Financial Intermediation	20780	24299	29229	35495	44011	53897
房地产业	Real Estate	17085	18467	20253	22238	26085	30118
租赁和商务服务业	Leasing and Business Services	17020	18723	21233	24510	27807	32915
科学研究和技术服务业	Scientific Research and Technical Services	20442	23351	27155	31644	38432	45512
水利、环境和公共设施管理业	Management of Water Conservancy, Environment and Public Facilities	11774	12884	14322	15630	18383	21103
居民服务、修理和其他服务业	Services to Households, Repair and Other Services	12665	13680	15747	18030	20370	22858
教　育	Education	14189	16085	18259	20918	25908	29831
卫生和社会工作	Health and Social Service	16185	18386	20808	23590	27892	32185
文化、体育和娱乐业	Culture, Sports and Entertainment	17098	20522	22670	25847	30430	34158
公共管理、社会保障和社会组织	Public Management, Social Security and Social Organization	15355	17372	20234	22546	27731	32296

1-27 续表 continued

单位：元 (yuan)

行 业	Sector	2009	2010	2011	2012	2013	2014
合 计	**Total**	**32244**	**36539**	**41799**	**46769**	**51483**	**56360**
农、林、牧、渔业	Agriculture, Forestry, Animal Husbandry and Fishery	14356	16717	19469	22687	25820	28356
采 矿 业	Mining	38038	44196	52230	56946	60138	61677
制 造 业	Manufacturing	26810	30916	36665	41650	46431	51369
电力、热力、燃气及水生产和供应业	Production and Supply of Electricity, Heat, Gas and Water	41869	47309	52723	58202	67085	73339
建 筑 业	Construction	24161	27529	32103	36483	42072	45804
批发和零售业	Wholesale and Retail Trades	29139	33635	40654	46340	50308	55838
交通运输、仓储和邮政业	Transport, Storage and Post	35315	40466	47078	53391	57993	63416
住宿和餐饮业	Hotels and Catering Services	20860	23382	27486	31267	34044	37264
信息传输、软件和信息技术服务业	Information Transmission, Software and Information Technology	58154	64436	70918	80510	90915	100845
金融业	Financial Intermediation	60398	70146	81109	89743	99653	108273
房地产业	Real Estate	32242	35870	42837	46764	51048	55568
租赁和商务服务业	Leasing and Business Services	35494	39566	46976	53162	62538	67131
科学研究和技术服务业	Scientific Research and Technical Services	50143	56376	64252	69254	76602	82259
水利、环境和公共设施管理业	Management of Water Conservancy, Environment and Public Facilities	23159	25544	28868	32343	36123	39198
居民服务、修理和其他服务业	Services to Households, Repair and Other Services	25172	28206	33169	35135	38429	41882
教 育	Education	34543	38968	43194	47734	51950	56580
卫生和社会工作	Health and Social Service	35662	40232	46206	52564	57979	63267
文化、体育和娱乐业	Culture, Sports and Entertainment	37755	41428	47878	53558	59336	64375
公共管理、社会保障和社会组织	Public Management, Social Security and Social Organization	35326	38242	42062	46074	49259	53110

1-28 分地区城镇非私营单位就业人员平均工资
Average Wage of Employed Persons in Urban Units Excluding Private Units by Region

单位：元 (yuan)

地 区	Region	2003	2004	2005	2006	2007	2008	2009	2010	2011	2012	2013	2014
全 国	**National Total**	**13969**	**15920**	**18200**	**20856**	**24721**	**28898**	**32244**	**36539**	**41799**	**46769**	**51483**	**56360**
北 京	Beijing	25008	29216	33660	39684	45823	55844	57779	65158	75482	84742	93006	102268
天 津	Tianjin	18511	21146	24122	27628	33312	39990	43937	51489	55658	61514	67773	72773
河 北	Hebei	11105	12793	14583	16456	19742	24276	27774	31451	35309	38658	41501	45114
山 西	Shanxi	10620	12794	15473	18106	21315	25489	28066	33057	39230	44236	46407	48969
内蒙古	Inner Mongolia	11208	13233	15910	18382	21794	25949	30486	35211	41118	46557	50723	53748
辽 宁	Liaoning	12921	14787	17156	19365	22882	27179	30523	34437	38154	41858	45505	48190
吉 林	Jilin	11048	12388	14380	16393	20371	23294	25943	29003	33610	38407	42846	46516
黑龙江	Heilongjiang	10787	12209	13980	15894	18481	21764	24805	27735	31302	36406	40794	44036
上 海	Shanghai	25565	27965	31578	37585	44976	52122	58336	66115	75591	78673	90908	100251
江 苏	Jiangsu	15619	18054	20885	23657	27212	31297	35217	39772	45487	50639	57177	60867
浙 江	Zhejiang	21116	23243	25696	27570	30818	33622	36553	40640	45162	50197	56571	61572
安 徽	Anhui	10419	12693	15019	17610	21699	25703	28723	33341	39352	44601	47806	50894
福 建	Fujian	14343	15627	17190	19424	22277	25555	28366	32340	38588	44525	48538	53426
江 西	Jiangxi	10382	11713	13524	15370	18144	20597	24165	28363	33239	38512	42473	46218
山 东	Shandong	12554	14321	16564	19135	22734	26234	29398	33321	37618	41904	46998	51825
河 南	Henan	10639	11970	14119	16791	20639	24438	26906	29819	33634	37338	38301	42179
湖 北	Hubei	10575	11692	13725	15779	19548	22384	26547	31811	36128	39846	43899	49838
湖 南	Hunan	12002	13624	15306	17400	21060	24146	26534	29670	34586	38971	42726	47117
广 东	Guangdong	20052	22230	24122	26400	29658	33282	36469	40432	45060	50278	53318	59481
广 西	Guangxi	11611	13234	15079	17571	21251	24798	27322	30673	33032	36386	41391	45424
海 南	Hainan	10396	12622	14377	15843	19220	21767	24790	30775	36244	39485	44971	49882
重 庆	Chongqing	12409	14373	16583	19172	22965	26640	30499	34727	39430	44498	50006	55588
四 川	Sichuan	12320	13887	15638	17612	21081	24725	28149	32567	37330	42339	47965	52555
贵 州	Guizhou	10801	12163	14081	16481	20254	23979	27437	30433	36102	41156	47364	52772
云 南	Yunnan	12629	14255	15732	18262	19912	23305	26163	29195	34004	37629	42447	46101
西 藏	Tibet	23730	27339	26437	29119	42820	44055	45347	49898	49464	51705	57773	61235
陕 西	Shaanxi	11276	12907	14562	16646	20977	25478	29566	33384	38143	43073	47446	50535
甘 肃	Gansu	12062	13328	14654	16991	20657	23632	26743	29096	32092	37679	42833	46960
青 海	Qinghai	15044	16601	18556	21981	25318	30101	32481	36121	41370	46483	51393	57084
宁 夏	Ningxia	12811	14431	16973	20900	25723	30050	32916	37166	42703	47436	50476	54858
新 疆	Xinjiang	13185	14406	15507	17704	21249	24686	27617	32003	38238	44576	49064	53471

1-29 分地区按行业分城镇私营单位就业人员平均工资(2014年)
Average Wage of Employed Persons in Urban Private Units by Sector and Region (2014)

单位：元 (yuan)

地区	Region	合计 Total	农、林、牧、渔业 Agriculture, Forestry, Animal Husbandry and Fishery	采矿业 Mining	制造业 Manufacturing	电力、热力、燃气及水生产和供应业 Production and Supply of Electricity, Heat, Gas and Water	建筑业 Construction	批发和零售业 Wholesale and Retail Trades
全 国	**National Average**	**36390**	**26862**	**35819**	**35653**	**33184**	**38838**	**33894**
北 京	Beijing	52902	33315	47016	46691	46725	44602	47109
天 津	Tianjin	47838	33623	28754	50154	38968	43251	44761
河 北	Hebei	31459	27473	31140	32692	30409	31565	28033
山 西	Shanxi	29203	22824	34356	29299	28725	32634	25477
内蒙古	Inner Mongolia	34778	27313	38994	35773	38204	35835	32092
辽 宁	Liaoning	32123	25173	28847	31092	31325	36100	32270
吉 林	Jilin	26140	20222	28974	25735	22789	26729	24325
黑龙江	Heilongjiang	26960	22241	27071	26571	27860	30191	26648
上 海	Shanghai	37377	24719		33895	32464	38671	32984
江 苏	Jiangsu	39975	33060	35613	39661	37951	41457	37335
浙 江	Zhejiang	38689	32104	37151	36765	37545	42177	36399
安 徽	Anhui	35268	26453	41071	35648	29462	40940	28921
福 建	Fujian	40813	35335	39407	39370	35080	44163	35354
江 西	Jiangxi	30149	21906	34298	30500	30013	32447	25342
山 东	Shandong	38911	35513	40932	39112	43869	40157	36760
河 南	Henan	27414	23179	27319	26867	25437	31471	26384
湖 北	Hubei	28534	21156	32087	28670	27271	31038	24519
湖 南	Hunan	30568	25463	35789	30505	32650	32961	23699
广 东	Guangdong	41295	30202	34365	39618	30323	41357	40080
广 西	Guangxi	31638	26487	30199	32199	32477	34697	31317
海 南	Hainan	32707	29411	33130	30710	24880	34486	30814
重 庆	Chongqing	40139	29643	43690	40739	37204	41472	35411
四 川	Sichuan	32671	29178	33470	31895	34958	33524	32510
贵 州	Guizhou	32785	20457	43560	30265	46221	29289	24701
云 南	Yunnan	32055	24959	30471	30123	28140	33567	34901
西 藏	Tibet							
陕 西	Shaanxi	30483	23228	36760	31542	29533	29540	28568
甘 肃	Gansu	27273	23011	35228	27507	31371	28051	28350
青 海	Qinghai	30337	20328	31706	29718	37562	35881	31502
宁 夏	Ningxia	33229	28840	33134	33417	33045	37008	29201
新 疆	Xinjiang	36199	28853	45958	37519	40183	44311	29320

1-29 续表 1 continued

单位：元 (yuan)

地 区	Region	交通运输、仓储和邮政业 Transport, Storage and Post	住宿和餐饮业 Hotels and Catering Services	信息传输、软件和信息技术服务业 Information Transmission, Software and Information Technology	金融业 Financial Intermediation	房地产业 Real Estate	租赁和商务服务业 Leasing and Business Services	科学研究和技术服务业 Scientific Research and Technical Services
全 国	**National Average**	**38891**	**29483**	**51044**	**41553**	**37826**	**39414**	**47462**
北 京	Beijing	38515	37858	78145	82994	55070	56546	62685
天 津	Tianjin	50905	40046	61800	47915	53478	52089	55406
河 北	Hebei	34049	27518	32033	32544	33914	31491	34841
山 西	Shanxi	27181	29154	29876	30471	30192	25036	32023
内蒙古	Inner Mongolia	36794	30692	32942	39336	34186	33976	39255
辽 宁	Liaoning	36783	27410	36695	31924	31101	32459	31310
吉 林	Jilin	27272	23761	28925	34664	28213	26489	35072
黑龙江	Heilongjiang	27677	24030	28065	31235	28268	23625	31204
上 海	Shanghai	38732	31057	64072	51269	33931	42838	53409
江 苏	Jiangsu	40785	33819	51238	38444	36768	40240	44305
浙 江	Zhejiang	45960	32115	46590	52348	40348	40016	45350
安 徽	Anhui	37782	28210	29305	47655	34014	27760	33603
福 建	Fujian	42365	29407	55090	42526	47722	42965	44517
江 西	Jiangxi	32748	25066	28769	35701	34886	29215	30305
山 东	Shandong	42078	35256	44498	40925	39765	39477	41797
河 南	Henan	26689	25552	25343	24345	29808	26967	32733
湖 北	Hubei	25780	25514	34907	39530	35980	24758	30885
湖 南	Hunan	27765	24238	36796	36013	33508	28527	34953
广 东	Guangdong	58671	32632	68948	47666	44175	46864	70425
广 西	Guangxi	30262	27194	31039	35410	34415	33774	36935
海 南	Hainan	38184	29758	38929	30148	43491	29330	39110
重 庆	Chongqing	40556	29770	41666	49952	45531	36198	42474
四 川	Sichuan	31481	29833	33564	35417	35830	34897	38188
贵 州	Guizhou	27433	24232	38472	55289	38685	24500	31892
云 南	Yunnan	32432	30343	30492	31549	30282	30345	46230
西 藏	Tibet							
陕 西	Shaanxi	28968	24460	36581	33374	37493	29915	37802
甘 肃	Gansu	25820	21748	29282	26392	21340	30711	29440
青 海	Qinghai	31355	25811	28954	20769	26687	22569	41763
宁 夏	Ningxia	32061	28782	33857	35754	36381	30016	36945
新 疆	Xinjiang	40413	24777	34976	41620	35320	30620	38642

1-29 续表 2 continued

单位：元 (yuan)

地 区	Region	水利、环境和公共设施管理业 Management of Water Conservancy, Environment and Public Facilities	居民服务、修理和其他服务业 Services to Households, Repair and Other Services	教 育 Education	卫生和社会工作 Health and Social Service	文化、体育和娱乐业 Culture, Sports and Entertainment	公共管理、社会保障和社会组织 Public Management, Social Security and Social Organization
全 国	**National Average**	**33847**	**30580**	**33678**	**37205**	**32024**	**26744**
北 京	Beijing	56510	38463	50835	53702	49915	
天 津	Tianjin	46661	33683	40813	44848	40413	35664
河 北	Hebei	27122	27185	29306	30915	26507	
山 西	Shanxi	22476	20913	25464	27729	21787	37807
内蒙古	Inner Mongolia	33606	26889	30335	33748	30669	30633
辽 宁	Liaoning	27324	27875	27650	32975	27238	34932
吉 林	Jilin	21631	26137	32954	32227	22813	25238
黑龙江	Heilongjiang	22651	21346	27379	23488	23344	
上 海	Shanghai	32811	28273	41504	46876	36770	
江 苏	Jiangsu	43240	40699	44023	38292	36443	
浙 江	Zhejiang	36215	32057	36859	51506	31936	
安 徽	Anhui	25507	22125	31206	35500	24599	20341
福 建	Fujian	34965	29575	37229	37695	34014	26669
江 西	Jiangxi	30954	25931	27473	33996	25431	18260
山 东	Shandong	37341	39085	37943	37130	36948	34704
河 南	Henan	27333	24484	27354	29323	25405	20448
湖 北	Hubei	23698	25190	28686	27215	24795	
湖 南	Hunan	24543	30917	34485	34758	24903	17450
广 东	Guangdong	40456	34844	36296	45162	40322	
广 西	Guangxi	26020	27315	28078	32629	23086	
海 南	Hainan	34150	27237	26976	31012	26738	38936
重 庆	Chongqing	34866	37721	38140	42748	39946	32136
四 川	Sichuan	32970	30133	33658	36812	33485	
贵 州	Guizhou	19822	21816	28939	31880	23728	22157
云 南	Yunnan	33317	29506	35746	36566	29348	30263
西 藏	Tibet						
陕 西	Shaanxi	30533	25713	29707	29447	25549	
甘 肃	Gansu	24935	19572	28089	25354	20419	19363
青 海	Qinghai	23621	26238	25179	25049	30022	20917
宁 夏	Ningxia	29042	25939	27234	35608	24796	26500
新 疆	Xinjiang	31363	29672	34559	41648	34479	

1-30 国内生产总值及构成
Gross Domestic Product and Its Composition

单位：亿元 (100 million yuan)

年 份 Year	国内生产总值 Gross Domestic Product	第一产业 Primary Industry		第二产业 Secondary Industry		第三产业 Tertiary Industry		人均国内生产总值（元） Per Capita GDP (yuan)
		绝对数 Value	比重（%） Proportion	绝对数 Value	比重（%） Proportion	绝对数 Value	比重（%） Proportion	
1978	3650.2	1018.4	27.9	1736.0	47.6	895.8	24.5	382
1979	4067.7	1258.9	30.9	1903.3	46.8	905.4	22.3	420
1980	4551.6	1359.4	29.9	2180.5	47.9	1011.6	22.2	464
1981	4898.1	1545.6	31.6	2243.7	45.8	1108.8	22.6	493
1982	5333.0	1761.6	33.0	2370.6	44.5	1200.9	22.5	529
1983	5975.6	1960.8	32.8	2632.6	44.1	1382.2	23.1	584
1984	7226.3	2295.5	31.8	3089.7	42.8	1841.1	25.5	697
1985	9039.9	2541.6	28.1	3846.8	42.6	2651.6	29.3	860
1986	10308.8	2763.9	26.8	4469.9	43.4	3074.9	29.8	966
1987	12102.2	3204.3	26.5	5225.3	43.2	3672.6	30.3	1116
1988	15101.1	3831.0	25.4	6554.0	43.4	4716.0	31.2	1371
1989	17090.3	4228.0	24.7	7240.8	42.4	5621.6	32.9	1528
1990	18774.3	5017.0	26.7	7678.0	40.9	6079.3	32.4	1654
1991	21895.5	5288.6	24.2	9055.8	41.4	7551.2	34.5	1903
1992	27068.3	5800.0	21.4	11640.4	43.0	9627.9	35.6	2324
1993	35524.3	6887.3	19.4	16373.0	46.1	12264.1	34.5	3015
1994	48459.6	9471.4	19.5	22333.5	46.1	16654.7	34.4	4066
1995	61129.8	12020.0	19.7	28536.2	46.7	20573.6	33.7	5074
1996	71572.3	13877.8	19.4	33665.8	47.0	24028.7	33.6	5878
1997	79429.5	14264.6	18.0	37353.9	47.0	27810.9	35.0	6457
1998	84883.7	14618.0	17.2	38808.8	45.7	31456.8	37.1	6835
1999	90187.7	14548.1	16.1	40827.6	45.3	34812.0	38.6	7199
2000	99776.3	14716.2	14.7	45326.0	45.4	39734.1	39.8	7902
2001	110270.4	15501.2	14.1	49262.0	44.7	45507.2	41.3	8670
2002	121002.0	16188.6	13.4	53624.4	44.3	51189.0	42.3	9450
2003	136564.6	16968.3	12.4	62120.8	45.5	57475.6	42.1	10600
2004	160714.4	20901.8	13.0	73529.8	45.8	66282.8	41.2	12400
2005	185895.8	21803.5	11.7	87127.3	46.9	76964.9	41.4	14259
2006	217656.6	23313.0	10.7	103163.5	47.4	91180.1	41.9	16602
2007	268019.4	27783.0	10.4	125145.4	46.7	115090.9	42.9	20337
2008	316751.7	32747.0	10.3	148097.9	46.8	135906.9	42.9	23912
2009	345629.2	34154.0	9.9	157850.1	45.7	153625.1	44.4	25963
2010	408903.0	39354.6	9.6	188804.9	46.2	180743.4	44.2	30567
2011	484123.5	46153.3	9.5	223390.3	46.1	214579.9	44.3	36018
2012	534123.0	50892.7	9.5	240200.4	45.0	243030.0	45.5	39544
2013	588018.8	55321.7	9.4	256810.0	43.7	275887.0	46.9	43320
2014	636138.7	58336.1	9.2	271764.5	42.7	306038.2	48.1	46629

注：1. 1980年以后国民总收入(原称国民生产总值)与国内生产总值的差额为国外净要素收入。
2. 2013年及以前年度的GDP数据在第三次经济普查后作了系统修订(以下相关表同)。
3. 本表按当年价格计算,2014年为初步核实数据(以下相关表同)。

Note: a) Since 1980, the difference between the Gross Domestic Product and the Gross National Income (formerly, the Gross National Product) is the net factor income from the rest of the world.
b) The figures of GDP in 2013 and before have been revised according to the results of the 3rd National Economic Census. The same applies to the relevant tables following.
c) Data in this table are calculated at current prices. Data of 2014 were preliminary estimation. The same applies to the relevant tables following

1-31 国内生产总值指数

Indices of Gross Domestic Product

(上年=100) (preceding year=100)

年份 Year	国内生产总值 Gross Domestic Product	第一产业 Primary Industry	第二产业 Secondary Industry	第三产业 Tertiary Industry	人均国内生产总值 Per Capita GDP
1978	111.6	104.1	115.0	113.6	110.2
1979	107.6	106.1	108.2	107.8	106.1
1980	107.9	98.5	113.6	106.1	106.5
1981	105.1	107.0	101.9	109.7	103.8
1982	109.0	111.5	105.6	112.7	107.4
1983	110.8	108.3	110.4	114.7	109.2
1984	115.2	112.9	114.5	119.5	113.7
1985	113.5	101.8	118.6	118.3	112.0
1986	108.9	103.3	110.2	112.3	107.3
1987	111.7	104.7	113.7	114.8	109.9
1988	111.3	102.5	114.5	113.3	109.5
1989	104.2	103.1	103.7	105.9	102.6
1990	103.9	107.3	103.2	102.7	102.4
1991	109.3	102.4	113.9	109.2	107.8
1992	114.3	104.7	121.2	112.6	112.9
1993	113.9	104.6	119.9	112.2	112.6
1994	113.1	103.9	118.3	111.4	111.8
1995	111.0	104.9	113.9	110.1	109.8
1996	109.9	105.0	112.1	109.2	108.8
1997	109.2	103.4	110.5	110.4	108.1
1998	107.8	103.4	108.9	108.4	106.8
1999	107.6	102.7	108.2	109.2	106.7
2000	108.4	102.3	109.4	109.7	107.6
2001	108.3	102.6	108.4	110.2	107.5
2002	109.1	102.7	109.8	110.5	108.4
2003	110.0	102.4	112.7	109.5	109.3
2004	110.1	106.1	111.1	110.1	109.4
2005	111.3	105.1	112.1	112.3	110.7
2006	112.7	104.8	113.4	114.1	112.1
2007	114.2	103.5	115.0	116.1	113.6
2008	109.6	105.2	109.8	110.5	109.1
2009	109.2	104.0	110.1	109.5	108.7
2010	110.6	104.3	112.7	109.7	110.1
2011	109.5	104.2	110.6	109.5	109.0
2012	107.7	104.5	108.2	108.0	107.2
2013	107.7	103.8	107.9	108.3	107.2
2014	107.3	104.1	107.3	107.8	106.7

注：本表按不变价格计算。
Note: Data in this table are calculated at constant prices.

第二部分

Chapter Two

2014 年全国人口变动情况抽样调查数据

Data from 2014 National Sample Survey on Population Changes

2-1 各地区人口数及人口自然变动情况
Total Population and Natural Changes by Region

地 区	Region	出生率 (‰) Birth Rate (‰)	死亡率 (‰) Death Rate (‰)	自然增长率 (‰) Natural Growth Rate (‰)	总人口(年末) (万人) Total Population (year-end) (10000 persons)
全 国	**National Total**	**12.37**	**7.16**	**5.21**	**136782**
北 京	Beijing	9.75	4.92	4.83	2152
天 津	Tianjin	8.19	6.05	2.14	1517
河 北	Hebei	13.18	6.23	6.95	7384
山 西	Shanxi	10.92	5.93	4.99	3648
内蒙古	Inner Mongolia	9.31	5.75	3.56	2505
辽 宁	Liaoning	6.49	6.23	0.26	4391
吉 林	Jilin	6.62	6.22	0.40	2752
黑龙江	Heilongjiang	7.37	6.46	0.91	3833
上 海	Shanghai	8.35	5.21	3.14	2426
江 苏	Jiangsu	9.45	7.02	2.43	7960
浙 江	Zhejiang	10.51	5.51	5.00	5508
安 徽	Anhui	12.86	5.89	6.97	6083
福 建	Fujian	13.70	6.20	7.50	3806
江 西	Jiangxi	13.24	6.26	6.98	4542
山 东	Shandong	14.23	6.84	7.39	9789
河 南	Henan	12.80	7.02	5.78	9436
湖 北	Hubei	11.86	6.96	4.90	5816
湖 南	Hunan	13.52	6.89	6.63	6737
广 东	Guangdong	10.80	4.70	6.10	10724
广 西	Guangxi	14.07	6.21	7.86	4754
海 南	Hainan	14.56	5.95	8.61	903
重 庆	Chongqing	10.67	7.05	3.62	2991
四 川	Sichuan	10.22	7.02	3.20	8140
贵 州	Guizhou	12.98	7.18	5.80	3508
云 南	Yunnan	12.65	6.45	6.20	4714
西 藏	Tibet	15.76	5.21	10.55	318
陕 西	Shaanxi	10.13	6.26	3.87	3775
甘 肃	Gansu	12.21	6.11	6.10	2591
青 海	Qinghai	14.67	6.18	8.49	583
宁 夏	Ningxia	13.10	4.53	8.57	662
新 疆	Xinjiang	16.44	4.97	11.47	2298

注：1.本表数据根据2014年人口变动情况抽样调查数据推算。
2.全国总人口包括现役军人数，分地区数字中未包括；全国总人口未包括香港、澳门特别行政区和台湾省的人口数据。
3.全国总人口根据2014年人口变动情况抽样误差和调查误差进行了修正，分地区人口未做修正。

Note:a) Data in this table are estimates from the 2014 National Sample Survey on Population Changes.
b) The military personnel were included in the national total population, but were not included in the population by region. The national total population does not include the population of Hong Kong SAR, Macao SAR and Taiwan Province.
c) The national total population were adjusted on the basis of sampling errors and survey errors from the 2014 National Sample Survey on Population Changes. Similar adjustments were not made to regional figures.

2-2 各地区人口的城乡构成

Population by Urban and Rural Residence and Region

单位：万人 (10000 persons)

地 区	Region	总人口（年末）Total Population (year-end)	城镇人口 Urban Population		乡村人口 Rural Population	
			人口数 Population	比重 (%) Proportion	人口数 Population	比重 (%) Proportion
全 国	**National Total**	**136782**	**74916**	**54.77**	**61866**	**45.23**
北 京	Beijing	2152	1858	86.35	294	13.65
天 津	Tianjin	1517	1248	82.27	269	17.73
河 北	Hebei	7384	3642	49.33	3741	50.67
山 西	Shanxi	3648	1962	53.79	1686	46.21
内蒙古	Inner Mongolia	2505	1491	59.51	1014	40.49
辽 宁	Liaoning	4391	2944	67.05	1447	32.95
吉 林	Jilin	2752	1509	54.81	1244	45.19
黑龙江	Heilongjiang	3833	2224	58.01	1609	41.99
上 海	Shanghai	2426	2173	89.60	252	10.40
江 苏	Jiangsu	7960	5191	65.21	2769	34.79
浙 江	Zhejiang	5508	3573	64.87	1935	35.13
安 徽	Anhui	6083	2990	49.15	3093	50.85
福 建	Fujian	3806	2352	61.80	1454	38.20
江 西	Jiangxi	4542	2281	50.22	2261	49.78
山 东	Shandong	9789	5385	55.01	4404	44.99
河 南	Henan	9436	4265	45.20	5171	54.80
湖 北	Hubei	5816	3238	55.67	2578	44.33
湖 南	Hunan	6737	3320	49.28	3417	50.72
广 东	Guangdong	10724	7292	68.00	3432	32.00
广 西	Guangxi	4754	2187	46.01	2567	53.99
海 南	Hainan	903	486	53.76	418	46.24
重 庆	Chongqing	2991	1783	59.60	1209	40.40
四 川	Sichuan	8140	3769	46.30	4371	53.70
贵 州	Guizhou	3508	1404	40.01	2104	59.99
云 南	Yunnan	4714	1967	41.73	2747	58.27
西 藏	Tibet	318	82	25.75	236	74.25
陕 西	Shaanxi	3775	1985	52.57	1791	47.43
甘 肃	Gansu	2591	1080	41.68	1511	58.32
青 海	Qinghai	583	290	49.78	293	50.22
宁 夏	Ningxia	662	355	53.61	307	46.39
新 疆	Xinjiang	2298	1059	46.07	1240	53.93

注：本表数据根据2014年人口变动情况抽样调查数据推算。

Note: a) Data in the table are estimates from the 2014 National Sample Survey on Population Changes.

2-3 全国分年龄、性别的人口数

Population by Age and Sex

单位：人、%　　　　(person,%)

年 龄 Age	人口数 Population			占总人口比重 Percentage to Total Population			性别比 (女=100) Sex Ratio (Female=100)
	合计 Total	男 Male	女 Female	合计 Total	男 Male	女 Female	
总计 Total	**1124402**	**576011**	**548391**	**100.00**	**51.23**	**48.77**	**105.04**
0-4	**63990**	**34484**	**29506**	**5.69**	**3.07**	**2.62**	**116.87**
0	12212	6505	5706	1.09	0.58	0.51	114.00
1	11572	6185	5387	1.03	0.55	0.48	114.81
2	13261	7183	6077	1.18	0.64	0.54	118.20
3	12796	6908	5888	1.14	0.61	0.52	117.32
4	14149	7703	6446	1.26	0.69	0.57	119.50
5-9	**63132**	**34326**	**28807**	**5.61**	**3.05**	**2.56**	**119.16**
5	13321	7238	6083	1.18	0.64	0.54	118.99
6	13201	7269	5931	1.17	0.65	0.53	122.56
7	12341	6563	5778	1.10	0.58	0.51	113.59
8	12515	6810	5705	1.11	0.61	0.51	119.37
9	11755	6446	5309	1.05	0.57	0.47	121.42
10-14	**58287**	**31616**	**26671**	**5.18**	**2.81**	**2.37**	**118.54**
10	12282	6597	5684	1.09	0.59	0.51	116.06
11	10891	5935	4957	0.97	0.53	0.44	119.73
12	11349	6175	5175	1.01	0.55	0.46	119.32
13	11790	6385	5405	1.05	0.57	0.48	118.13
14	11974	6524	5450	1.06	0.58	0.48	119.71
15-19	**64719**	**34584**	**30136**	**5.76**	**3.08**	**2.68**	**114.76**
15	11793	6557	5236	1.05	0.58	0.47	125.23
16	13263	7274	5989	1.18	0.65	0.53	121.46
17	13067	6969	6099	1.16	0.62	0.54	114.26
18	12964	6871	6093	1.15	0.61	0.54	112.77
19	13631	6913	6719	1.21	0.61	0.60	102.89
20-24	**90785**	**46891**	**43894**	**8.07**	**4.17**	**3.90**	**106.83**
20	15559	7821	7738	1.38	0.70	0.69	101.07
21	16665	8583	8082	1.48	0.76	0.72	106.20
22	17035	9110	7924	1.52	0.81	0.70	114.97
23	17891	9310	8581	1.59	0.83	0.76	108.50
24	23636	12067	11569	2.10	1.07	1.03	104.30
25-29	**98845**	**49801**	**49044**	**8.79**	**4.43**	**4.36**	**101.54**
25	21017	10701	10316	1.87	0.95	0.92	103.73
26	20090	10079	10011	1.79	0.90	0.89	100.68
27	21651	10897	10753	1.93	0.97	0.96	101.34
28	19122	9627	9495	1.70	0.86	0.84	101.39
29	16965	8497	8468	1.51	0.76	0.75	100.34

注：由于各地区数据采用加权汇总的方法，全国人口变动情况抽样调查样本数据合计与各分项相加略有误差(以下表同)。

Note: Because data by region are calculated by the method of weighted sum, total data of the national sample survey on population changes is not equal to the sum of each item. The same applies to the tables following.

2-3 续表 1 continued

单位：人、% (person,%)

年 龄 Age	人口数 Population			占总人口比重 Percentage to Total Population			性别比 (女=100) Sex Ratio (Female=100)
	合计 Total	男 Male	女 Female	合计 Total	男 Male	女 Female	
30-34	**82546**	**41777**	**40768**	**7.34**	**3.72**	**3.63**	**102.47**
30	16078	8127	7950	1.43	0.72	0.71	102.23
31	16058	8123	7935	1.43	0.72	0.71	102.37
32	18605	9530	9074	1.65	0.85	0.81	105.03
33	16050	8163	7886	1.43	0.73	0.70	103.51
34	15756	7833	7922	1.40	0.70	0.70	98.88
35-39	**81792**	**41761**	**40032**	**7.27**	**3.71**	**3.56**	**104.32**
35	16149	8277	7873	1.44	0.74	0.70	105.13
36	15895	8034	7861	1.41	0.71	0.70	102.20
37	14994	7694	7300	1.33	0.68	0.65	105.40
38	17226	8848	8378	1.53	0.79	0.75	105.61
39	17528	8908	8620	1.56	0.79	0.77	103.34
40-44	**101959**	**52086**	**49873**	**9.07**	**4.63**	**4.44**	**104.44**
40	18754	9558	9195	1.67	0.85	0.82	103.95
41	19770	10128	9641	1.76	0.90	0.86	105.05
42	20353	10316	10038	1.81	0.92	0.89	102.77
43	20543	10587	9956	1.83	0.94	0.89	106.34
44	22539	11497	11042	2.00	1.02	0.98	104.12
45-49	**99249**	**50455**	**48795**	**8.83**	**4.49**	**4.34**	**103.40**
45	20297	10212	10084	1.81	0.91	0.90	101.27
46	21860	11105	10755	1.94	0.99	0.96	103.25
47	17701	9048	8653	1.57	0.80	0.77	104.56
48	19565	9967	9598	1.74	0.89	0.85	103.84
49	19826	10122	9704	1.76	0.90	0.86	104.31
50-54	**77909**	**39470**	**38439**	**6.93**	**3.51**	**3.42**	**102.68**
50	18484	9396	9088	1.64	0.84	0.81	103.39
51	21955	11024	10931	1.95	0.98	0.97	100.85
52	16815	8596	8219	1.50	0.76	0.73	104.59
53	9039	4471	4569	0.80	0.40	0.41	97.86
54	11616	5983	5633	1.03	0.53	0.50	106.21
55-59	**66409**	**33781**	**32628**	**5.91**	**3.00**	**2.90**	**103.53**
55	10479	5268	5212	0.93	0.47	0.46	101.07
56	13428	6975	6453	1.19	0.62	0.57	108.09
57	14705	7446	7259	1.31	0.66	0.65	102.58
58	13507	6845	6662	1.20	0.61	0.59	102.75
59	14290	7248	7042	1.27	0.64	0.63	102.93
60-64	**61608**	**30781**	**30826**	**5.48**	**2.74**	**2.74**	**99.85**
60	14447	7208	7238	1.28	0.64	0.64	99.59
61	12708	6332	6377	1.13	0.56	0.57	99.29
62	12889	6479	6410	1.15	0.58	0.57	101.08
63	10862	5351	5511	0.97	0.48	0.49	97.10
64	10703	5412	5291	0.95	0.48	0.47	102.29

2-3 续表 2 continued

单位：人、% (person,%)

年 龄 Age	人口数 Population			占总人口比重 Percentage to Total Population			性别比 (女=100) Sex Ratio (Female=100)
	合计 Total	男 Male	女 Female	合计 Total	男 Male	女 Female	
65-69	**41709**	**20573**	**21137**	**3.71**	**1.83**	**1.88**	**97.33**
65	10170	5054	5116	0.90	0.45	0.45	98.79
66	8763	4323	4440	0.78	0.38	0.39	97.36
67	8155	4038	4116	0.73	0.36	0.37	98.10
68	7733	3805	3928	0.69	0.34	0.35	96.87
69	6888	3352	3536	0.61	0.30	0.31	94.80
70-74	**29133**	**14528**	**14606**	**2.59**	**1.29**	**1.30**	**99.47**
70	6578	3307	3271	0.59	0.29	0.29	101.10
71	5948	2923	3025	0.53	0.26	0.27	96.63
72	5702	2853	2849	0.51	0.25	0.25	100.14
73	5671	2861	2810	0.50	0.25	0.25	101.81
74	5234	2583	2651	0.47	0.23	0.24	97.43
75-79	**21330**	**10179**	**11151**	**1.90**	**0.91**	**0.99**	**91.28**
75	4449	2156	2293	0.40	0.19	0.20	94.03
76	4760	2252	2508	0.42	0.20	0.22	89.79
77	4456	2167	2289	0.40	0.19	0.20	94.67
78	3953	1915	2039	0.35	0.17	0.18	93.92
79	3712	1689	2023	0.33	0.15	0.18	83.49
80-84	**13289**	**5987**	**7302**	**1.18**	**0.53**	**0.65**	**81.99**
80	3291	1515	1776	0.29	0.13	0.16	85.30
81	3262	1472	1791	0.29	0.13	0.16	82.19
82	2530	1118	1412	0.23	0.10	0.13	79.18
83	2134	961	1173	0.19	0.09	0.10	81.93
84	2072	921	1151	0.18	0.08	0.10	80.02
85-89	**5604**	**2244**	**3360**	**0.50**	**0.20**	**0.30**	**66.79**
85	1563	658	905	0.14	0.06	0.08	72.71
86	1413	545	868	0.13	0.05	0.08	62.79
87	1088	463	625	0.10	0.04	0.06	74.08
88	828	306	522	0.07	0.03	0.05	58.62
89	712	272	440	0.06	0.02	0.04	61.82
90-94	**1757**	**581**	**1175**	**0.16**	**0.05**	**0.10**	**49.45**
90	574	189	385	0.05	0.02	0.03	49.09
91	453	158	295	0.04	0.01	0.03	53.56
92	303	104	199	0.03	0.01	0.02	52.26
93	260	75	185	0.02	0.01	0.02	40.54
94	166	55	111	0.01		0.01	49.55
95+	**347**	**106**	**241**	**0.03**	**0.01**	**0.02**	**43.98**

2-4 全国城市分年龄、性别的人口数

City Population by Age and Sex

单位：人、%　　(person,%)

年 龄 Age	人口数 Population			占总人口比重 Percentage to Total Population			性别比 (女=100) Sex Ratio (Female=100)
	合计 Total	男 Male	女 Female	合计 Total	男 Male	女 Female	
总计 Total	**362967**	**185751**	**177215**	**100.00**	**51.18**	**48.82**	**104.82**
0-4	**16476**	**8751**	**7725**	**4.54**	**2.41**	**2.13**	**113.28**
0	2946	1544	1402	0.81	0.43	0.39	110.13
1	3116	1632	1484	0.86	0.45	0.41	109.97
2	3635	1956	1679	1.00	0.54	0.46	116.50
3	3146	1691	1455	0.87	0.47	0.40	116.22
4	3632	1928	1705	1.00	0.53	0.47	113.08
5-9	**15612**	**8439**	**7173**	**4.30**	**2.33**	**1.98**	**117.65**
5	3327	1804	1523	0.92	0.50	0.42	118.45
6	3267	1757	1510	0.90	0.48	0.42	116.36
7	3217	1742	1475	0.89	0.48	0.41	118.10
8	2917	1539	1378	0.80	0.42	0.38	111.68
9	2885	1598	1287	0.79	0.44	0.35	124.16
10-14	**14214**	**7606**	**6608**	**3.92**	**2.10**	**1.82**	**115.10**
10	2912	1520	1392	0.80	0.42	0.38	109.20
11	2551	1371	1180	0.70	0.38	0.33	116.19
12	2765	1513	1252	0.76	0.42	0.34	120.85
13	2936	1561	1375	0.81	0.43	0.38	113.53
14	3050	1641	1409	0.84	0.45	0.39	116.47
15-19	**20246**	**11048**	**9199**	**5.58**	**3.04**	**2.53**	**120.10**
15	3053	1732	1321	0.84	0.48	0.36	131.11
16	3789	2151	1638	1.04	0.59	0.45	131.32
17	4049	2290	1759	1.12	0.63	0.48	130.19
18	4345	2370	1975	1.20	0.65	0.54	120.00
19	5010	2504	2506	1.38	0.69	0.69	99.92
20-24	**33335**	**17931**	**15404**	**9.18**	**4.94**	**4.24**	**116.40**
20	5795	2915	2880	1.60	0.80	0.79	101.22
21	6373	3496	2877	1.76	0.96	0.79	121.52
22	6326	3602	2724	1.74	0.99	0.75	132.23
23	6526	3572	2954	1.80	0.98	0.81	120.92
24	8315	4346	3969	2.29	1.20	1.09	109.50
25-29	**37242**	**18856**	**18386**	**10.26**	**5.19**	**5.07**	**102.56**
25	7562	3952	3610	2.08	1.09	0.99	109.47
26	7609	3871	3738	2.10	1.07	1.03	103.56
27	8108	4084	4024	2.23	1.13	1.11	101.49
28	7248	3622	3627	2.00	1.00	1.00	99.86
29	6715	3327	3388	1.85	0.92	0.93	98.20

2-4 续表 1 continued

单位：人、% (person,%)

年龄 Age	人口数 Population 合计 Total	男 Male	女 Female	占总人口比重 Percentage to Total Population 合计 Total	男 Male	女 Female	性别比（女=100） Sex Ratio (Female=100)
30-34	**33601**	**16873**	**16727**	**9.26**	**4.65**	**4.61**	**100.87**
30	6410	3233	3177	1.77	0.89	0.88	101.76
31	6602	3305	3297	1.82	0.91	0.91	100.24
32	7922	4008	3914	2.18	1.10	1.08	102.40
33	6458	3251	3207	1.78	0.90	0.88	101.37
34	6209	3076	3133	1.71	0.85	0.86	98.18
35-39	**31059**	**15806**	**15253**	**8.56**	**4.35**	**4.20**	**103.63**
35	6351	3260	3091	1.75	0.90	0.85	105.47
36	6201	3148	3053	1.71	0.87	0.84	103.11
37	5742	2922	2820	1.58	0.81	0.78	103.62
38	6346	3207	3139	1.75	0.88	0.86	102.17
39	6420	3269	3151	1.77	0.90	0.87	103.74
40-44	**34947**	**17928**	**17019**	**9.63**	**4.94**	**4.69**	**105.34**
40	6634	3386	3248	1.83	0.93	0.89	104.25
41	6950	3517	3433	1.91	0.97	0.95	102.45
42	6975	3560	3416	1.92	0.98	0.94	104.22
43	6965	3633	3333	1.92	1.00	0.92	109.00
44	7423	3832	3590	2.05	1.06	0.99	106.74
45-49	**30163**	**15457**	**14707**	**8.31**	**4.26**	**4.05**	**105.10**
45	6457	3240	3218	1.78	0.89	0.89	100.68
46	6910	3547	3363	1.90	0.98	0.93	105.47
47	5170	2646	2524	1.42	0.73	0.70	104.83
48	5634	2887	2747	1.55	0.80	0.76	105.10
49	5992	3137	2855	1.65	0.86	0.79	109.88
50-54	**25117**	**12937**	**12180**	**6.92**	**3.56**	**3.36**	**106.22**
50	5861	3026	2835	1.61	0.83	0.78	106.74
51	7254	3688	3567	2.00	1.02	0.98	103.39
52	5119	2678	2441	1.41	0.74	0.67	109.71
53	2982	1547	1435	0.82	0.43	0.40	107.80
54	3902	1999	1903	1.08	0.55	0.52	105.04
55-59	**20866**	**10365**	**10500**	**5.75**	**2.86**	**2.89**	**98.71**
55	3476	1703	1772	0.96	0.47	0.49	96.11
56	4351	2247	2103	1.20	0.62	0.58	106.85
57	4526	2160	2366	1.25	0.60	0.65	91.29
58	4164	2061	2104	1.15	0.57	0.58	97.96
59	4349	2194	2155	1.20	0.60	0.59	101.81
60-64	**17764**	**8662**	**9102**	**4.89**	**2.39**	**2.51**	**95.17**
60	4265	2117	2148	1.18	0.58	0.59	98.56
61	3775	1823	1953	1.04	0.50	0.54	93.34
62	3633	1773	1859	1.00	0.49	0.51	95.37
63	3042	1451	1592	0.84	0.40	0.44	91.14
64	3049	1499	1550	0.84	0.41	0.43	96.71

2-4 续表 2 continued

单位：人、% (person,%)

年 龄 Age	人口数 Population			占总人口比重 Percentage to Total Population			性别比 (女=100) Sex Ratio (Female=100)
	合计 Total	男 Male	女 Female	合计 Total	男 Male	女 Female	
65-69	**11360**	**5405**	**5954**	**3.13**	**1.49**	**1.64**	**90.78**
65	2778	1342	1437	0.77	0.37	0.40	93.39
66	2346	1098	1248	0.65	0.30	0.34	87.98
67	2215	1071	1145	0.61	0.30	0.32	93.54
68	2145	1006	1138	0.59	0.28	0.31	88.40
69	1876	889	987	0.52	0.24	0.27	90.07
70-74	**7997**	**3805**	**4192**	**2.20**	**1.05**	**1.15**	**90.77**
70	1803	880	923	0.50	0.24	0.25	95.34
71	1603	750	852	0.44	0.21	0.23	88.03
72	1479	688	790	0.41	0.19	0.22	87.09
73	1565	767	798	0.43	0.21	0.22	96.12
74	1548	720	828	0.43	0.20	0.23	86.96
75-79	**6597**	**3045**	**3552**	**1.82**	**0.84**	**0.98**	**85.73**
75	1355	636	720	0.37	0.18	0.20	88.33
76	1413	658	754	0.39	0.18	0.21	87.27
77	1370	657	713	0.38	0.18	0.20	92.15
78	1287	577	710	0.35	0.16	0.20	81.27
79	1173	517	655	0.32	0.14	0.18	78.93
80-84	**4048**	**1878**	**2170**	**1.12**	**0.52**	**0.60**	**86.54**
80	982	433	549	0.27	0.12	0.15	78.87
81	1032	474	558	0.28	0.13	0.15	84.95
82	790	358	432	0.22	0.10	0.12	82.87
83	643	316	327	0.18	0.09	0.09	96.64
84	601	297	304	0.17	0.08	0.08	97.70
85-89	**1717**	**743**	**974**	**0.47**	**0.20**	**0.27**	**76.28**
85	480	218	261	0.13	0.06	0.07	83.52
86	439	193	246	0.12	0.05	0.07	78.46
87	343	143	200	0.09	0.04	0.06	71.50
88	249	106	143	0.07	0.03	0.04	74.13
89	207	82	124	0.06	0.02	0.03	66.13
90-94	**494**	**176**	**318**	**0.14**	**0.05**	**0.09**	**55.35**
90	169	58	112	0.05	0.02	0.03	51.79
91	143	53	90	0.04	0.01	0.02	58.89
92	70	26	45	0.02	0.01	0.01	57.78
93	69	21	48	0.02	0.01	0.01	43.75
94	43	18	24	0.01		0.01	75.00
95+	**110**	**40**	**70**	**0.03**	**0.01**	**0.02**	**57.14**

2-5 全国镇分年龄、性别的人口数

Town Population by Age and Sex

单位：人、%　　(person,%)

年 龄 Age	人口数 Population			占总人口比重 Percentage to Total Population			性别比 (女=100) Sex Ratio (Female=100)
	合计 Total	男 Male	女 Female	合计 Total	男 Male	女 Female	
总计 Total	**259159**	**131369**	**127790**	**100.00**	**50.69**	**49.31**	**102.80**
0-4	**14578**	**7891**	**6687**	**5.63**	**3.04**	**2.58**	**118.01**
0	2694	1422	1272	1.04	0.55	0.49	111.79
1	2670	1443	1227	1.03	0.56	0.47	117.60
2	2962	1639	1324	1.14	0.63	0.51	123.79
3	3003	1610	1393	1.16	0.62	0.54	115.58
4	3249	1777	1472	1.25	0.69	0.57	120.72
5-9	**15331**	**8477**	**6854**	**5.92**	**3.27**	**2.64**	**123.68**
5	3177	1755	1422	1.23	0.68	0.55	123.42
6	3256	1812	1445	1.26	0.70	0.56	125.40
7	2864	1507	1357	1.11	0.58	0.52	111.05
8	3152	1829	1323	1.22	0.71	0.51	138.25
9	2883	1575	1307	1.11	0.61	0.50	120.50
10-14	**14271**	**7842**	**6429**	**5.51**	**3.03**	**2.48**	**121.98**
10	2971	1631	1340	1.15	0.63	0.52	121.72
11	2644	1445	1199	1.02	0.56	0.46	120.52
12	2750	1529	1221	1.06	0.59	0.47	125.23
13	2953	1648	1305	1.14	0.64	0.50	126.28
14	2953	1588	1365	1.14	0.61	0.53	116.34
15-19	**15802**	**7892**	**7910**	**6.10**	**3.05**	**3.05**	**99.77**
15	3045	1652	1393	1.17	0.64	0.54	118.59
16	3371	1709	1661	1.30	0.66	0.64	102.89
17	3216	1553	1663	1.24	0.60	0.64	93.39
18	3100	1538	1562	1.20	0.59	0.60	98.46
19	3070	1439	1631	1.18	0.56	0.63	88.23
20-24	**20391**	**9709**	**10682**	**7.87**	**3.75**	**4.12**	**90.89**
20	3724	1654	2070	1.44	0.64	0.80	79.90
21	3691	1679	2012	1.42	0.65	0.78	83.45
22	3698	1826	1872	1.43	0.70	0.72	97.54
23	3938	1954	1984	1.52	0.75	0.77	98.49
24	5340	2595	2744	2.06	1.00	1.06	94.57
25-29	**22654**	**11089**	**11565**	**8.74**	**4.28**	**4.46**	**95.88**
25	4862	2406	2456	1.88	0.93	0.95	97.96
26	4495	2166	2329	1.73	0.84	0.90	93.00
27	4964	2392	2571	1.92	0.92	0.99	93.04
28	4448	2208	2239	1.72	0.85	0.86	98.62
29	3886	1915	1971	1.50	0.74	0.76	97.16

2-5 续表 1 continued

单位：人、% (person,%)

年 龄 Age	人口数 Population			占总人口比重 Percentage to Total Population			性别比 (女=100) Sex Ratio (Female=100)
	合计 Total	男 Male	女 Female	合计 Total	男 Male	女 Female	
30-34	**18779**	**9322**	**9457**	**7.25**	**3.60**	**3.65**	**98.57**
30	3669	1840	1829	1.42	0.71	0.71	100.60
31	3629	1805	1824	1.40	0.70	0.70	98.96
32	4072	2039	2033	1.57	0.79	0.78	100.30
33	3740	1874	1867	1.44	0.72	0.72	100.37
34	3669	1764	1904	1.42	0.68	0.73	92.65
35-39	**20199**	**10248**	**9951**	**7.79**	**3.95**	**3.84**	**102.98**
35	3903	1959	1943	1.51	0.76	0.75	100.82
36	3903	1937	1966	1.51	0.75	0.76	98.52
37	3643	1858	1785	1.41	0.72	0.69	104.09
38	4348	2272	2076	1.68	0.88	0.80	109.44
39	4402	2221	2181	1.70	0.86	0.84	101.83
40-44	**24672**	**12524**	**12148**	**9.52**	**4.83**	**4.69**	**103.10**
40	4608	2368	2240	1.78	0.91	0.86	105.71
41	4723	2404	2319	1.82	0.93	0.89	103.67
42	4954	2505	2449	1.91	0.97	0.94	102.29
43	4977	2530	2446	1.92	0.98	0.94	103.43
44	5411	2717	2693	2.09	1.05	1.04	100.89
45-49	**23766**	**12105**	**11660**	**9.17**	**4.67**	**4.50**	**103.82**
45	4962	2525	2437	1.91	0.97	0.94	103.61
46	5203	2669	2535	2.01	1.03	0.98	105.29
47	4214	2168	2046	1.63	0.84	0.79	105.96
48	4683	2413	2269	1.81	0.93	0.88	106.35
49	4703	2330	2373	1.81	0.90	0.92	98.19
50-54	**17858**	**9066**	**8791**	**6.89**	**3.50**	**3.39**	**103.13**
50	4380	2248	2132	1.69	0.87	0.82	105.44
51	5090	2516	2573	1.96	0.97	0.99	97.78
52	3900	2028	1872	1.50	0.78	0.72	108.33
53	1980	966	1014	0.76	0.37	0.39	95.27
54	2509	1309	1200	0.97	0.51	0.46	109.08
55-59	**14594**	**7393**	**7200**	**5.63**	**2.85**	**2.78**	**102.68**
55	2299	1164	1134	0.89	0.45	0.44	102.65
56	2984	1555	1429	1.15	0.60	0.55	108.82
57	3247	1686	1561	1.25	0.65	0.60	108.01
58	2980	1464	1516	1.15	0.56	0.58	96.57
59	3084	1525	1560	1.19	0.59	0.60	97.76
60-64	**13257**	**6667**	**6589**	**5.12**	**2.57**	**2.54**	**101.18**
60	3181	1540	1641	1.23	0.59	0.63	93.85
61	2679	1333	1346	1.03	0.51	0.52	99.03
62	2755	1446	1309	1.06	0.56	0.51	110.47
63	2323	1145	1178	0.90	0.44	0.45	97.20
64	2319	1203	1116	0.89	0.46	0.43	107.80

2-5 续表 2 continued

单位：人、% (person,%)

年 龄 Age	人口数 Population			占总人口比重 Percentage to Total Population			性别比 (女=100) Sex Ratio (Female=100)
	合计 Total	男 Male	女 Female	合计 Total	男 Male	女 Female	
65-69	**8806**	**4400**	**4407**	**3.40**	**1.70**	**1.70**	**99.84**
65	2158	1058	1100	0.83	0.41	0.42	96.18
66	1884	924	960	0.73	0.36	0.37	96.25
67	1743	873	870	0.67	0.34	0.34	100.34
68	1547	807	740	0.60	0.31	0.29	109.05
69	1475	738	737	0.57	0.28	0.28	100.14
70-74	**5943**	**2995**	**2948**	**2.29**	**1.16**	**1.14**	**101.59**
70	1338	697	641	0.52	0.27	0.25	108.74
71	1262	648	614	0.49	0.25	0.24	105.54
72	1201	604	597	0.46	0.23	0.23	101.17
73	1124	565	559	0.43	0.22	0.22	101.07
74	1017	480	537	0.39	0.19	0.21	89.39
75-79	**4199**	**2011**	**2189**	**1.62**	**0.78**	**0.84**	**91.87**
75	899	437	462	0.35	0.17	0.18	94.59
76	941	434	507	0.36	0.17	0.20	85.60
77	865	405	460	0.33	0.16	0.18	88.04
78	741	374	367	0.29	0.14	0.14	101.91
79	753	361	393	0.29	0.14	0.15	91.86
80-84	**2540**	**1147**	**1393**	**0.98**	**0.44**	**0.54**	**82.34**
80	671	329	342	0.26	0.13	0.13	96.20
81	596	266	329	0.23	0.10	0.13	80.85
82	484	197	286	0.19	0.08	0.11	68.88
83	386	181	205	0.15	0.07	0.08	88.29
84	404	174	230	0.16	0.07	0.09	75.65
85-89	**1113**	**462**	**652**	**0.43**	**0.18**	**0.25**	**70.86**
85	317	138	179	0.12	0.05	0.07	77.09
86	250	90	160	0.10	0.03	0.06	56.25
87	237	111	126	0.09	0.04	0.05	88.10
88	148	51	97	0.06	0.02	0.04	52.58
89	161	72	89	0.06	0.03	0.03	80.90
90-94	**336**	**111**	**225**	**0.13**	**0.04**	**0.09**	**49.33**
90	104	36	69	0.04	0.01	0.03	52.17
91	75	21	54	0.03	0.01	0.02	38.89
92	63	21	42	0.02	0.01	0.02	50.00
93	59	22	37	0.02	0.01	0.01	59.46
94	35	11	24	0.01		0.01	45.83
95+	**69**	**19**	**51**	**0.03**	**0.01**	**0.02**	**37.25**

2-6 全国乡村分年龄、性别的人口数

Rural Population by Age and Sex

单位：人、%　　　　(person,%)

年龄 Age	人口数 Population			占总人口比重 Percentage to Total Population			性别比 (女=100) Sex Ratio (Female=100)
	合计 Total	男 Male	女 Female	合计 Total	男 Male	女 Female	
总计 Total	**502276**	**258891**	**243385**	**100.00**	**51.54**	**48.46**	**106.37**
0-4	**32935**	**17842**	**15093**	**6.56**	**3.55**	**3.00**	**118.21**
0	6572	3540	3032	1.31	0.70	0.60	116.75
1	5786	3110	2677	1.15	0.62	0.53	116.17
2	6663	3588	3075	1.33	0.71	0.61	116.68
3	6647	3606	3041	1.32	0.72	0.61	118.58
4	7268	3998	3269	1.45	0.80	0.65	122.30
5-9	**32189**	**17409**	**14780**	**6.41**	**3.47**	**2.94**	**117.79**
5	6817	3679	3138	1.36	0.73	0.62	117.24
6	6677	3701	2976	1.33	0.74	0.59	124.36
7	6261	3314	2946	1.25	0.66	0.59	112.49
8	6447	3442	3004	1.28	0.69	0.60	114.58
9	5987	3272	2715	1.19	0.65	0.54	120.52
10-14	**29802**	**16168**	**13633**	**5.93**	**3.22**	**2.71**	**118.59**
10	6399	3446	2952	1.27	0.69	0.59	116.73
11	5697	3119	2578	1.13	0.62	0.51	120.99
12	5834	3132	2702	1.16	0.62	0.54	115.91
13	5901	3176	2725	1.17	0.63	0.54	116.55
14	5972	3295	2677	1.19	0.66	0.53	123.09
15-19	**28671**	**15644**	**13027**	**5.71**	**3.11**	**2.59**	**120.09**
15	5696	3173	2523	1.13	0.63	0.50	125.76
16	6104	3414	2690	1.22	0.68	0.54	126.91
17	5802	3125	2677	1.16	0.62	0.53	116.74
18	5519	2963	2556	1.10	0.59	0.51	115.92
19	5551	2970	2581	1.11	0.59	0.51	115.07
20-24	**37060**	**19252**	**17808**	**7.38**	**3.83**	**3.55**	**108.11**
20	6040	3253	2787	1.20	0.65	0.55	116.72
21	6601	3408	3193	1.31	0.68	0.64	106.73
22	7011	3681	3329	1.40	0.73	0.66	110.57
23	7428	3785	3643	1.48	0.75	0.73	103.90
24	9981	5126	4855	1.99	1.02	0.97	105.58
25-29	**38949**	**19856**	**19092**	**7.75**	**3.95**	**3.80**	**104.00**
25	8593	4343	4251	1.71	0.86	0.85	102.16
26	7986	4041	3945	1.59	0.80	0.79	102.43
27	8579	4421	4158	1.71	0.88	0.83	106.33
28	7426	3797	3629	1.48	0.76	0.72	104.63
29	6364	3254	3110	1.27	0.65	0.62	104.63

2-6 续表 1 continued

单位：人、% (person,%)

年龄 Age	人口数 Population			占总人口比重 Percentage to Total Population			性别比 (女=100) Sex Ratio (Female=100)
	合计 Total	男 Male	女 Female	合计 Total	男 Male	女 Female	
30-34	**30165**	**15582**	**14583**	**6.01**	**3.10**	**2.90**	**106.85**
30	5998	3055	2943	1.19	0.61	0.59	103.81
31	5827	3013	2814	1.16	0.60	0.56	107.07
32	6611	3483	3128	1.32	0.69	0.62	111.35
33	5852	3039	2813	1.17	0.61	0.56	108.03
34	5878	2993	2885	1.17	0.60	0.57	103.74
35-39	**30534**	**15707**	**14827**	**6.08**	**3.13**	**2.95**	**105.94**
35	5896	3058	2838	1.17	0.61	0.57	107.75
36	5791	2949	2843	1.15	0.59	0.57	103.73
37	5609	2914	2695	1.12	0.58	0.54	108.13
38	6532	3369	3163	1.30	0.67	0.63	106.51
39	6706	3418	3288	1.34	0.68	0.65	103.95
40-44	**42340**	**21634**	**20706**	**8.43**	**4.31**	**4.12**	**104.48**
40	7512	3805	3707	1.50	0.76	0.74	102.64
41	8097	4207	3890	1.61	0.84	0.77	108.15
42	8424	4251	4173	1.68	0.85	0.83	101.87
43	8601	4424	4177	1.71	0.88	0.83	105.91
44	9705	4947	4758	1.93	0.98	0.95	103.97
45-49	**45320**	**22893**	**22428**	**9.02**	**4.56**	**4.47**	**102.07**
45	8878	4448	4430	1.77	0.89	0.88	100.41
46	9747	4889	4858	1.94	0.97	0.97	100.64
47	8317	4234	4082	1.66	0.84	0.81	103.72
48	9249	4667	4582	1.84	0.93	0.91	101.86
49	9130	4655	4476	1.82	0.93	0.89	104.00
50-54	**34934**	**17467**	**17467**	**6.96**	**3.48**	**3.48**	**100.00**
50	8244	4122	4122	1.64	0.82	0.82	100.00
51	9611	4820	4791	1.91	0.96	0.95	100.61
52	7796	3891	3905	1.55	0.77	0.78	99.64
53	4078	1958	2120	0.81	0.39	0.42	92.36
54	5205	2676	2530	1.04	0.53	0.50	105.77
55-59	**30950**	**16023**	**14927**	**6.16**	**3.19**	**2.97**	**107.34**
55	4705	2400	2305	0.94	0.48	0.46	104.12
56	6093	3173	2921	1.21	0.63	0.58	108.63
57	6932	3601	3332	1.38	0.72	0.66	108.07
58	6363	3321	3042	1.27	0.66	0.61	109.17
59	6857	3529	3328	1.37	0.70	0.66	106.04
60-64	**30587**	**15452**	**15135**	**6.09**	**3.08**	**3.01**	**102.09**
60	7001	3551	3449	1.39	0.71	0.69	102.96
61	6254	3175	3078	1.25	0.63	0.61	103.15
62	6501	3259	3241	1.29	0.65	0.65	100.56
63	5496	2755	2742	1.09	0.55	0.55	100.47
64	5335	2711	2625	1.06	0.54	0.52	103.28

2-6 续表 2 continued

单位：人、% (person,%)

年 龄 Age	人口数 Population			占总人口比重 Percentage to Total Population			性别比 (女=100) Sex Ratio (Female=100)
	合计 Total	男 Male	女 Female	合计 Total	男 Male	女 Female	
65-69	**21543**	**10768**	**10776**	**4.29**	**2.14**	**2.15**	**99.93**
65	5235	2655	2579	1.04	0.53	0.51	102.95
66	4533	2301	2232	0.90	0.46	0.44	103.09
67	4196	2094	2102	0.84	0.42	0.42	99.62
68	4042	1991	2050	0.80	0.40	0.41	97.12
69	3537	1726	1812	0.70	0.34	0.36	95.25
70-74	**15194**	**7728**	**7466**	**3.03**	**1.54**	**1.49**	**103.51**
70	3436	1730	1706	0.68	0.34	0.34	101.41
71	3084	1524	1559	0.61	0.30	0.31	97.75
72	3023	1561	1462	0.60	0.31	0.29	106.77
73	2982	1529	1453	0.59	0.30	0.29	105.23
74	2669	1383	1286	0.53	0.28	0.26	107.54
75-79	**10534**	**5123**	**5411**	**2.10**	**1.02**	**1.08**	**94.68**
75	2195	1083	1111	0.44	0.22	0.22	97.48
76	2406	1160	1247	0.48	0.23	0.25	93.02
77	2221	1105	1116	0.44	0.22	0.22	99.01
78	1926	964	962	0.38	0.19	0.19	100.21
79	1786	810	975	0.36	0.16	0.19	83.08
80-84	**6701**	**2962**	**3739**	**1.33**	**0.59**	**0.74**	**79.22**
80	1638	753	884	0.33	0.15	0.18	85.18
81	1635	732	903	0.33	0.15	0.18	81.06
82	1256	563	694	0.25	0.11	0.14	81.12
83	1105	464	641	0.22	0.09	0.13	72.39
84	1067	450	617	0.21	0.09	0.12	72.93
85-89	**2774**	**1039**	**1735**	**0.55**	**0.21**	**0.35**	**59.88**
85	767	302	465	0.15	0.06	0.09	64.95
86	724	262	462	0.14	0.05	0.09	56.71
87	508	209	299	0.10	0.04	0.06	69.90
88	432	150	282	0.09	0.03	0.06	53.19
89	344	117	227	0.07	0.02	0.05	51.54
90-94	**926**	**294**	**632**	**0.18**	**0.06**	**0.13**	**46.52**
90	301	96	205	0.06	0.02	0.04	46.83
91	235	84	152	0.05	0.02	0.03	55.26
92	170	58	113	0.03	0.01	0.02	51.33
93	132	32	100	0.03	0.01	0.02	32.00
94	88	25	63	0.02		0.01	39.68
95+	**168**	**48**	**120**	**0.03**	**0.01**	**0.02**	**40.00**

2-7 各地区人口年龄构成和抚养比

Age Composition and Dependency Ratio of Population by Region

地区	Region	人口数(人) Population (person)	0-14岁 Aged 0-14	15-64岁 Aged 15-64	65岁及以上 Aged 65 and Over	总抚养比(%) Gross Dependency Ratio (%)	少儿抚养比 Children Dependency Ratio	老年抚养比 Old Dependency Ratio
全国	**National Total**	**1124401**	**185409**	**825822**	**113170**	**36.16**	**22.45**	**13.70**
北京	Beijing	17756	1804	14434	1518	23.02	12.50	10.52
天津	Tianjin	12519	1350	9707	1462	28.97	13.91	15.06
河北	Hebei	60936	11347	43907	5682	38.78	25.84	12.94
山西	Shanxi	30105	4468	23071	2566	30.49	19.37	11.12
内蒙古	Inner Mongolia	20672	2803	15940	1929	29.69	17.58	12.10
辽宁	Liaoning	36237	3719	28111	4407	28.91	13.23	15.68
吉林	Jilin	22714	2775	17629	2310	28.84	15.74	13.10
黑龙江	Heilongjiang	31632	3665	24996	2971	26.55	14.66	11.89
上海	Shanghai	20019	2024	16057	1938	24.67	12.61	12.07
江苏	Jiangsu	65692	9041	48726	7925	34.82	18.55	16.26
浙江	Zhejiang	45456	5467	35615	4374	27.63	15.35	12.28
安徽	Anhui	50201	8976	35994	5231	39.47	24.94	14.53
福建	Fujian	31411	5527	23501	2383	33.66	23.52	10.14
江西	Jiangxi	37485	7776	26245	3464	42.83	29.63	13.20
山东	Shandong	80788	12752	58769	9267	37.47	21.70	15.77
河南	Henan	77873	16297	54755	6821	42.22	29.76	12.46
湖北	Hubei	47998	7669	35407	4922	35.56	21.66	13.90
湖南	Hunan	55600	10176	39379	6045	41.19	25.84	15.35
广东	Guangdong	88502	14576	66604	7322	32.88	21.88	10.99
广西	Guangxi	39234	8591	26902	3741	45.84	31.93	13.91
海南	Hainan	7456	1420	5465	571	36.43	25.98	10.45
重庆	Chongqing	24688	3767	17434	3487	41.61	21.61	20.00
四川	Sichuan	67179	10893	46888	9398	43.28	23.23	20.04
贵州	Guizhou	28951	6398	19883	2670	45.61	32.18	13.43
云南	Yunnan	38902	7374	28135	3393	38.27	26.21	12.06
西藏	Tibet	2621	644	1833	144	42.99	35.13	7.86
陕西	Shaanxi	31154	4644	23204	3306	34.26	20.01	14.25
甘肃	Gansu	21380	3500	15970	1910	33.88	21.92	11.96
青海	Qinghai	4815	881	3592	342	34.05	24.53	9.52
宁夏	Ningxia	5459	1077	4012	370	36.07	26.84	9.22
新疆	Xinjiang	18968	4008	13657	1303	38.89	29.35	9.54

2-8 各地区城市人口年龄构成和抚养比

Age Composition and Dependency Ratio of City Population by Region

地 区	Region	人口数(人) Population (person)	0-14岁 Aged 0-14	15-64岁 Aged 15-64	65岁及以上 Aged 65 and Over	总抚养比(%) Gross Dependency Ratio (%)	少儿抚养比 Children Dependency Ratio	老年抚养比 Old Dependency Ratio
全 国	**National Total**	**362966**	**46302**	**284341**	**32323**	**27.65**	**16.28**	**11.37**
北 京	Beijing	14089	1479	11393	1217	23.66	12.98	10.68
天 津	Tianjin	8344	746	6523	1075	27.92	11.44	16.48
河 北	Hebei	11104	1674	8456	974	31.32	19.80	11.52
山 西	Shanxi	8550	1432	6467	651	32.21	22.14	10.07
内蒙古	Inner Mongolia	7128	1002	5466	660	30.41	18.33	12.07
辽 宁	Liaoning	19675	1768	15537	2370	26.63	11.38	15.25
吉 林	Jilin	8895	953	6909	1033	28.75	13.79	14.95
黑龙江	Heilongjiang	12028	1225	9604	1199	25.24	12.76	12.48
上 海	Shanghai	15891	1624	12744	1523	24.69	12.74	11.95
江 苏	Jiangsu	25172	3019	19712	2441	27.70	15.32	12.38
浙 江	Zhejiang	18504	2144	15297	1063	20.96	14.02	6.95
安 徽	Anhui	12445	1852	9701	892	28.29	19.09	9.19
福 建	Fujian	11498	1974	8930	594	28.76	22.11	6.65
江 西	Jiangxi	7960	1272	5677	1011	40.21	22.41	17.81
山 东	Shandong	27496	3798	21038	2660	30.70	18.05	12.64
河 南	Henan	17010	2758	12957	1295	31.28	21.29	9.99
湖 北	Hubei	14737	1741	11639	1357	26.62	14.96	11.66
湖 南	Hunan	13565	1908	10322	1335	31.42	18.48	12.93
广 东	Guangdong	37264	4396	30775	2093	21.09	14.28	6.80
广 西	Guangxi	10547	1815	7871	861	34.00	23.06	10.94
海 南	Hainan	1691	271	1348	72	25.45	20.10	5.34
重 庆	Chongqing	7705	700	6253	752	23.22	11.19	12.03
四 川	Sichuan	18000	2036	13954	2010	29.00	14.59	14.40
贵 州	Guizhou	5399	761	4219	419	27.97	18.04	9.93
云 南	Yunnan	6655	942	5051	662	31.76	18.65	13.11
西 藏	Tibet	202	29	156	17	29.49	18.59	10.90
陕 西	Shaanxi	7989	986	6057	946	31.90	16.28	15.62
甘 肃	Gansu	3777	519	2897	361	30.38	17.92	12.46
青 海	Qinghai	1303	168	1030	105	26.50	16.31	10.19
宁 夏	Ningxia	1796	295	1383	118	29.86	21.33	8.53
新 疆	Xinjiang	6549	1017	4975	557	31.64	20.44	11.20

2-9 各地区镇人口年龄构成和抚养比

Age Composition and Dependency Ratio of Town Population by Region

地 区	Region	人口数 (人) Population (person)	0-14岁 Aged 0-14	15-64岁 Aged 15-64	65岁及以上 Aged 65 and Over	总抚养比 (%) Gross Dependency Ratio (%)	少儿抚养比 Children Dependency Ratio	老年抚养比 Old Dependency Ratio
全 国	**National Total**	**259159**	**44180**	**191971**	**23008**	**35.00**	**23.01**	**11.99**
北 京	Beijing	1244	103	1076	65	15.61	9.57	6.04
天 津	Tianjin	1954	245	1549	160	26.15	15.82	10.33
河 北	Hebei	18956	3737	13571	1648	39.68	27.54	12.14
山 西	Shanxi	7644	1104	6014	526	27.10	18.36	8.75
内蒙古	Inner Mongolia	5174	796	3921	457	31.96	20.30	11.66
辽 宁	Liaoning	4623	505	3519	599	31.37	14.35	17.02
吉 林	Jilin	3554	427	2770	357	28.30	15.42	12.89
黑龙江	Heilongjiang	6323	763	5006	554	26.31	15.24	11.07
上 海	Shanghai	2048	202	1723	123	18.86	11.72	7.14
江 苏	Jiangsu	17665	2618	13179	1868	34.04	19.86	14.17
浙 江	Zhejiang	10984	1312	8802	870	24.79	14.91	9.88
安 徽	Anhui	12228	2054	8976	1198	36.23	22.88	13.35
福 建	Fujian	7914	1461	6028	425	31.29	24.24	7.05
江 西	Jiangxi	10864	2252	7837	775	38.62	28.74	9.89
山 东	Shandong	16945	2873	12303	1769	37.73	23.35	14.38
河 南	Henan	18188	3530	13366	1292	36.08	26.41	9.67
湖 北	Hubei	11983	2364	8709	910	37.59	27.14	10.45
湖 南	Hunan	13835	2750	9789	1296	41.33	28.09	13.24
广 东	Guangdong	22917	3918	16977	2022	34.99	23.08	11.91
广 西	Guangxi	7504	1542	5366	596	39.84	28.74	11.11
海 南	Hainan	2318	417	1705	196	35.95	24.46	11.50
重 庆	Chongqing	7008	1213	4974	821	40.89	24.39	16.51
四 川	Sichuan	13103	1810	9669	1624	35.52	18.72	16.80
贵 州	Guizhou	6185	1302	4382	501	41.15	29.71	11.43
云 南	Yunnan	9580	1752	7019	809	36.49	24.96	11.53
西 藏	Tibet	472	124	324	24	45.68	38.27	7.41
陕 西	Shaanxi	8390	1351	6266	773	33.90	21.56	12.34
甘 肃	Gansu	5135	825	3897	413	31.77	21.17	10.60
青 海	Qinghai	1096	200	822	74	33.33	24.33	9.00
宁 夏	Ningxia	1131	235	832	64	35.94	28.25	7.69
新 疆	Xinjiang	2190	394	1599	197	36.96	24.64	12.32

2-10 各地区乡村人口年龄构成和抚养比

Age Composition and Dependency Ratio of Rural Population by Region

地 区	Region	人口数 (人) Population (person)	0-14岁 Aged 0-14	15-64岁 Aged 15-64	65岁及以上 Aged 65 and Over	总抚养比 (%) Gross Dependency Ratio (%)	少儿抚养比 Children Dependency Ratio	老年抚养比 Old Dependency Ratio
全 国	**National Total**	**502275**	**94926**	**349510**	**57839**	**43.71**	**27.16**	**16.55**
北 京	Beijing	2424	222	1966	236	23.30	11.29	12.00
天 津	Tianjin	2219	359	1634	226	35.80	21.97	13.83
河 北	Hebei	30876	5936	21881	3059	41.11	27.13	13.98
山 西	Shanxi	13912	1933	10590	1389	31.37	18.25	13.12
内蒙古	Inner Mongolia	8369	1005	6552	812	27.73	15.34	12.39
辽 宁	Liaoning	11940	1446	9055	1439	31.86	15.97	15.89
吉 林	Jilin	10265	1395	7950	920	29.12	17.55	11.57
黑龙江	Heilongjiang	13283	1678	10387	1218	27.88	16.15	11.73
上 海	Shanghai	2080	198	1590	292	30.82	12.45	18.36
江 苏	Jiangsu	22853	3404	15834	3615	44.33	21.50	22.83
浙 江	Zhejiang	15968	2010	11517	2441	38.65	17.45	21.19
安 徽	Anhui	25527	5069	17317	3141	47.41	29.27	18.14
福 建	Fujian	11999	2092	8544	1363	40.44	24.49	15.95
江 西	Jiangxi	18660	4251	12732	1677	46.56	33.39	13.17
山 东	Shandong	36346	6080	25428	4838	42.94	23.91	19.03
河 南	Henan	42674	10008	28432	4234	50.09	35.20	14.89
湖 北	Hubei	21277	3564	15058	2655	41.30	23.67	17.63
湖 南	Hunan	28200	5518	19268	3414	46.36	28.64	17.72
广 东	Guangdong	28320	6262	18852	3206	50.22	33.22	17.01
广 西	Guangxi	21181	5233	13665	2283	55.00	38.29	16.71
海 南	Hainan	3447	732	2412	303	42.91	30.35	12.56
重 庆	Chongqing	9973	1853	6206	1914	60.70	29.86	30.84
四 川	Sichuan	36075	7047	23264	5764	55.07	30.29	24.78
贵 州	Guizhou	17368	4336	11282	1750	53.94	38.43	15.51
云 南	Yunnan	22668	4681	16065	1922	41.10	29.14	11.96
西 藏	Tibet	1946	492	1352	102	43.93	36.39	7.54
陕 西	Shaanxi	14777	2308	10882	1587	35.79	21.21	14.58
甘 肃	Gansu	12470	2157	9176	1137	35.90	23.51	12.39
青 海	Qinghai	2417	514	1740	163	38.91	29.54	9.37
宁 夏	Ningxia	2533	548	1797	188	40.96	30.50	10.46
新 疆	Xinjiang	10230	2598	7083	549	44.43	36.68	7.75

2-11 各地区户数、人口数、性别比和平均家庭户规模
Households, Population, Sex Ratio and Household Size by Region

地 区	Region	户 数 (户) Number of Households (households)	家庭户 Family Household	集体户 Collective Household	人口数 (人) Population (person)	男 Male	女 Female	性别比 (女=100) Sex Ratio (Female=100)
全 国	**National Total**	**375069**	**365416**	**9653**	**1124402**	**576011**	**548391**	**105.04**
北 京	Beijing	6827	6220	607	17757	8977	8780	102.24
天 津	Tianjin	4705	4572	133	12517	6269	6248	100.34
河 北	Hebei	19013	18917	96	60936	31198	29738	104.91
山 西	Shanxi	9701	9521	180	30107	15298	14809	103.30
内蒙古	Inner Mongolia	7726	7664	62	20671	10533	10138	103.90
辽 宁	Liaoning	13670	13534	136	36236	18363	17873	102.74
吉 林	Jilin	8325	8313	12	22715	11561	11154	103.65
黑龙江	Heilongjiang	11713	11621	92	31632	15829	15803	100.16
上 海	Shanghai	8496	8104	392	20019	10334	9685	106.70
江 苏	Jiangsu	22121	21476	645	65692	33116	32576	101.66
浙 江	Zhejiang	17260	16291	969	45456	23808	21648	109.98
安 徽	Anhui	16057	15563	494	50201	24924	25277	98.60
福 建	Fujian	11652	11111	541	31409	16349	15060	108.56
江 西	Jiangxi	10984	10901	83	37486	19573	17913	109.27
山 东	Shandong	28391	28267	124	80788	40923	39865	102.65
河 南	Henan	23089	22622	467	77873	39385	38488	102.33
湖 北	Hubei	15806	15646	160	47997	24458	23539	103.90
湖 南	Hunan	17398	17134	264	55600	28516	27084	105.29
广 东	Guangdong	27311	24832	2479	88503	48021	40482	118.62
广 西	Guangxi	12191	12003	188	39232	20403	18829	108.36
海 南	Hainan	2049	1960	89	7456	3994	3462	115.37
重 庆	Chongqing	8952	8678	274	24687	12696	11991	105.88
四 川	Sichuan	24765	24259	506	67179	33289	33890	98.23
贵 州	Guizhou	9075	8917	158	28950	14806	14144	104.68
云 南	Yunnan	11638	11489	149	38902	19962	18940	105.40
西 藏	Tibet	642	642		2620	1317	1303	101.07
陕 西	Shaanxi	10124	9918	206	31155	16108	15047	107.05
甘 肃	Gansu	6257	6194	63	21381	11082	10299	107.60
青 海	Qinghai	1496	1461	35	4814	2420	2394	101.09
宁 夏	Ningxia	1710	1698	12	5460	2807	2653	105.80
新 疆	Xinjiang	5924	5889	35	18969	9693	9276	104.50

2-11 续表 continued

地 区	Region	家庭户人口数（人）Family Household Population (person)	男 Male	女 Female	性别比（女=100）Sex Ratio (Female=100)	集体户人口数（人）Collective Household Population (person)	男 Male	女 Female	平均家庭户规模（人/户）Average Family Size (person/household)
全 国	**National Total**	**1084379**	**553385**	**530994**	**104.22**	**40023**	**22626**	**17397**	**2.97**
北 京	Beijing	15503	7753	7750	100.04	2254	1224	1030	2.49
天 津	Tianjin	12001	6085	5916	102.86	516	184	332	2.62
河 北	Hebei	60450	30967	29483	105.03	486	231	255	3.20
山 西	Shanxi	29114	14982	14132	106.01	993	316	677	3.06
内蒙古	Inner Mongolia	20513	10453	10060	103.91	158	80	78	2.68
辽 宁	Liaoning	35618	18016	17602	102.35	618	347	271	2.63
吉 林	Jilin	22647	11527	11120	103.66	68	34	34	2.72
黑龙江	Heilongjiang	31033	15799	15234	103.71	599	30	569	2.67
上 海	Shanghai	18971	9732	9239	105.34	1048	602	446	2.34
江 苏	Jiangsu	63502	31975	31527	101.42	2190	1141	1049	2.96
浙 江	Zhejiang	41393	21225	20168	105.24	4063	2583	1480	2.54
安 徽	Anhui	47992	24306	23686	102.62	2209	618	1591	3.08
福 建	Fujian	29937	15479	14458	107.06	1472	870	602	2.69
江 西	Jiangxi	37167	19278	17889	107.76	319	295	24	3.41
山 东	Shandong	80211	40548	39663	102.23	577	375	202	2.84
河 南	Henan	75502	38156	37346	102.17	2371	1229	1142	3.34
湖 北	Hubei	46301	23684	22617	104.72	1696	774	922	2.96
湖 南	Hunan	54488	27871	26617	104.71	1112	645	467	3.18
广 东	Guangdong	79154	40955	38199	107.21	9349	7066	2283	3.19
广 西	Guangxi	38759	20150	18609	108.28	473	253	220	3.23
海 南	Hainan	7039	3720	3319	112.08	417	274	143	3.59
重 庆	Chongqing	23578	11986	11592	103.40	1109	710	399	2.72
四 川	Sichuan	65198	32582	32616	99.90	1981	707	1274	2.69
贵 州	Guizhou	27557	14409	13148	109.59	1393	397	996	3.09
云 南	Yunnan	37947	19448	18499	105.13	955	514	441	3.30
西 藏	Tibet	2620	1317	1303	101.07				4.08
陕 西	Shaanxi	30481	15539	14942	104.00	674	569	105	3.07
甘 肃	Gansu	20741	10650	10091	105.54	640	432	208	3.35
青 海	Qinghai	4663	2380	2283	104.25	151	40	111	3.19
宁 夏	Ningxia	5428	2786	2642	105.45	32	21	11	3.20
新 疆	Xinjiang	18870	9626	9244	104.13	99	67	32	3.20

2-12 各地区城市户数、人口数、性别比和平均家庭户规模

Households, Population, Sex Ratio and Household Size of Cities by Region

地区	Region	户数 (户) Number of Households (households)	家庭户 Family Household	集体户 Collective Household	人口数 (人) Population (person)	男 Male	女 Female	性别比 (女=100) Sex Ratio (Female=100)
全 国	**National Total**	**131913**	**124984**	**6929**	**362966**	**185751**	**177215**	**104.82**
北 京	Beijing	5557	5075	482	14089	7033	7056	99.67
天 津	Tianjin	3305	3185	120	8343	4111	4232	97.14
河 北	Hebei	3814	3744	70	11104	5499	5605	98.11
山 西	Shanxi	3005	2972	33	8550	4232	4318	98.01
内蒙古	Inner Mongolia	2784	2740	44	7127	3546	3581	99.02
辽 宁	Liaoning	7825	7691	134	19675	9822	9853	99.69
吉 林	Jilin	3574	3562	12	8895	4415	4480	98.55
黑龙江	Heilongjiang	4699	4610	89	12027	5729	6298	90.97
上 海	Shanghai	6645	6360	285	15891	8123	7768	104.57
江 苏	Jiangsu	8802	8242	560	25172	12724	12448	102.22
浙 江	Zhejiang	7098	6373	725	18504	10295	8209	125.41
安 徽	Anhui	4175	3730	445	12445	5773	6672	86.53
福 建	Fujian	4423	4143	280	11498	5929	5569	106.46
江 西	Jiangxi	2713	2653	60	7961	4154	3807	109.11
山 东	Shandong	10016	9941	75	27495	13784	13711	100.53
河 南	Henan	5365	5187	178	17010	8782	8228	106.73
湖 北	Hubei	5141	5075	66	14737	7440	7297	101.96
湖 南	Hunan	4974	4748	226	13565	6828	6737	101.35
广 东	Guangdong	12398	10224	2174	37265	21558	15707	137.25
广 西	Guangxi	3464	3437	27	10548	5427	5121	105.98
海 南	Hainan	508	457	51	1691	913	778	117.35
重 庆	Chongqing	2727	2484	243	7706	3976	3730	106.60
四 川	Sichuan	6943	6695	248	18000	9135	8865	103.05
贵 州	Guizhou	1720	1595	125	5398	2370	3028	78.27
云 南	Yunnan	2302	2214	88	6654	3254	3400	95.71
西 藏	Tibet	79	79		202	99	103	96.12
陕 西	Shaanxi	2855	2831	24	7989	4023	3966	101.44
甘 肃	Gansu	1413	1407	6	3777	1923	1854	103.72
青 海	Qinghai	476	454	22	1301	614	687	89.37
宁 夏	Ningxia	661	654	7	1796	926	870	106.44
新 疆	Xinjiang	2453	2421	32	6549	3313	3236	102.38

2-12 续表 continued

地 区	Region	家庭户人口数 (人) Family Household Population (person)	男 Male	女 Female	性别比 (女=100) Sex Ratio (Female=100)	集体户人口数 (人) Collective Household Population (person)	男 Male	女 Female	平均家庭户规模 (人/户) Average Family Size (person/household)
全 国	**National Total**	**336788**	**170181**	**166607**	**102.15**	**26178**	**15570**	**10608**	**2.69**
北 京	Beijing	12493	6218	6275	99.09	1596	815	781	2.46
天 津	Tianjin	7890	3930	3960	99.24	453	181	272	2.48
河 北	Hebei	10792	5410	5382	100.52	312	89	223	2.88
山 西	Shanxi	8467	4204	4263	98.62	83	28	55	2.85
内蒙古	Inner Mongolia	7048	3533	3515	100.51	79	13	66	2.57
辽 宁	Liaoning	19061	9477	9584	98.88	614	345	269	2.48
吉 林	Jilin	8827	4381	4446	98.54	68	34	34	2.48
黑龙江	Heilongjiang	11442	5708	5734	99.55	585	21	564	2.48
上 海	Shanghai	15110	7666	7444	102.98	781	457	324	2.38
江 苏	Jiangsu	23338	11805	11533	102.36	1834	919	915	2.83
浙 江	Zhejiang	15653	8075	7578	106.56	2851	2220	631	2.46
安 徽	Anhui	10962	5523	5439	101.54	1483	250	1233	2.94
福 建	Fujian	10787	5513	5274	104.53	711	416	295	2.60
江 西	Jiangxi	7734	3936	3798	103.63	227	218	9	2.92
山 东	Shandong	27095	13506	13589	99.39	400	278	122	2.73
河 南	Henan	16266	8122	8144	99.73	744	660	84	3.14
湖 北	Hubei	14356	7281	7075	102.91	381	159	222	2.83
湖 南	Hunan	12850	6448	6402	100.72	715	380	335	2.71
广 东	Guangdong	28890	15183	13707	110.77	8375	6375	2000	2.83
广 西	Guangxi	10335	5325	5010	106.29	213	102	111	3.01
海 南	Hainan	1384	719	665	108.12	307	194	113	3.03
重 庆	Chongqing	6788	3435	3353	102.45	918	541	377	2.73
四 川	Sichuan	17164	8608	8556	100.61	836	527	309	2.56
贵 州	Guizhou	4504	2285	2219	102.97	894	85	809	2.82
云 南	Yunnan	6248	3121	3127	99.81	406	133	273	2.82
西 藏	Tibet	202	99	103	96.12				2.56
陕 西	Shaanxi	7918	3997	3921	101.94	71	26	45	2.80
甘 肃	Gansu	3751	1900	1851	102.65	26	23	3	2.67
青 海	Qinghai	1193	601	592	101.52	108	13	95	2.63
宁 夏	Ningxia	1779	917	862	106.38	17	9	8	2.72
新 疆	Xinjiang	6460	3255	3205	101.56	89	58	31	2.67

2-13 各地区镇的户数、人口数、性别比和平均家庭户规模
Households, Population, Sex Ratio and Household Size of Towns by Region

地 区	Region	户 数 (户) Number of Households (households)	家庭户 Family Household	集体户 Collective Household	人口数 (人) Population (person)	男 Male	女 Female	性别比 (女=100) Sex Ratio (Female=100)
全 国	**National Total**	**84242**	**82434**	**1808**	**259160**	**131369**	**127791**	**102.80**
北 京	Beijing	414	353	61	1245	603	642	93.93
天 津	Tianjin	675	661	14	1955	1005	950	105.79
河 北	Hebei	5667	5651	16	18956	9702	9254	104.84
山 西	Shanxi	2236	2156	80	7645	3648	3997	91.27
内蒙古	Inner Mongolia	1926	1919	7	5174	2599	2575	100.93
辽 宁	Liaoning	1761	1759	2	4621	2370	2251	105.29
吉 林	Jilin	1456	1456		3554	1799	1755	102.51
黑龙江	Heilongjiang	2533	2531	2	6323	3201	3122	102.53
上 海	Shanghai	927	908	19	2049	1084	965	112.33
江 苏	Jiangsu	5843	5804	39	17665	8992	8673	103.68
浙 江	Zhejiang	3978	3781	197	10984	5326	5658	94.13
安 徽	Anhui	4052	4014	38	12229	6111	6118	99.89
福 建	Fujian	2911	2812	99	7913	4190	3723	112.54
江 西	Jiangxi	3161	3144	17	10864	5590	5274	105.99
山 东	Shandong	5697	5663	34	16946	8639	8307	104.00
河 南	Henan	5212	4980	232	18189	8983	9206	97.58
湖 北	Hubei	3573	3485	88	11983	6061	5922	102.35
湖 南	Hunan	4158	4128	30	13836	6999	6837	102.37
广 东	Guangdong	6972	6728	244	22917	12111	10806	112.08
广 西	Guangxi	2432	2279	153	7505	3906	3599	108.53
海 南	Hainan	642	606	36	2319	1242	1077	115.32
重 庆	Chongqing	2357	2337	20	7009	3558	3451	103.10
四 川	Sichuan	4708	4470	238	13104	6128	6976	87.84
贵 州	Guizhou	2090	2068	22	6185	3217	2968	108.39
云 南	Yunnan	3001	2975	26	9580	4900	4680	104.70
西 藏	Tibet	119	119		472	229	243	94.24
陕 西	Shaanxi	2747	2699	48	8390	4297	4093	104.98
甘 肃	Gansu	1535	1502	33	5135	2620	2515	104.17
青 海	Qinghai	373	362	11	1096	564	532	106.02
宁 夏	Ningxia	345	344	1	1131	579	552	104.89
新 疆	Xinjiang	741	739	2	2190	1120	1070	104.67

2-13 续表 continued

地 区	Region	家庭户人口数（人）Family Household Population (person)	男 Male	女 Female	性别比（女=100）Sex Ratio (Female=100)	集体户人口数（人）Collective Household Population (person)	男 Male	女 Female	平均家庭户规模（人/户）Average Family Size (person/household)
全 国	**National Total**	**250076**	**127689**	**122387**	**104.33**	**9084**	**3680**	**5404**	**3.03**
北 京	Beijing	932	471	461	102.17	313	132	181	2.64
天 津	Tianjin	1892	1002	890	112.58	63	3	60	2.86
河 北	Hebei	18843	9592	9251	103.69	113	110	3	3.33
山 西	Shanxi	6932	3532	3400	103.88	713	116	597	3.22
内蒙古	Inner Mongolia	5147	2577	2570	100.27	27	22	5	2.68
辽 宁	Liaoning	4617	2368	2249	105.29	4	2	2	2.62
吉 林	Jilin	3554	1799	1755	102.51				2.44
黑龙江	Heilongjiang	6314	3196	3118	102.50	9	5	4	2.49
上 海	Shanghai	2003	1050	953	110.18	46	34	12	2.21
江 苏	Jiangsu	17515	8896	8619	103.21	150	96	54	3.02
浙 江	Zhejiang	10004	5119	4885	104.79	980	207	773	2.65
安 徽	Anhui	11602	5825	5777	100.83	627	286	341	2.89
福 建	Fujian	7640	3990	3650	109.32	273	200	73	2.72
江 西	Jiangxi	10825	5556	5269	105.45	39	34	5	3.44
山 东	Shandong	16805	8563	8242	103.89	141	76	65	2.97
河 南	Henan	17207	8822	8385	105.21	982	161	821	3.46
湖 北	Hubei	10697	5469	5228	104.61	1286	592	694	3.07
湖 南	Hunan	13548	6806	6742	100.95	288	193	95	3.28
广 东	Guangdong	22147	11564	10583	109.27	770	547	223	3.29
广 西	Guangxi	7299	3791	3508	108.07	206	115	91	3.20
海 南	Hainan	2219	1167	1052	110.93	100	75	25	3.66
重 庆	Chongqing	6956	3518	3438	102.33	53	40	13	2.98
四 川	Sichuan	12010	5985	6025	99.34	1094	143	951	2.69
贵 州	Guizhou	6136	3185	2951	107.93	49	32	17	2.97
云 南	Yunnan	9335	4727	4608	102.58	245	173	72	3.14
西 藏	Tibet	472	229	243	94.24				3.97
陕 西	Shaanxi	8231	4197	4034	104.04	159	100	59	3.05
甘 肃	Gansu	4823	2462	2361	104.28	312	158	154	3.21
青 海	Qinghai	1061	542	519	104.43	35	22	13	2.93
宁 夏	Ningxia	1129	577	552	104.53	2	2		3.28
新 疆	Xinjiang	2184	1115	1069	104.30	6	5	1	2.96

2-14 各地区乡村户数、人口数、性别比和平均家庭户规模
Households, Population, Sex Ratio and Household Size of Rural Areas by Region

地 区	Region	户 数 (户) Number of Households (households)	家庭户 Family Household	集体户 Collective Household	人口数 (人) Population (person)	男 Male	女 Female	性别比 (女=100) Sex Ratio (Female=100)
全 国	**National Total**	**158914**	**157998**	**916**	**502276**	**258891**	**243385**	**106.37**
北 京	Beijing	856	792	64	2424	1341	1083	123.82
天 津	Tianjin	725	725		2219	1153	1066	108.16
河 北	Hebei	9533	9522	11	30876	15996	14880	107.50
山 西	Shanxi	4460	4394	66	13912	7418	6494	114.23
内蒙古	Inner Mongolia	3017	3005	12	8369	4387	3982	110.17
辽 宁	Liaoning	4084	4084		11940	6171	5769	106.97
吉 林	Jilin	3294	3294		10265	5347	4918	108.72
黑龙江	Heilongjiang	4481	4480	1	13282	6899	6383	108.08
上 海	Shanghai	924	836	88	2081	1128	953	118.36
江 苏	Jiangsu	7475	7429	46	22853	11399	11454	99.52
浙 江	Zhejiang	6186	6138	48	15968	8187	7781	105.22
安 徽	Anhui	7830	7819	11	25527	13040	12487	104.43
福 建	Fujian	4318	4156	162	11999	6231	5768	108.03
江 西	Jiangxi	5110	5104	6	18661	9829	8832	111.29
山 东	Shandong	12679	12664	15	36347	18501	17846	103.67
河 南	Henan	12513	12455	58	42674	21619	21055	102.68
湖 北	Hubei	7092	7086	6	21278	10958	10320	106.18
湖 南	Hunan	8266	8258	8	28199	14689	13510	108.73
广 东	Guangdong	7940	7879	61	28320	14350	13970	102.72
广 西	Guangxi	6294	6286	8	21182	11072	10110	109.52
海 南	Hainan	899	897	2	3448	1840	1608	114.43
重 庆	Chongqing	3867	3857	10	9974	5163	4811	107.32
四 川	Sichuan	13115	13094	21	36076	18027	18049	99.88
贵 州	Guizhou	5265	5254	11	17367	9219	8148	113.14
云 南	Yunnan	6335	6300	35	22668	11808	10860	108.73
西 藏	Tibet	444	444		1946	989	957	103.34
陕 西	Shaanxi	4523	4389	134	14777	7789	6988	111.46
甘 肃	Gansu	3309	3285	24	12469	6539	5930	110.27
青 海	Qinghai	646	644	2	2417	1242	1175	105.70
宁 夏	Ningxia	705	700	5	2533	1301	1232	105.60
新 疆	Xinjiang	2730	2729	1	10230	5260	4970	105.84

2-14 续表 continued

地 区	Region	家庭户人口数 (人) Family Household Population (person)	男 Male	女 Female	性别比 (女=100) Sex Ratio (Female=100)	集体户人口数 (人) Collective Household Population (person)	男 Male	女 Female	平均家庭户规模 (人/户) Average Family Size (person/household)
全 国	**National Total**	**497515**	**255515**	**242000**	**105.58**	**4761**	**3376**	**1385**	**3.15**
北 京	Beijing	2078	1064	1014	104.93	346	277	69	2.62
天 津	Tianjin	2219	1153	1066	108.16				3.06
河 北	Hebei	30815	15965	14850	107.51	61	31	30	3.24
山 西	Shanxi	13715	7246	6469	112.01	197	172	25	3.12
内蒙古	Inner Mongolia	8318	4343	3975	109.26	51	44	7	2.77
辽 宁	Liaoning	11940	6171	5769	106.97				2.92
吉 林	Jilin	10265	5347	4918	108.72				3.12
黑龙江	Heilongjiang	13277	6895	6382	108.04	5	4	1	2.96
上 海	Shanghai	1860	1017	843	120.64	221	111	110	2.22
江 苏	Jiangsu	22648	11274	11374	99.12	205	125	80	3.05
浙 江	Zhejiang	15737	8032	7705	104.24	231	155	76	2.56
安 徽	Anhui	25428	12958	12470	103.91	99	82	17	3.25
福 建	Fujian	11510	5976	5534	107.99	489	255	234	2.77
江 西	Jiangxi	18608	9786	8822	110.93	53	43	10	3.65
山 东	Shandong	36312	18480	17832	103.63	35	21	14	2.87
河 南	Henan	42029	21212	20817	101.90	645	407	238	3.37
湖 北	Hubei	21248	10934	10314	106.01	30	24	6	3.00
湖 南	Hunan	28090	14617	13473	108.49	109	72	37	3.40
广 东	Guangdong	28116	14207	13909	102.14	204	143	61	3.57
广 西	Guangxi	21127	11035	10092	109.34	55	37	18	3.36
海 南	Hainan	3436	1834	1602	114.48	12	6	6	3.83
重 庆	Chongqing	9835	5034	4801	104.85	139	129	10	2.55
四 川	Sichuan	36025	17990	18035	99.75	51	37	14	2.75
贵 州	Guizhou	16917	8939	7978	112.05	450	280	170	3.22
云 南	Yunnan	22364	11600	10764	107.77	304	208	96	3.55
西 藏	Tibet	1946	989	957	103.34				4.38
陕 西	Shaanxi	14333	7346	6987	105.14	444	443	1	3.27
甘 肃	Gansu	12167	6288	5879	106.96	302	251	51	3.70
青 海	Qinghai	2410	1237	1173	105.46	7	5	2	3.74
宁 夏	Ningxia	2519	1291	1228	105.13	14	10	4	3.60
新 疆	Xinjiang	10226	5256	4970	105.75	4	4		3.75

2-15 各地区按家庭户规模分的户数

Family Households by Size and Region

单位：户 (household)

地区	Region	家庭户户数 Number of Family Households	一人户 One Person	二人户 Two Persons	三人户 Three Persons	四人户 Four Persons	五人户 Five Persons	六人户 Six Persons	七人户 Seven Persons	八人户 Eight Persons	九人户 Nine Persons	十人及以上户 Ten Persons and Over
全 国	**National Total**	**365418**	**54531**	**101053**	**97490**	**58111**	**32010**	**15324**	**4071**	**1618**	**676**	**534**
北 京	Beijing	6219	1330	1962	1879	591	359	77	11	5	2	3
天 津	Tianjin	4570	669	1512	1600	497	207	69	10	5	1	
河 北	Hebei	18919	1940	5110	4690	3729	1955	1107	247	94	29	18
山 西	Shanxi	9521	1101	2552	2620	1910	803	420	66	32	10	7
内蒙古	Inner Mongolia	7663	984	2610	2602	982	354	110	16	5		
辽 宁	Liaoning	13535	1902	4721	4585	1347	728	211	30	8	3	
吉 林	Jilin	8314	1050	2981	2588	907	537	200	39	9	2	1
黑龙江	Heilongjiang	11621	1470	4164	3943	1096	701	197	31	17	2	
上 海	Shanghai	8104	2012	2920	2123	591	358	72	20	5	1	2
江 苏	Jiangsu	21477	3158	6171	5605	3025	2321	884	206	63	33	11
浙 江	Zhejiang	16292	3537	5457	3997	1835	981	365	76	27	11	6
安 徽	Anhui	15562	1896	3996	4385	2785	1532	721	142	69	23	13
福 建	Fujian	11111	2570	3211	2446	1562	775	376	106	40	13	12
江 西	Jiangxi	10900	1148	2323	2669	2348	1231	764	238	96	43	40
山 东	Shandong	28268	3601	8680	8890	4092	2098	699	141	45	11	11
河 南	Henan	22622	2353	4945	5594	5093	2509	1547	377	107	63	34
湖 北	Hubei	15645	2057	4342	4701	2492	1236	566	139	72	24	16
湖 南	Hunan	17134	2309	4100	4293	3215	1798	957	273	101	45	43
广 东	Guangdong	24830	4863	5524	4887	4102	2578	1531	675	350	163	157
广 西	Guangxi	12002	1780	2550	2978	2307	1342	643	205	106	58	33
海 南	Hainan	1960	235	368	391	444	249	145	67	30	15	16
重 庆	Chongqing	8678	1646	2584	2290	1220	660	203	51	16	4	4
四 川	Sichuan	24260	5176	7365	5850	3128	1652	807	172	66	24	20
贵 州	Guizhou	8915	1267	2217	2290	1583	915	449	126	45	14	9
云 南	Yunnan	11491	1413	2472	2692	2450	1408	796	182	59	9	10
西 藏	Tibet	641	84	100	127	106	74	51	33	25	18	23
陕 西	Shaanxi	9918	1235	2569	2719	1826	928	488	109	29	8	7
甘 肃	Gansu	6194	683	1349	1611	1136	781	437	137	32	16	12
青 海	Qinghai	1459	194	340	377	280	140	87	23	11	4	3
宁 夏	Ningxia	1699	167	429	468	341	177	82	23	8	3	1
新 疆	Xinjiang	5890	701	1429	1599	1092	623	260	98	40	25	23

2-16 各地区城市按家庭户规模分的户数

Family Households of Cities by Size and Region

单位：户 (household)

地 区	Region	家庭户户数 Number of Family Households	一人户 One Person	二人户 Two Persons	三人户 Three Persons	四人户 Four Persons	五人户 Five Persons	六人户 Six Persons	七人户 Seven Persons	八人户 Eight Persons	九人户 Nine Persons	十人及以上户 Ten Persons and Over
全 国	**National Total**	**124984**	**21236**	**36598**	**41479**	**14641**	**7590**	**2445**	**593**	**230**	**95**	**77**
北 京	Beijing	5077	1127	1574	1575	462	272	49	8	5	2	3
天 津	Tianjin	3185	531	1084	1184	259	103	21	3			
河 北	Hebei	3744	426	1070	1351	481	284	88	24	14	3	3
山 西	Shanxi	2972	288	854	1118	495	174	32	5	3	2	1
内蒙古	Inner Mongolia	2741	393	852	1119	302	63	9	3			
辽 宁	Liaoning	7692	1204	2748	2884	555	261	33	6	1		
吉 林	Jilin	3563	559	1342	1250	255	132	19	4	2		
黑龙江	Heilongjiang	4610	729	1654	1701	328	167	25	3	3		
上 海	Shanghai	6360	1547	2153	1800	477	300	60	15	5	1	2
江 苏	Jiangsu	8242	1134	2419	2742	904	766	210	39	19	8	1
浙 江	Zhejiang	6374	1452	2109	1735	652	296	97	19	10	3	1
安 徽	Anhui	3729	389	923	1480	585	236	90	15	6	3	2
福 建	Fujian	4145	1090	1050	1030	588	248	92	25	13	3	6
江 西	Jiangxi	2652	361	756	805	389	190	106	21	15	4	5
山 东	Shandong	9942	1275	2988	3867	1049	588	136	29	8	2	
河 南	Henan	5187	498	1141	1805	963	463	263	48	4	2	
湖 北	Hubei	5074	600	1440	1918	625	356	105	19	5	4	2
湖 南	Hunan	4747	795	1377	1594	570	263	107	34	4	3	
广 东	Guangdong	10224	2540	2283	2300	1606	841	401	137	58	29	29
广 西	Guangxi	3436	526	727	1179	559	263	109	38	17	11	7
海 南	Hainan	456	86	97	125	83	35	18	5	4	1	2
重 庆	Chongqing	2485	345	738	880	307	177	28	5	3	1	1
四 川	Sichuan	6694	1568	1902	1981	691	383	117	30	10	8	4
贵 州	Guizhou	1595	217	415	590	205	123	31	7	4	2	1
云 南	Yunnan	2214	335	617	713	295	177	61	10	5		1
西 藏	Tibet	80	21	22	19	10	5	2	1			
陕 西	Shaanxi	2829	398	791	1038	320	192	64	18	6		2
甘 肃	Gansu	1406	240	384	512	164	79	18	6	2	1	
青 海	Qinghai	454	74	153	143	50	21	9	3	1		
宁 夏	Ningxia	652	87	188	250	91	28	7	1			
新 疆	Xinjiang	2422	400	747	791	319	102	39	14	3	3	4

2-17 各地区镇按家庭户规模分的户数

Family Households of Towns by Size and Region

单位：户 (household)

地区	Region	家庭户户数 Number of Family Households	一人户 One Person	二人户 Two Persons	三人户 Three Persons	四人户 Four Persons	五人户 Five Persons	六人户 Six Persons	七人户 Seven Persons	八人户 Eight Persons	九人户 Nine Persons	十人及以上户 Ten Persons and Over
全国	**National Total**	**82435**	**11321**	**22371**	**21584**	**14055**	**7473**	**3827**	**1023**	**441**	**197**	**143**
北京	Beijing	354	64	100	116	42	23	8	1			
天津	Tianjin	660	70	215	221	90	40	15	4	4	1	
河北	Hebei	5652	494	1467	1308	1215	602	418	96	32	12	8
山西	Shanxi	2154	233	528	556	479	189	129	17	16	4	3
内蒙古	Inner Mongolia	1919	226	635	699	259	75	23	1	1		
辽宁	Liaoning	1759	232	635	597	181	84	27	1	2		
吉林	Jilin	1456	217	614	456	112	41	13	3			
黑龙江	Heilongjiang	2532	359	977	912	177	81	21	3	2		
上海	Shanghai	908	231	412	177	61	21	4	2			
江苏	Jiangsu	5805	860	1608	1337	952	694	269	62	15	7	1
浙江	Zhejiang	3782	684	1198	1028	480	252	104	18	11	4	3
安徽	Anhui	4014	479	1210	1241	596	320	129	16	12	6	5
福建	Fujian	2812	644	764	639	423	195	103	28	9	7	
江西	Jiangxi	3143	285	619	895	685	335	205	70	26	11	12
山东	Shandong	5663	641	1731	1598	900	521	193	56	15	4	4
河南	Henan	4981	413	1027	1249	1191	575	359	93	39	25	10
湖北	Hubei	3486	404	867	1103	638	267	135	37	20	10	5
湖南	Hunan	4128	496	901	979	920	489	236	64	27	11	5
广东	Guangdong	6728	1170	1588	1201	1058	763	497	227	118	54	52
广西	Guangxi	2279	379	495	538	401	249	124	43	22	15	13
海南	Hainan	605	53	117	121	144	81	53	20	8	4	4
重庆	Chongqing	2338	316	632	650	386	234	87	21	9	1	2
四川	Sichuan	4469	844	1405	1167	576	290	157	14	12	2	2
贵州	Guizhou	2068	313	482	621	357	192	78	17	4	4	
云南	Yunnan	2975	486	679	632	607	343	174	34	14	3	3
西藏	Tibet	119	15	19	23	23	13	10	6	4	3	3
陕西	Shaanxi	2698	326	710	734	545	238	109	27	6	2	1
甘肃	Gansu	1504	178	360	395	295	145	93	28	5	3	2
青海	Qinghai	364	72	83	95	66	27	14	3	2	1	1
宁夏	Ningxia	344	31	81	87	80	42	17	5	1		
新疆	Xinjiang	739	104	215	212	117	51	22	7	5	4	2

2-18 各地区乡村按家庭户规模分的户数

Family Households of Rural Areas by Size and Region

单位：户 (household)

地区	Region	家庭户户数 Number of Family Households	一人户 One Person	二人户 Two Persons	三人户 Three Persons	四人户 Four Persons	五人户 Five Persons	六人户 Six Persons	七人户 Seven Persons	八人户 Eight Persons	九人户 Nine Persons	十人及以上户 Ten Persons and Over
全　国	**National Total**	**157999**	**21974**	**42084**	**34427**	**29414**	**16947**	**9053**	**2454**	**948**	**384**	**314**
北　京	Beijing	791	140	288	188	87	64	20	2	1		1
天　津	Tianjin	726	68	213	195	147	65	33	4	1		
河　北	Hebei	9521	1019	2573	2030	2033	1069	601	127	48	14	7
山　西	Shanxi	4395	579	1170	945	936	441	260	44	13	4	3
内蒙古	Inner Mongolia	3005	366	1123	785	421	216	79	12	3		
辽　宁	Liaoning	4085	467	1338	1104	611	383	152	23	4	3	
吉　林	Jilin	3295	273	1025	882	539	365	168	33	7	2	1
黑龙江	Heilongjiang	4482	382	1532	1330	592	454	151	26	13	2	
上　海	Shanghai	836	234	355	146	53	37	8	3			
江　苏	Jiangsu	7429	1164	2144	1526	1169	860	405	106	29	18	8
浙　江	Zhejiang	6138	1401	2151	1234	703	433	164	39	7	4	2
安　徽	Anhui	7819	1028	1862	1664	1603	977	502	112	51	14	6
福　建	Fujian	4156	836	1397	777	551	332	182	53	19	3	6
江　西	Jiangxi	5102	502	948	968	1273	705	453	147	55	28	23
山　东	Shandong	12665	1685	3962	3425	2143	990	369	57	22	5	7
河　南	Henan	12455	1442	2778	2540	2938	1471	925	236	65	36	24
湖　北	Hubei	7086	1053	2035	1680	1229	613	326	83	47	11	9
湖　南	Hunan	8260	1018	1822	1721	1725	1046	614	175	69	32	38
广　东	Guangdong	7880	1154	1654	1386	1439	974	632	311	174	80	76
广　西	Guangxi	6286	875	1328	1261	1348	829	410	124	66	32	13
海　南	Hainan	898	96	154	145	216	133	75	42	18	10	9
重　庆	Chongqing	3857	984	1215	760	527	249	88	25	4	3	2
四　川	Sichuan	13095	2764	4058	2702	1861	978	533	128	43	14	14
贵　州	Guizhou	5255	737	1321	1080	1021	600	340	102	38	8	8
云　南	Yunnan	6299	592	1176	1347	1548	887	561	138	40	5	5
西　藏	Tibet	443	49	59	86	72	56	40	26	20	15	20
陕　西	Shaanxi	4390	510	1068	947	961	498	315	65	16	6	4
甘　肃	Gansu	3286	265	605	704	677	557	326	103	26	13	10
青　海	Qinghai	645	49	105	140	165	92	65	17	8	3	1
宁　夏	Ningxia	701	49	160	131	170	106	57	18	7	2	1
新　疆	Xinjiang	2729	196	467	597	656	469	200	77	33	17	17

2-19 各地区家庭户类别

Family Households by Type and Region

单位：户 (household)

地 区	Region	家庭户户数 Number of Family Households	一代户 One Generation	二代户 Two Generations	三代户 Three Generations	四代及以上户 Four Generations and over
全 国	**National Total**	**365416**	**138067**	**162537**	**62317**	**2495**
北 京	Beijing	6219	3052	2423	734	10
天 津	Tianjin	4572	1951	2132	478	11
河 北	Hebei	18917	6361	8724	3689	143
山 西	Shanxi	9522	3266	4834	1377	45
内蒙古	Inner Mongolia	7663	3303	3674	669	17
辽 宁	Liaoning	13533	5871	6080	1544	38
吉 林	Jilin	8313	3597	3556	1116	44
黑龙江	Heilongjiang	11622	5052	5159	1369	42
上 海	Shanghai	8105	4612	2780	689	24
江 苏	Jiangsu	21475	8309	8350	4523	293
浙 江	Zhejiang	16291	8363	5904	1941	83
安 徽	Anhui	15563	5114	7365	2961	123
福 建	Fujian	11111	5319	4123	1602	67
江 西	Jiangxi	10901	2993	5314	2510	84
山 东	Shandong	28267	11197	13075	3863	132
河 南	Henan	22623	6186	11253	5007	177
湖 北	Hubei	15645	5474	7314	2741	116
湖 南	Hunan	17133	5472	7662	3815	184
广 东	Guangdong	24831	9475	10448	4759	149
广 西	Guangxi	12004	3805	5772	2326	101
海 南	Hainan	1960	540	1015	392	13
重 庆	Chongqing	8678	3720	3538	1365	55
四 川	Sichuan	24259	10663	9487	3925	184
贵 州	Guizhou	8916	3026	4569	1288	33
云 南	Yunnan	11489	3312	5280	2749	148
西 藏	Tibet	642	139	342	152	9
陕 西	Shaanxi	9919	3240	4573	2032	74
甘 肃	Gansu	6194	1789	2864	1472	69
青 海	Qinghai	1461	461	689	299	12
宁 夏	Ningxia	1698	536	944	211	7
新 疆	Xinjiang	5890	1867	3293	720	10

2-20 各地区城市家庭户类别

Family Households of Cities by Type and Region

单位：户 (household)

地 区	Region	家庭户户数 Number of Family Households	一代户 One Generation	二代户 Two Generations	三代户 Three Generations	四代及以上户 Four Generations and over
全 国	**National Total**	**124983**	**52004**	**57370**	**15265**	**344**
北 京	Beijing	5075	2490	2005	576	4
天 津	Tianjin	3185	1433	1487	262	3
河 北	Hebei	3744	1329	1873	535	7
山 西	Shanxi	2971	1038	1643	287	3
内蒙古	Inner Mongolia	2740	1139	1464	136	1
辽 宁	Liaoning	7691	3454	3609	620	8
吉 林	Jilin	3563	1669	1576	315	3
黑龙江	Heilongjiang	4610	2116	2100	389	5
上 海	Shanghai	6359	3419	2331	591	18
江 苏	Jiangsu	8243	3227	3555	1383	78
浙 江	Zhejiang	6372	3339	2441	573	19
安 徽	Anhui	3730	1173	2065	480	12
福 建	Fujian	4143	1953	1663	514	13
江 西	Jiangxi	2654	973	1241	433	7
山 东	Shandong	9941	3890	4933	1093	25
河 南	Henan	5187	1413	2857	900	17
湖 北	Hubei	5075	1712	2623	730	10
湖 南	Hunan	4747	1876	2198	647	26
广 东	Guangdong	10224	4554	4090	1554	26
广 西	Guangxi	3437	1115	1792	522	8
海 南	Hainan	457	167	230	59	1
重 庆	Chongqing	2484	974	1136	364	10
四 川	Sichuan	6695	3031	2739	905	20
贵 州	Guizhou	1594	547	870	175	2
云 南	Yunnan	2215	807	1013	384	11
西 藏	Tibet	80	33	38	9	
陕 西	Shaanxi	2830	1061	1344	419	6
甘 肃	Gansu	1407	590	675	141	1
青 海	Qinghai	453	200	204	49	
宁 夏	Ningxia	654	248	365	41	
新 疆	Xinjiang	2420	1032	1208	179	1

2-21 各地区镇家庭户类别

Family Households of Towns by Type and Region

单位：户 (household)

地 区	Region	家庭户户数 Number of Family Households	一代户 One Generation	二代户 Two Generations	三代户 Three Generations	四代及以上户 Four Generations and over
全 国	**National Total**	**82434**	**29957**	**37581**	**14295**	**601**
北 京	Beijing	353	154	153	45	1
天 津	Tianjin	660	257	315	86	2
河 北	Hebei	5651	1756	2604	1241	50
山 西	Shanxi	2156	683	1094	364	15
内蒙古	Inner Mongolia	1920	778	1001	137	4
辽 宁	Liaoning	1758	770	792	192	4
吉 林	Jilin	1456	745	611	94	6
黑龙江	Heilongjiang	2532	1170	1189	168	5
上 海	Shanghai	909	624	240	42	3
江 苏	Jiangsu	5804	2201	2256	1276	71
浙 江	Zhejiang	3780	1756	1528	476	20
安 徽	Anhui	4014	1476	1909	599	30
福 建	Fujian	2813	1316	1089	391	17
江 西	Jiangxi	3144	798	1655	674	17
山 东	Shandong	5663	2167	2531	921	44
河 南	Henan	4980	1237	2608	1087	48
湖 北	Hubei	3486	1120	1774	568	24
湖 南	Hunan	4128	1187	1974	929	38
广 东	Guangdong	6728	2513	2753	1417	45
广 西	Guangxi	2279	794	1063	405	17
海 南	Hainan	606	156	318	126	6
重 庆	Chongqing	2337	802	1050	463	22
四 川	Sichuan	4470	1929	1755	744	42
贵 州	Guizhou	2068	673	1136	253	6
云 南	Yunnan	2975	1011	1308	622	34
西 藏	Tibet	119	19	71	28	1
陕 西	Shaanxi	2697	876	1297	512	12
甘 肃	Gansu	1502	476	746	268	12
青 海	Qinghai	362	136	167	56	3
宁 夏	Ningxia	344	104	202	36	2
新 疆	Xinjiang	740	270	394	75	1

2-22 各地区乡村家庭户类别

Family Households of Rural Areas by Type and Region

单位：户 (household)

地 区	Region	家庭户户数 Number of Family Households	一代户 One Generation	二代户 Two Generations	三代户 Three Generations	四代及以上户 Four Generations and over
全 国	**National Total**	**157998**	**56106**	**67585**	**32757**	**1550**
北 京	Beijing	792	408	265	114	5
天 津	Tianjin	724	260	330	129	5
河 北	Hebei	9522	3276	4247	1913	86
山 西	Shanxi	4393	1544	2096	727	26
内蒙古	Inner Mongolia	3005	1386	1209	397	13
辽 宁	Liaoning	4084	1648	1679	731	26
吉 林	Jilin	3295	1183	1369	708	35
黑龙江	Heilongjiang	4480	1766	1870	812	32
上 海	Shanghai	837	568	210	56	3
江 苏	Jiangsu	7429	2881	2539	1864	145
浙 江	Zhejiang	6137	3267	1935	892	43
安 徽	Anhui	7818	2465	3390	1882	81
福 建	Fujian	4155	2050	1370	698	37
江 西	Jiangxi	5103	1222	2418	1403	60
山 东	Shandong	12664	5140	5611	1849	64
河 南	Henan	12455	3535	5788	3021	111
湖 北	Hubei	7085	2642	2917	1443	83
湖 南	Hunan	8257	2409	3490	2239	119
广 东	Guangdong	7879	2408	3605	1788	78
广 西	Guangxi	6286	1895	2917	1398	76
海 南	Hainan	898	217	468	207	6
重 庆	Chongqing	3857	1945	1352	537	23
四 川	Sichuan	13094	5703	4993	2277	121
贵 州	Guizhou	5256	1807	2564	860	25
云 南	Yunnan	6300	1494	2959	1743	104
西 藏	Tibet	444	87	234	115	8
陕 西	Shaanxi	4388	1302	1931	1100	55
甘 肃	Gansu	3285	723	1443	1062	57
青 海	Qinghai	645	124	318	194	9
宁 夏	Ningxia	701	184	378	134	5
新 疆	Xinjiang	2729	565	1690	466	8

2-23 全国家庭户人数和户主的年龄、性别构成

Population of Family Households, Age and Sex Composition of the Household Head

年 龄 Age	家庭户人口数 Population of Family Household (person)	男 Male	女 Female	户主数 Number of Household Head (person)	男 Male	女 Female	户主率 Household Head Rate (%)	男 Male	女 Female
总计 Total	**1084379**	**553385**	**530992**	**339006**	**279093**	**59914**	**31.26**	**50.43**	**11.28**
14岁以下	**184236**	**99760**	**84475**	**144**	**94**	**51**	**0.08**	**0.09**	**0.06**
15-19	**56584**	**31272**	**25312**	**1088**	**706**	**382**	**1.92**	**2.26**	**1.51**
15	11182	6273	4909	78	50	28	0.70	0.80	0.57
16	11920	6746	5174	138	88	50	1.16	1.30	0.97
17	11373	6297	5076	212	129	82	1.86	2.05	1.62
18	11143	6041	5102	293	186	107	2.63	3.08	2.10
19	10966	5915	5051	368	252	115	3.36	4.26	2.28
20-24	**77061**	**39644**	**37417**	**6510**	**4750**	**1760**	**8.45**	**11.98**	**4.70**
20	12266	6585	5681	570	405	166	4.65	6.15	2.92
21	13270	6929	6340	778	547	231	5.86	7.89	3.64
22	14408	7499	6910	1081	768	312	7.50	10.24	4.52
23	15779	7984	7795	1518	1130	389	9.62	14.15	4.99
24	21339	10647	10692	2562	1900	662	12.01	17.85	6.19
25-29	**93029**	**46051**	**46978**	**18008**	**14201**	**3806**	**19.36**	**30.84**	**8.10**
25	19401	9688	9713	2919	2225	694	15.05	22.97	7.15
26	18776	9267	9508	3263	2567	696	17.38	27.70	7.32
27	20495	10172	10323	4017	3146	871	19.60	30.93	8.44
28	18180	8959	9221	3936	3137	800	21.65	35.02	8.68
29	16178	7965	8213	3873	3127	746	23.94	39.26	9.08
30-34	**79947**	**39882**	**40064**	**24402**	**19956**	**4446**	**30.52**	**50.04**	**11.10**
30	15490	7701	7789	4049	3308	741	26.14	42.96	9.51
31	15457	7704	7754	4474	3643	831	28.94	47.29	10.72
32	18045	9112	8933	5592	4569	1022	30.99	50.14	11.44
33	15611	7844	7768	5125	4185	939	32.83	53.35	12.09
34	15343	7521	7822	5163	4250	912	33.65	56.51	11.66
35-39	**79784**	**40411**	**39373**	**31814**	**26609**	**5205**	**39.88**	**65.85**	**13.22**
35	15751	8006	7745	5755	4811	945	36.54	60.09	12.20
36	15503	7781	7722	5926	4917	1008	38.22	63.19	13.05
37	14646	7453	7194	5878	4899	979	40.13	65.73	13.61
38	16812	8571	8240	6969	5897	1072	41.45	68.80	13.01
39	17071	8601	8471	7286	6085	1201	42.68	70.75	14.18

2-23 续表 continued

年 龄 Age	家庭户人口数 Population of Family Household (person)	男 Male	女 Female	户主数 Number of Household Head (person)	男 Male	女 Female	户主率 Household Head Rate (%)	男 Male	女 Female
40-44	**100055**	**50811**	**49244**	**46369**	**39465**	**6904**	**46.34**	**77.67**	**14.02**
40	18389	9315	9073	8117	6846	1271	44.14	73.49	14.01
41	19336	9825	9511	8867	7513	1353	45.86	76.47	14.23
42	19967	10068	9899	9192	7823	1369	46.04	77.70	13.83
43	20185	10357	9828	9603	8234	1369	47.57	79.50	13.93
44	22178	11245	10933	10591	9048	1542	47.75	80.46	14.10
45-49	**97643**	**49407**	**48236**	**48747**	**42546**	**6201**	**49.92**	**86.11**	**12.86**
45	19956	9994	9961	9656	8375	1281	48.39	83.80	12.86
46	21529	10906	10623	10678	9270	1408	49.60	85.00	13.25
47	17379	8839	8539	8806	7721	1085	50.67	87.35	12.71
48	19235	9750	9485	9687	8508	1178	50.36	87.26	12.42
49	19545	9918	9627	9921	8672	1248	50.76	87.44	12.96
50-54	**76906**	**38734**	**38172**	**39647**	**34063**	**5584**	**51.55**	**87.94**	**14.63**
50	18216	9208	9008	9334	8073	1261	51.24	87.67	14.00
51	21668	10818	10850	11182	9516	1666	51.61	87.96	15.35
52	16592	8422	8170	8616	7472	1144	51.93	88.72	14.00
53	8937	4400	4537	4514	3849	665	50.51	87.48	14.66
54	11492	5885	5606	6001	5153	848	52.22	87.56	15.13
55-59	**65856**	**33341**	**32515**	**34572**	**29462**	**5110**	**52.50**	**88.37**	**15.72**
55	10384	5185	5199	5455	4636	819	52.53	89.41	15.75
56	13293	6871	6422	7144	6077	1066	53.74	88.44	16.60
57	14577	7349	7228	7635	6518	1118	52.38	88.69	15.47
58	13402	6763	6639	6933	5943	990	51.73	87.88	14.91
59	14200	7174	7026	7405	6289	1117	52.15	87.66	15.90
60-64	**61242**	**30500**	**30742**	**31696**	**26339**	**5358**	**51.76**	**86.36**	**17.43**
60	14351	7131	7221	7447	6250	1197	51.89	87.65	16.58
61	12626	6270	6356	6502	5449	1054	51.50	86.91	16.58
62	12803	6414	6389	6668	5561	1107	52.08	86.70	17.33
63	10813	5313	5499	5571	4548	1023	51.52	85.60	18.60
64	10649	5372	5277	5507	4531	976	51.71	84.34	18.50
65+	**112036**	**53572**	**58464**	**56009**	**40902**	**15107**	**49.99**	**76.35**	**25.84**

2-24 各地区分性别、受教育程度的人口

Population by Sex, Educational Attainment and Region

单位：人 (person)

地区	Region	6岁及以上人口 Population Aged 6 and Over	男 Male	女 Female	未上过学 No Schooling	男 Male	女 Female	小学 Primary School	男 Male	女 Female
全　国	**National Total**	**1047090**	**534288**	**512802**	**56255**	**16763**	**39492**	**274858**	**129783**	**145076**
北　京	Beijing	16828	8496	8332	295	83	212	1772	849	922
天　津	Tianjin	11935	5951	5984	375	120	255	1962	922	1040
河　北	Hebei	55991	28501	27490	2167	671	1497	14382	6615	7766
山　西	Shanxi	28424	14423	14001	981	329	652	6185	2903	3282
内蒙古	Inner Mongolia	19516	9930	9586	1024	323	701	5046	2350	2696
辽　宁	Liaoning	34931	17688	17243	817	253	564	6759	3162	3598
吉　林	Jilin	21697	11032	10665	728	254	474	5171	2463	2708
黑龙江	Heilongjiang	30313	15171	15142	992	320	671	6968	3273	3694
上　海	Shanghai	19008	9800	9208	653	164	489	2519	1163	1356
江　苏	jiangsu	61601	30865	30736	3320	789	2531	14189	6256	7933
浙　江	Zhejiang	43110	22592	20518	2662	775	1886	12175	5858	6317
安　徽	Anhui	46366	22812	23554	3331	968	2364	12497	5783	6714
福　建	Fujian	28801	14887	13914	1799	417	1382	8745	4041	4705
江　西	Jiangxi	34372	17839	16533	1335	413	922	10003	4603	5400
山　东	Shandong	75500	37968	37532	4719	1293	3426	17650	7845	9805
河　南	Henan	71223	35752	35471	3541	1172	2369	18146	8753	9393
湖　北	Hubei	44681	22629	22052	2666	719	1947	11160	5114	6045
湖　南	Hunan	51363	26196	25167	1837	609	1227	14146	6784	7362
广　东	Guangdong	82029	44477	37552	3088	853	2236	18495	8533	9962
广　西	Guangxi	35659	18448	17211	1537	418	1118	10547	4981	5566
海　南	Hainan	6826	3647	3179	340	94	246	1420	665	755
重　庆	Chongqing	23263	11929	11334	1362	427	935	7385	3675	3709
四　川	Sichuan	62975	31173	31802	4591	1221	3370	21926	10685	11241
贵　州	Guizhou	26616	13551	13065	2841	898	1943	8758	4446	4312
云　南	Yunnan	36038	18487	17551	2977	962	2014	14943	7455	7488
西　藏	Tibet	2343	1182	1161	1040	459	581	844	467	377
陕　西	Shaanxi	29130	14993	14137	1790	578	1211	6663	3073	3590
甘　肃	Gansu	19984	10323	9661	1790	576	1214	6573	3210	3363
青　海	Qinghai	4422	2219	2203	587	207	380	1514	755	759
宁　夏	Ningxia	5062	2597	2465	407	127	280	1515	727	788
新　疆	Xinjiang	17083	8732	8351	666	271	395	4799	2371	2428

2-24 续表 continued

单位：人 (person)

地 区	Region	初 中 Junior Secondary School	男 Male	女 Female	高 中 Senior Secondary School	男 Male	女 Female	大专及以上 College and Higher Level	男 Male	女 Female
全 国	**National Total**	**420432**	**226122**	**194309**	**174847**	**98256**	**76591**	**120698**	**63364**	**57334**
北 京	Beijing	4658	2558	2100	3684	1957	1727	6420	3049	3371
天 津	Tianjin	4158	2240	1918	2712	1382	1331	2727	1287	1440
河 北	Hebei	26964	14472	12492	8032	4505	3528	4447	2238	2207
山 西	Shanxi	13048	7045	6003	5410	2674	2737	2799	1472	1327
内蒙古	Inner Mongolia	8186	4435	3751	3132	1717	1415	2126	1105	1023
辽 宁	Liaoning	15573	8056	7517	5769	3026	2743	6013	3191	2821
吉 林	Jilin	9189	4807	4383	4031	2156	1875	2578	1352	1225
黑龙江	Heilongjiang	13826	7406	6420	4784	2537	2247	3744	1635	2110
上 海	Shanghai	6729	3619	3110	3951	2137	1814	5156	2717	2439
江 苏	jiangsu	24496	12886	11609	10802	6188	4614	8796	4746	4049
浙 江	Zhejiang	15978	8946	7031	5788	3389	2399	6510	3624	2885
安 徽	Anhui	18727	9970	8757	6948	3855	3093	4862	2236	2626
福 建	Fujian	10598	6112	4485	4294	2616	1678	3366	1701	1664
江 西	Jiangxi	14194	7591	6603	6040	3604	2436	2801	1628	1172
山 东	Shandong	31654	16684	14970	14062	8108	5954	7415	4038	3377
河 南	Henan	30610	15705	14905	11546	6280	5266	7380	3842	3538
湖 北	Hubei	16854	8960	7894	8894	4980	3914	5107	2856	2252
湖 南	Hunan	21688	11261	10427	8969	5079	3890	4725	2463	2261
广 东	Guangdong	35212	19561	15651	17540	10511	7029	7693	5019	2674
广 西	Guangxi	15202	8409	6793	5518	3126	2393	2855	1514	1341
海 南	Hainan	3130	1687	1443	1378	862	517	555	339	218
重 庆	Chongqing	7386	3937	3449	4141	2260	1881	2991	1630	1360
四 川	Sichuan	22054	11872	10183	8696	4777	3919	5706	2618	3089
贵 州	Guizhou	9483	5478	4005	2773	1603	1169	2763	1126	1636
云 南	Yunnan	12096	6816	5279	3569	1932	1638	2454	1322	1132
西 藏	Tibet	304	175	129	93	49	44	61	32	30
陕 西	Shaanxi	11578	6151	5427	5882	3436	2447	3217	1755	1462
甘 肃	Gansu	6948	3884	3064	2612	1484	1128	2061	1169	892
青 海	Qinghai	1223	719	504	533	285	247	567	253	313
宁 夏	Ningxia	1882	1061	822	717	397	320	540	285	255
新 疆	Xinjiang	6805	3622	3184	2548	1349	1200	2263	1119	1144

2-25 各地区城市分性别、受教育程度的人口

City Population by Sex, Educational Attainment and Region

单位：人 (person)

地区	Region	6岁及以上人口 Population Aged 6 and Over	男 Male	女 Female	未上过学 No Schooling	男 Male	女 Female	小学 Primary School	男 Male	女 Female
全国	**National Total**	**343164**	**175196**	**167968**	**8088**	**2315**	**5774**	**51264**	**23220**	**28044**
北京	Beijing	13344	6646	6698	176	51	125	1256	599	657
天津	Tianjin	8021	3938	4083	194	57	137	938	434	504
河北	Hebei	10461	5146	5315	237	74	161	1519	663	856
山西	Shanxi	7999	3938	4061	151	50	101	1275	561	714
内蒙古	Inner Mongolia	6684	3316	3368	155	44	112	1046	467	579
辽宁	Liaoning	19016	9498	9518	263	74	188	1884	843	1041
吉林	Jilin	8540	4233	4307	133	43	90	891	389	502
黑龙江	Heilongjiang	11555	5492	6063	199	59	141	1592	730	862
上海	Shanghai	15084	7702	7382	303	69	234	1669	741	928
江苏	Jiangsu	23844	11992	11852	683	183	500	3632	1598	2034
浙江	Zhejiang	17495	9754	7741	626	181	445	3450	1637	1814
安徽	Anhui	11614	5344	6270	409	110	299	1655	758	897
福建	Fujian	10541	5404	5137	368	76	292	2223	1001	1222
江西	Jiangxi	7469	3879	3590	144	53	91	1517	722	795
山东	Shandong	25963	12964	12999	766	192	574	3808	1611	2197
河南	Henan	15841	8162	7679	315	98	217	2328	1037	1291
湖北	Hubei	13967	7034	6933	356	86	270	1900	832	1068
湖南	Hunan	12701	6352	6349	194	77	117	2421	1110	1311
广东	Guangdong	35222	20439	14783	654	180	475	4911	2278	2633
广西	Guangxi	9739	5010	4729	171	54	118	1550	740	810
海南	Hainan	1571	847	724	19	6	13	195	94	101
重庆	Chongqing	7401	3812	3589	139	48	91	971	436	534
四川	Sichuan	17255	8738	8517	487	153	333	3446	1545	1901
贵州	Guizhou	5117	2225	2892	108	39	69	799	359	440
云南	Yunnan	6276	3053	3223	162	51	111	1268	581	687
西藏	Tibet	190	93	97	29	10	19	73	36	36
陕西	Shaanxi	7603	3816	3787	250	74	176	954	448	506
甘肃	Gansu	3589	1817	1772	141	37	103	507	232	275
青海	Qinghai	1241	584	657	33	8	25	207	93	115
宁夏	Ningxia	1680	865	815	88	27	61	291	141	149
新疆	Xinjiang	6143	3103	3040	135	51	84	1089	503	586

2-25 续表 continued

单位：人 (person)

地区	Region	初中 Junior Secondary School	男 Male	女 Female	高中 Senior Secondary School	男 Male	女 Female	大专及以上 College and Higher Level	男 Male	女 Female
全国	**National Total**	**113443**	**58858**	**54585**	**86169**	**46212**	**39957**	**84200**	**44591**	**39608**
北京	Beijing	3256	1748	1508	2961	1527	1434	5696	2721	2974
天津	Tianjin	2326	1217	1109	2155	1075	1080	2409	1155	1253
河北	Hebei	3645	1861	1784	2403	1231	1171	2660	1317	1343
山西	Shanxi	2911	1469	1442	1932	969	963	1730	889	841
内蒙古	Inner Mongolia	2715	1388	1326	1493	765	729	1274	652	622
辽宁	Liaoning	6987	3375	3612	4456	2297	2159	5427	2909	2518
吉林	Jilin	2817	1366	1450	2669	1370	1299	2031	1065	966
黑龙江	Heilongjiang	4012	2040	1973	2875	1470	1405	2876	1193	1682
上海	Shanghai	4806	2504	2302	3445	1822	1624	4859	2566	2294
江苏	Jiangsu	7771	3970	3801	5427	2853	2575	6329	3388	2942
浙江	Zhejiang	6379	3596	2783	2739	1562	1177	4300	2778	1522
安徽	Anhui	3948	1977	1971	2626	1365	1262	2975	1134	1841
福建	Fujian	3643	1968	1675	2181	1262	918	2127	1097	1030
江西	Jiangxi	2328	1141	1187	2046	1153	893	1434	810	624
山东	Shandong	8568	4151	4417	7585	4183	3403	5234	2827	2408
河南	Henan	4659	2365	2293	4044	2062	1983	4495	2600	1895
湖北	Hubei	3905	1954	1951	4384	2314	2071	3421	1848	1573
湖南	Hunan	3762	1894	1868	3215	1664	1551	3109	1607	1502
广东	Guangdong	13408	7942	5466	10264	6062	4201	5985	3977	2008
广西	Guangxi	3249	1687	1562	2983	1595	1388	1785	934	851
海南	Hainan	480	227	253	595	360	235	282	160	122
重庆	Chongqing	1937	981	956	2169	1160	1010	2185	1187	998
四川	Sichuan	6023	3009	3015	4225	2327	1898	3074	1704	1370
贵州	Guizhou	1451	730	722	913	497	415	1845	600	1246
云南	Yunnan	2161	1055	1107	1256	622	634	1429	744	684
西藏	Tibet	37	20	17	25	12	13	25	15	12
陕西	Shaanxi	2329	1147	1182	2216	1144	1072	1854	1003	851
甘肃	Gansu	1170	597	572	826	405	421	949	546	401
青海	Qinghai	330	179	151	264	135	130	406	169	236
宁夏	Ningxia	605	333	272	346	184	163	349	180	170
新疆	Xinjiang	1826	966	860	1450	765	684	1645	818	826

2-26 各地区镇分性别、受教育程度的人口
Town Population by Sex, Educational Attainment and Region

单位：人 (person)

地 区	Region	6岁及以上人口 Population Aged 6 and Over	男 Male	女 Female	未上过学 No Schooling	男 Male	女 Female	小 学 Primary School	男 Male	女 Female
全 国	**National Total**	**241403**	**121721**	**119682**	**10435**	**3025**	**7409**	**61504**	**28537**	**32967**
北 京	Beijing	1188	573	615	18	3	14	103	46	56
天 津	Tianjin	1848	941	907	69	28	40	469	227	241
河 北	Hebei	17279	8834	8445	623	175	448	4181	1930	2250
山 西	Shanxi	7262	3457	3805	160	56	104	1299	572	728
内蒙古	Inner Mongolia	4861	2436	2425	237	77	160	964	437	526
辽 宁	Liaoning	4455	2265	2190	124	43	82	1024	487	537
吉 林	Jilin	3410	1719	1691	101	30	72	689	318	370
黑龙江	Heilongjiang	6077	3085	2992	152	51	101	1258	580	678
上 海	Shanghai	1947	1029	918	121	33	88	433	203	231
江 苏	Jiangsu	16464	8325	8139	748	179	570	4024	1768	2257
浙 江	Zhejiang	10476	5079	5397	498	132	367	3020	1422	1598
安 徽	Anhui	11464	5681	5783	660	164	496	3038	1388	1649
福 建	Fujian	7275	3827	3448	273	54	218	2086	903	1183
江 西	Jiangxi	9969	5104	4865	302	86	216	2542	1163	1379
山 东	Shandong	15767	7939	7828	963	249	715	3850	1764	2087
河 南	Henan	16891	8238	8653	526	198	328	4177	1964	2213
湖 北	Hubei	11040	5532	5508	576	152	424	2598	1156	1441
湖 南	Hunan	12725	6421	6304	376	135	240	3353	1623	1730
广 东	Guangdong	21240	11217	10023	779	230	549	5131	2364	2767
广 西	Guangxi	6889	3567	3322	221	65	156	1750	827	924
海 南	Hainan	2139	1141	998	100	29	72	439	198	242
重 庆	Chongqing	6560	3324	3236	335	102	233	2014	989	1025
四 川	Sichuan	12433	5781	6652	472	132	340	3605	1696	1909
贵 州	Guizhou	5694	2943	2751	361	99	263	1596	766	830
云 南	Yunnan	8907	4559	4348	509	143	366	3450	1698	1751
西 藏	Tibet	422	203	219	173	70	102	184	100	84
陕 西	Shaanxi	7837	3989	3848	467	156	311	1706	773	934
甘 肃	Gansu	4814	2434	2380	235	61	175	1259	574	685
青 海	Qinghai	996	516	480	110	41	69	387	189	198
宁 夏	Ningxia	1054	538	516	52	15	37	309	142	167
新 疆	Xinjiang	2021	1021	1000	91	36	55	565	268	297

2-26 续表 continued

单位：人 (person)

地 区	Region	初 中 Junior Secondary School	男 Male	女 Female	高 中 Senior Secondary School	男 Male	女 Female	大专及以上 College and Higher Level	男 Male	女 Female
全 国	**National Total**	**101639**	**53481**	**48159**	**42978**	**24183**	**18795**	**24848**	**12495**	**12352**
北 京	Beijing	300	161	139	247	140	106	524	223	300
天 津	Tianjin	775	432	343	315	172	144	222	82	139
河 北	Hebei	8596	4596	4000	2639	1493	1146	1240	640	601
山 西	Shanxi	3187	1672	1514	1903	783	1120	712	374	339
内蒙古	Inner Mongolia	2081	1059	1021	988	554	434	592	309	284
辽 宁	Liaoning	2405	1273	1132	539	282	257	361	180	182
吉 林	Jilin	1576	816	760	664	358	306	380	197	183
黑龙江	Heilongjiang	2849	1505	1344	1145	604	541	673	345	328
上 海	Shanghai	930	528	402	276	166	110	186	99	87
江 苏	Jiangsu	7250	3793	3458	2809	1706	1103	1630	879	751
浙 江	Zhejiang	4004	2182	1822	1447	856	591	1507	487	1019
安 徽	Anhui	4273	2232	2041	2284	1184	1100	1211	713	497
福 建	Fujian	3130	1798	1332	1101	663	439	685	409	276
江 西	Jiangxi	4070	2051	2019	2005	1177	829	1048	627	422
山 东	Shandong	7224	3765	3459	2537	1481	1055	1192	680	512
河 南	Henan	7046	3653	3393	3041	1630	1411	2101	793	1308
湖 北	Hubei	4295	2203	2091	2423	1324	1099	1150	697	453
湖 南	Hunan	5897	2872	3025	2207	1301	906	894	490	403
广 东	Guangdong	9537	5038	4499	4475	2781	1694	1318	804	514
广 西	Guangxi	3060	1632	1429	1048	596	452	808	447	361
海 南	Hainan	936	498	438	454	278	176	208	138	70
重 庆	Chongqing	2418	1245	1173	1129	612	517	663	376	288
四 川	Sichuan	4131	2195	1936	2168	1150	1018	2056	608	1449
贵 州	Guizhou	2204	1213	991	885	508	378	648	357	289
云 南	Yunnan	3166	1724	1442	1114	621	493	670	373	296
西 藏	Tibet	40	22	18	17	7	10	9	4	5
陕 西	Shaanxi	3155	1655	1499	1656	939	717	853	466	387
甘 肃	Gansu	1728	918	810	815	459	356	776	422	354
青 海	Qinghai	255	150	105	137	77	61	107	59	47
宁 夏	Ningxia	398	215	183	158	90	68	137	76	61
新 疆	Xinjiang	723	384	340	352	191	161	289	142	147

2-27 各地区乡村分性别、受教育程度的人口
Rural Population by Sex, Educational Attainment and Region

单位：人 (person)

地区	Region	6岁及以上人口 Population Aged 6 and Over	男 Male	女 Female	未上过学 No Schooling	男 Male	女 Female	小学 Primary School	男 Male	女 Female
全国	**National Total**	**462521**	**237368**	**225153**	**37734**	**11423**	**26309**	**162090**	**78026**	**84064**
北京	Beijing	2293	1274	1019	101	28	73	413	204	209
天津	Tianjin	2061	1070	991	112	36	76	555	260	295
河北	Hebei	28250	14519	13731	1308	420	888	8682	4022	4660
山西	Shanxi	13167	7031	6136	671	224	447	3611	1770	1841
内蒙古	Inner Mongolia	7971	4177	3794	631	202	430	3036	1446	1591
辽宁	Liaoning	11459	5926	5533	430	135	294	3851	1832	2019
吉林	Jilin	9744	5078	4666	494	181	312	3592	1756	1836
黑龙江	Heilongjiang	12680	6594	6086	640	211	429	4118	1963	2155
上海	Shanghai	1978	1068	910	229	62	167	417	219	198
江苏	Jiangsu	21300	10554	10746	1889	429	1461	6533	2891	3642
浙江	Zhejiang	15138	7758	7380	1536	462	1075	5704	2799	2905
安徽	Anhui	23289	11788	11501	2263	693	1569	7805	3637	4168
福建	Fujian	10985	5654	5331	1158	286	872	4436	2136	2300
江西	Jiangxi	16937	8858	8079	889	274	615	5944	2718	3226
山东	Shandong	33774	17067	16707	2991	852	2138	9992	4470	5521
河南	Henan	38491	19351	19140	2700	876	1824	11641	5752	5889
湖北	Hubei	19675	10065	9610	1734	482	1253	6662	3126	3536
湖南	Hunan	25933	13422	12511	1267	397	870	8372	4051	4320
广东	Guangdong	25566	12820	12746	1654	443	1211	8453	3890	4563
广西	Guangxi	19030	9871	9159	1144	299	845	7246	3414	3832
海南	Hainan	3115	1657	1458	220	58	162	785	373	412
重庆	Chongqing	9301	4794	4507	888	277	611	4400	2250	2150
四川	Sichuan	33286	16653	16633	3633	936	2697	14875	7444	7431
贵州	Guizhou	15806	8381	7425	2372	760	1612	6363	3321	3042
云南	Yunnan	20850	10872	9978	2305	768	1537	10225	5175	5049
西藏	Tibet	1728	884	844	838	378	459	588	330	257
陕西	Shaanxi	13693	7188	6505	1073	348	724	4003	1852	2151
甘肃	Gansu	11579	6071	5508	1414	477	936	4807	2404	2403
青海	Qinghai	2187	1121	1066	444	157	286	920	474	446
宁夏	Ningxia	2330	1195	1135	267	85	182	915	444	472
新疆	Xinjiang	8919	4607	4312	441	184	257	3145	1600	1545

2-27 续表 continued

单位：人 (person)

地 区	Region	初 中 Junior Secondary School	男 Male	女 Female	高 中 Senior Secondary School	男 Male	女 Female	大专及以上 College and Higher Level	男 Male	女 Female
全 国	**National Total**	**205349**	**113784**	**91565**	**45700**	**27859**	**17841**	**11650**	**6276**	**5374**
北 京	Beijing	1103	649	453	476	289	187	201	104	97
天 津	Tianjin	1057	590	466	242	135	107	96	49	47
河 北	Hebei	14723	8015	6708	2991	1780	1211	546	282	264
山 西	Shanxi	6950	3904	3046	1575	923	654	358	210	148
内蒙古	Inner Mongolia	3390	1987	1403	650	398	253	262	144	117
辽 宁	Liaoning	6181	3408	2773	775	449	326	224	102	121
吉 林	Jilin	4796	2624	2172	697	427	270	167	90	76
黑龙江	Heilongjiang	6965	3861	3103	764	464	300	195	95	99
上 海	Shanghai	993	586	407	230	149	80	110	52	58
江 苏	Jiangsu	9474	5124	4351	2566	1629	936	837	481	356
浙 江	Zhejiang	5595	3169	2426	1602	970	631	703	358	343
安 徽	Anhui	10506	5761	4745	2037	1306	732	677	391	287
福 建	Fujian	3825	2346	1479	1012	690	321	554	196	359
江 西	Jiangxi	7796	4399	3397	1990	1275	715	319	192	126
山 东	Shandong	15862	8768	7094	3940	2445	1495	989	532	459
河 南	Henan	18906	9687	9219	4460	2587	1873	784	449	335
湖 北	Hubei	8655	4803	3852	2086	1342	744	537	312	225
湖 南	Hunan	12029	6495	5534	3546	2113	1433	721	366	354
广 东	Guangdong	12267	6580	5687	2801	1668	1134	390	239	151
广 西	Guangxi	8893	5091	3802	1487	934	552	262	133	128
海 南	Hainan	1714	961	752	330	224	106	65	41	26
重 庆	Chongqing	3031	1712	1319	842	488	354	141	67	73
四 川	Sichuan	11900	6668	5233	2302	1300	1002	575	305	270
贵 州	Guizhou	5827	3535	2292	974	597	377	270	168	102
云 南	Yunnan	6769	4038	2731	1198	687	511	355	204	150
西 藏	Tibet	227	133	94	51	30	21	26	13	13
陕 西	Shaanxi	6094	3348	2746	2011	1353	658	512	287	226
甘 肃	Gansu	4050	2368	1682	970	620	351	337	202	136
青 海	Qinghai	638	390	248	131	74	58	54	26	28
宁 夏	Ningxia	879	513	366	213	123	90	54	30	25
新 疆	Xinjiang	4255	2272	1984	748	392	355	329	159	171

2-28 各地区分性别的15岁及以上文盲人口

Illiterate Population Aged 15 and Over by Sex and Region

地 区	Region	15岁及以上人口(人) Population Aged 15 and Over (person)	男 Male	女 Female	文盲人口(人) Illiterate Population (person)	男 Male	女 Female	文盲人口占15岁及以上人口的比重(%) % to Total Aged 15 and Over (%)	男 Male	女 Female
全 国	**National Total**	**938992**	**475585**	**463407**	**46210**	**11914**	**34296**	**4.92**	**2.51**	**7.40**
北 京	Beijing	15953	8006	7947	236	53	183	1.48	0.66	2.30
天 津	Tianjin	11168	5544	5624	263	66	197	2.35	1.19	3.50
河 北	Hebei	49590	24982	24608	1557	362	1195	3.14	1.45	4.86
山 西	Shanxi	25638	12972	12666	742	229	513	2.89	1.77	4.05
内蒙古	Inner Mongolia	17869	9069	8800	832	237	595	4.66	2.61	6.76
辽 宁	Liaoning	32518	16411	16107	579	141	438	1.78	0.86	2.72
吉 林	Jilin	19939	10117	9822	575	176	399	2.88	1.74	4.06
黑龙江	Heilongjiang	27967	13934	14033	764	198	566	2.73	1.42	4.03
上 海	Shanghai	17994	9232	8762	566	122	444	3.15	1.32	5.07
江 苏	Jiangsu	56651	28136	28515	2870	593	2277	5.07	2.11	7.99
浙 江	Zhejiang	39990	20970	19020	2341	626	1715	5.85	2.99	9.02
安 徽	Anhui	41225	19986	21239	2980	787	2193	7.23	3.94	10.33
福 建	Fujian	25883	13328	12555	1435	293	1142	5.54	2.20	9.10
江 西	Jiangxi	29710	15208	14502	1005	248	757	3.38	1.63	5.22
山 东	Shandong	68036	33953	34083	3766	872	2894	5.54	2.57	8.49
河 南	Henan	61576	30309	31267	2797	795	2002	4.54	2.62	6.40
湖 北	Hubei	40329	20247	20082	2340	553	1787	5.80	2.73	8.90
湖 南	Hunan	45424	22878	22546	1505	437	1068	3.31	1.91	4.74
广 东	Guangdong	73926	40023	33903	2272	475	1797	3.07	1.19	5.30
广 西	Guangxi	30643	15728	14915	1102	201	901	3.60	1.28	6.04
海 南	Hainan	6036	3211	2825	267	54	213	4.42	1.68	7.54
重 庆	Chongqing	20921	10679	10242	1071	299	772	5.12	2.80	7.54
四 川	Sichuan	56285	27676	28609	4044	948	3096	7.18	3.43	10.82
贵 州	Guizhou	22553	11337	11216	2506	723	1783	11.11	6.38	15.90
云 南	Yunnan	31528	16066	15462	2596	745	1851	8.23	4.64	11.97
西 藏	Tibet	1976	993	983	789	317	472	39.93	31.92	48.02
陕 西	Shaanxi	26511	13590	12921	1508	441	1067	5.69	3.25	8.26
甘 肃	Gansu	17881	9185	8696	1546	469	1077	8.65	5.11	12.39
青 海	Qinghai	3934	1964	1970	516	171	345	13.12	8.71	17.51
宁 夏	Ningxia	4383	2232	2151	353	101	252	8.05	4.53	11.72
新 疆	Xinjiang	14960	7620	7340	486	182	304	3.25	2.39	4.14

2-29 各地区城市分性别的15岁及以上文盲人口

City Illiterate Population Aged 15 and Over by Sex and Region

地 区	Region	15岁及以上人口(人) Population Aged 15 and Over (person)	男 Male	女 Female	文盲人口(人) Illiterate Population (person)	男 Male	女 Female	文盲人口占15岁及以上人口的比重(%) % to Total Aged 15 and Over (%)	男 Male	女 Female
全 国	**National Total**	**316664**	**160955**	**155709**	**5964**	**1385**	**4579**	**1.88**	**0.86**	**2.94**
北 京	Beijing	12610	6229	6381	129	27	102	1.02	0.43	1.60
天 津	Tianjin	7598	3718	3880	131	25	106	1.72	0.67	2.73
河 北	Hebei	9430	4604	4826	128	24	104	1.36	0.52	2.15
山 西	Shanxi	7118	3493	3625	96	26	70	1.35	0.74	1.93
内蒙古	Inner Mongolia	6126	3035	3091	102	22	80	1.67	0.72	2.59
辽 宁	Liaoning	17907	8928	8979	173	38	135	0.97	0.43	1.50
吉 林	Jilin	7942	3936	4006	87	25	62	1.10	0.64	1.55
黑龙江	Heilongjiang	10803	5093	5710	154	36	118	1.43	0.71	2.07
上 海	Shanghai	14266	7245	7021	228	34	194	1.60	0.47	2.76
江 苏	Jiangsu	22153	11078	11075	576	130	446	2.60	1.17	4.03
浙 江	Zhejiang	16360	9153	7207	523	129	394	3.20	1.41	5.47
安 徽	Anhui	10593	4801	5792	353	87	266	3.33	1.81	4.59
福 建	Fujian	9524	4845	4679	295	48	247	3.10	0.99	5.28
江 西	Jiangxi	6688	3427	3261	85	23	62	1.27	0.67	1.90
山 东	Shandong	23698	11779	11919	534	99	435	2.25	0.84	3.65
河 南	Henan	14252	7326	6926	178	34	144	1.25	0.46	2.08
湖 北	Hubei	12996	6496	6500	271	58	213	2.09	0.89	3.28
湖 南	Hunan	11657	5789	5868	239	100	139	2.05	1.73	2.37
广 东	Guangdong	32868	19145	13723	438	96	342	1.33	0.50	2.49
广 西	Guangxi	8732	4431	4301	93	14	79	1.07	0.32	1.84
海 南	Hainan	1420	759	661	8		8	0.56		1.21
重 庆	Chongqing	7005	3602	3403	76	23	53	1.08	0.64	1.56
四 川	Sichuan	15965	8061	7904	394	115	279	2.47	1.43	3.53
贵 州	Guizhou	4638	1955	2683	72	18	54	1.55	0.92	2.01
云 南	Yunnan	5713	2741	2972	116	25	91	2.03	0.91	3.06
西 藏	Tibet	173	83	90	26	8	18	15.03	9.64	20.00
陕 西	Shaanxi	7003	3478	3525	191	51	140	2.73	1.47	3.97
甘 肃	Gansu	3259	1643	1616	102	22	80	3.13	1.34	4.95
青 海	Qinghai	1134	527	607	22	4	18	1.94	0.76	2.97
宁 夏	Ningxia	1501	765	736	69	18	51	4.60	2.35	6.93
新 疆	Xinjiang	5532	2790	2742	71	23	48	1.28	0.82	1.75

2-30 各地区镇分性别的15岁及以上文盲人口

Town Illiterate Population Aged 15 and Over by Sex and Region

地 区	Region	15岁及以上人口(人) Population Aged 15 and Over (person)	男 Male	女 Female	文盲人口(人) Illiterate Population (person)	男 Male	女 Female	文盲人口占15岁及以上人口的比重(%) % to Total Aged 15 and Over (%)	男 Male	女 Female
全 国	**National Total**	**214979**	**107159**	**107820**	**8154**	**1914**	**6240**	**3.79**	**1.79**	**5.79**
北 京	Beijing	1140	549	591	15	2	13	1.32	0.36	2.20
天 津	Tianjin	1710	862	848	47	18	29	2.75	2.09	3.42
河 北	Hebei	15219	7670	7549	436	92	344	2.86	1.20	4.56
山 西	Shanxi	6540	3084	3456	101	28	73	1.54	0.91	2.11
内蒙古	Inner Mongolia	4378	2175	2203	176	48	128	4.02	2.21	5.81
辽 宁	Liaoning	4118	2085	2033	89	26	63	2.16	1.25	3.10
吉 林	Jilin	3127	1569	1558	81	20	61	2.59	1.27	3.92
黑龙江	Heilongjiang	5559	2811	2748	113	29	84	2.03	1.03	3.06
上 海	Shanghai	1846	976	870	113	29	84	6.12	2.97	9.66
江 苏	Jiangsu	15047	7528	7519	639	129	510	4.25	1.71	6.78
浙 江	Zhejiang	9672	4651	5021	429	99	330	4.44	2.13	6.57
安 徽	Anhui	10175	4951	5224	579	120	459	5.69	2.42	8.79
福 建	Fujian	6452	3391	3061	209	32	177	3.24	0.94	5.78
江 西	Jiangxi	8612	4356	4256	229	51	178	2.66	1.17	4.18
山 东	Shandong	14072	6983	7089	787	179	608	5.59	2.56	8.58
河 南	Henan	14658	6979	7679	345	98	247	2.35	1.40	3.22
湖 北	Hubei	9619	4743	4876	518	114	404	5.39	2.40	8.29
湖 南	Hunan	11085	5481	5604	244	69	175	2.20	1.26	3.12
广 东	Guangdong	19000	9948	9052	504	87	417	2.65	0.87	4.61
广 西	Guangxi	5963	3100	2863	143	31	112	2.40	1.00	3.91
海 南	Hainan	1901	1006	895	79	15	64	4.16	1.49	7.15
重 庆	Chongqing	5796	2893	2903	258	67	191	4.45	2.32	6.58
四 川	Sichuan	11292	5193	6099	384	81	303	3.40	1.56	4.97
贵 州	Guizhou	4883	2485	2398	285	61	224	5.84	2.45	9.34
云 南	Yunnan	7827	3985	3842	415	96	319	5.30	2.41	8.30
西 藏	Tibet	349	165	184	156	62	94	44.70	37.58	51.09
陕 西	Shaanxi	7039	3561	3478	398	120	278	5.65	3.37	7.99
甘 肃	Gansu	4309	2151	2158	168	38	130	3.90	1.77	6.02
青 海	Qinghai	896	462	434	98	35	63	10.94	7.58	14.52
宁 夏	Ningxia	896	456	440	45	12	33	5.02	2.63	7.50
新 疆	Xinjiang	1796	909	887	72	26	46	4.01	2.86	5.19

2-31 各地区乡村分性别的15岁及以上文盲人口

Rural Illiterate Population Aged 15 and Over by Sex and Region

地区	Region	15岁及以上人口(人) Population Aged 15 and Over (person)	男 Male	女 Female	文盲人口(人) Illiterate Population (person)	男 Male	女 Female	文盲人口占15岁及以上人口的比重(%) % to Total Aged 15 and Over (%)	男 Male	女 Female
全国	**National Total**	**407349**	**207471**	**199878**	**32091**	**8615**	**23476**	**7.88**	**4.15**	**11.75**
北京	Beijing	2202	1228	974	92	24	68	4.18	1.95	6.98
天津	Tianjin	1860	963	897	85	23	62	4.57	2.39	6.91
河北	Hebei	24941	12708	12233	994	246	748	3.99	1.94	6.11
山西	Shanxi	11978	6394	5584	544	175	369	4.54	2.74	6.61
内蒙古	Inner Mongolia	7365	3859	3506	553	166	387	7.51	4.30	11.04
辽宁	Liaoning	10494	5399	5095	317	77	240	3.02	1.43	4.71
吉林	Jilin	8870	4612	4258	406	130	276	4.58	2.82	6.48
黑龙江	Heilongjiang	11604	6029	5575	497	133	364	4.28	2.21	6.53
上海	Shanghai	1882	1011	871	224	59	165	11.90	5.84	18.94
江苏	Jiangsu	19450	9529	9921	1656	335	1321	8.51	3.52	13.32
浙江	Zhejiang	13957	7166	6791	1389	398	991	9.95	5.55	14.59
安徽	Anhui	20457	10234	10223	2047	580	1467	10.01	5.67	14.35
福建	Fujian	9907	5092	4815	930	212	718	9.39	4.16	14.91
江西	Jiangxi	14410	7425	6985	691	174	517	4.80	2.34	7.40
山东	Shandong	30266	15191	15075	2445	594	1851	8.08	3.91	12.28
河南	Henan	32666	16004	16662	2274	662	1612	6.96	4.14	9.67
湖北	Hubei	17713	9007	8706	1549	380	1169	8.74	4.22	13.43
湖南	Hunan	22682	11609	11073	1023	269	754	4.51	2.32	6.81
广东	Guangdong	22058	10930	11128	1330	293	1037	6.03	2.68	9.32
广西	Guangxi	15948	8197	7751	867	156	711	5.44	1.90	9.17
海南	Hainan	2715	1446	1269	181	39	142	6.67	2.70	11.19
重庆	Chongqing	8120	4184	3936	737	208	529	9.08	4.97	13.44
四川	Sichuan	29028	14422	14606	3266	752	2514	11.25	5.21	17.21
贵州	Guizhou	13032	6898	6134	2148	644	1504	16.48	9.34	24.52
云南	Yunnan	17988	9341	8647	2065	624	1441	11.48	6.68	16.66
西藏	Tibet	1454	745	709	608	248	360	41.82	33.29	50.78
陕西	Shaanxi	12469	6551	5918	919	270	649	7.37	4.12	10.97
甘肃	Gansu	10313	5391	4922	1276	409	867	12.37	7.59	17.61
青海	Qinghai	1903	974	929	394	131	263	20.70	13.45	28.31
宁夏	Ningxia	1985	1011	974	240	71	169	12.09	7.02	17.35
新疆	Xinjiang	7632	3921	3711	344	133	211	4.51	3.39	5.69

2-32 全国15岁及以上人口分年龄、性别的婚姻状况
Population Aged 15 and Over by Age, Sex and Marital Status

单位：人 (person)

年龄 Age	15岁及以上人口 Population Aged 15 and Over	男 Male	女 Female	未婚 Never Married	男 Male	女 Female	初婚有配偶 First Married	男 Male	女 Female
总计 Total	**938993**	**475585**	**463408**	**184889**	**109758**	**75132**	**668223**	**331953**	**336269**
15-19	**64719**	**34582**	**30136**	**63310**	**33993**	**29316**	**1135**	**365**	**770**
15	11793	6557	5236	11680	6465	5215	56	44	12
16	13264	7274	5989	13101	7165	5936	92	47	44
17	13068	6968	6099	12877	6879	5998	134	44	90
18	12964	6872	6092	12629	6757	5872	294	78	216
19	13631	6912	6719	13023	6728	6295	560	152	408
20-24	**90785**	**46891**	**43893**	**68386**	**38740**	**29645**	**21785**	**7838**	**13946**
20	15557	7821	7737	14312	7470	6842	1199	319	880
21	16664	8583	8082	14481	7922	6560	2097	611	1486
22	17034	9110	7925	13386	7873	5513	3540	1186	2354
23	17891	9310	8581	12360	7279	5081	5403	1969	3434
24	23637	12068	11568	13846	8196	5649	9546	3754	5792
25-29	**98846**	**49801**	**49045**	**31975**	**20169**	**11806**	**64742**	**28552**	**36190**
25	21017	10701	10317	9990	6114	3876	10740	4451	6290
26	20090	10078	10010	7717	4825	2892	12072	5115	6956
27	21651	10898	10754	6522	4164	2359	14652	6477	8175
28	19121	9628	9495	4531	2931	1601	14050	6402	7648
29	16966	8497	8467	3214	2135	1078	13228	6107	7120
30-34	**82546**	**41779**	**40768**	**8716**	**6145**	**2571**	**70279**	**33812**	**36467**
30	16077	8127	7950	2461	1700	762	13086	6154	6932
31	16058	8123	7934	1949	1358	591	13471	6447	7023
32	18605	9530	9074	1867	1322	545	15885	7763	8122
33	16050	8164	7885	1322	950	372	13965	6835	7130
34	15755	7833	7922	1116	815	301	13872	6613	7259
35-39	**81792**	**41761**	**40032**	**3526**	**2720**	**805**	**73557**	**36553**	**37004**
35	16150	8277	7873	892	694	198	14390	7120	7271
36	15895	8035	7861	751	556	195	14269	6992	7276
37	14994	7693	7301	636	501	135	13484	6719	6765
38	17226	8849	8378	645	504	141	15565	7815	7750
39	17527	8908	8620	602	466	136	15849	7907	7942

2-32 续表 1 continued

单位：人 (person)

年 龄 Age	15岁及以上人口 Population Aged 15 and Over	男 Male	女 Female	未 婚 Never Married	男 Male	女 Female	初婚有配偶 First Married	男 Male	女 Female
40-44	**101958**	**52086**	**49872**	**2659**	**2253**	**406**	**92494**	**46385**	**46109**
40	18754	9558	9195	561	462	100	17011	8502	8508
41	19771	10128	9641	557	460	97	17924	9003	8920
42	20353	10316	10038	540	473	68	18465	9177	9288
43	20543	10587	9956	471	413	58	18687	9465	9222
44	22539	11496	11041	529	445	83	20408	10237	10171
45-49	**99250**	**50455**	**48795**	**1798**	**1581**	**217**	**90089**	**45405**	**44684**
45	20297	10212	10085	430	364	66	18397	9143	9254
46	21861	11105	10755	387	343	44	19862	9996	9866
47	17701	9049	8652	337	299	37	16098	8153	7945
48	19565	9968	9598	361	317	44	17758	8973	8786
49	19825	10122	9704	284	258	26	17972	9140	8833
50-54	**77910**	**39470**	**38439**	**1061**	**935**	**126**	**69992**	**35514**	**34478**
50	18485	9395	9087	299	263	35	16677	8460	8216
51	21955	11024	10930	281	244	37	19753	9920	9833
52	16815	8597	8218	222	200	22	15147	7781	7366
53	9040	4471	4569	119	107	13	8041	4009	4032
54	11616	5984	5633	140	121	19	10376	5345	5031
55-59	**66409**	**33780**	**32629**	**1020**	**951**	**69**	**58398**	**29910**	**28488**
55	10479	5268	5213	149	134	15	9283	4693	4591
56	13428	6974	6454	199	186	13	11813	6208	5605
57	14705	7447	7258	239	228	11	12965	6601	6364
58	13506	6844	6662	193	177	16	11841	6032	5809
59	14291	7248	7043	240	226	14	12496	6376	6120
60-64	**61607**	**30782**	**30826**	**931**	**877**	**54**	**52370**	**26819**	**25551**
60	14448	7208	7238	221	212	8	12519	6354	6165
61	12708	6333	6376	179	164	15	10871	5505	5366
62	12889	6479	6410	173	161	12	10953	5636	5318
63	10862	5350	5511	186	174	12	9138	4671	4467
64	10704	5411	5291	172	166	6	8889	4653	4235
65+	**113170**	**54197**	**58973**	**1509**	**1392**	**116**	**73382**	**40800**	**32582**

2-32 续表 2 continued

单位：人 (person)

年 龄 Age	再婚有配偶 Re-married	男 Male	女 Female	离 婚 Divorced	男 Male	女 Female	丧 偶 Widowed	男 Male	女 Female
总计 Total	**19181**	**9302**	**9879**	**16291**	**9508**	**6783**	**50409**	**15064**	**35345**
15-19	**205**	**169**	**36**	**66**	**52**	**14**	**3**	**3**	
15	49	40	9	8	8				
16	57	50	7	12	10	2	2	2	
17	41	33	8	16	12	3			
18	27	25	2	14	12	2			
19	31	21	10	16	10	6	1	1	
20-24	**272**	**124**	**148**	**314**	**176**	**138**	**28**	**13**	**16**
20	16	11	6	27	19	8	3	2	1
21	48	30	17	31	16	16	7	4	3
22	48	19	30	54	30	24	6	2	4
23	58	26	32	65	34	31	5	2	3
24	102	38	64	136	77	59	7	3	4
25-29	**804**	**315**	**489**	**1251**	**742**	**509**	**74**	**23**	**51**
25	110	45	65	164	83	81	13	8	5
26	131	45	86	165	91	73	5	2	3
27	195	87	108	270	168	103	12	2	9
28	182	74	107	329	212	118	29	9	21
29	187	65	122	322	188	134	15	2	13
30-34	**1530**	**664**	**866**	**1854**	**1100**	**754**	**167**	**58**	**110**
30	228	106	122	283	161	122	19	6	12
31	270	123	146	339	187	152	29	8	22
32	350	153	197	463	276	186	40	16	24
33	361	149	212	370	221	149	32	9	22
34	321	132	189	399	254	144	47	19	29
35-39	**2058**	**940**	**1119**	**2298**	**1432**	**867**	**353**	**116**	**237**
35	386	183	202	432	262	170	50	18	32
36	378	181	197	450	283	168	47	23	25
37	370	180	190	443	273	170	61	20	41
38	452	196	256	470	308	163	94	26	68
39	473	199	274	502	307	196	101	29	72

2-32 续表 3 continued

单位：人 (person)

年 龄 Age	再婚有配偶 Re-married	男 Male	女 Female	离 婚 Divorced	男 Male	女 Female	丧 偶 Widowed	男 Male	女 Female
40-44	**3041**	**1430**	**1611**	**2893**	**1724**	**1169**	**871**	**294**	**577**
40	525	231	293	538	328	210	119	35	84
41	549	246	302	581	365	216	160	54	106
42	603	283	320	576	327	249	169	56	113
43	634	306	328	566	334	232	185	69	116
44	731	363	367	633	371	262	238	80	158
45-49	**3019**	**1413**	**1605**	**2541**	**1466**	**1075**	**1803**	**590**	**1214**
45	619	279	340	563	330	233	288	96	192
46	674	310	363	566	333	233	372	123	249
47	560	275	285	391	222	169	315	100	216
48	573	274	299	481	276	205	392	128	264
49	593	275	318	540	306	235	436	143	292
50-54	**2343**	**1170**	**1173**	**2022**	**1108**	**913**	**2492**	**743**	**1749**
50	548	261	287	483	269	214	478	142	335
51	657	342	315	617	334	282	647	184	463
52	517	248	269	401	227	174	528	141	387
53	300	141	158	225	110	115	355	104	251
54	321	178	143	296	168	129	483	172	311
55-59	**1826**	**930**	**896**	**1306**	**736**	**570**	**3859**	**1253**	**2606**
55	311	159	153	254	142	112	482	140	342
56	403	188	216	289	159	130	724	233	490
57	394	207	187	266	151	115	841	260	581
58	360	187	173	247	141	106	865	307	558
59	357	190	167	250	143	107	948	313	635
60-64	**1628**	**787**	**841**	**762**	**437**	**326**	**5916**	**1862**	**4054**
60	383	191	192	203	118	84	1122	333	789
61	364	175	190	151	95	56	1143	394	749
62	357	173	184	149	90	59	1257	419	837
63	284	145	139	132	62	69	1122	298	824
64	241	103	137	129	72	57	1273	417	856
65+	**2453**	**1359**	**1094**	**984**	**535**	**449**	**34842**	**10111**	**24732**

2-33 全国城市15岁及以上人口分年龄、性别的婚姻状况

City Population Aged 15 and Over by Age, Sex and Marital Status

单位：人 (person)

年 龄 Age	15岁及以上人口 Population Aged 15 and Over	男 Male	女 Female	未 婚 Never Married	男 Male	女 Female	初婚有配偶 First Married	男 Male	女 Female
总计 Total	**316664**	**160956**	**155709**	**71155**	**41281**	**29874**	**220362**	**110397**	**109964**
15-19	**20246**	**11048**	**9199**	**19992**	**10927**	**9065**	**213**	**91**	**122**
15	3054	1732	1321	3034	1718	1316	14	10	3
16	3789	2152	1638	3758	2129	1629	23	19	4
17	4049	2291	1759	4011	2270	1742	26	12	14
18	4344	2369	1975	4282	2348	1934	55	14	41
19	5009	2504	2505	4906	2462	2444	95	36	59
20-24	**33335**	**17931**	**15404**	**28175**	**16043**	**12132**	**5071**	**1837**	**3234**
20	5795	2915	2880	5557	2844	2713	231	66	165
21	6373	3496	2877	5949	3366	2583	411	121	290
22	6326	3602	2723	5585	3364	2221	729	232	497
23	6526	3572	2954	5254	3101	2153	1254	462	792
24	8315	4346	3969	5830	3368	2462	2446	956	1490
25-29	**37242**	**18856**	**18387**	**15264**	**9203**	**6060**	**21520**	**9463**	**12057**
25	7562	3952	3610	4503	2662	1842	3003	1272	1730
26	7608	3871	3737	3747	2233	1514	3802	1615	2187
27	8108	4084	4024	3109	1903	1206	4889	2134	2755
28	7248	3621	3627	2224	1355	869	4914	2217	2697
29	6716	3329	3387	1680	1051	629	4912	2225	2687
30-34	**33601**	**16874**	**16727**	**4395**	**2846**	**1549**	**28121**	**13517**	**14604**
30	6410	3232	3178	1248	826	422	5019	2343	2675
31	6603	3306	3296	1001	641	359	5384	2562	2822
32	7922	4008	3914	972	612	360	6695	3275	3420
33	6459	3251	3207	624	405	219	5600	2735	2865
34	6209	3076	3132	550	361	188	5424	2602	2822
35-39	**31059**	**15806**	**15254**	**1381**	**898**	**483**	**28027**	**14133**	**13894**
35	6351	3259	3090	378	268	110	5657	2857	2799
36	6199	3148	3052	305	189	116	5578	2792	2786
37	5741	2922	2821	239	157	82	5200	2611	2590
38	6345	3207	3138	231	147	84	5793	2908	2885
39	6421	3269	3150	227	136	90	5799	2965	2833

2-33 续表 1 continued

单位：人 (person)

年 龄 Age	15岁及以上人口 Population Aged 15 and Over	男 Male	女 Female	未 婚 Never Married	男 Male	女 Female	初婚有配偶 First Married	男 Male	女 Female
40-44	**34946**	**17927**	**17019**	**824**	**579**	**244**	**31741**	**16239**	**15503**
40	6634	3386	3247	191	129	62	6035	3067	2968
41	6950	3517	3433	170	111	59	6339	3204	3135
42	6976	3560	3416	181	142	39	6318	3203	3114
43	6966	3633	3333	139	103	36	6335	3298	3037
44	7422	3832	3590	143	95	48	6715	3466	3249
45-49	**30164**	**15457**	**14707**	**433**	**295**	**138**	**27200**	**14073**	**13126**
45	6458	3240	3217	116	73	42	5813	2949	2864
46	6910	3546	3363	113	84	29	6256	3224	3031
47	5169	2646	2524	70	46	25	4690	2435	2255
48	5634	2886	2746	79	52	26	5095	2638	2457
49	5993	3137	2856	55	39	16	5346	2827	2519
50-54	**25117**	**12936**	**12180**	**254**	**180**	**74**	**22288**	**11677**	**10610**
50	5861	3026	2834	77	53	24	5232	2754	2478
51	7254	3687	3567	66	46	20	6437	3320	3116
52	5119	2678	2441	48	37	11	4542	2412	2130
53	2982	1547	1434	33	25	7	2614	1383	1231
54	3901	1999	1902	31	20	11	3463	1808	1655
55-59	**20865**	**10365**	**10500**	**160**	**114**	**46**	**18418**	**9331**	**9086**
55	3476	1702	1772	25	13	11	3067	1532	1534
56	4350	2248	2104	31	22	9	3817	2017	1800
57	4526	2159	2366	37	28	9	3991	1938	2053
58	4164	2060	2103	30	20	10	3699	1859	1840
59	4349	2195	2155	38	31	7	3843	1985	1858
60-64	**17764**	**8662**	**9102**	**102**	**68**	**34**	**15514**	**7865**	**7649**
60	4265	2117	2148	23	16	7	3749	1914	1835
61	3776	1823	1952	31	19	12	3286	1648	1638
62	3632	1773	1859	21	15	6	3162	1604	1558
63	3042	1450	1591	11	6	5	2659	1341	1318
64	3049	1498	1551	15	11	4	2657	1358	1299
65+	**32323**	**15093**	**17231**	**176**	**127**	**49**	**22249**	**12170**	**10079**

2-33 续表 2 continued

单位：人 (person)

年 龄 Age	再婚有配偶 Re-married	男 Male	女 Female	离 婚 Divorced	男 Male	女 Female	丧 偶 Widowed	男 Male	女 Female
总计 Total	**5558**	**2891**	**2668**	**7184**	**3325**	**3859**	**12405**	**3062**	**9344**
15-19	**28**	**18**	**11**	**13**	**12**	**1**			
15	4	2	2	2	2				
16	6	3	4	2	1	1			
17	7	4	3	5	5				
18	3	3		4	4				
19	8	6	2						
20-24	**35**	**19**	**16**	**52**	**32**	**20**	**2**		**2**
20	2	2		5	3	2			
21	7	6	2	6	3	2			
22	6	2	4	6	4	1			
23	8	2	6	10	7	3			
24	11	7	4	26	15	11	2		2
25-29	**185**	**76**	**109**	**260**	**110**	**151**	**13**	**4**	**10**
25	22	7	15	31	9	22	3	2	1
26	29	14	14	29	9	21	1		1
27	53	24	29	55	23	32	2		2
28	44	18	26	64	29	35	2	2	
29	37	13	24	82	40	42	5		5
30-34	**410**	**195**	**215**	**635**	**306**	**329**	**40**	**10**	**30**
30	59	28	31	76	34	43	8	1	7
31	81	39	42	129	63	66	8	1	7
32	83	38	45	163	79	84	9	4	5
33	101	51	50	131	60	70	3		3
34	87	39	48	136	70	66	12	4	8
35-39	**664**	**306**	**358**	**896**	**445**	**452**	**91**	**24**	**67**
35	119	54	65	178	72	105	19	8	11
36	115	58	57	189	105	85	12	4	8
37	119	64	56	166	84	82	17	6	11
38	143	62	81	157	87	70	21	3	18
39	167	68	99	206	97	109	22	3	19

2-33 续表 3 continued

单位：人 (person)

年龄 Age	再婚有配偶 Re-married	男 Male	女 Female	离婚 Divorced	男 Male	女 Female	丧偶 Widowed	男 Male	女 Female
40-44	**896**	**459**	**437**	**1295**	**606**	**689**	**190**	**44**	**146**
40	153	75	78	230	108	121	25	7	18
41	146	60	86	252	134	118	43	8	35
42	179	98	81	264	110	155	34	7	27
43	201	104	97	253	117	136	38	11	27
44	217	122	95	297	137	160	50	12	38
45-49	**913**	**461**	**452**	**1287**	**566**	**722**	**331**	**62**	**269**
45	194	88	107	285	123	162	50	7	42
46	192	101	91	283	121	162	66	16	50
47	157	81	76	189	77	112	63	7	56
48	173	90	83	227	95	131	60	11	49
49	196	101	95	304	150	154	92	20	72
50-54	**807**	**426**	**382**	**1168**	**534**	**634**	**600**	**119**	**480**
50	175	86	89	260	111	148	117	22	95
51	240	132	108	360	169	192	151	20	131
52	180	87	93	235	116	119	114	26	88
53	105	59	46	141	60	81	89	20	69
54	107	62	45	172	79	93	128	30	98
55-59	**581**	**323**	**258**	**769**	**347**	**422**	**937**	**250**	**688**
55	104	63	41	152	61	91	128	33	95
56	142	75	68	176	82	94	184	52	133
57	122	68	54	163	73	90	213	52	160
58	113	65	47	139	66	73	183	50	133
59	100	52	49	139	65	74	229	62	167
60-64	**405**	**216**	**189**	**403**	**184**	**218**	**1340**	**329**	**1012**
60	101	59	41	117	56	62	275	72	203
61	101	49	52	80	42	38	278	65	212
62	72	40	32	75	33	42	302	81	221
63	70	38	32	67	23	44	235	42	192
64	61	30	31	64	31	33	252	68	184
65+	**634**	**392**	**242**	**404**	**184**	**221**	**8860**	**2220**	**6640**

2-34 全国镇15岁及以上人口分年龄、性别的婚姻状况

Town Population Aged 15 and Over by Age, Sex and Marital Status

单位：人 (person)

年龄 Age	15岁及以上人口 Population Aged 15 and Over	男 Male	女 Female	未婚 Never Married	男 Male	女 Female	初婚有配偶 First Married	男 Male	女 Female
总计 Total	**214979**	**107159**	**107820**	**40254**	**22173**	**18080**	**156091**	**77718**	**78373**
15-19	**15801**	**7891**	**7910**	**15492**	**7753**	**7739**	**233**	**72**	**161**
15	3045	1653	1392	3010	1625	1385	21	15	6
16	3370	1709	1661	3326	1678	1648	23	11	12
17	3216	1554	1662	3174	1531	1643	25	10	15
18	3100	1538	1561	3021	1511	1510	67	15	51
19	3070	1439	1631	2962	1409	1553	98	22	76
20-24	**20390**	**9709**	**10683**	**15026**	**7764**	**7262**	**5246**	**1888**	**3358**
20	3724	1653	2071	3425	1567	1858	289	79	211
21	3691	1679	2011	3241	1538	1703	437	136	301
22	3698	1826	1871	2867	1551	1315	808	267	541
23	3937	1954	1983	2546	1452	1094	1366	487	878
24	5340	2596	2744	2947	1656	1292	2345	919	1426
25-29	**22655**	**11088**	**11564**	**6312**	**3891**	**2421**	**15824**	**6947**	**8877**
25	4861	2405	2456	2034	1238	796	2763	1139	1624
26	4495	2166	2329	1520	935	585	2905	1200	1705
27	4963	2391	2572	1319	793	526	3537	1543	1994
28	4448	2209	2240	860	532	328	3438	1600	1838
29	3885	1915	1970	578	392	186	3182	1465	1717
30-34	**18778**	**9322**	**9456**	**1404**	**1014**	**390**	**16562**	**7919**	**8643**
30	3670	1840	1830	436	304	132	3115	1470	1645
31	3630	1806	1824	315	221	95	3175	1524	1651
32	4072	2039	2032	280	214	66	3573	1726	1847
33	3740	1874	1866	216	162	54	3359	1639	1720
34	3669	1764	1904	157	114	44	3340	1560	1780
35-39	**20199**	**10248**	**9952**	**583**	**465**	**118**	**18438**	**9158**	**9280**
35	3903	1959	1944	141	110	31	3555	1734	1821
36	3904	1936	1965	136	102	34	3537	1705	1831
37	3643	1857	1785	93	79	14	3323	1668	1654
38	4348	2272	2076	115	94	21	3980	2039	1941
39	4401	2220	2181	97	79	18	4043	2011	2032

2-34 续表 1 continued

单位：人 (person)

年 龄 Age	15岁及以上人口 Population Aged 15 and Over	男 Male	女 Female	未 婚 Never Married	男 Male	女 Female	初婚有配偶 First Married	男 Male	女 Female
40-44	**24672**	**12524**	**12148**	**408**	**340**	**67**	**22611**	**11389**	**11222**
40	4609	2367	2240	80	66	13	4235	2149	2086
41	4723	2405	2320	89	72	18	4321	2182	2139
42	4953	2505	2450	71	60	11	4553	2292	2261
43	4978	2530	2447	73	63	10	4580	2310	2270
44	5411	2718	2695	95	79	16	4923	2456	2467
45-49	**23766**	**12105**	**11661**	**280**	**252**	**28**	**21756**	**11058**	**10698**
45	4962	2525	2436	57	49	7	4583	2313	2270
46	5203	2669	2534	46	42	4	4752	2436	2316
47	4214	2169	2045	62	56	6	3863	1972	1891
48	4682	2413	2269	61	54	7	4246	2194	2052
49	4705	2330	2373	55	50	4	4311	2143	2168
50-54	**17857**	**9067**	**8792**	**162**	**141**	**22**	**16175**	**8248**	**7927**
50	4378	2248	2132	42	37	6	3990	2041	1949
51	5089	2516	2574	56	49	8	4608	2286	2323
52	3899	2028	1873	30	25	5	3529	1860	1670
53	1980	967	1014	18	18		1782	883	899
54	2510	1309	1201	15	13	3	2266	1179	1087
55-59	**14593**	**7394**	**7200**	**139**	**131**	**8**	**12962**	**6711**	**6252**
55	2299	1164	1134	27	26	1	2054	1047	1007
56	2985	1555	1429	26	25	1	2673	1424	1249
57	3247	1686	1561	26	26		2912	1548	1363
58	2981	1463	1515	33	30	3	2624	1321	1302
59	3085	1525	1559	28	25	3	2699	1370	1329
60-64	**13257**	**6667**	**6589**	**152**	**142**	**10**	**11302**	**5857**	**5445**
60	3181	1540	1641	30	30	1	2816	1409	1407
61	2678	1334	1345	32	30	2	2311	1164	1148
62	2756	1445	1308	25	21	3	2316	1255	1060
63	2322	1145	1178	34	30	4	1927	984	943
64	2318	1203	1116	31	31		1932	1045	887
65+	**23009**	**11144**	**11864**	**294**	**280**	**14**	**14981**	**8470**	**6511**

2-34 续表 2 continued

单位：人 (person)

年 龄 Age	再婚有配偶 Re-married	男 Male	女 Female	离 婚 Divorced	男 Male	女 Female	丧 偶 Widowed	男 Male	女 Female
总计 Total	**4621**	**2258**	**2364**	**3503**	**2005**	**1498**	**10510**	**3005**	**7505**
15-19	**60**	**52**	**8**	**15**	**13**	**2**	**1**	**1**	
15	12	11	1	2	2				
16	18	17	1	2	2		1	1	
17	14	10	4	3	3				
18	10	10		2	2				
19	5	4	1	5	4	1			
20-24	**54**	**26**	**29**	**53**	**26**	**27**	**11**	**5**	**7**
20	5	3	2	3	2		2	2	
21	7	3	3	5	2	3	1		1
22	8	3	6	10	3	6	5	2	3
23	9	7	2	14	8	7	2		2
24	25	10	15	22	10	11	1	1	
25-29	**174**	**62**	**111**	**323**	**185**	**137**	**22**	**3**	**18**
25	29	15	14	35	13	22			
26	21	5	16	48	25	23	1	1	
27	36	18	18	66	37	29	5		5
28	48	14	34	89	61	28	13	2	12
29	39	9	30	84	49	35	2		2
30-34	**352**	**145**	**207**	**416**	**232**	**184**	**44**	**12**	**32**
30	55	29	26	60	35	25	4	2	2
31	56	23	33	71	34	37	13	4	8
32	90	31	58	117	65	52	12	3	9
33	76	28	48	82	45	37	7		7
34	77	34	42	87	53	33	8	3	5
35-39	**522**	**248**	**274**	**570**	**348**	**222**	**86**	**29**	**58**
35	96	51	45	96	59	37	15	5	10
36	107	57	50	112	69	42	12	3	8
37	97	45	52	112	61	51	18	4	14
38	107	43	64	131	91	40	15	5	10
39	115	52	64	119	67	51	27	11	16

2-34 续表 3 continued

单位：人 (person)

年 龄 Age	再婚有配偶 Re-married	男 Male	女 Female	离 婚 Divorced	男 Male	女 Female	丧 偶 Widowed	男 Male	女 Female
40-44	**759**	**339**	**420**	**699**	**397**	**303**	**195**	**59**	**136**
40	129	52	76	134	87	47	31	13	18
41	134	56	78	143	86	58	36	9	27
42	153	69	85	131	71	60	45	13	33
43	154	71	82	135	72	63	36	14	22
44	189	91	99	157	82	76	47	10	37
45-49	**752**	**359**	**393**	**547**	**315**	**232**	**431**	**121**	**310**
45	134	73	61	109	67	42	79	23	56
46	192	90	102	132	84	48	81	17	64
47	135	70	65	82	47	35	72	24	48
48	161	75	86	109	58	50	105	32	74
49	130	52	78	115	59	55	94	26	68
50-54	**566**	**297**	**269**	**401**	**211**	**190**	**553**	**170**	**384**
50	133	74	60	105	62	43	108	34	74
51	166	87	78	122	56	66	137	38	99
52	129	61	69	80	45	35	131	37	94
53	61	28	33	36	14	22	83	24	60
54	77	47	29	58	33	25	94	37	57
55-59	**408**	**196**	**212**	**192**	**111**	**81**	**892**	**245**	**647**
55	84	46	38	35	24	10	99	21	78
56	85	39	46	39	16	22	162	51	111
57	80	37	43	44	29	15	185	46	140
58	82	36	45	36	17	18	206	59	147
59	78	38	40	39	24	15	241	68	172
60-64	**395**	**193**	**202**	**132**	**76**	**55**	**1276**	**399**	**877**
60	80	32	47	27	14	13	228	55	173
61	82	42	41	22	11	11	231	87	143
62	95	43	51	35	27	8	285	99	186
63	78	50	28	25	11	14	258	70	189
64	60	26	35	21	13	8	274	88	186
65+	**580**	**340**	**239**	**156**	**92**	**64**	**6998**	**1962**	**5036**

2-35 全国乡村15岁及以上人口分年龄、性别的婚姻状况

Rural Population Aged 15 and Over by Age, Sex and Marital Status

单位：人 (person)

年 龄 Age	15岁及以上人口 Population Aged 15 and Over	男 Male	女 Female	未 婚 Never Married	男 Male	女 Female	初婚有配偶 First Married	男 Male	女 Female
总计 Total	**407349**	**207470**	**199878**	**73481**	**46304**	**27177**	**291770**	**143838**	**147932**
15-19	**28670**	**15644**	**13026**	**27825**	**15313**	**12512**	**688**	**202**	**486**
15	5696	3174	2524	5636	3122	2515	22	19	3
16	6103	3414	2689	6017	3358	2659	45	18	27
17	5803	3125	2677	5692	3078	2613	83	23	60
18	5519	2963	2556	5326	2897	2428	172	49	124
19	5551	2969	2582	5154	2857	2297	367	94	273
20-24	**37059**	**19252**	**17808**	**25184**	**14934**	**10251**	**11468**	**4113**	**7355**
20	6040	3253	2788	5331	3059	2272	679	174	505
21	6602	3408	3193	5292	3018	2273	1249	354	895
22	7010	3682	3330	4934	2958	1976	2002	687	1316
23	7428	3784	3642	4560	2726	1833	2783	1019	1764
24	9981	5125	4855	5068	3172	1896	4755	1879	2876
25-29	**38949**	**19857**	**19092**	**10399**	**7074**	**3325**	**27398**	**12143**	**15255**
25	8593	4342	4251	3452	2214	1238	4974	2039	2936
26	7986	4041	3945	2450	1657	793	5365	2300	3065
27	8579	4420	4158	2094	1467	627	6226	2800	3426
28	7426	3798	3629	1447	1043	404	5699	2586	3113
29	6364	3254	3110	955	692	263	5134	2418	2716
30-34	**30165**	**15582**	**14583**	**2917**	**2285**	**632**	**25595**	**12376**	**13219**
30	5999	3054	2942	778	569	208	4952	2340	2612
31	5826	3012	2813	634	496	137	4912	2362	2550
32	6612	3483	3128	614	496	118	5617	2762	2855
33	5851	3039	2812	482	383	99	5006	2461	2545
34	5878	2992	2885	409	340	69	5108	2451	2657
35-39	**30535**	**15707**	**14827**	**1563**	**1357**	**205**	**27092**	**13262**	**13830**
35	5897	3058	2839	373	316	57	5179	2528	2651
36	5791	2948	2844	310	265	45	5153	2495	2659
37	5608	2913	2695	303	264	39	4961	2441	2521
38	6532	3369	3163	298	262	36	5791	2868	2924
39	6706	3418	3287	278	250	28	6007	2930	3076

2-35 续表 1 continued

单位：人 (person)

年 龄 Age	15岁及以上人口 Population Aged 15 and Over	男 Male	女 Female	未 婚 Never Married	男 Male	女 Female	初婚有配偶 First Married	男 Male	女 Female
40-44	**42340**	**21633**	**20705**	**1427**	**1333**	**94**	**38142**	**18757**	**19385**
40	7512	3805	3707	291	267	24	6741	3286	3455
41	8098	4207	3890	298	277	20	7264	3617	3647
42	8425	4250	4174	288	270	18	7595	3682	3913
43	8602	4424	4177	260	248	12	7772	3857	3915
44	9705	4948	4759	290	271	20	8771	4315	4456
45-49	**45321**	**22893**	**22427**	**1085**	**1034**	**51**	**41133**	**20274**	**20859**
45	8878	4448	4430	257	241	16	8001	3881	4120
46	9747	4889	4857	228	216	12	8854	4336	4518
47	8317	4234	4083	205	198	7	7545	3745	3799
48	9249	4667	4582	221	211	10	8417	4141	4276
49	9130	4655	4476	174	168	6	8316	4170	4146
50-54	**34935**	**17467**	**17467**	**644**	**614**	**30**	**31529**	**15588**	**15941**
50	8245	4123	4122	180	174	6	7455	3666	3789
51	9611	4821	4791	159	149	10	8707	4314	4394
52	7795	3891	3905	143	139	5	7075	3508	3567
53	4078	1958	2120	69	64	5	3645	1743	1902
54	5206	2677	2530	93	89	5	4647	2358	2289
55-59	**30949**	**16024**	**14927**	**720**	**706**	**14**	**27018**	**13868**	**13150**
55	4705	2401	2307	97	95	3	4162	2113	2049
56	6094	3172	2920	142	140	2	5323	2767	2555
57	6933	3600	3332	177	174	3	6062	3114	2947
58	6363	3320	3042	130	127	3	5518	2851	2667
59	6857	3529	3328	174	170	4	5954	3021	2932
60-64	**30588**	**15452**	**15136**	**677**	**668**	**10**	**25554**	**13096**	**12458**
60	7000	3552	3448	167	167		5954	3031	2923
61	6254	3175	3077	116	115	1	5274	2693	2580
62	6501	3260	3241	128	125	3	5475	2776	2699
63	5498	2754	2740	141	137	3	4552	2345	2206
64	5335	2710	2625	126	124	2	4299	2250	2049
65+	**57839**	**27961**	**29878**	**1039**	**986**	**53**	**36152**	**20160**	**15992**

2-35 续表 2 continued

单位：人 (person)

年 龄 Age	再婚有配偶 Re-married	男 Male	女 Female	离 婚 Divorced	男 Male	女 Female	丧 偶 Widowed	男 Male	女 Female
总计 Total	**9001**	**4153**	**4847**	**5604**	**4178**	**1426**	**27493**	**8997**	**18496**
15–19	**117**	**100**	**17**	**38**	**27**	**11**	**2**	**2**	
15	33	28	6	5	5				
16	33	31	2	7	6	1	1	1	
17	20	19	1	8	5	3			
18	13	11	2	8	6	2			
19	18	11	7	11	6	5	1	1	
20–24	**183**	**79**	**104**	**209**	**118**	**91**	**15**	**8**	**7**
20	10	6	4	19	14	6	1		1
21	34	22	12	21	10	11	6	4	2
22	34	14	20	39	23	17	1		1
23	41	17	23	41	20	21	3	2	1
24	65	20	44	89	52	37	4	2	2
25–29	**446**	**177**	**269**	**667**	**447**	**221**	**39**	**16**	**22**
25	59	22	37	98	61	37	10	6	3
26	81	25	55	87	58	30	3	1	2
27	105	44	61	150	107	42	4	2	2
28	90	42	48	176	122	55	14	5	9
29	111	43	68	156	99	57	8	2	6
30–34	**767**	**323**	**444**	**803**	**562**	**240**	**83**	**36**	**48**
30	115	49	65	147	93	54	7	3	3
31	133	61	72	139	91	48	8	2	6
32	178	84	93	183	132	51	20	9	11
33	184	70	114	158	116	42	21	9	12
34	158	58	99	176	131	45	27	12	15
35–39	**873**	**386**	**487**	**832**	**639**	**193**	**175**	**63**	**112**
35	171	78	93	159	131	28	15	5	10
36	156	65	90	149	108	41	23	15	9
37	154	71	82	164	127	37	26	10	16
38	202	91	111	182	130	52	59	18	40
39	191	80	111	178	143	35	52	15	37

2-35 续表 3 continued

单位：人 (person)

年龄 Age	再婚有配偶 Re-married	男 Male	女 Female	离婚 Divorced	男 Male	女 Female	丧偶 Widowed	男 Male	女 Female
40-44	**1386**	**631**	**754**	**899**	**721**	**177**	**486**	**191**	**295**
40	242	104	139	174	133	41	64	15	48
41	269	130	139	186	146	40	81	37	44
42	271	116	155	181	146	35	90	36	53
43	280	131	149	179	145	34	111	43	67
44	324	151	174	179	152	27	141	59	82
45-49	**1354**	**593**	**761**	**707**	**585**	**121**	**1042**	**407**	**635**
45	291	119	172	169	141	28	160	66	94
46	290	120	170	150	128	22	225	89	135
47	268	124	144	119	98	22	180	69	111
48	238	108	130	146	122	24	227	85	142
49	268	123	145	122	97	26	250	97	153
50-54	**970**	**447**	**523**	**453**	**364**	**89**	**1339**	**454**	**884**
50	239	101	138	119	96	23	252	86	166
51	252	122	129	134	110	24	359	126	234
52	208	100	108	86	66	20	283	78	205
53	134	55	79	47	36	11	183	60	123
54	137	69	68	67	56	11	262	105	157
55-59	**837**	**412**	**425**	**345**	**279**	**67**	**2029**	**759**	**1271**
55	123	50	74	68	57	11	255	86	170
56	177	74	103	74	61	13	378	130	247
57	192	101	91	59	49	10	443	162	281
58	166	86	80	73	58	14	476	198	278
59	179	101	79	72	54	18	478	183	295
60-64	**829**	**378**	**450**	**228**	**176**	**52**	**3300**	**1134**	**2166**
60	202	99	103	58	49	9	619	206	413
61	182	84	97	48	42	6	634	241	393
62	189	90	100	39	30	9	670	239	430
63	136	57	78	40	28	11	629	187	442
64	120	48	72	43	27	16	747	261	486
65+	**1240**	**627**	**613**	**424**	**260**	**164**	**18984**	**5928**	**13056**

2-36 各地区分性别、婚姻状况的人口
Population by Sex, Marital Status and Region

单位：人 (person)

地 区	Region	15岁及以上人口 Population Aged 15 and Over	男 Male	女 Female	未 婚 Never Married	男 Male	女 Female	初婚有配偶 First Married	男 Male	女 Female
全 国	**National Total**	**938993**	**475585**	**463408**	**184889**	**109758**	**75132**	**668223**	**331953**	**336269**
北 京	Beijing	15953	8005	7946	3879	1999	1880	10967	5599	5368
天 津	Tianjin	11170	5543	5624	2216	1145	1070	8019	4029	3989
河 北	Hebei	49589	24982	24608	7465	4393	3072	37879	18813	19066
山 西	Shanxi	25636	12970	12666	5668	3097	2571	17950	9059	8891
内蒙古	Inner Mongolia	17869	9069	8801	2875	1687	1188	13185	6657	6528
辽 宁	Liaoning	32518	16410	16106	5854	3448	2405	22966	11472	11494
吉 林	Jilin	19939	10117	9822	2892	1719	1173	14622	7345	7277
黑龙江	Heilongjiang	27968	13934	14033	4613	2386	2227	20249	10155	10093
上 海	Shanghai	17995	9233	8763	3415	2008	1407	13263	6762	6501
江 苏	jiangsu	56650	28136	28516	9484	5590	3894	42125	20703	21423
浙 江	Zhejiang	39989	20970	19019	8358	5207	3151	28579	14608	13971
安 徽	Anhui	41225	19986	21238	8419	4304	4114	29306	14302	15003
福 建	Fujian	25884	13328	12554	4518	2761	1756	19440	9881	9558
江 西	Jiangxi	29710	15208	14501	5854	3656	2198	21219	10526	10693
山 东	Shandong	68037	33953	34082	9970	5905	4065	52145	25851	26294
河 南	Henan	61575	30309	31267	12548	7124	5424	44325	21150	23176
湖 北	Hubei	40330	20247	20082	7195	4422	2773	29354	14313	15041
湖 南	Hunan	45424	22877	22547	8205	5024	3181	32647	16060	16587
广 东	Guangdong	73926	40022	33904	22238	14577	7661	46886	23792	23093
广 西	Guangxi	30643	15728	14914	6687	4199	2487	21061	10410	10651
海 南	Hainan	6035	3211	2826	1726	1103	624	3885	1959	1926
重 庆	Chongqing	20920	10678	10242	3903	2360	1543	14635	7331	7304
四 川	Sichuan	56286	27676	28609	10725	6155	4569	38352	18763	19589
贵 州	Guizhou	22553	11336	11217	5679	3098	2581	14490	7248	7242
云 南	Yunnan	31527	16067	15460	6095	3706	2389	22236	11092	11144
西 藏	Tibet	1976	994	983	652	358	294	1127	564	563
陕 西	Shaanxi	26511	13590	12921	5115	3141	1974	19084	9513	9571
甘 肃	Gansu	17881	9186	8696	3983	2466	1518	12516	6141	6375
青 海	Qinghai	3935	1964	1969	814	440	373	2675	1341	1333
宁 夏	Ningxia	4382	2232	2151	900	520	380	3133	1573	1561
新 疆	Xinjiang	14960	7621	7338	2945	1757	1188	9903	4941	4962

2-36 续表 continued

单位：人 (person)

地 区	Region	再婚有配偶 Re-married	男 Male	女 Female	离 婚 Divorced	男 Male	女 Female	丧 偶 Widowed	男 Male	女 Female
全 国	**National Total**	**19181**	**9302**	**9879**	**16291**	**9508**	**6783**	**50409**	**15064**	**35345**
北 京	Beijing	308	156	151	290	124	165	509	127	382
天 津	Tianjin	160	86	74	236	117	118	539	166	373
河 北	Hebei	1157	540	617	640	435	205	2448	801	1648
山 西	Shanxi	505	234	271	331	209	122	1182	371	811
内蒙古	Inner Mongolia	519	254	266	374	221	153	916	250	666
辽 宁	Liaoning	720	354	365	1122	585	537	1856	551	1305
吉 林	Jilin	688	325	363	635	367	268	1102	361	741
黑龙江	Heilongjiang	692	345	347	965	590	375	1449	458	991
上 海	Shanghai	321	159	162	315	150	166	681	154	527
江 苏	jiangsu	977	446	532	881	506	375	3183	891	2292
浙 江	Zhejiang	675	312	363	598	396	202	1779	447	1332
安 徽	Anhui	795	365	430	560	345	216	2145	670	1475
福 建	Fujian	454	219	235	308	180	128	1164	287	877
江 西	Jiangxi	502	242	260	478	304	174	1657	480	1176
山 东	Shandong	1294	601	693	695	422	272	3933	1174	2758
河 南	Henan	965	520	445	749	439	310	2988	1076	1912
湖 北	Hubei	844	399	445	636	385	250	2301	728	1573
湖 南	Hunan	969	468	501	778	493	285	2825	832	1993
广 东	Guangdong	789	431	358	734	440	295	3279	782	2497
广 西	Guangxi	520	272	248	477	292	185	1898	555	1343
海 南	Hainan	75	40	35	70	43	28	279	66	213
重 庆	Chongqing	555	257	298	485	285	200	1342	445	897
四 川	Sichuan	1652	729	923	1370	731	639	4187	1298	2889
贵 州	Guizhou	507	255	252	505	276	229	1372	459	913
云 南	Yunnan	765	373	392	592	341	251	1839	555	1284
西 藏	Tibet	25	12	14	56	19	37	116	41	75
陕 西	Shaanxi	476	228	248	390	256	134	1446	452	994
甘 肃	Gansu	215	114	101	216	143	73	951	322	629
青 海	Qinghai	93	45	48	133	74	59	220	64	156
宁 夏	Ningxia	90	46	44	92	51	41	167	42	125
新 疆	Xinjiang	875	476	399	579	288	290	658	159	499

2-37 各地区城市分性别、婚姻状况的人口
City Population by Sex, Marital Status and Region

单位：人 (person)

地区	Region	15岁及以上人口 Population Aged 15 and Over	男 Male	女 Female	未婚 Never Married	男 Male	女 Female	初婚有配偶 First Married	男 Male	女 Female
全国	**National Total**	**316664**	**160956**	**155709**	**71155**	**41281**	**29874**	**220362**	**110397**	**109964**
北京	Beijing	12610	6229	6381	3073	1546	1527	8697	4380	4317
天津	Tianjin	7599	3718	3879	1609	803	806	5354	2687	2666
河北	Hebei	9431	4604	4826	1587	808	778	7150	3539	3612
山西	Shanxi	7118	3492	3624	1164	619	545	5450	2686	2763
内蒙古	Inner Mongolia	6126	3036	3092	1079	570	510	4430	2234	2196
辽宁	Liaoning	17907	8928	8979	3543	2018	1525	12314	6139	6176
吉林	Jilin	7943	3936	4006	1274	730	544	5721	2849	2871
黑龙江	Heilongjiang	10802	5093	5710	2194	917	1278	7379	3680	3699
上海	Shanghai	14266	7246	7022	2942	1684	1258	10327	5209	5118
江苏	Jiangsu	22152	11078	11075	4508	2475	2033	16127	8070	8058
浙江	Zhejiang	16360	9152	7207	4273	3027	1245	11227	5802	5425
安徽	Anhui	10593	4801	5792	2962	1096	1866	6868	3408	3460
福建	Fujian	9523	4846	4678	2106	1228	878	6822	3417	3406
江西	Jiangxi	6689	3427	3261	1261	806	454	4793	2381	2412
山东	Shandong	23697	11779	11919	3717	2103	1614	18131	9018	9114
河南	Henan	14252	7326	6926	3247	2050	1197	10079	4933	5146
湖北	Hubei	12998	6496	6501	2571	1491	1079	9337	4603	4734
湖南	Hunan	11658	5789	5868	2154	1233	920	8477	4164	4313
广东	Guangdong	32868	19145	13724	12034	8519	3515	19295	10079	9216
广西	Guangxi	8733	4431	4301	1865	1118	747	6137	3044	3093
海南	Hainan	1419	759	660	543	331	212	805	402	403
重庆	Chongqing	7004	3603	3404	1678	958	721	4667	2371	2297
四川	Sichuan	15964	8060	7904	3419	2142	1277	10731	5298	5433
贵州	Guizhou	4637	1954	2684	1624	505	1119	2588	1300	1288
云南	Yunnan	5714	2741	2973	1200	561	639	3956	1976	1980
西藏	Tibet	174	84	90	45	24	21	106	52	55
陕西	Shaanxi	7003	3478	3526	1247	687	560	5211	2569	2642
甘肃	Gansu	3258	1642	1615	595	349	245	2402	1199	1203
青海	Qinghai	1134	527	607	269	105	164	765	385	380
宁夏	Ningxia	1501	765	737	266	150	116	1109	566	543
新疆	Xinjiang	5531	2791	2742	1105	627	479	3907	1960	1947

2-37 续表 continued

单位：人 (person)

地 区	Region	再婚有配偶 Re-married	男 Male	女 Female	离 婚 Divorced	男 Male	女 Female	丧 偶 Widowed	男 Male	女 Female
全 国	**National Total**	**5558**	**2891**	**2668**	**7184**	**3325**	**3859**	**12405**	**3062**	**9344**
北 京	Beijing	218	115	103	233	95	138	389	93	296
天 津	Tianjin	79	43	35	174	74	100	383	111	272
河 北	Hebei	184	95	89	140	62	77	370	100	270
山 西	Shanxi	138	71	66	116	56	60	250	60	190
内蒙古	Inner Mongolia	189	93	96	153	77	77	275	62	213
辽 宁	Liaoning	335	174	161	770	352	417	945	245	700
吉 林	Jilin	148	73	75	338	173	165	462	111	351
黑龙江	Heilongjiang	200	104	96	480	250	230	549	142	407
上 海	Shanghai	242	121	122	270	127	144	485	105	380
江 苏	Jiangsu	317	153	164	383	161	222	817	219	598
浙 江	Zhejiang	222	111	111	218	121	97	420	91	329
安 徽	Anhui	237	119	118	203	97	106	323	81	242
福 建	Fujian	160	81	79	152	70	82	283	50	233
江 西	Jiangxi	93	49	44	170	85	85	372	106	266
山 东	Shandong	467	234	233	346	164	182	1036	260	776
河 南	Henan	222	127	95	260	106	154	444	110	334
湖 北	Hubei	254	131	123	285	139	146	551	132	419
湖 南	Hunan	203	110	94	299	138	160	525	144	381
广 东	Guangdong	321	188	133	361	168	194	857	191	666
广 西	Guangxi	174	97	77	217	92	125	340	80	259
海 南	Hainan	15	9	6	21	9	12	35	8	27
重 庆	Chongqing	165	86	79	245	124	121	249	64	186
四 川	Sichuan	392	195	197	507	199	308	915	226	689
贵 州	Guizhou	105	54	51	162	64	99	158	31	127
云 南	Yunnan	149	78	71	177	73	104	232	53	179
西 藏	Tibet	5	1	3	8	3	5	10	4	6
陕 西	Shaanxi	116	61	55	170	89	82	259	72	187
甘 肃	Gansu	37	22	15	61	33	28	163	39	124
青 海	Qinghai	23	12	11	31	15	16	46	10	36
宁 夏	Ningxia	38	20	19	41	21	20	47	8	39
新 疆	Xinjiang	110	63	48	192	88	104	217	53	164

2-38 各地区镇分性别、婚姻状况的人口
Town Population by Sex, Marital Status and Region

单位：人 (person)

地区	Region	15岁及以上人口 Population Aged 15 and Over	男 Male	女 Female	未婚 Never Married	男 Male	女 Female	初婚有配偶 First Married	男 Male	女 Female
全国	**National Total**	**214979**	**107159**	**107820**	**40254**	**22173**	**18080**	**156091**	**77718**	**78373**
北京	Beijing	1140	549	592	415	187	229	647	331	316
天津	Tianjin	1710	862	848	320	169	151	1259	629	630
河北	Hebei	15218	7671	7548	2169	1277	892	11726	5855	5871
山西	Shanxi	6540	3085	3457	1873	817	1057	4242	2124	2119
内蒙古	Inner Mongolia	4377	2175	2203	652	370	283	3256	1632	1624
辽宁	Liaoning	4118	2084	2034	645	391	254	2965	1490	1475
吉林	Jilin	3128	1568	1558	398	213	184	2317	1172	1145
黑龙江	Heilongjiang	5559	2812	2748	799	471	329	4054	2016	2038
上海	Shanghai	1846	976	870	269	179	89	1472	759	713
江苏	Jiangsu	15049	7528	7521	2225	1345	880	11571	5697	5874
浙江	Zhejiang	9672	4651	5022	2196	961	1235	6809	3424	3385
安徽	Anhui	10174	4951	5224	1869	984	885	7480	3648	3832
福建	Fujian	6453	3391	3061	981	644	337	5079	2604	2475
江西	Jiangxi	8613	4356	4257	1537	947	590	6426	3183	3243
山东	Shandong	14072	6983	7089	1958	1128	830	10929	5417	5512
河南	Henan	14657	6979	7679	3247	1433	1814	10426	5120	5306
湖北	Hubei	9619	4744	4876	1680	1005	675	7202	3450	3752
湖南	Hunan	11085	5482	5603	1873	1088	785	8163	3998	4165
广东	Guangdong	18999	9947	9053	4540	2692	1849	13232	6870	6362
广西	Guangxi	5963	3100	2862	1317	815	502	4146	2084	2061
海南	Hainan	1902	1007	895	475	301	174	1289	658	631
重庆	Chongqing	5795	2892	2902	901	544	357	4282	2107	2175
四川	Sichuan	11292	5194	6100	2583	1032	1552	7275	3581	3694
贵州	Guizhou	4883	2485	2397	954	583	370	3321	1655	1666
云南	Yunnan	7827	3985	3842	1431	882	549	5545	2754	2790
西藏	Tibet	349	165	183	116	58	58	199	96	102
陕西	Shaanxi	7038	3561	3479	1243	757	487	5243	2583	2660
甘肃	Gansu	4311	2152	2158	916	501	415	3103	1539	1564
青海	Qinghai	897	463	434	154	95	58	630	323	308
宁夏	Ningxia	897	455	440	192	111	80	644	323	321
新疆	Xinjiang	1797	908	886	323	193	129	1162	595	567

2-38 续表 continued

单位：人 (person)

地 区	Region	再婚有配偶 Re-married	男 Male	女 Female	离 婚 Divorced	男 Male	女 Female	丧 偶 Widowed	男 Male	女 Female
全 国	**National Total**	**4621**	**2258**	**2364**	**3503**	**2005**	**1498**	**10510**	**3005**	**7505**
北 京	Beijing	29	14	15	22	8	14	27	9	18
天 津	Tianjin	31	18	13	29	19	10	71	27	44
河 北	Hebei	395	181	215	206	139	67	722	219	503
山 西	Shanxi	119	52	68	64	32	31	242	60	182
内蒙古	Inner Mongolia	148	72	76	103	50	53	218	51	167
辽 宁	Liaoning	102	46	57	157	86	71	249	71	177
吉 林	Jilin	116	57	58	131	68	63	166	58	108
黑龙江	Heilongjiang	208	105	103	207	129	78	291	91	200
上 海	Shanghai	34	15	19	27	13	14	44	10	35
江 苏	Jiangsu	269	123	146	210	129	81	774	234	540
浙 江	Zhejiang	163	78	85	152	107	46	352	81	271
安 徽	Anhui	188	87	102	132	75	57	505	157	348
福 建	Fujian	88	40	47	73	45	27	232	58	175
江 西	Jiangxi	156	70	86	113	61	52	381	95	286
山 东	Shandong	255	116	139	93	60	33	837	262	575
河 南	Henan	203	125	78	179	98	82	602	203	399
湖 北	Hubei	207	105	103	102	52	50	428	132	296
湖 南	Hunan	290	141	149	162	103	59	597	152	445
广 东	Guangdong	205	109	96	128	84	44	894	192	702
广 西	Guangxi	78	42	36	85	61	25	337	98	238
海 南	Hainan	25	14	11	21	12	9	92	22	70
重 庆	Chongqing	186	86	99	108	56	52	318	99	219
四 川	Sichuan	383	180	204	387	192	195	664	209	455
贵 州	Guizhou	158	89	69	176	84	92	274	74	200
云 南	Yunnan	242	118	124	148	88	61	461	143	318
西 藏	Tibet	3	2	1	11	2	9	20	7	13
陕 西	Shaanxi	132	72	61	80	52	28	340	97	243
甘 肃	Gansu	55	27	28	51	32	18	186	53	133
青 海	Qinghai	28	14	14	31	16	15	54	15	39
宁 夏	Ningxia	14	8	7	15	6	8	32	7	24
新 疆	Xinjiang	109	54	54	101	46	54	102	20	82

2-39 各地区农村分性别、婚姻状况的人口

Rural Population by Sex, Marital Status and Region

单位：人 (person)

地区	Region	15岁及以上人口 Population Aged 15 and Over	男 Male	女 Female	未婚 Never Married	男 Male	女 Female	初婚有配偶 First Married	男 Male	女 Female
全　国	**National Total**	**407349**	**207470**	**199878**	**73481**	**46304**	**27177**	**291770**	**143838**	**147932**
北　京	Beijing	2201	1227	974	391	266	125	1623	888	735
天　津	Tianjin	1860	963	897	286	173	113	1406	713	693
河　北	Hebei	24940	12707	12232	3709	2308	1402	19002	9419	9583
山　西	Shanxi	11977	6394	5585	2630	1661	969	8258	4249	4009
内蒙古	Inner Mongolia	7364	3858	3505	1144	748	395	5498	2790	2708
辽　宁	Liaoning	10494	5399	5095	1666	1039	626	7687	3843	3844
吉　林	Jilin	8870	4612	4257	1220	775	445	6585	3324	3261
黑龙江	Heilongjiang	11604	6029	5576	1619	998	621	8815	4459	4357
上　海	Shanghai	1882	1013	871	204	145	60	1464	795	670
江　苏	Jiangsu	19449	9529	9920	2751	1770	981	14427	6936	7492
浙　江	Zhejiang	13957	7166	6791	1889	1218	671	10543	5382	5161
安　徽	Anhui	20458	10234	10223	3587	2224	1363	14959	7247	7711
福　建	Fujian	9907	5091	4815	1431	889	541	7539	3861	3678
江　西	Jiangxi	14409	7424	6985	3057	1903	1154	10000	4961	5039
山　东	Shandong	30267	15192	15075	4295	2674	1621	23085	11416	11669
河　南	Henan	32667	16005	16662	6054	3641	2413	23821	11097	12724
湖　北	Hubei	17714	9006	8706	2944	1926	1018	12815	6260	6555
湖　南	Hunan	22681	11608	11074	4178	2703	1475	16007	7898	8109
广　东	Guangdong	22059	10930	11128	5663	3366	2297	14359	6843	7516
广　西	Guangxi	15947	8198	7751	3504	2267	1238	10779	5281	5498
海　南	Hainan	2715	1447	1269	708	471	238	1791	900	891
重　庆	Chongqing	8121	4184	3936	1324	859	465	5686	2853	2833
四　川	Sichuan	29028	14422	14606	4722	2982	1740	20346	9884	10462
贵　州	Guizhou	13031	6897	6135	3101	2010	1091	8580	4292	4288
云　南	Yunnan	17988	9341	8647	3464	2263	1201	12736	6362	6374
西　藏	Tibet	1455	745	708	491	276	215	822	416	406
陕　西	Shaanxi	12469	6551	5918	2624	1697	927	8631	4361	4270
甘　肃	Gansu	10313	5392	4922	2472	1616	857	7012	3403	3608
青　海	Qinghai	1903	975	928	391	240	151	1279	634	646
宁　夏	Ningxia	1984	1010	974	442	259	183	1380	683	697
新　疆	Xinjiang	7632	3922	3711	1517	937	581	4834	2386	2448

2-39 续表 continued

单位：人 (person)

地区	Region	再婚有配偶 Re-married	男 Male	女 Female	离婚 Divorced	男 Male	女 Female	丧偶 Widowed	男 Male	女 Female
全国	**National Total**	**9001**	**4153**	**4847**	**5604**	**4178**	**1426**	**27493**	**8997**	**18496**
北京	Beijing	60	27	33	34	21	13	93	25	68
天津	Tianjin	50	25	25	33	25	8	85	27	58
河北	Hebei	578	264	313	295	234	60	1356	482	874
山西	Shanxi	248	111	137	151	121	31	690	252	439
内蒙古	Inner Mongolia	182	89	93	118	94	23	422	137	286
辽宁	Liaoning	282	135	148	196	147	49	663	235	428
吉林	Jilin	424	195	229	167	127	40	474	191	282
黑龙江	Heilongjiang	284	136	148	277	211	66	609	225	384
上海	Shanghai	44	23	21	18	10	8	152	40	112
江苏	Jiangsu	391	170	221	288	216	72	1592	437	1154
浙江	Zhejiang	291	123	168	227	168	59	1007	275	732
安徽	Anhui	370	159	211	225	172	53	1317	432	885
福建	Fujian	206	98	108	83	64	19	648	179	469
江西	Jiangxi	253	123	130	195	157	38	904	280	624
山东	Shandong	572	251	321	255	198	57	2060	653	1407
河南	Henan	540	268	272	310	236	74	1942	763	1179
湖北	Hubei	383	163	220	249	194	54	1323	463	859
湖南	Hunan	475	218	258	318	252	66	1703	537	1166
广东	Guangdong	263	133	129	245	188	57	1529	400	1129
广西	Guangxi	267	133	134	175	140	36	1222	377	845
海南	Hainan	36	18	18	28	22	6	152	36	116
重庆	Chongqing	204	85	119	132	105	27	775	282	492
四川	Sichuan	876	354	522	476	340	136	2608	862	1746
贵州	Guizhou	244	112	133	167	129	38	939	354	585
云南	Yunnan	374	177	198	267	180	87	1147	359	787
西藏	Tibet	18	8	9	38	15	23	86	30	55
陕西	Shaanxi	227	95	132	140	115	25	847	283	564
甘肃	Gansu	123	65	58	104	78	26	602	230	373
青海	Qinghai	43	19	23	70	43	27	120	39	81
宁夏	Ningxia	37	18	19	36	23	13	89	27	62
新疆	Xinjiang	656	359	297	286	154	132	339	86	253

2-40 全国育龄妇女分年龄、孩次的生育状况

(2013年11月1日至2014年10月31日)

Age-specific Fertility Rate of Women at Childbearing Ages by Age of Mother and Birth Order (2013.11.1-2014.10.31)

年 龄 Age	平均育龄妇女人数(人) Average Number of Childbearing Women (person)	出生人数(人) Births (person)				生育率(‰) Fertility Rate (‰)			
			一孩 1st Birth	二孩 2nd Birth	三孩及以上 3rd Birth and Above		一孩 1st Birth	二孩 2nd Birth	三孩及以上 3rd Birth and Above
总计 Total	**304733**	**11377**	**6553**	**4082**	**735**	**37.33**	**21.50**	**13.40**	**2.41**
15-19	**31623**	**354**	**318**	**28**	**7**	**11.19**	**10.06**	**0.89**	**0.22**
15	5732	5	5			0.87	0.87		
16	6091	16	16			2.63	2.63		
17	6055	55	52	3		9.08	8.59	0.50	
18	6507	101	88	10	2	15.52	13.52	1.54	0.31
19	7238	178	158	15	5	24.59	21.83	2.07	0.69
20-24	**45203**	**3606**	**2733**	**812**	**60**	**79.77**	**60.46**	**17.96**	**1.33**
20	7755	361	327	34	1	46.55	42.17	4.38	0.13
21	7994	521	434	80	6	65.17	54.29	10.01	0.75
22	8061	609	484	117	7	75.55	60.04	14.51	0.87
23	10069	1009	731	258	19	100.21	72.60	25.62	1.89
24	11324	1106	756	322	27	97.67	66.76	28.44	2.38
25-29	**47863**	**4481**	**2591**	**1664**	**225**	**93.62**	**54.13**	**34.77**	**4.70**
25	10158	1074	698	343	33	105.73	68.71	33.77	3.25
26	10597	1097	674	370	53	103.52	63.60	34.92	5.00
27	9998	899	530	318	52	89.92	53.01	31.81	5.20
28	8998	756	375	323	58	84.02	41.68	35.90	6.45
29	8111	654	314	310	29	80.63	38.71	38.22	3.58
30-34	**40671**	**1994**	**692**	**1047**	**254**	**49.03**	**17.01**	**25.74**	**6.25**
30	7885	535	219	262	54	67.85	27.77	33.23	6.85
31	8386	456	173	226	56	54.38	20.63	26.95	6.68
32	8830	413	141	220	52	46.77	15.97	24.92	5.89
33	7538	308	84	175	48	40.86	11.14	23.22	6.37
34	8032	281	75	163	43	34.99	9.34	20.29	5.35
35-39	**40492**	**690**	**174**	**393**	**122**	**17.04**	**4.30**	**9.71**	**3.01**
35	7968	237	65	132	40	29.74	8.16	16.57	5.02
36	7394	140	37	82	21	18.93	5.00	11.09	2.84
37	7900	136	33	80	21	17.22	4.18	10.13	2.66
38	8487	99	24	49	25	11.66	2.83	5.77	2.95
39	8744	79	14	50	15	9.03	1.60	5.72	1.72
40-44	**50458**	**200**	**38**	**112**	**49**	**3.96**	**0.75**	**2.22**	**0.97**
40	9527	58	9	38	10	6.09	0.94	3.99	1.05
41	9968	51	14	22	13	5.12	1.40	2.21	1.30
42	9859	48	8	29	11	4.87	0.81	2.94	1.12
43	10506	26	6	12	8	2.47	0.57	1.14	0.76
44	10598	18	1	11	6	1.70	0.09	1.04	0.57
45-49	**48423**	**52**	**8**	**26**	**18**	**1.07**	**0.17**	**0.54**	**0.37**
45	11007	13		8	5	1.18		0.73	0.45
46	9212	14	3	4	6	1.52	0.33	0.43	0.65
47	9009	11	2	6	3	1.22	0.22	0.67	0.33
48	9783	9	2	5	2	0.92	0.20	0.51	0.20
49	9412	5	1	4	1	0.53	0.11	0.42	0.11

2-41 全国城市育龄妇女分年龄、孩次的生育状况 (2013年11月1日至2014年10月31日)

Age-specific Fertility Rate of City Women at Childbearing Ages by Age of Mother and Birth Order (2013.11.1-2014.10.31)

年 龄 Age	平均育龄妇女人数(人) Average Number of Childbearing Women (person)	出生人数(人) Births (person)	一孩 1st Birth	二孩 2nd Birth	三孩及以上 3rd Birth and Above	生育率(‰) Fertility Rate (‰)	一孩 1st Birth	二孩 2nd Birth	三孩及以上 3rd Birth and Above
总计 Total	**107417**	**3123**	**2170**	**873**	**79**	**29.07**	**20.20**	**8.13**	**0.74**
15-19	**10062**	**44**	**40**	**3**	**1**	**4.37**	**3.98**	**0.30**	**0.10**
15	1504								
16	1692	4	4			2.36	2.36		
17	1853	10	10			5.40	5.40		
18	2278	13	12	1		5.71	5.27	0.44	
19	2735	17	14	2	1	6.22	5.12	0.73	0.37
20-24	**15804**	**625**	**531**	**86**	**6**	**39.55**	**33.60**	**5.44**	**0.38**
20	2842	53	51	2		18.65	17.95	0.70	
21	2776	67	63	2	2	24.14	22.69	0.72	0.72
22	2775	111	95	14	2	40.00	34.23	5.05	0.72
23	3449	183	146	35	2	53.06	42.33	10.15	0.58
24	3961	210	176	33	1	53.02	44.43	8.33	0.25
25-29	**18110**	**1445**	**1097**	**326**	**21**	**79.79**	**60.57**	**18.00**	**1.16**
25	3600	283	227	55	1	78.61	63.06	15.28	0.28
26	3962	338	272	57	9	85.31	68.65	14.39	2.27
27	3833	305	237	66	2	79.57	61.83	17.22	0.52
28	3437	248	175	68	6	72.16	50.92	19.78	1.75
29	3278	268	186	81	3	81.76	56.74	24.71	0.92
30-34	**16671**	**711**	**386**	**296**	**28**	**42.65**	**23.15**	**17.76**	**1.68**
30	3182	180	119	56	6	56.57	37.40	17.60	1.89
31	3626	169	102	63	5	46.61	28.13	17.37	1.38
32	3665	153	73	75	6	41.75	19.92	20.46	1.64
33	2995	112	50	55	6	37.40	16.69	18.36	2.00
34	3203	96	43	47	6	29.97	13.42	14.67	1.87
35-39	**15258**	**232**	**97**	**121**	**15**	**15.21**	**6.36**	**7.93**	**0.98**
35	3177	84	35	44	5	26.44	11.02	13.85	1.57
36	2802	49	20	25	3	17.49	7.14	8.92	1.07
37	2999	44	23	18	3	14.67	7.67	6.00	1.00
38	3155	36	12	20	4	11.41	3.80	6.34	1.27
39	3126	21	7	14		6.72	2.24	4.48	
40-44	**17052**	**59**	**18**	**36**	**6**	**3.46**	**1.06**	**2.11**	**0.35**
40	3382	15	4	9	1	4.44	1.18	2.66	0.30
41	3424	21	6	13	2	6.13	1.75	3.80	0.58
42	3335	7	2	3	1	2.10	0.60	0.90	0.30
43	3495	11	4	7		3.15	1.14	2.00	
44	3416	5	1	3	1	1.46	0.29	0.88	0.29
45-49	**14460**	**7**	**1**	**5**	**1**	**0.48**	**0.07**	**0.35**	**0.07**
45	3460	2		1	1	0.58		0.29	0.29
46	2816								
47	2530	1	1			0.40	0.40		
48	2853	2		2		0.70		0.70	
49	2802	2		2		0.71		0.71	

2-42 全国镇育龄妇女分年龄、孩次的生育状况
(2013年11月1日至2014年10月31日)
Age-specific Fertility Rate of Town Women at Childbearing Ages by Age of Mother and Birth Order (2013.11.1-2014.10.31)

年 龄 Age	平均育龄妇女人数(人) Average Number of Childbearing Women (person)	出生人数(人) Births (person)	一孩 1st Birth	二孩 2nd Birth	三孩及以上 3rd Birth and Above	生育率(‰) Fertility Rate (‰)	一孩 1st Birth	二孩 2nd Birth	三孩及以上 3rd Birth and Above
总计 Total	**73848**	**2598**	**1474**	**977**	**146**	**35.18**	**19.96**	**13.23**	**1.98**
15-19	**8305**	**75**	**69**	**6**		**9.03**	**8.31**	**0.72**	
15	1557	2	2			1.28	1.28		
16	1747	4	4			2.29	2.29		
17	1560	10	9	1		6.41	5.77	0.64	
18	1559	19	16	4		12.19	10.26	2.57	
19	1882	40	38	1		21.25	20.19	0.53	
20-24	**10859**	**848**	**673**	**167**	**9**	**78.09**	**61.98**	**15.38**	**0.83**
20	2010	63	59	4		31.34	29.35	1.99	
21	1959	119	103	16		60.75	52.58	8.17	
22	1855	134	110	24		72.24	59.30	12.94	
23	2407	252	199	50	3	104.69	82.68	20.77	1.25
24	2628	281	203	73	6	106.93	77.25	27.78	2.28
25-29	**11303**	**1013**	**562**	**413**	**38**	**89.62**	**49.72**	**36.54**	**3.36**
25	2397	239	149	85	5	99.71	62.16	35.46	2.09
26	2547	244	137	98	9	95.80	53.79	38.48	3.53
27	2339	200	122	69	9	85.51	52.16	29.50	3.85
28	2183	182	93	78	10	83.37	42.60	35.73	4.58
29	1838	147	61	82	5	79.98	33.19	44.61	2.72
30-34	**9475**	**466**	**137**	**267**	**62**	**49.18**	**14.46**	**28.18**	**6.54**
30	1820	129	49	71	10	70.88	26.92	39.01	5.49
31	1891	102	30	58	13	53.94	15.86	30.67	6.87
32	2063	103	32	56	15	49.93	15.51	27.14	7.27
33	1748	58	11	38	10	33.18	6.29	21.74	5.72
34	1953	75	16	46	14	38.40	8.19	23.55	7.17
35-39	**10114**	**152**	**25**	**97**	**28**	**15.03**	**2.47**	**9.59**	**2.77**
35	1924	44	9	30	6	22.87	4.68	15.59	3.12
36	1892	41	9	25	7	21.67	4.76	13.21	3.70
37	1983	34	3	23	6	17.15	1.51	11.60	3.03
38	2083	21	4	10	7	10.08	1.92	4.80	3.36
39	2231	12		9	2	5.38		4.03	0.90
40-44	**12254**	**32**	**7**	**20**	**5**	**2.61**	**0.57**	**1.63**	**0.41**
40	2253	6	1	5		2.66	0.44	2.22	
41	2460	9	2	5	1	3.66	0.81	2.03	0.41
42	2366	10	3	6	2	4.23	1.27	2.54	0.85
43	2551	4	1	1	2	1.57	0.39	0.39	0.78
44	2624	3		3		1.14		1.14	
45-49	**11538**	**12**	**1**	**7**	**4**	**1.04**	**0.09**	**0.61**	**0.35**
45	2577	3		2	1	1.16		0.78	0.39
46	2196	5	1	2	2	2.28	0.46	0.91	0.91
47	2141								
48	2325	3		2	1	1.29		0.86	0.43
49	2299	1		1		0.43		0.43	

2-43 全国乡村育龄妇女分年龄、孩次的生育状况 (2013年11月1日至2014年10月31日)

Age-specific Fertility Rate of Rural Women at Childbearing Ages by Age of Mother and Birth Order(2013.11.1-2014.10.31)

年 龄 Age	平均育龄妇女人数(人) Average Number of Childbearing Women (person)	出生人数(人) Births (person)				生育率(‰) Fertility Rate (‰)			
			一孩 1st Birth	二孩 2nd Birth	三孩及以上 3rd Birth and Above		一孩 1st Birth	二孩 2nd Birth	三孩及以上 3rd Birth and Above
总计 Total	**123468**	**5655**	**2910**	**2232**	**510**	**45.80**	**23.57**	**18.08**	**4.13**
15-19	**13256**	**234**	**209**	**19**	**6**	**17.65**	**15.77**	**1.43**	**0.45**
15	2671	3	3			1.12	1.12		
16	2652	8	8			3.02	3.02		
17	2642	35	33	2		13.25	12.49	0.76	
18	2669	67	60	6	2	25.10	22.48	2.25	0.75
19	2621	120	106	11	4	45.78	40.44	4.20	1.53
20-24	**18540**	**2132**	**1529**	**559**	**45**	**114.99**	**82.47**	**30.15**	**2.43**
20	2903	245	217	27	1	84.40	74.75	9.30	0.34
21	3259	335	269	62	4	102.79	82.54	19.02	1.23
22	3430	364	280	80	5	106.12	81.63	23.32	1.46
23	4213	574	386	174	14	136.24	91.62	41.30	3.32
24	4735	614	377	216	21	129.67	79.62	45.62	4.44
25-29	**18450**	**2024**	**932**	**925**	**166**	**109.70**	**50.51**	**50.14**	**9.00**
25	4162	552	322	203	27	132.63	77.37	48.77	6.49
26	4089	516	265	215	35	126.19	64.81	52.58	8.56
27	3826	393	171	182	40	102.72	44.69	47.57	10.45
28	3377	326	107	177	41	96.54	31.68	52.41	12.14
29	2996	237	68	147	22	79.11	22.70	49.07	7.34
30-34	**14525**	**817**	**168**	**483**	**164**	**56.25**	**11.57**	**33.25**	**11.29**
30	2882	225	51	135	39	78.07	17.70	46.84	13.53
31	2869	185	41	105	38	64.48	14.29	36.60	13.25
32	3103	157	36	89	31	50.60	11.60	28.68	9.99
33	2795	138	23	83	32	49.37	8.23	29.70	11.45
34	2876	111	16	71	24	38.60	5.56	24.69	8.34
35-39	**15120**	**306**	**52**	**175**	**80**	**20.24**	**3.44**	**11.57**	**5.29**
35	2868	109	22	58	29	38.01	7.67	20.22	10.11
36	2699	50	8	31	11	18.53	2.96	11.49	4.08
37	2918	58	7	38	13	19.88	2.40	13.02	4.46
38	3249	42	8	20	14	12.93	2.46	6.16	4.31
39	3386	46	7	27	12	13.59	2.07	7.97	3.54
40-44	**21152**	**109**	**14**	**57**	**37**	**5.15**	**0.66**	**2.69**	**1.75**
40	3893	37	4	24	9	9.50	1.03	6.16	2.31
41	4084	21	5	4	10	5.14	1.22	0.98	2.45
42	4158	31	3	20	8	7.46	0.72	4.81	1.92
43	4459	11	2	4	6	2.47	0.45	0.90	1.35
44	4558	10		5	5	2.19		1.10	1.10
45-49	**22425**	**33**	**6**	**15**	**13**	**1.47**	**0.27**	**0.67**	**0.58**
45	4970	8		5	3	1.61		1.01	0.60
46	4199	9	2	2	5	2.14	0.48	0.48	1.19
47	4339	10	1	6	3	2.30	0.23	1.38	0.69
48	4605	5	2	2	1	1.09	0.43	0.43	0.22
49	4312	2	1		1	0.46	0.23		0.23

2-44 全国分年龄、性别的死亡人口状况
(2013年11月1日至2014年10月31日)
Status of Deaths by Age and Sex (2013.11.1-2014.10.31)

年 龄 Age	年平均人口(人) Average Population (person)	男 Male	女 Female	死亡人口(人) Deaths (person)	男 Male	女 Female	死亡率(‰) Death Rate (‰)	男 Male	女 Female
总计 Total	**1122265**	**575043**	**547222**	**6791**	**3959**	**2832**	**6.05**	**6.88**	**5.18**
0-4	**65098**	**35141**	**29957**	**80**	**47**	**33**	**1.23**	**1.34**	**1.10**
0	12000	6401	5599	40	20	20	3.33	3.12	3.57
1	12886	6916	5970	13	8	4	1.01	1.16	0.67
2	12784	6966	5818	4	1	3	0.31	0.14	0.52
3	13410	7183	6227	12	10	2	0.89	1.39	0.32
4	14018	7674	6343	11	8	4	0.78	1.04	0.63
5-9	**62888**	**34163**	**28726**	**15**	**10**	**5**	**0.24**	**0.29**	**0.17**
5	13283	7297	5987	3	1	2	0.23	0.14	0.33
6	12783	6937	5846	2		2	0.16		0.34
7	12590	6707	5882	4	2	1	0.32	0.30	0.17
8	12006	6556	5450	2	2		0.17	0.31	
9	12226	6665	5561	4	4		0.33	0.60	
10-14	**57716**	**31444**	**26273**	**16**	**11**	**5**	**0.28**	**0.35**	**0.19**
10	11174	6017	5158	5	5		0.45	0.83	
11	11266	6123	5143	2		2	0.18		0.39
12	11498	6273	5224	4	2	2	0.35	0.32	0.38
13	11881	6473	5408	1		1	0.08		0.18
14	11897	6558	5339	4	4		0.34	0.61	
15-19	**66994**	**35377**	**31617**	**27**	**17**	**10**	**0.40**	**0.48**	**0.32**
15	12619	6889	5730	6	5	1	0.48	0.73	0.17
16	13172	7083	6089	5	1	4	0.38	0.14	0.66
17	13142	7087	6055	3		3	0.23		0.50
18	13542	7035	6507	6	5	2	0.44	0.71	0.31
19	14519	7283	7236	6	5	1	0.41	0.69	0.14
20-24	**93488**	**48289**	**45199**	**37**	**25**	**12**	**0.40**	**0.52**	**0.27**
20	15590	7834	7755	6	2	4	0.38	0.26	0.52
21	17015	9021	7994	8	6	2	0.47	0.67	0.25
22	17172	9112	8061	4	2	2	0.23	0.22	0.25
23	20807	10741	10066	6	6		0.29	0.56	
24	22904	11581	11323	12	8	4	0.52	0.69	0.35
25-29	**96426**	**48568**	**47858**	**34**	**26**	**9**	**0.35**	**0.54**	**0.19**
25	20507	10349	10158	7	6	1	0.34	0.58	0.10
26	21228	10633	10595	6	5		0.28	0.47	
27	20300	10303	9997	11	6	4	0.54	0.58	0.40
28	18060	9063	8997	6	5	1	0.33	0.55	0.11
29	16331	8220	8111	5	3	2	0.31	0.36	0.25

2-44 续表 1 continued

年 龄 Age	年平均人口(人) Average Population (person)	男 Male	女 Female	死亡人口(人) Deaths (person)	男 Male	女 Female	死亡率(‰) Death Rate (‰)	男 Male	女 Female
30-34	**82683**	**42014**	**40669**	**47**	**36**	**12**	**0.57**	**0.86**	**0.30**
30	15848	7964	7885	9	8	1	0.57	1.00	0.13
31	17216	8830	8386	9	8	1	0.52	0.91	0.12
32	17860	9030	8830	11	9	3	0.62	1.00	0.34
33	15098	7561	7536	9	5	3	0.60	0.66	0.40
34	16661	8629	8032	10	6	3	0.60	0.70	0.37
35-39	**82545**	**42066**	**40479**	**86**	**66**	**20**	**1.04**	**1.57**	**0.49**
35	15880	7912	7968	14	13	1	0.88	1.64	0.13
36	15231	7842	7389	15	12	3	0.98	1.53	0.41
37	16277	8377	7900	18	14	4	1.11	1.67	0.51
38	17295	8815	8479	14	10	3	0.81	1.13	0.35
39	17863	9120	8742	26	17	9	1.46	1.86	1.03
40-44	**102889**	**52454**	**50434**	**154**	**104**	**49**	**1.50**	**1.98**	**0.97**
40	19284	9758	9526	30	23	6	1.56	2.36	0.63
41	20319	10358	9961	23	14	9	1.13	1.35	0.90
42	20400	10548	9851	36	26	11	1.76	2.46	1.12
43	21331	10830	10501	32	20	12	1.50	1.85	1.14
44	21555	10960	10595	33	22	11	1.53	2.01	1.04
45-49	**98555**	**50178**	**48376**	**225**	**147**	**78**	**2.28**	**2.93**	**1.61**
45	22133	11134	10999	42	35	7	1.90	3.14	0.64
46	19042	9841	9201	49	26	23	2.57	2.64	2.50
47	18159	9161	8998	38	19	19	2.09	2.07	2.11
48	19922	10147	9775	49	33	16	2.46	3.25	1.64
49	19299	9896	9404	47	35	12	2.44	3.54	1.28
50-54	**74069**	**37575**	**36494**	**309**	**200**	**109**	**4.17**	**5.32**	**2.99**
50	20327	10205	10123	71	45	25	3.49	4.41	2.47
51	20797	10665	10133	77	50	27	3.70	4.69	2.66
52	11674	5824	5850	46	30	16	3.94	5.15	2.74
53	10026	5101	4925	45	33	12	4.49	6.47	2.44
54	11245	5780	5464	70	42	28	6.22	7.27	5.12
55-59	**68864**	**34973**	**33892**	**473**	**320**	**153**	**6.87**	**9.15**	**4.51**
55	11931	6073	5858	73	54	19	6.12	8.89	3.24
56	14712	7519	7193	83	57	26	5.64	7.58	3.61
57	13900	7048	6852	84	53	31	6.04	7.52	4.52
58	13504	6817	6688	114	77	37	8.44	11.30	5.53
59	14817	7516	7301	120	81	39	8.10	10.78	5.34

2-44 续表 2 continued

年 龄 Age	年平均人口(人) Average Population (person)	男 Male	女 Female	死亡人口(人) Deaths (person)	男 Male	女 Female	死亡率(‰) Death Rate (‰)	男 Male	女 Female
60-64	**60190**	**30097**	**30093**	**629**	**394**	**235**	**10.45**	**13.09**	**7.81**
60	13734	6854	6880	132	94	39	9.61	13.71	5.67
61	13204	6617	6587	128	89	39	9.69	13.45	5.92
62	11560	5780	5780	115	71	44	9.95	12.28	7.61
63	10740	5365	5376	134	72	62	12.48	13.42	11.53
64	10952	5481	5470	119	68	51	10.87	12.41	9.32
65-69	**39841**	**19746**	**20095**	**702**	**457**	**245**	**17.62**	**23.14**	**12.19**
65	9232	4631	4601	125	91	34	13.54	19.65	7.39
66	8428	4175	4252	150	91	59	17.80	21.80	13.88
67	7993	3992	4001	131	91	39	16.39	22.80	9.75
68	7548	3649	3899	141	80	61	18.68	21.92	15.65
69	6639	3297	3342	155	104	52	23.35	31.54	15.56
70-74	**28491**	**14235**	**14256**	**795**	**492**	**303**	**27.90**	**34.56**	**21.25**
70	6360	3164	3196	122	73	49	19.18	23.07	15.33
71	5987	2996	2991	151	90	61	25.22	30.04	20.39
72	5747	2912	2836	175	97	77	30.45	33.31	27.15
73	5454	2710	2744	170	111	59	31.17	40.96	21.50
74	4943	2454	2489	178	121	56	36.01	49.31	22.50
75-79	**21291**	**10130**	**11161**	**1045**	**590**	**456**	**49.08**	**58.24**	**40.86**
75	4798	2299	2499	191	119	72	39.81	51.76	28.81
76	4739	2273	2466	200	120	80	42.20	52.79	32.44
77	4183	2044	2138	223	108	115	53.31	52.84	53.79
78	4030	1901	2129	214	130	84	53.10	68.39	39.46
79	3541	1613	1928	216	112	104	61.00	69.44	53.94
80-84	**12871**	**5801**	**7070**	**1001**	**554**	**447**	**77.77**	**95.50**	**63.22**
80	3468	1625	1843	195	100	95	56.23	61.54	51.55
81	2888	1270	1619	235	135	100	81.37	106.30	61.77
82	2452	1118	1335	219	117	102	89.31	104.65	76.40
83	2170	981	1189	185	100	85	85.25	101.94	71.49
84	1892	807	1086	167	102	65	88.27	126.39	59.85
85-89	**5397**	**2147**	**3250**	**701**	**301**	**400**	**129.89**	**140.20**	**123.08**
85	1545	639	906	181	68	113	117.15	106.42	124.72
86	1339	548	791	159	80	78	118.75	145.99	98.61
87	1011	391	620	120	53	67	118.69	135.55	108.06
88	839	319	520	130	59	71	154.95	184.95	136.54
89	663	251	412	111	41	69	167.42	163.35	167.48
90+	**1961**	**643**	**1319**	**414**	**164**	**251**	**211.12**	**255.05**	**190.30**

2-45 全国城市分年龄、性别的死亡人口状况
(2013年11月1日至2014年10月31日)
Status of City Deaths by Age and Sex (2013.11.1-2014.10.31)

年 龄 Age	年平均人口(人) Average Population (person)	男 Male	女 Female	死亡人口(人) Deaths (person)	男 Male	女 Female	死亡率(‰) Death Rate (‰)	男 Male	女 Female
总计 Total	**362333**	**185449**	**176884**	**1387**	**818**	**569**	**3.83**	**4.41**	**3.22**
0-4	**16779**	**8931**	**7848**	**12**	**4**	**8**	**0.72**	**0.45**	**1.02**
0	3069	1619	1450	9	2	8	2.93	1.24	5.52
1	3523	1855	1668						
2	3339	1808	1532						
3	3339	1771	1569						
4	3508	1879	1629	3	3		0.86	1.60	
5-9	**15532**	**8386**	**7146**	**1**	**1**		**0.06**	**0.12**	
5	3304	1786	1518						
6	3306	1787	1520						
7	3087	1662	1425						
8	2851	1513	1338	1	1		0.35	0.66	
9	2983	1639	1344						
10-14	**14201**	**7670**	**6531**	**4**	**4**		**0.28**	**0.52**	
10	2617	1383	1234						
11	2719	1452	1267						
12	2780	1489	1291	1	1		0.36	0.67	
13	2979	1620	1360						
14	3106	1726	1380	3	3		0.97	1.74	
15-19	**21751**	**11688**	**10062**	**4**	**2**	**2**	**0.18**	**0.17**	**0.20**
15	3384	1880	1504	1	1		0.30	0.53	
16	3948	2256	1692	2		2	0.51		1.18
17	4200	2347	1853						
18	4744	2466	2278						
19	5475	2739	2735	1	1		0.18	0.37	
20-24	**34244**	**18440**	**15804**	**2**	**2**		**0.06**	**0.11**	
20	5888	3046	2842						
21	6506	3729	2776						
22	6245	3469	2775	1	1		0.16	0.29	
23	7396	3947	3449						
24	8209	4248	3961	1	1		0.12	0.24	
25-29	**36575**	**18465**	**18110**	**6**	**5**	**1**	**0.16**	**0.27**	**0.06**
25	7492	3892	3600						
26	7976	4014	3962	1	1		0.13	0.25	
27	7705	3871	3833	1	1		0.13	0.26	
28	6910	3472	3437	1	1		0.14	0.29	
29	6493	3215	3278	2	1	1	0.31	0.31	0.31

2-45 续表 1 continued

年 龄 Age	年平均人口(人) Average Population (person)	男 Male	女 Female	死亡人口(人) Deaths (person)	男 Male	女 Female	死亡率(‰) Death Rate (‰)	男 Male	女 Female
30-34	**33644**	**16974**	**16670**	**9**	**5**	**3**	**0.27**	**0.29**	**0.18**
30	6389	3207	3182	2	2		0.31	0.62	
31	7350	3724	3626	1		1	0.14		0.28
32	7325	3660	3665						
33	5991	2997	2994	3	2	1	0.50	0.67	0.33
34	6589	3386	3203	3	2	1	0.46	0.59	0.31
35-39	**31005**	**15748**	**15258**	**5**	**4**	**2**	**0.16**	**0.25**	**0.13**
35	6279	3103	3176						
36	5833	3031	2802	2	1	1	0.34	0.33	0.36
37	6106	3107	2999						
38	6423	3268	3155	2	2		0.31	0.61	
39	6366	3240	3126	1	1		0.16	0.31	
40-44	**34872**	**17824**	**17048**	**20**	**14**	**6**	**0.57**	**0.79**	**0.35**
40	6830	3448	3382	4	3	1	0.59	0.87	0.30
41	6961	3541	3420	5	2	3	0.72	0.56	0.88
42	6954	3619	3335	6	5	1	0.86	1.38	0.30
43	7213	3719	3495	3	2	1	0.42	0.54	0.29
44	6913	3497	3416	2	2		0.29	0.57	
45-49	**29785**	**15336**	**14449**	**38**	**21**	**17**	**1.28**	**1.37**	**1.18**
45	7027	3572	3456	9	8	1	1.28	2.24	0.29
46	5855	3041	2815	10	3	7	1.71	0.99	2.49
47	5153	2625	2528	7	5	2	1.36	1.90	0.79
48	5888	3036	2851	6	2	4	1.02	0.66	1.40
49	5862	3062	2800	6	3	3	1.02	0.98	1.07
50-54	**24077**	**12363**	**11714**	**56**	**36**	**20**	**2.33**	**2.91**	**1.71**
50	6641	3385	3256	17	9	8	2.56	2.66	2.46
51	6683	3454	3229	10	7	4	1.50	2.03	1.24
52	3596	1872	1724	11	9	2	3.06	4.81	1.16
53	3379	1762	1617	10	9	1	2.96	5.11	0.62
54	3778	1891	1887	7	3	4	1.85	1.59	2.12
55-59	**21370**	**10616**	**10754**	**101**	**72**	**29**	**4.73**	**6.78**	**2.70**
55	3912	1973	1939	20	15	4	5.11	7.60	2.06
56	4629	2263	2367	19	9	10	4.10	3.98	4.22
57	4241	2084	2157	9	8	1	2.12	3.84	0.46
58	4189	2076	2113	27	21	6	6.45	10.12	2.84
59	4399	2220	2178	26	18	8	5.91	8.11	3.67

2-45 续表 2 continued

年 龄 Age	年平均人口(人) Average Population (person)	男 Male	女 Female	死亡人口(人) Deaths (person)	男 Male	女 Female	死亡率(‰) Death Rate (‰)	男 Male	女 Female
60-64	**17195**	**8374**	**8821**	**124**	**79**	**45**	**7.21**	**9.43**	**5.10**
60	4057	2000	2058	31	22	9	7.64	11.00	4.37
61	3768	1841	1927	26	22	4	6.90	11.95	2.08
62	3302	1579	1723	19	11	8	5.75	6.97	4.64
63	3011	1473	1537	20	12	7	6.64	8.15	4.55
64	3058	1482	1576	29	12	17	9.48	8.10	10.79
65-69	**10833**	**5159**	**5674**	**136**	**86**	**51**	**12.55**	**16.67**	**8.99**
65	2496	1191	1305	34	24	10	13.62	20.15	7.66
66	2265	1106	1159	20	13	7	8.83	11.75	6.04
67	2155	1021	1133	30	20	10	13.92	19.59	8.83
68	2069	955	1114	24	11	13	11.60	11.52	11.67
69	1849	886	963	29	19	10	15.68	21.44	10.38
70-74	**7840**	**3734**	**4106**	**130**	**82**	**48**	**16.58**	**21.96**	**11.69**
70	1729	850	879	15	9	5	8.68	10.59	5.69
71	1550	707	843	28	13	15	18.06	18.39	17.79
72	1550	757	793	21	14	7	13.55	18.49	8.83
73	1525	741	784	34	23	12	22.30	31.04	15.31
74	1485	678	807	33	24	9	22.22	35.40	11.15
75-79	**6513**	**3014**	**3499**	**197**	**135**	**61**	**30.25**	**44.79**	**17.43**
75	1433	682	752	30	19	11	20.94	27.86	14.63
76	1407	671	736	45	31	14	31.98	46.20	19.02
77	1337	633	704	51	32	19	38.15	50.55	26.99
78	1258	556	702	34	26	8	27.03	46.76	11.40
79	1079	473	606	37	28	9	34.29	59.20	14.85
80-84	**3924**	**1825**	**2099**	**251**	**143**	**108**	**63.97**	**78.36**	**51.45**
80	1079	503	576	47	25	22	43.56	49.70	38.19
81	912	392	519	68	37	31	74.56	94.39	59.73
82	729	357	372	47	30	17	64.47	84.03	45.70
83	637	306	330	52	31	21	81.63	101.31	63.64
84	567	267	301	37	21	16	65.26	78.65	53.16
85-89	**1635**	**705**	**930**	**179**	**83**	**96**	**109.48**	**117.73**	**103.23**
85	478	222	256	49	21	29	102.51	94.59	113.28
86	405	174	231	31	19	12	76.54	109.20	51.95
87	308	126	182	33	12	21	107.14	95.24	115.38
88	243	96	146	29	17	13	119.34	177.08	89.04
89	201	87	115	36	14	22	179.10	160.92	191.30
90+	**554**	**194**	**360**	**111**	**39**	**73**	**200.36**	**201.03**	**202.78**

2-46 全国镇分年龄、性别的死亡人口状况
(2013年11月1日至2014年10月31日)
Status of Town Deaths by Age and Sex (2013.11.1-2014.10.31)

年 龄 Age	年平均人口(人) Average Population (person)	男 Male	女 Female	死亡人口(人) Deaths (person)	男 Male	女 Female	死亡率(‰) Death Rate (‰)	男 Male	女 Female
总计 Total	**258624**	**131126**	**127499**	**1305**	**768**	**537**	**5.05**	**5.86**	**4.21**
0-4	**15010**	**8181**	**6830**	**17**	**8**	**9**	**1.13**	**0.98**	**1.32**
0	2764	1487	1277	12	6	6	4.34	4.03	4.70
1	2940	1593	1347	1	1		0.34	0.63	
2	2865	1567	1298						
3	3141	1692	1449	3	1	1	0.96	0.59	0.69
4	3301	1842	1459	2		2	0.61		1.37
5-9	**15252**	**8395**	**6856**	**3**	**1**	**1**	**0.20**	**0.12**	**0.15**
5	3188	1749	1439						
6	3066	1648	1418	1		1	0.33		0.71
7	3031	1668	1362						
8	3026	1724	1301						
9	2941	1606	1336	1	1		0.34	0.62	
10-14	**14188**	**7795**	**6393**						
10	2708	1483	1225						
11	2726	1491	1234						
12	2906	1638	1268						
13	2946	1612	1335						
14	2902	1571	1331						
15-19	**16302**	**7997**	**8304**	**6**	**4**	**2**	**0.37**	**0.50**	**0.24**
15	3276	1719	1557						
16	3375	1629	1746	1	1		0.30	0.61	
17	3127	1567	1560	2		2	0.64		1.28
18	3094	1535	1559	3	3		0.97	1.95	
19	3429	1547	1882	1	1		0.29	0.65	
20-24	**20899**	**10040**	**10859**	**6**	**4**	**1**	**0.29**	**0.40**	**0.09**
20	3559	1549	2010	2	2		0.56	1.29	
21	3734	1775	1959	1	1		0.27	0.56	
22	3734	1880	1855	1		1	0.27		0.54
23	4729	2321	2407	1	1		0.21	0.43	
24	5143	2515	2628	1	1		0.19	0.40	
25-29	**22107**	**10804**	**11303**	**5**	**4**	**1**	**0.23**	**0.37**	**0.09**
25	4653	2256	2397	2	2		0.43	0.89	
26	4899	2353	2547	1	1		0.20	0.42	
27	4668	2329	2339	1		1	0.21		0.43
28	4224	2041	2183	1	1		0.24	0.49	
29	3663	1826	1838						

2-46 续表 1 continued

年 龄 Age	年平均人口(人) Average Population (person)	男 Male	女 Female	死亡人口(人) Deaths (person)	男 Male	女 Female	死亡率(‰) Death Rate (‰)	男 Male	女 Female
30-34	**18895**	**9421**	**9475**	**4**	**4**		**0.21**	**0.42**	
30	3647	1827	1820	1	1		0.27	0.55	
31	3791	1900	1891	1	1		0.26	0.53	
32	4105	2042	2063	1	1		0.24	0.49	
33	3395	1648	1748	1	1		0.29	0.61	
34	3957	2004	1953						
35-39	**20503**	**10394**	**10109**	**20**	**15**	**4**	**0.98**	**1.44**	**0.40**
35	3823	1899	1924	4	4		1.05	2.11	
36	3807	1916	1891	2	2		0.53	1.04	
37	4049	2066	1983	4	3	1	0.99	1.45	0.50
38	4324	2245	2080	1		1	0.23		0.48
39	4500	2269	2231	8	6	2	1.78	2.64	0.90
40-44	**24895**	**12645**	**12249**	**25**	**17**	**8**	**1.00**	**1.34**	**0.65**
40	4616	2363	2253	3	3		0.65	1.27	
41	4939	2480	2459	3	3		0.61	1.21	
42	4881	2517	2364	8	5	3	1.64	1.99	1.27
43	5114	2564	2550	4	3	1	0.78	1.17	0.39
44	5345	2722	2623	6	2	4	1.12	0.73	1.52
45-49	**23503**	**11976**	**11527**	**41**	**25**	**16**	**1.74**	**2.09**	**1.39**
45	5217	2640	2577	8	6	2	1.53	2.27	0.78
46	4590	2398	2192	9	7	2	1.96	2.92	0.91
47	4334	2194	2140	10	3	7	2.31	1.37	3.27
48	4729	2406	2323	7	5	2	1.48	2.08	0.86
49	4633	2337	2296	6	4	2	1.30	1.71	0.87
50-54	**16833**	**8553**	**8280**	**60**	**48**	**12**	**3.56**	**5.61**	**1.45**
50	4763	2386	2376	14	12	3	2.94	5.03	1.26
51	4764	2442	2322	20	15	4	4.20	6.14	1.72
52	2647	1325	1322	9	6	3	3.40	4.53	2.27
53	2194	1108	1086	8	8		3.65	7.22	
54	2465	1292	1173	9	7	2	3.65	5.42	1.71
55-59	**15107**	**7628**	**7479**	**96**	**65**	**31**	**6.35**	**8.52**	**4.14**
55	2597	1342	1255	15	12	3	5.78	8.94	2.39
56	3250	1671	1579	10	6	4	3.08	3.59	2.53
57	3117	1614	1503	19	12	6	6.10	7.43	3.99
58	2877	1392	1485	27	19	8	9.38	13.65	5.39
59	3266	1610	1656	25	16	9	7.65	9.94	5.43

2-46 续表 2 continued

年 龄 Age	年平均人口(人) Average Population (person)			死亡人口(人) Deaths (person)			死亡率(‰) Death Rate (‰)		
		男 Male	女 Female		男 Male	女 Female		男 Male	女 Female
60-64	**12929**	**6518**	**6411**	**130**	**76**	**54**	**10.05**	**11.66**	**8.42**
60	2988	1447	1541	32	26	5	10.71	17.97	3.24
61	2812	1453	1359	21	12	9	7.47	8.26	6.62
62	2465	1247	1218	26	12	14	10.55	9.62	11.49
63	2248	1144	1103	30	13	18	13.35	11.36	16.32
64	2416	1227	1190	21	13	7	8.69	10.59	5.88
65-69	**8296**	**4191**	**4104**	**135**	**94**	**41**	**16.27**	**22.43**	**9.99**
65	1915	931	985	18	14	4	9.40	15.04	4.06
66	1815	922	892	32	19	13	17.63	20.61	14.57
67	1639	857	783	26	20	6	15.86	23.34	7.66
68	1578	778	801	29	19	10	18.38	24.42	12.48
69	1348	704	644	29	23	7	21.51	32.67	10.87
70-74	**5801**	**2906**	**2895**	**151**	**85**	**66**	**26.03**	**29.25**	**22.80**
70	1315	678	636	20	10	10	15.21	14.75	15.72
71	1293	652	641	20	11	9	15.47	16.87	14.04
72	1136	571	564	33	17	17	29.05	29.77	30.14
73	1095	541	554	34	22	13	31.05	40.67	23.47
74	963	463	499	43	26	17	44.65	56.16	34.07
75-79	**4219**	**2020**	**2199**	**210**	**113**	**97**	**49.77**	**55.94**	**44.11**
75	1008	485	524	34	19	15	33.73	39.18	28.63
76	866	380	486	36	21	15	41.57	55.26	30.86
77	811	402	409	52	24	28	64.12	59.70	68.46
78	813	398	415	41	26	15	50.43	65.33	36.14
79	722	356	366	47	23	24	65.10	64.61	65.57
80-84	**2426**	**1098**	**1328**	**183**	**110**	**73**	**75.43**	**100.18**	**54.97**
80	659	319	341	33	17	16	50.08	53.29	46.92
81	534	235	299	47	28	19	88.01	119.15	63.55
82	467	196	271	30	19	11	64.24	96.94	40.59
83	414	194	220	34	18	16	82.13	92.78	72.73
84	352	154	198	39	27	11	110.80	175.32	55.56
85-89	**1084**	**448**	**636**	**137**	**62**	**75**	**126.38**	**138.39**	**117.92**
85	313	132	181	27	11	16	86.26	83.33	88.40
86	262	106	156	41	16	25	156.49	150.94	160.26
87	215	84	131	24	10	14	111.63	119.05	106.87
88	151	67	84	30	13	16	198.68	194.03	190.48
89	143	58	84	16	11	5	111.89	189.66	59.52
90+	**376**	**116**	**260**	**77**	**32**	**46**	**204.79**	**275.86**	**176.92**

2-47 全国乡村分年龄、性别的死亡人口状况
(2013年11月1日至2014年10月31日)
Status of Rural Deaths by Age and Sex (2013.11.1-2014.10.31)

年龄 Age	年平均人口(人) Average Population (person)	男 Male	女 Female	死亡人口(人) Deaths (person)	男 Male	女 Female	死亡率(‰) Death Rate (‰)	男 Male	女 Female
总计 Total	**501307**	**258468**	**242839**	**4099**	**2373**	**1725**	**8.18**	**9.18**	**7.10**
0-4	**33309**	**18029**	**15280**	**51**	**35**	**17**	**1.53**	**1.94**	**1.11**
0	6168	3296	2872	19	13	6	3.08	3.94	2.09
1	6423	3468	2955	12	8	4	1.87	2.31	1.35
2	6580	3592	2988	4	1	3	0.61	0.28	1.00
3	6929	3720	3209	10	9	1	1.44	2.42	0.31
4	7209	3954	3255	7	5	2	0.97	1.26	0.61
5-9	**32105**	**17381**	**14724**	**11**	**7**	**4**	**0.34**	**0.40**	**0.27**
5	6791	3762	3029	3	1	2	0.44	0.27	0.66
6	6411	3503	2908	1		1	0.16		0.34
7	6472	3377	3095	3	2	1	0.46	0.59	0.32
8	6130	3319	2811	1	1		0.16	0.30	
9	6301	3420	2881	3	3		0.48	0.88	
10-14	**29327**	**15980**	**13348**	**11**	**7**	**5**	**0.38**	**0.44**	**0.37**
10	5850	3152	2698	4	4		0.68	1.27	
11	5821	3179	2642	2		2	0.34		0.76
12	5811	3146	2665	3	1	2	0.52	0.32	0.75
13	5955	3242	2714	1		1	0.17		0.37
14	5889	3262	2628	1	1		0.17	0.31	
15-19	**28942**	**15691**	**13250**	**17**	**10**	**7**	**0.59**	**0.64**	**0.53**
15	5959	3289	2669	5	4	1	0.84	1.22	0.37
16	5849	3199	2650	2		2	0.34		0.75
17	5815	3173	2642	2		2	0.34		0.76
18	5703	3034	2669	4	2	2	0.70	0.66	0.75
19	5616	2997	2619	4	3	1	0.71	1.00	0.38
20-24	**38346**	**19810**	**18536**	**29**	**18**	**11**	**0.76**	**0.91**	**0.59**
20	6142	3239	2903	5	1	4	0.81	0.31	1.38
21	6775	3516	3259	7	5	2	1.03	1.42	0.61
22	7193	3763	3430	2	1	1	0.28	0.27	0.29
23	8683	4473	4210	5	5		0.58	1.12	
24	9552	4819	4734	10	6	4	1.05	1.25	0.84
25-29	**37744**	**19299**	**18445**	**24**	**17**	**7**	**0.64**	**0.88**	**0.38**
25	8362	4200	4161	5	4	1	0.60	0.95	0.24
26	8354	4266	4087	4	3		0.48	0.70	
27	7927	4102	3825	8	5	3	1.01	1.22	0.78
28	6926	3550	3376	4	3	1	0.58	0.85	0.30
29	6175	3180	2995	2	1	1	0.32	0.31	0.33

2-47 续表 1 continued

年 龄 Age	年平均人口(人) Average Population (person)	男 Male	女 Female	死亡人口(人) Deaths (person)	男 Male	女 Female	死亡率(‰) Death Rate (‰)	男 Male	女 Female
30-34	**30144**	**15619**	**14524**	**35**	**27**	**8**	**1.16**	**1.73**	**0.55**
30	5812	2930	2882	6	5	1	1.03	1.71	0.35
31	6075	3206	2869	7	7		1.15	2.18	
32	6430	3327	3103	10	7	3	1.56	2.10	0.97
33	5711	2917	2795	5	3	2	0.88	1.03	0.72
34	6115	3239	2876	6	4	2	0.98	1.23	0.70
35-39	**31036**	**15925**	**15112**	**61**	**47**	**14**	**1.97**	**2.95**	**0.93**
35	5778	2910	2868	9	9		1.56	3.09	
36	5592	2896	2697	10	9	2	1.79	3.11	0.74
37	6122	3204	2918	13	11	3	2.12	3.43	1.03
38	6547	3303	3245	10	8	2	1.53	2.42	0.62
39	6997	3612	3385	18	11	7	2.57	3.05	2.07
40-44	**43122**	**21985**	**21137**	**108**	**73**	**35**	**2.50**	**3.32**	**1.66**
40	7838	3947	3891	23	17	6	2.93	4.31	1.54
41	8419	4337	4082	14	8	5	1.66	1.84	1.22
42	8565	4413	4152	22	15	7	2.57	3.40	1.69
43	9004	4548	4456	25	14	10	2.78	3.08	2.24
44	9296	4740	4556	24	17	7	2.58	3.59	1.54
45-49	**45267**	**22866**	**22401**	**146**	**101**	**45**	**3.23**	**4.42**	**2.01**
45	9889	4922	4967	24	21	4	2.43	4.27	0.81
46	8597	4402	4195	30	15	15	3.49	3.41	3.58
47	8672	4341	4331	22	11	10	2.54	2.53	2.31
48	9305	4704	4600	37	26	10	3.98	5.53	2.17
49	8804	4497	4308	34	28	7	3.86	6.23	1.62
50-54	**33159**	**16658**	**16500**	**192**	**116**	**77**	**5.79**	**6.96**	**4.67**
50	8924	4434	4490	39	25	14	4.37	5.64	3.12
51	9350	4768	4582	47	28	19	5.03	5.87	4.15
52	5430	2627	2803	26	15	11	4.79	5.71	3.92
53	4453	2232	2222	27	16	11	6.06	7.17	4.95
54	5002	2598	2403	53	32	22	10.60	12.32	9.16
55-59	**32387**	**16728**	**15659**	**276**	**183**	**93**	**8.52**	**10.94**	**5.94**
55	5422	2758	2664	38	26	12	7.01	9.43	4.50
56	6833	3586	3247	54	42	12	7.90	11.71	3.70
57	6542	3350	3192	56	32	23	8.56	9.55	7.21
58	6438	3349	3090	60	36	23	9.32	10.75	7.44
59	7153	3685	3467	69	47	22	9.65	12.75	6.35

2-47 续表 2 continued

年 龄 Age	年平均人口(人) Average Population (person)	男 Male	女 Female	死亡人口(人) Deaths (person)	男 Male	女 Female	死亡率(‰) Death Rate (‰)	男 Male	女 Female
60-64	**30065**	**15205**	**14860**	**374**	**238**	**136**	**12.44**	**15.65**	**9.15**
60	6688	3407	3281	70	45	25	10.47	13.21	7.62
61	6624	3324	3301	81	56	25	12.23	16.85	7.57
62	5793	2955	2838	70	48	22	12.08	16.24	7.75
63	5482	2747	2735	84	47	37	15.32	17.11	13.53
64	5477	2773	2705	69	42	27	12.60	15.15	9.98
65-69	**20712**	**10396**	**10316**	**431**	**278**	**154**	**20.81**	**26.74**	**14.93**
65	4821	2510	2311	74	53	21	15.35	21.12	9.09
66	4348	2147	2201	98	60	38	22.54	27.95	17.26
67	4199	2115	2084	75	52	23	17.86	24.59	11.04
68	3902	1917	1985	88	50	38	22.55	26.08	19.14
69	3442	1707	1735	97	63	35	28.18	36.91	20.17
70-74	**14850**	**7595**	**7256**	**514**	**325**	**189**	**34.61**	**42.79**	**26.05**
70	3316	1635	1680	87	53	34	26.24	32.42	20.24
71	3144	1636	1508	104	66	37	33.08	40.34	24.54
72	3062	1583	1478	121	67	54	39.52	42.32	36.54
73	2834	1428	1406	101	66	35	35.64	46.22	24.89
74	2495	1312	1183	102	72	30	40.88	54.88	25.36
75-79	**10559**	**5096**	**5463**	**639**	**342**	**297**	**60.52**	**67.11**	**54.37**
75	2356	1133	1224	127	81	46	53.90	71.49	37.58
76	2467	1222	1245	120	68	52	48.64	55.65	41.77
77	2035	1010	1025	120	53	68	58.97	52.48	66.34
78	1960	948	1012	140	79	61	71.43	83.33	60.28
79	1740	783	957	132	61	71	75.86	77.91	74.19
80-84	**6520**	**2877**	**3643**	**567**	**301**	**266**	**86.96**	**104.62**	**73.02**
80	1729	803	926	115	58	57	66.51	72.23	61.56
81	1442	642	800	119	70	49	82.52	109.03	61.25
82	1256	564	692	142	68	74	113.06	120.57	106.94
83	1120	481	638	99	51	48	88.39	106.03	75.24
84	973	386	587	92	55	37	94.55	142.49	63.03
85-89	**2679**	**994**	**1685**	**385**	**157**	**228**	**143.71**	**157.95**	**135.31**
85	754	285	469	105	36	69	139.26	126.32	147.12
86	672	268	404	87	44	42	129.46	164.18	103.96
87	489	181	308	63	31	32	128.83	171.27	103.90
88	445	155	290	71	29	42	159.55	187.10	144.83
89	319	106	213	59	16	43	184.95	150.94	201.88
90+	**1031**	**333**	**698**	**226**	**93**	**133**	**219.20**	**279.28**	**190.54**

2-48　各地区分性别的各种户口状况人口

单位：人

地　区	Region	人口数 Population			住本乡、镇、街道，户口在本乡、镇、街道 Residing in the Townships, Towns and Street Communities with Permanent Household Registration There		
		合计 Total	男 Male	女 Female	小计 Sub-total	男 Male	女 Female
全　国	**National Total**	**1124402**	**576011**	**548391**	**902244**	**462133**	**440110**
北　京	Beijing	17758	8977	8780	7080	3585	3494
天　津	Tianjin	12518	6270	6248	9528	4808	4720
河　北	Hebei	60936	31198	29738	55075	28407	26668
山　西	Shanxi	30106	15298	14808	24307	12611	11696
内蒙古	Inner Mongolia	20672	10533	10139	14611	7525	7086
辽　宁	Liaoning	36236	18363	17873	29323	14987	14336
吉　林	Jilin	22714	11560	11154	19037	9808	9229
黑龙江	Heilongjiang	31632	15829	15803	25867	13192	12675
上　海	Shanghai	20020	10334	9685	7518	3742	3776
江　苏	Jiangsu	65692	33116	32577	50874	25604	25270
浙　江	Zhejiang	45457	23808	21649	27282	13799	13483
安　徽	Anhui	50201	24923	25276	42204	21476	20728
福　建	Fujian	31411	16349	15061	18502	9446	9056
江　西	Jiangxi	37484	19573	17912	33979	17677	16302
山　东	Shandong	80788	40923	39865	71543	36240	35303
河　南	Henan	77872	39384	38487	70846	36199	34646
湖　北	Hubei	47998	24458	23540	39075	20075	19000
湖　南	Hunan	55601	28516	27085	49226	25282	23944
广　东	Guangdong	88503	48020	40481	60805	31343	29461
广　西	Guangxi	39234	20405	18830	32982	17299	15683
海　南	Hainan	7456	3994	3462	5743	3082	2661
重　庆	Chongqing	24687	12696	11990	18862	9653	9209
四　川	Sichuan	67179	33288	33889	56770	28475	28294
贵　州	Guizhou	28951	14805	14145	23527	12455	11071
云　南	Yunnan	38902	19962	18941	34774	17902	16872
西　藏	Tibet	2621	1318	1304	2487	1251	1236
陕　西	Shaanxi	31155	16107	15047	27477	14026	13450
甘　肃	Gansu	21381	11081	10300	19491	10124	9367
青　海	Qinghai	4816	2421	2394	3872	1976	1896
宁　夏	Ningxia	5460	2806	2654	4271	2187	2084
新　疆	Xinjiang	18970	9692	9275	15311	7896	7414

Population by Sex, Household Registration Status and Region

(person)

住本乡、镇、街道，户口在外乡、镇、街道，离开户口登记地半年以上 Residing in Townships, Towns and Street Communities, with Permanent Household Registration Elsewhere, Having Been Away from That Places For More Than 6 Months.			住本乡、镇、街道，户口待定 Residing in Townships, Towns and Street Communities, with Place of Permanent Household Registration Unsettled			居住港澳台或国外，户口在本乡、镇、街道 Residing in Taiwan, Macao, Hong Kong Special Administrative Region and other countries, with Place of Permanent Household Registration in Township, Towns and Street Communities		
小 计 Sub-total	男 Male	女 Female	小 计 Sub-total	男 Male	女 Female	小 计 Sub-total	男 Male	女 Female
213720	**109607**	**104113**	**6712**	**3327**	**3386**	**1726**	**944**	**782**
10588	5348	5240	42	22	20	48	22	26
2961	1449	1512	16	7	9	13	6	7
5612	2662	2950	232	116	116	17	13	4
5663	2614	3049	129	68	61	7	5	2
5976	2964	3013	82	42	39	3	2	1
6751	3301	3450	71	33	38	91	42	49
3407	1612	1795	47	25	22	223	115	108
5671	2583	3088	57	29	28	37	25	12
12386	6532	5853	52	31	21	64	29	35
14372	7239	7133	282	160	122	164	113	52
17815	9819	7996	158	79	79	202	111	91
7610	3254	4355	378	186	191	9	7	2
12176	6514	5662	429	223	206	304	166	137
3333	1806	1528	162	86	76	10	4	6
8794	4408	4386	344	204	140	107	71	36
6748	3044	3704	246	122	124	32	19	13
8628	4248	4380	268	123	145	27	12	15
6078	3087	2992	276	135	141	21	12	8
26407	16042	10364	1090	535	555	201	100	101
5856	2908	2949	383	192	191	13	6	7
1645	877	768	64	34	30	4	1	3
5723	2994	2729	92	43	49	10	6	3
9904	4574	5330	441	209	232	64	30	33
5076	2194	2882	344	154	190	4	2	2
3718	1882	1836	383	164	220	27	14	13
38	18	21	96	49	47			
3582	2031	1551	83	46	37	13	4	9
1774	906	868	113	50	63	3	1	2
906	427	479	36	16	19	2	2	
1167	609	558	21	10	11	1		1
3356	1662	1693	297	132	164	6	2	4

2-49 各地区城市分性别的各种户口状况人口

单位：人

地 区	Region	人 口 数 Population			住本乡、镇、街道，户口在本乡、镇、街道 Residing in the Townships, Towns and Street Communities with Permanent Household Registration There		
		合 计 Total	男 Male	女 Female	小 计 Sub-total	男 Male	女 Female
全 国	**National Total**	**362966**	**185752**	**177216**	**215110**	**108518**	**106593**
北 京	Beijing	14089	7035	7055	5257	2651	2607
天 津	Tianjin	8344	4110	4234	5533	2738	2795
河 北	Hebei	11104	5499	5605	8188	4157	4031
山 西	Shanxi	8549	4231	4317	5292	2667	2625
内蒙古	Inner Mongolia	7128	3547	3581	3354	1683	1671
辽 宁	Liaoning	19675	9823	9852	14315	7155	7160
吉 林	Jilin	8895	4416	4479	6220	3120	3100
黑龙江	Heilongjiang	12027	5729	6297	8646	4251	4394
上 海	Shanghai	15891	8122	7768	6328	3177	3151
江 苏	Jiangsu	25172	12725	12447	14683	7386	7297
浙 江	Zhejiang	18504	10295	8209	7317	3729	3588
安 徽	Anhui	12444	5772	6672	7389	3716	3674
福 建	Fujian	11498	5929	5569	4424	2196	2227
江 西	Jiangxi	7960	4155	3806	5920	3007	2913
山 东	Shandong	27496	13784	13712	21039	10489	10549
河 南	Henan	17011	8782	8228	13144	6812	6332
湖 北	Hubei	14737	7440	7298	8698	4467	4232
湖 南	Hunan	13565	6827	6737	9397	4686	4711
广 东	Guangdong	37265	21558	15706	15460	8014	7445
广 西	Guangxi	10547	5426	5121	6068	3116	2952
海 南	Hainan	1692	911	777	647	343	303
重 庆	Chongqing	7705	3975	3729	3514	1788	1726
四 川	Sichuan	18001	9136	8866	12203	6065	6138
贵 州	Guizhou	5399	2370	3029	2450	1252	1198
云 南	Yunnan	6655	3254	3401	4420	2151	2269
西 藏	Tibet	202	99	103	196	95	101
陕 西	Shaanxi	7989	4023	3966	6262	3169	3093
甘 肃	Gansu	3777	1923	1854	2789	1426	1363
青 海	Qinghai	1302	614	687	734	367	366
宁 夏	Ningxia	1795	925	870	1025	518	507
新 疆	Xinjiang	6548	3313	3237	4198	2126	2073

City Population by Sex, Household Registration Status and Region

(person)

住本乡、镇、街道，户口在外乡、镇、街道，离开户口登记地半年以上 Residing in Townships, Towns and Street Communities, with Permanent Household Registration Elsewhere, Having Been Away from That Places For More Than 6 Months.			住本乡、镇、街道，户口待定 Residing in Townships, Towns and Street Communities, with Place of Permanent Household Registration Unsettled			居住港澳台或国外，户口在本乡、镇、街道 Residing in Taiwan, Macao, Hong Kong Special Administrative Region and other countries, with Place of Permanent Household Registration in Township, Towns and Street Communities		
小 计 Sub-total	男 Male	女 Female	小 计 Sub-total	男 Male	女 Female	小 计 Sub-total	男 Male	女 Female
145944	**76283**	**69661**	**1283**	**657**	**627**	**629**	**294**	**335**
8753	4345	4408	34	18	16	45	21	24
2790	1364	1426	9	3	6	12	5	7
2893	1330	1563	19	9	10	4	3	1
3220	1547	1673	33	15	17	4	2	2
3729	1837	1892	44	26	18	1	1	
5275	2625	2650	17	11	6	68	32	36
2576	1250	1326	23	13	10	76	33	43
3353	1460	1892	17	12	6	11	6	5
9462	4893	4569	39	24	14	62	28	34
10354	5264	5090	81	45	36	54	30	24
11089	6517	4572	64	32	32	34	17	17
4982	2029	2953	69	25	44	4	2	1
6917	3656	3261	97	46	52	60	31	29
2018	1135	883	21	13	9	1		1
6365	3244	3121	52	28	24	40	23	18
3824	1946	1878	37	22	14	6	2	4
5968	2943	3025	54	27	27	17	3	14
4111	2116	1995	40	15	24	17	10	7
21526	13402	8124	213	109	104	66	33	33
4400	2269	2131	75	40	35	4	1	3
1034	562	471	10	6	3	1		
4173	2179	1994	16	8	7	2		2
5749	3051	2698	24	13	11	25	7	19
2911	1099	1813	38	19	18			
2186	1083	1103	44	19	25	5	1	4
4	3	1	2	1	1			
1707	844	863	18	10	8	2		2
947	478	469	38	18	20	3	1	2
563	245	318	5	2	3			
762	404	358	7	3	4	1		1
2303	1163	1140	44	23	21	3	1	3

2-50 各地区镇分性别的各种户口状况人口

单位：人

地 区	Region	人口数 Population			住本乡、镇、街道，户口在本乡、镇、街道 Residing in the Townships, Towns and Street Communities with Permanent Household Registration There		
		合计 Total	男 Male	女 Female	小计 Sub-total	男 Male	女 Female
全 国	**National Total**	**259160**	**131369**	**127791**	**209541**	**107300**	**102242**
北 京	Beijing	1244	603	643	528	274	255
天 津	Tianjin	1954	1005	949	1816	932	884
河 北	Hebei	18956	9702	9254	17065	8739	8326
山 西	Shanxi	7646	3649	3997	5993	3071	2922
内蒙古	Inner Mongolia	5175	2599	2575	3224	1619	1605
辽 宁	Liaoning	4622	2371	2252	3635	1896	1740
吉 林	Jilin	3554	1800	1756	3048	1555	1493
黑龙江	Heilongjiang	6323	3201	3122	4601	2328	2273
上 海	Shanghai	2049	1084	965	471	230	241
江 苏	Jiangsu	17666	8992	8674	14744	7472	7271
浙 江	Zhejiang	10984	5326	5658	7020	3560	3460
安 徽	Anhui	12229	6110	6119	9941	5032	4909
福 建	Fujian	7913	4190	3724	4543	2327	2217
江 西	Jiangxi	10864	5589	5274	9601	4937	4663
山 东	Shandong	16945	8638	8307	15337	7833	7504
河 南	Henan	18188	8983	9206	15428	7962	7466
湖 北	Hubei	11983	6060	5922	9592	4860	4731
湖 南	Hunan	13835	7000	6838	12071	6093	5979
广 东	Guangdong	22917	12111	10806	18630	9786	8844
广 西	Guangxi	7504	3906	3598	6383	3355	3028
海 南	Hainan	2319	1243	1076	1843	980	863
重 庆	Chongqing	7008	3558	3451	5701	2901	2800
四 川	Sichuan	13102	6127	6975	9687	4853	4834
贵 州	Guizhou	6184	3216	2968	4481	2355	2126
云 南	Yunnan	9579	4899	4680	8488	4355	4133
西 藏	Tibet	472	229	243	472	229	243
陕 西	Shaanxi	8389	4297	4093	7182	3665	3517
甘 肃	Gansu	5134	2620	2516	4457	2273	2184
青 海	Qinghai	1096	564	532	808	409	399
宁 夏	Ningxia	1131	580	553	841	434	408
新 疆	Xinjiang	2191	1120	1071	1907	982	925

Town Population by Sex, Household Registration Status and Region

(person)

住本乡、镇、街道，户口在外乡、镇、街道，离开户口登记地半年以上 Residing in Townships, Towns and Street Communities, with Permanent Household Registration Elsewhere, Having Been Away from That Places For More Than 6 Months.			住本乡、镇、街道，户口待定 Residing in Townships, Towns and Street Communities, with Place of Permanent Household Registration Unsettled			居住港澳台或国外，户口在本乡、镇、街道 Residing in Taiwan, Macao, Hong Kong Special Administrative Region and other countries, with Place of Permanent Household Registration in Township, Towns and Street Communities		
小 计 Sub-total	男 Male	女 Female	小 计 Sub-total	男 Male	女 Female	小 计 Sub-total	男 Male	女 Female
47920	**23191**	**24729**	**1444**	**723**	**721**	**255**	**155**	**99**
711	326	385	2	2	1	3	1	2
133	70	63	5	3	2			
1814	926	888	74	34	40	3	3	
1624	561	1063	27	15	12	2	2	
1928	969	958	22	11	11	1		1
970	464	506	12	8	4	5	3	2
497	239	258	6	3	4	3	3	1
1709	866	843	9	4	5	4	3	1
1571	851	720	7	3	4			
2799	1433	1366	81	52	30	42	35	7
3893	1728	2165	37	17	20	34	21	13
2215	1030	1185	70	45	25	3	3	
3236	1793	1442	89	46	43	45	24	22
1183	612	571	72	36	36	8	4	4
1475	720	755	114	75	39	19	10	9
2718	1009	1710	42	12	30			
2313	1162	1151	77	37	40	1	1	
1714	881	834	50	26	25			
3949	2162	1787	274	131	143	64	32	32
1074	529	545	46	21	25	1	1	
457	254	203	17	8	9	2	1	1
1283	644	639	22	11	12	2	2	
3342	1245	2097	67	25	42	6	4	2
1631	829	802	72	32	40			
1012	512	500	75	30	45	4	2	2
1182	618	565	23	12	11	2	2	
670	342	329	7	5	3			
277	150	127	11	5	6			
284	143	141	6	3	4			
257	124	133	27	14	13			

2-51 各地区乡村分性别的各种户口状况人口

单位：人

地区	Region	人口数 Population			住本乡、镇、街道，户口在本乡、镇、街道 Residing in the Townships, Towns and Street Communities with Permanent Household Registration There		
		合计 Total	男 Male	女 Female	小计 Sub-total	男 Male	女 Female
全国	**National Total**	**502275**	**258891**	**243385**	**477592**	**246316**	**231276**
北京	Beijing	2424	1341	1083	1294	661	633
天津	Tianjin	2220	1153	1066	2179	1138	1041
河北	Hebei	30876	15997	14880	29822	15511	14312
山西	Shanxi	13911	7419	6494	13022	6873	6149
内蒙古	Inner Mongolia	8369	4387	3982	8033	4223	3810
辽宁	Liaoning	11940	6171	5769	11373	5936	5437
吉林	Jilin	10265	5347	4919	9769	5133	4636
黑龙江	Heilongjiang	13282	6899	6382	12620	6613	6007
上海	Shanghai	2081	1128	953	719	335	384
江苏	Jiangsu	22854	11401	11455	21447	10746	10701
浙江	Zhejiang	15968	8187	7781	12944	6509	6435
安徽	Anhui	25527	13040	12486	24874	12728	12145
福建	Fujian	11999	6230	5767	9535	4922	4612
江西	Jiangxi	18660	9828	8832	18458	9733	8725
山东	Shandong	36347	18500	17846	35167	17918	17249
河南	Henan	42674	21619	21054	42273	21425	20848
湖北	Hubei	21277	10957	10320	20785	10748	10037
湖南	Hunan	28200	14689	13510	27758	14503	13255
广东	Guangdong	28321	14351	13969	26715	13543	13172
广西	Guangxi	21181	11070	10110	20531	10827	9704
海南	Hainan	3448	1840	1608	3254	1759	1494
重庆	Chongqing	9973	5162	4811	9646	4963	4683
四川	Sichuan	36074	18026	18049	34879	17557	17323
贵州	Guizhou	17367	9219	8149	16595	8848	7748
云南	Yunnan	22668	11808	10860	21866	11396	10470
西藏	Tibet	1946	988	956	1818	926	892
陕西	Shaanxi	14776	7788	6988	14032	7193	6839
甘肃	Gansu	12469	6539	5931	12245	6425	5820
青海	Qinghai	2415	1241	1174	2329	1199	1130
宁夏	Ningxia	2533	1302	1231	2404	1235	1169
新疆	Xinjiang	10231	5260	4970	9206	4789	4417

Rural Population by Sex, Household Registration Status and Region

(person)

住本乡、镇、街道，户口在外乡、镇、街道，离开户口登记地半年以上 Residing in Townships, Towns and Street Communities, with Permanent Household Registration Elsewhere, Having Been Away from That Places For More Than 6 Months.			住本乡、镇、街道，户口待定 Residing in Townships, Towns and Street Communities, with Place of Permanent Household Registration Unsettled			居住港澳台或国外，户口在本乡、镇、街道 Residing in Taiwan, Macao, Hong Kong Special Administrative Region and other countries, with Place of Permanent Household Registration in Township, Towns and Street Communities		
小 计 Sub-total	男 Male	女 Female	小 计 Sub-total	男 Male	女 Female	小 计 Sub-total	男 Male	女 Female
19856	**10133**	**9723**	**3985**	**1947**	**2038**	**842**	**495**	**348**
1124	677	447	6	3	3			
38	14	24	2	1	1	1		
905	406	499	139	72	66	10	8	3
819	507	313	69	38	32	1	1	
319	157	162	16	6	10	1	1	
506	213	294	43	14	28	18	8	10
334	124	211	18	10	8	144	80	64
609	256	352	31	13	18	22	17	5
1353	788	565	7	4	3	2	1	1
1219	543	677	120	64	56	68	48	21
2833	1574	1259	57	30	27	134	74	60
412	195	217	239	116	123	2	1	1
2024	1065	958	242	131	111	198	112	86
132	58	74	69	37	32	1		1
954	443	511	178	101	77	48	38	9
206	89	117	168	88	80	27	17	9
347	143	204	136	58	78	9	8	1
253	90	162	186	94	92	3	2	1
932	479	453	603	295	308	71	34	36
382	109	272	261	131	130	7	3	4
155	61	94	37	20	18	2		2
267	171	96	54	24	30	6	4	2
813	278	535	350	171	179	32	20	12
534	266	268	234	103	131	4	2	2
520	287	233	264	114	150	18	11	7
34	14	19	94	48	45			
693	569	124	42	24	18	9	2	7
156	86	70	68	28	41			
66	32	34	19	9	10	1	1	
121	63	58	8	4	4			
796	375	421	226	95	131	3	1	1

第三部分

Chapter Three

2014 年劳动力抽样调查主要数据

Main Data from 2014 Labor Force Survey

3-1 分地区全国就业人员受教育程度构成

Educational Attainment of Employed Persons by Region

单位：% (%)

地 区	Region	就业人员 Employed Persons	男 Male	女 Female	未上过学 No Schooling	小学 Primary School	初中 Junior Secondary School	高中 Senior Secondary School	大学专科 College	大学本科 University	研究生及以上 Graduate and Higher Level
全 国	**National Total**	**100.0**	**55.2**	**44.8**	**1.8**	**18.1**	**46.7**	**17.2**	**9.3**	**6.2**	**0.55**
北 京	Beijing	100.0	59.5	40.5	0.3	3.0	20.9	19.9	18.5	29.5	7.87
天 津	Tianjin	100.0	61.1	38.9	0.2	6.7	39.3	19.7	18.3	14.5	1.35
河 北	Hebei	100.0	57.1	42.9	1.3	15.3	55.3	14.8	7.9	5.3	0.23
山 西	Shanxi	100.0	59.8	40.2	1.0	11.1	51.4	19.6	10.8	5.7	0.29
内蒙古	Inner Mongolia	100.0	58.6	41.4	1.6	19.8	42.9	17.2	11.6	6.5	0.42
辽 宁	Liaoning	100.0	55.9	44.1	0.4	12.5	55.5	14.9	9.2	7.0	0.50
吉 林	Jilin	100.0	55.7	44.3	0.7	17.7	52.7	14.0	7.6	6.9	0.35
黑龙江	Heilongjiang	100.0	57.0	43.0	0.8	19.7	54.5	13.4	7.0	4.4	0.23
上 海	Shanghai	100.0	58.6	41.4	0.2	4.2	28.8	24.0	19.6	20.8	2.45
江 苏	Jiangsu	100.0	52.9	47.1	2.0	15.8	45.2	18.7	11.2	6.5	0.59
浙 江	Zhejiang	100.0	56.0	44.0	1.9	20.1	39.5	17.0	11.8	9.2	0.52
安 徽	Anhui	100.0	53.9	46.1	4.9	20.7	51.7	11.1	6.8	4.4	0.40
福 建	Fujian	100.0	58.4	41.6	1.5	20.1	42.7	17.7	9.9	7.6	0.51
江 西	Jiangxi	100.0	54.8	45.2	1.3	19.6	51.2	17.0	6.8	3.9	0.24
山 东	Shandong	100.0	53.9	46.1	1.9	16.7	45.2	18.8	9.8	7.0	0.49
河 南	Henan	100.0	51.5	48.5	1.9	14.6	53.3	18.3	7.4	4.3	0.27
湖 北	Hubei	100.0	55.1	44.9	2.5	15.7	45.2	20.7	9.9	5.5	0.57
湖 南	Hunan	100.0	55.3	44.7	1.0	15.6	44.3	23.4	10.1	5.1	0.43
广 东	Guangdong	100.0	56.5	43.5	0.5	12.2	47.8	24.0	9.6	5.4	0.38
广 西	Guangxi	100.0	54.7	45.3	0.9	18.3	58.2	12.2	7.2	3.0	0.26
海 南	Hainan	100.0	55.6	44.4	1.7	11.5	50.2	21.4	8.3	6.7	0.24
重 庆	Chongqing	100.0	55.8	44.2	2.1	29.2	38.3	16.2	8.4	5.2	0.57
四 川	Sichuan	100.0	53.8	46.2	2.1	26.4	45.3	15.3	7.1	3.7	0.18
贵 州	Guizhou	100.0	52.7	47.3	5.4	31.1	45.0	8.3	6.4	3.7	0.09
云 南	Yunnan	100.0	54.3	45.7	2.9	41.2	36.1	9.5	5.6	4.4	0.22
西 藏	Tibet	100.0	53.4	46.6	19.9	46.3	20.6	7.3	2.9	3.0	
陕 西	Shaanxi	100.0	56.4	43.6	1.4	11.8	45.4	20.4	12.6	7.3	1.11
甘 肃	Gansu	100.0	54.8	45.2	5.7	25.7	39.9	14.3	8.3	5.8	0.26
青 海	Qinghai	100.0	56.0	44.0	5.2	27.2	37.2	13.9	9.2	6.8	0.40
宁 夏	Ningxia	100.0	55.9	44.1	7.8	23.6	41.0	12.3	8.7	6.5	0.17
新 疆	Xinjiang	100.0	55.6	44.4	1.0	23.2	44.6	13.5	11.7	5.6	0.37

资料来源：2014年9月劳动力调查资料(下表同)。

Data Source: Labor Force Survey in Sep.2014. The same applies to the tables following.

3-2 分地区全国男性就业人员受教育程度构成
Educational Attainment of Male Employed Persons by Region

单位：% (%)

地 区	Region	男 性 就业人员 Male Employed Persons	未上过学 No Schooling	小 学 Primary School	初 中 Junior Secondary School	高 中 Senior Secondary School	大学专科 College	大学本科 University	研究生及以上 Graduate and Higher Level
全 国	**National Total**	**100.0**	**1.0**	**15.5**	**47.9**	**19.3**	**9.4**	**6.3**	**0.58**
北 京	Beijing	100.0	0.2	2.7	22.5	21.1	17.0	28.3	8.20
天 津	Tianjin	100.0	0.2	7.4	42.1	19.7	17.3	12.3	1.14
河 北	Hebei	100.0	0.5	13.4	57.8	15.8	7.4	4.8	0.21
山 西	Shanxi	100.0	0.8	9.8	52.8	21.0	10.2	5.2	0.22
内蒙古	Inner Mongolia	100.0	0.8	17.1	45.6	18.9	10.9	6.2	0.45
辽 宁	Liaoning	100.0	0.5	12.0	56.2	15.5	8.7	6.6	0.46
吉 林	Jilin	100.0	0.6	16.5	54.3	14.7	7.0	6.5	0.28
黑龙江	Heilongjiang	100.0	0.7	17.2	55.9	14.9	7.0	4.2	0.20
上 海	Shanghai	100.0	0.0	3.3	29.3	27.0	18.9	18.9	2.45
江 苏	Jiangsu	100.0	0.8	12.2	46.5	21.8	11.6	6.6	0.63
浙 江	Zhejiang	100.0	1.0	19.0	40.6	19.4	11.0	8.6	0.58
安 徽	Anhui	100.0	2.6	16.1	55.5	13.2	7.4	4.8	0.46
福 建	Fujian	100.0	0.6	17.6	45.2	19.3	9.2	7.5	0.61
江 西	Jiangxi	100.0	0.8	14.9	51.5	20.7	7.5	4.5	0.21
山 东	Shandong	100.0	1.0	13.1	46.0	21.6	10.3	7.5	0.53
河 南	Henan	100.0	1.5	11.4	53.9	20.2	7.9	4.8	0.34
湖 北	Hubei	100.0	1.7	12.0	46.2	23.8	10.0	5.6	0.65
湖 南	Hunan	100.0	0.7	13.7	43.9	26.5	9.7	5.1	0.44
广 东	Guangdong	100.0	0.3	9.4	46.9	27.2	10.1	5.8	0.35
广 西	Guangxi	100.0	0.7	16.3	59.2	13.3	7.3	2.9	0.28
海 南	Hainan	100.0	0.6	9.2	48.3	24.6	9.7	7.4	0.30
重 庆	Chongqing	100.0	1.1	27.8	39.4	17.3	8.6	5.4	0.55
四 川	Sichuan	100.0	1.1	24.2	46.4	16.7	7.3	4.1	0.16
贵 州	Guizhou	100.0	2.2	28.7	48.7	9.4	7.1	3.8	0.12
云 南	Yunnan	100.0	1.7	37.8	40.3	10.1	5.5	4.4	0.23
西 藏	Tibet	100.0	16.6	47.4	22.6	7.6	2.8	2.9	
陕 西	Shaanxi	100.0	0.8	10.0	46.0	22.4	12.0	7.7	1.16
甘 肃	Gansu	100.0	2.6	21.8	42.9	17.4	8.4	6.6	0.29
青 海	Qinghai	100.0	3.5	24.9	40.1	15.5	8.9	6.8	0.40
宁 夏	Ningxia	100.0	4.9	21.2	45.2	13.6	8.7	6.3	0.20
新 疆	Xinjiang	100.0	0.9	22.2	46.3	14.1	10.9	5.2	0.41

3-3 分地区全国女性就业人员受教育程度构成

Educational Attainment of Female Employed Persons by Region

单位：% (%)

地区	Region	女性就业人员 Female Employed Persons	未上过学 No Schooling	小学 Primary School	初中 Junior Secondary School	高中 Senior Secondary School	大学专科 College	大学本科 University	研究生及以上 Graduate and Higher Level
全国	**National Total**	**100.0**	**2.8**	**21.4**	**45.2**	**14.7**	**9.3**	**6.1**	**0.51**
北京	Beijing	100.0	0.4	3.6	18.5	18.1	20.6	31.4	7.38
天津	Tianjin	100.0	0.2	5.5	35.0	19.7	19.8	18.1	1.69
河北	Hebei	100.0	2.3	17.9	51.9	13.4	8.4	5.9	0.24
山西	Shanxi	100.0	1.4	13.1	49.3	17.6	11.8	6.4	0.39
内蒙古	Inner Mongolia	100.0	2.8	23.6	39.0	14.7	12.6	7.0	0.37
辽宁	Liaoning	100.0	0.3	13.1	54.5	14.1	9.8	7.6	0.54
吉林	Jilin	100.0	1.0	19.2	50.6	13.0	8.4	7.4	0.45
黑龙江	Heilongjiang	100.0	0.8	23.1	52.6	11.5	7.1	4.6	0.26
上海	Shanghai	100.0	0.4	5.3	28.1	19.7	20.6	23.5	2.45
江苏	Jiangsu	100.0	3.2	19.9	43.8	15.4	10.7	6.3	0.55
浙江	Zhejiang	100.0	3.1	21.5	38.1	14.0	12.8	10.0	0.45
安徽	Anhui	100.0	7.6	26.2	47.2	8.7	6.0	3.9	0.34
福建	Fujian	100.0	2.6	23.7	39.3	15.6	10.7	7.6	0.38
江西	Jiangxi	100.0	2.0	25.4	50.7	12.5	6.0	3.1	0.28
山东	Shandong	100.0	3.0	21.0	44.3	15.6	9.3	6.5	0.45
河南	Henan	100.0	2.4	18.0	52.6	16.3	6.8	3.7	0.19
湖北	Hubei	100.0	3.4	20.2	44.0	16.8	9.7	5.4	0.47
湖南	Hunan	100.0	1.3	18.1	44.9	19.4	10.7	5.2	0.41
广东	Guangdong	100.0	0.7	16.0	49.1	19.9	9.1	4.9	0.41
广西	Guangxi	100.0	1.1	20.8	56.9	10.8	7.1	3.1	0.24
海南	Hainan	100.0	3.1	14.3	52.6	17.3	6.7	5.9	0.16
重庆	Chongqing	100.0	3.4	30.9	37.1	14.7	8.3	5.0	0.59
四川	Sichuan	100.0	3.3	28.9	44.0	13.6	6.9	3.2	0.20
贵州	Guizhou	100.0	9.0	33.8	40.8	7.0	5.7	3.6	0.05
云南	Yunnan	100.0	4.4	45.2	31.1	8.8	5.7	4.5	0.20
西藏	Tibet	100.0	23.6	45.1	18.4	6.9	2.9	3.0	
陕西	Shaanxi	100.0	2.2	14.1	44.5	17.8	13.5	6.8	1.04
甘肃	Gansu	100.0	9.4	30.5	36.3	10.7	8.1	4.9	0.22
青海	Qinghai	100.0	7.4	30.2	33.5	11.9	9.7	6.9	0.39
宁夏	Ningxia	100.0	11.4	26.8	35.6	10.6	8.8	6.7	0.14
新疆	Xinjiang	100.0	1.2	24.5	42.5	12.8	12.7	6.0	0.31

3-4 按年龄、性别分的全国就业人员受教育程度构成
Educational Attainment of Employed Persons by Age and Sex

单位：% (%)

年龄 Age	就业人员 Employed Persons	未上过学 No Schooling	小学 Primary School	初中 Junior Secondary School	高中 Senior Secondary School	大学专科 College	大学本科 University	研究生及以上 Graduate and Higher Level
总计 Total	**100.0**	**1.8**	**18.1**	**46.7**	**17.2**	**9.3**	**6.2**	**0.5**
16-19	100.0	0.2	5.9	64.4	25.3	3.7	0.6	
20-24	100.0	0.1	3.4	44.2	26.4	17.3	8.4	0.1
25-29	100.0	0.2	4.3	42.6	22.1	17.2	12.8	0.9
30-34	100.0	0.3	5.5	45.8	20.7	13.9	12.2	1.6
35-39	100.0	0.4	9.7	51.0	19.2	11.0	7.8	0.9
40-44	100.0	0.8	14.9	54.4	16.3	8.1	5.0	0.5
45-49	100.0	1.0	19.9	55.3	14.2	5.8	3.6	0.3
50-54	100.0	1.6	21.6	50.2	18.0	5.4	2.9	0.2
55-59	100.0	3.7	39.3	39.5	12.9	3.2	1.2	0.1
60-64	100.0	7.5	56.8	30.5	4.1	0.7	0.4	0.0
65+	100.0	14.9	62.6	19.9	2.1	0.3	0.1	0.0
男 Male	**100.0**	**1.0**	**15.5**	**47.9**	**19.3**	**9.4**	**6.3**	**0.6**
16-19	100.0	0.2	4.9	68.8	22.4	3.1	0.6	
20-24	100.0	0.2	3.4	46.4	27.9	14.6	7.5	0.1
25-29	100.0	0.2	3.8	42.2	24.2	16.7	12.0	0.9
30-34	100.0	0.2	4.9	45.2	22.2	13.7	12.3	1.5
35-39	100.0	0.2	8.6	49.9	20.7	11.3	8.3	1.0
40-44	100.0	0.5	12.0	54.3	18.1	8.8	5.6	0.6
45-49	100.0	0.4	15.4	56.8	16.2	6.4	4.4	0.4
50-54	100.0	0.8	15.2	51.4	22.1	6.6	3.6	0.4
55-59	100.0	1.6	29.0	44.8	17.9	4.8	1.7	0.2
60-64	100.0	3.4	51.3	37.5	6.0	1.1	0.5	0.0
65+	100.0	8.9	61.8	25.6	3.0	0.4	0.2	0.0
女 Female	**100.0**	**2.8**	**21.4**	**45.2**	**14.7**	**9.3**	**6.1**	**0.5**
16-19	100.0	0.1	7.1	58.5	29.1	4.6	0.6	
20-24	100.0	0.1	3.4	41.4	24.6	20.7	9.6	0.1
25-29	100.0	0.2	4.8	43.2	19.5	17.7	13.7	1.0
30-34	100.0	0.3	6.3	46.6	18.9	14.2	12.1	1.6
35-39	100.0	0.6	10.9	52.3	17.4	10.7	7.3	0.8
40-44	100.0	1.0	18.3	54.7	14.1	7.3	4.3	0.3
45-49	100.0	1.6	25.2	53.5	11.7	5.0	2.7	0.2
50-54	100.0	2.9	30.5	48.6	12.3	3.7	1.9	0.1
55-59	100.0	6.8	54.5	31.7	5.5	0.9	0.5	0.0
60-64	100.0	12.5	63.6	21.7	1.7	0.3	0.1	0.0
65+	100.0	23.6	63.7	11.7	0.8	0.1	0.0	0.0

3-5 按受教育程度、性别分的全国就业人员年龄构成

Age Composition of Employed Persons by Educational Attainment and Sex

单位：%　　(%)

年 龄 Age	就业人员 Employed Persons	未上过学 No Schooling	小学 Primary School	初中 Junior Secondary School	高中 Senior Secondary School	大学专科 College	大学本科 University	研究生及以上 Graduate and Higher Level
总计 Total	**100.0**	**100.0**	**100.0**	**100.0**	**100.0**	**100.0**	**100.0**	**100.0**
16-19	1.8	0.2	0.6	2.4	2.6	0.7	0.2	
20-24	8.7	0.7	1.6	8.2	13.3	16.1	11.7	1.8
25-29	12.5	1.2	2.9	11.4	16.0	23.0	25.5	21.3
30-34	12.0	1.7	3.6	11.8	14.4	17.9	23.5	34.0
35-39	11.1	2.3	5.9	12.1	12.3	13.1	13.9	18.3
40-44	14.4	6.0	11.9	16.8	13.6	12.6	11.5	12.1
45-49	13.1	7.1	14.4	15.5	10.8	8.1	7.6	6.6
50-54	9.5	8.4	11.3	10.2	9.9	5.5	4.3	4.3
55-59	7.1	14.5	15.5	6.0	5.3	2.5	1.4	1.4
60-64	5.5	22.5	17.3	3.6	1.3	0.4	0.3	0.2
65+	4.4	35.6	15.1	1.9	0.5	0.1	0.1	0.1
男 Male	**100.0**	**100.0**	**100.0**	**100.0**	**100.0**	**100.0**	**100.0**	**100.0**
16-19	1.8	0.4	0.6	2.6	2.1	0.6	0.2	
20-24	8.8	1.5	1.9	8.5	12.7	13.7	10.4	1.5
25-29	12.2	2.0	3.0	10.8	15.3	21.8	23.1	18.9
30-34	11.6	2.3	3.6	11.0	13.4	17.0	22.6	30.1
35-39	10.8	2.3	6.0	11.2	11.5	13.0	14.1	18.6
40-44	14.0	7.2	10.9	15.9	13.1	13.2	12.4	14.4
45-49	12.8	5.6	12.8	15.2	10.8	8.8	8.9	7.8
50-54	10.0	7.4	9.8	10.8	11.5	7.1	5.7	6.1
55-59	7.7	12.2	14.4	7.2	7.1	3.9	2.1	2.2
60-64	5.5	18.5	18.3	4.3	1.7	0.6	0.5	0.3
65+	4.7	40.7	18.7	2.5	0.7	0.2	0.1	0.2
女 Female	**100.0**	**100.0**	**100.0**	**100.0**	**100.0**	**100.0**	**100.0**	**100.0**
16-19	1.7	0.1	0.6	2.2	3.3	0.8	0.2	
20-24	8.5	0.3	1.4	7.8	14.3	19.1	13.4	2.3
25-29	12.8	0.8	2.9	12.2	17.0	24.4	28.5	24.6
30-34	12.5	1.4	3.7	12.9	16.0	19.0	24.6	39.5
35-39	11.4	2.3	5.8	13.3	13.6	13.2	13.7	17.8
40-44	14.9	5.4	12.8	18.0	14.3	11.8	10.4	8.8
45-49	13.5	7.8	15.9	16.0	10.8	7.3	5.9	4.7
50-54	8.8	8.9	12.5	9.5	7.4	3.5	2.7	1.8
55-59	6.4	15.5	16.4	4.5	2.4	0.6	0.5	0.4
60-64	5.5	24.3	16.3	2.6	0.6	0.2	0.1	0.0
65+	4.0	33.2	11.9	1.0	0.2	0.0	0.0	0.1

3-6 按行业、性别分的全国就业人员受教育程度构成

Educational Attainment of Employed Persons by Sector and Sex

单位：% (%)

受教育程度	Educational Attainment	就业人员 Employed Persons	农、林、牧、渔业 Agriculture, Forestry, Animal Husbandry and Fishery	采矿业 Mining	制造业 Manu-facturing	电力、热力、燃气及水生产和供应业 Production and Supply of Electricity Power, Heat Power, Gas and Water	建筑业 Construction	批发和零售业 Wholesale and Retail Trades
总 计	**Total**	**100.0**	**100.0**	**100.0**	**100.0**	**100.0**	**100.0**	**100.0**
未上过学	No Schooling	1.8	4.4	0.3	0.5	0.2	0.7	0.6
小 学	Primary School	18.1	35.8	12.2	10.3	3.4	16.5	8.5
初 中	Junior Secondary School	46.7	52.2	42.5	51.8	25.9	59.7	45.5
高 中	Senior Secondary School	17.2	6.6	27.7	22.8	29.9	14.6	28.1
大学专科	College	9.3	0.7	10.9	9.7	24.6	5.6	12.3
大学本科	University	6.2	0.18	6.3	4.6	15.2	2.7	4.8
研究生及以上	Graduate and Higher Level	0.5	0.01	0.3	0.3	0.8	0.1	0.2
男	**Male**	**100.0**	**100.0**	**100.0**	**100.0**	**100.0**	**100.0**	**100.0**
未上过学	No Schooling	1.0	2.7	0.3	0.3	0.2	0.6	0.4
小 学	Primary School	15.5	32.2	13.5	8.5	3.7	15.8	8.3
初 中	Junior Secondary School	47.9	55.6	43.0	48.9	29.4	61.5	44.2
高 中	Senior Secondary School	19.3	8.4	27.0	26.3	30.1	14.9	28.3
大学专科	College	9.4	0.9	10.0	10.4	21.5	4.8	12.8
大学本科	University	6.3	0.2	6.1	5.2	14.1	2.2	5.8
研究生及以上	Graduate and Higher Level	0.6	0.02	0.2	0.4	0.9	0.1	0.3
女	**Female**	**100.0**	**100.0**	**100.0**	**100.0**	**100.0**	**100.0**	**100.0**
未上过学	No Schooling	2.8	5.9	0.4	0.9	0.2	1.3	0.7
小 学	Primary School	21.4	39.1	6.4	12.7	2.7	21.7	8.7
初 中	Junior Secondary School	45.2	49.3	40.0	55.7	17.3	47.6	46.7
高 中	Senior Secondary School	14.7	5.0	30.9	18.1	29.4	12.7	27.9
大学专科	College	9.3	0.5	14.8	8.7	32.1	10.5	11.8
大学本科	University	6.1	0.14	7.1	3.8	17.7	6.0	4.0
研究生及以上	Graduate and Higher Level	0.5	0.00	0.4	0.2	0.7	0.2	0.2

注：劳动力调查自2011年开始使用新国民经济行业分类(下表同)。
Note: The new industry classification has been used since 2011 in Labor Force Survey. The same applies to the tables following.

3-6 续表 1 continued

单位：% (%)

受教育程度	Educational Attainment	交通运输、仓储和邮政业 Transport, Storage and Post	住宿和餐饮业 Hotels and Catering Services	信息传输、软件和信息技术服务业 Information Transmission, Software and Information Technical Services	金融业 Financial Intermediation	房地产业 Real Estate	租赁和商务服务业 Leasing and Business Services	科学研究和技术服务业 Scientific Research and Technical Services
总 计	**Total**	**100.0**	**100.0**	**100.0**	**100.0**	**100.0**	**100.0**	**100.0**
未上过学	No Schooling	0.3	0.6	0.5	0.1	0.5	0.3	0.0
小 学	Primary School	6.7	10.6	5.1	2.6	7.9	5.1	1.8
初 中	Junior Secondary School	51.4	55.9	35.0	16.6	29.9	28.6	16.8
高 中	Senior Secondary School	25.9	23.0	23.1	20.6	27.4	24.7	17.3
大学专科	College	10.8	7.3	18.6	28.3	22.6	21.8	23.8
大学本科	University	4.7	2.4	16.2	29.3	11.2	17.8	31.6
研究生及以上	Graduate and Higher Level	0.2	0.1	1.7	2.7	0.5	1.6	8.6
男	**Male**	**100.0**	**100.0**	**100.0**	**100.0**	**100.0**	**100.0**	**100.0**
未上过学	No Schooling	0.2	0.3	0.6	0.0	0.2	0.2	0.0
小 学	Primary School	7.1	7.8	4.7	1.7	7.7	5.5	1.6
初 中	Junior Secondary School	54.3	54.0	31.3	15.8	32.1	32.1	17.1
高 中	Senior Secondary School	26.1	26.8	23.0	22.4	29.2	26.3	17.1
大学专科	College	8.6	8.2	19.5	29.0	20.1	19.3	22.6
大学本科	University	3.5	2.8	18.7	28.4	10.4	15.0	32.6
研究生及以上	Graduate and Higher Level	0.2	0.2	2.1	2.6	0.4	1.5	9.0
女	**Female**	**100.0**	**100.0**	**100.0**	**100.0**	**100.0**	**100.0**	**100.0**
未上过学	No Schooling	0.4	0.9	0.2	0.1	1.0	0.4	
小 学	Primary School	5.0	13.0	5.5	3.4	8.2	4.6	2.2
初 中	Junior Secondary School	37.6	57.6	39.3	17.3	26.5	23.2	16.4
高 中	Senior Secondary School	24.9	19.8	23.1	18.9	24.7	22.3	17.6
大学专科	College	21.1	6.5	17.5	27.5	26.6	25.7	25.9
大学本科	University	10.6	2.0	13.1	30.1	12.4	22.2	29.9
研究生及以上	Graduate and Higher Level	0.4	0.1	1.2	2.7	0.6	1.6	8.0

注：劳动力调查自2011年开始使用新国民经济行业分类(下表同)。
Note: The new industry classification has been used since 2011 in Labor Force Survey. The same applies to the tables following.

3-6 续表 2 continued

单位：% (%)

受教育程度	Educational Attainment	水利、环境和公共设施管理业 Management of Water Conservancy, Environment and Public Facilities	居民服务、修理和其他服务业 Services to Households, Repair and Other Services	教育 Education	卫生和社会工作 Health and Society	文化、体育和娱乐业 Culture, Sports and Entertainment	公共管理、社会保障和社会组织 Public Management Social Security and Social Organizations	国际组织 International Organizations
总　计	**Total**	**100.0**	**100.0**	**100.0**	**100.0**	**100.0**	**100.0**	**100.0**
未上过学	No Schooling	1.0	1.0	0.1	0.2	0.2	0.3	
小　学	Primary School	13.7	10.9	2.1	2.2	4.8	2.7	
初　中	Junior Secondary School	33.7	52.9	12.8	13.9	27.0	11.8	59.7
高　中	Senior Secondary School	21.6	24.2	15.4	20.3	22.2	20.6	21.2
大学专科	College	17.3	8.2	27.6	34.2	22.6	32.3	6.0
大学本科	University	11.8	2.8	36.7	26.2	21.3	30.3	13.1
研究生及以上	Graduate and Higher Level	1.0	0.1	5.3	3.0	1.8	2.1	
男	**Male**	**100.0**	**100.0**	**100.0**	**100.0**	**100.0**	**100.0**	**100.0**
未上过学	No Schooling	0.5	0.6	0.1	0.1	0.3	0.2	
小　学	Primary School	13.5	9.6	2.4	2.8	4.1	2.5	
初　中	Junior Secondary School	31.9	53.0	12.8	18.3	28.0	12.1	70.4
高　中	Senior Secondary School	24.1	26.1	15.0	21.1	25.4	21.2	18.2
大学专科	College	17.9	8.0	26.1	26.8	20.8	32.4	11.4
大学本科	University	11.1	2.6	37.4	27.0	20.1	29.6	
研究生及以上	Graduate and Higher Level	1.0	0.1	6.3	3.9	1.3	2.1	
女	**Female**	**100.0**	**100.0**	**100.0**	**100.0**	**100.0**	**100.0**	**100.0**
未上过学	No Schooling	1.8	1.5	0.2	0.2	0.2	0.4	
小　学	Primary School	14.0	12.5	1.9	1.9	5.6	3.1	
初　中	Junior Secondary School	36.4	52.8	12.7	11.0	25.8	11.2	48.1
高　中	Senior Secondary School	17.8	21.6	15.7	19.7	18.6	19.5	24.5
大学专科	College	16.3	8.4	28.6	39.0	24.6	32.1	
大学本科	University	12.9	3.1	36.2	25.7	22.8	31.7	27.4
研究生及以上	Graduate and Higher Level	0.8	0.1	4.6	2.4	2.3	2.1	

注：劳动力调查自2011年开始使用新国民经济行业分类(下表同)。
Note: The new industry classification has been used since 2011 in Labor Force Survey. The same applies to the tables following.

3-7 按职业、性别分的全国就业人员受教育程度构成

Educational Attainment of Employed Persons by Occupation and Sex

单位: % (%)

受教育程度	Educational Attainment	就业人员 Employed Persons	单位负责人 Unit Head	专业技术人员 Technical Personnel	办事人员和有关人员 Clerk and Related Workers	商业、服务业人员 Business Service Personnel	农林牧渔水利业生产人员 Producers in the Sectors of Agriculture, Forestry, Animal Husbandry, Fishery and Water Conservancy	生产运输设备操作人员及有关人员 Production, Transport Equipment Operators and Related Workers	其他 Others
总计	**Total**	**100.0**	**100.0**	**100.0**	**100.0**	**100.0**	**100.0**	**100.0**	**100.0**
未上过学	No Schooling	1.8	0.2	0.2	0.2	0.7	4.4	0.6	0.9
小学	Primary School	18.1	4.6	4.0	3.9	9.6	35.6	12.8	11.3
初中	Junior Secondary School	46.7	30.5	18.3	19.0	48.5	52.2	58.5	51.3
高中	Senior Secondary School	17.2	26.3	19.4	23.9	26.1	6.8	20.1	23.1
大学专科	College	9.3	21.9	27.7	27.9	10.7	0.7	5.9	9.5
大学本科	University	6.2	15.1	27.1	23.4	4.3	0.2	2.0	3.7
研究生及以上	Graduate and Higher Level	0.5	1.5	3.3	1.7	0.1	0.0	0.1	0.2
男	**Male**	**100.0**	**100.0**	**100.0**	**100.0**	**100.0**	**100.0**	**100.0**	**100.0**
未上过学	No Schooling	1.0	0.1	0.2	0.2	0.4	2.6	0.5	0.7
小学	Primary School	15.5	4.6	3.8	4.6	8.6	31.8	11.8	9.7
初中	Junior Secondary School	47.9	30.9	21.5	21.2	47.1	55.5	57.5	47.8
高中	Senior Secondary School	19.3	26.1	19.3	24.7	27.5	8.8	21.9	28.7
大学专科	College	9.4	21.9	24.4	25.7	11.3	1.0	6.2	8.4
大学本科	University	6.3	15.1	27.0	22.0	4.9	0.3	2.1	4.3
研究生及以上	Graduate and Higher Level	0.6	1.3	3.8	1.6	0.2	0.0	0.1	0.4
女	**Female**	**100.0**	**100.0**	**100.0**	**100.0**	**100.0**	**100.0**	**100.0**	**100.0**
未上过学	No Schooling	2.8	0.6	0.2	0.2	0.9	5.9	1.1	1.3
小学	Primary School	21.4	4.5	4.1	2.7	10.6	39.0	15.1	13.2
初中	Junior Secondary School	45.2	29.2	15.3	15.3	49.9	49.3	60.9	55.6
高中	Senior Secondary School	14.7	26.9	19.5	22.5	24.7	5.1	15.9	16.1
大学专科	College	9.3	21.8	30.8	31.6	10.1	0.5	5.1	10.9
大学本科	University	6.1	15.0	27.2	25.8	3.7	0.1	1.9	2.9
研究生及以上	Graduate and Higher Level	0.5	2.0	2.9	1.8	0.1	0.0	0.1	

3-8 按受教育程度、性别分的全国就业人员职业构成

Occupation of Employed Persons by Educational Attainment and Sex

单位：% (%)

受教育程度	Educational Attainment	就业人员 Employed Persons	单位负责人 Unit Head	专业技术人员 Technical Personnel	办事人员和有关人员 Clerk and Related Workers	商业、服务业人员 Business Service Personnel	农林牧渔水利业生产人员 Producers in the Sectors of Agriculture, Forestry,Animal Husbandry, Fishery and Water Conservancy	生产运输设备操作人员及有关人员 Production, Transport Equipment Operators and Related Workers	其他 Others
总计	**Total**	**100.0**	**2.2**	**10.4**	**6.8**	**22.2**	**34.1**	**23.9**	**0.4**
未上过学	No Schooling	100.0	0.3	1.1	0.7	8.1	81.2	8.4	0.2
小学	Primary School	100.0	0.5	2.3	1.5	11.7	66.9	16.8	0.2
初中	Junior Secondary School	100.0	1.4	4.1	2.8	23.1	38.2	30.0	0.4
高中	Senior Secondary School	100.0	3.3	11.6	9.4	33.6	13.5	27.9	0.5
大学专科	College	100.0	5.1	30.8	20.3	25.5	2.7	15.1	0.4
大学本科	University	100.0	5.3	44.9	25.5	15.2	1.1	7.7	0.2
研究生及以上	Graduate and Higher Level	100.0	5.9	62.9	20.7	6.0	0.7	3.7	0.1
男	**Male**	**100.0**	**3.0**	**9.1**	**7.8**	**20.1**	**29.3**	**30.4**	**0.4**
未上过学	No Schooling	100.0	0.3	1.5	1.3	8.4	74.9	13.4	0.3
小学	Primary School	100.0	0.9	2.2	2.3	11.1	60.1	23.0	0.3
初中	Junior Secondary School	100.0	1.9	4.1	3.5	19.7	33.9	36.5	0.4
高中	Senior Secondary School	100.0	4.0	9.1	9.9	28.6	13.3	34.4	0.6
大学专科	College	100.0	7.0	23.8	21.4	24.2	3.1	20.2	0.4
大学本科	University	100.0	7.1	38.8	27.1	15.4	1.3	9.9	0.3
研究生及以上	Graduate and Higher Level	100.0	6.9	59.9	21.5	5.9	1.1	4.4	0.3
女	**Female**	**100.0**	**1.2**	**11.9**	**5.6**	**24.9**	**40.1**	**16.0**	**0.4**
未上过学	No Schooling	100.0	0.3	0.9	0.5	8.0	84.1	6.1	0.2
小学	Primary School	100.0	0.2	2.3	0.7	12.3	72.9	11.3	0.2
初中	Junior Secondary School	100.0	0.8	4.0	1.9	27.5	43.8	21.6	0.5
高中	Senior Secondary School	100.0	2.2	15.8	8.6	41.9	13.9	17.3	0.4
大学专科	College	100.0	2.8	39.6	19.0	27.2	2.3	8.7	0.5
大学本科	University	100.0	2.9	52.7	23.5	14.9	0.9	4.9	0.2
研究生及以上	Graduate and Higher Level	100.0	4.5	67.0	19.5	6.1	0.3	2.6	

3-9 按年龄、性别分的全国就业人员就业身份构成

Employment Status of Employed Persons by Age and Sex

单位：% (%)

年龄 Age	就业人员 Employed Persons	雇员 Employee	雇主 Employer	自营劳动者 Self-Employed	家庭帮工 Unpaid Familial Worker
总计 Total	**100.0**	**49.8**	**4.4**	**43.2**	**2.7**
16-19	100.0	63.6	0.8	32.6	3.1
20-24	100.0	71.2	2.3	23.2	3.3
25-29	100.0	66.5	3.8	26.8	2.9
30-34	100.0	60.4	5.6	31.0	3.0
35-39	100.0	55.8	6.5	35.0	2.7
40-44	100.0	50.7	6.0	40.6	2.6
45-49	100.0	45.1	4.9	47.5	2.6
50-54	100.0	41.9	4.5	51.2	2.5
55-59	100.0	30.8	2.9	64.1	2.2
60-64	100.0	17.6	2.0	78.3	2.1
65+	100.0	9.5	1.6	87.3	1.7
男 Male	**100.0**	**52.9**	**5.5**	**40.6**	**1.1**
16-19	100.0	63.6	1.0	32.0	3.5
20-24	100.0	70.2	2.8	23.8	3.2
25-29	100.0	67.6	4.6	26.1	1.7
30-34	100.0	61.7	6.8	30.5	1.0
35-39	100.0	57.7	7.8	33.9	0.6
40-44	100.0	52.6	7.7	39.2	0.5
45-49	100.0	49.2	6.3	44.0	0.5
50-54	100.0	50.6	5.8	43.0	0.5
55-59	100.0	41.7	3.7	53.8	0.8
60-64	100.0	24.3	2.7	71.9	1.1
65+	100.0	12.2	2.2	84.5	1.2
女 Female	**100.0**	**46.0**	**3.1**	**46.3**	**4.6**
16-19	100.0	63.7	0.5	33.3	2.6
20-24	100.0	72.4	1.7	22.5	3.4
25-29	100.0	65.2	2.8	27.6	4.4
30-34	100.0	58.8	4.1	31.7	5.3
35-39	100.0	53.7	4.9	36.2	5.2
40-44	100.0	48.6	4.1	42.2	5.1
45-49	100.0	40.3	3.2	51.6	5.0
50-54	100.0	29.6	2.7	62.6	5.2
55-59	100.0	14.6	1.8	79.3	4.2
60-64	100.0	9.3	1.0	86.4	3.3
65+	100.0	5.6	0.7	91.4	2.3

3-10 按就业身份、性别分的全国就业人员年龄构成
Age Composition of Employed Persons by Employment Status and Sex

单位：% (%)

年 龄 Age	就业人员 Employed Persons	雇 员 Employee	雇 主 Employer	自营劳动者 Self-Employed	家庭帮工 Unpaid Familial Worker
总计 Total	**100.0**	**100.0**	**100.0**	**100.0**	**100.0**
16-19	1.8	2.2	0.3	1.3	2.0
20-24	8.7	12.4	4.6	4.7	10.8
25-29	12.5	16.7	10.8	7.7	13.6
30-34	12.0	14.5	15.2	8.6	13.5
35-39	11.1	12.4	16.3	9.0	11.4
40-44	14.4	14.7	19.8	13.6	14.2
45-49	13.1	11.9	14.5	14.4	12.6
50-54	9.5	8.0	9.7	11.2	8.8
55-59	7.1	4.4	4.8	10.6	5.9
60-64	5.5	2.0	2.5	10.0	4.3
65+	4.4	0.8	1.6	8.9	2.7
男 Male	**100.0**	**100.0**	**100.0**	**100.0**	**100.0**
16-19	1.8	2.2	0.3	1.4	5.7
20-24	8.8	11.7	4.4	5.2	25.9
25-29	12.2	15.6	10.4	7.9	18.6
30-34	11.6	13.6	14.5	8.7	10.3
35-39	10.8	11.8	15.4	9.0	6.0
40-44	14.0	13.9	19.7	13.5	6.6
45-49	12.8	12.0	14.8	13.9	5.6
50-54	10.0	9.6	10.6	10.6	5.0
55-59	7.7	6.1	5.2	10.2	5.8
60-64	5.5	2.5	2.8	9.8	5.7
65+	4.7	1.1	1.9	9.8	5.0
女 Female	**100.0**	**100.0**	**100.0**	**100.0**	**100.0**
16-19	1.7	2.3	0.3	1.2	0.9
20-24	8.5	13.4	4.8	4.1	6.4
25-29	12.8	18.1	11.8	7.6	12.2
30-34	12.5	15.9	16.7	8.5	14.5
35-39	11.4	13.4	18.3	8.9	13.1
40-44	14.9	15.7	20.1	13.6	16.5
45-49	13.5	11.8	13.9	15.0	14.7
50-54	8.8	5.7	7.6	11.9	9.9
55-59	6.4	2.0	3.8	11.0	5.9
60-64	5.5	1.1	1.8	10.2	3.9
65+	4.0	0.5	0.9	7.9	2.0

3-11 按受教育程度、性别分的全国就业人员就业身份构成

Employment Status of Employed Persons by Educational Attainment and Sex

单位：% (%)

受教育程度	Educational Attainment	就业人员 Employed Persons	雇员 Employee	雇主 Employer	自营劳动者 Self-Employed	家庭帮工 Unpaid Familial Worker
总计	**Total**	**100.0**	**49.8**	**4.4**	**43.2**	**2.7**
未上过学	No Schooling	100.0	11.2	1.0	85.1	2.7
小学	Primary School	100.0	21.1	2.2	74.2	2.5
初中	Junior Secondary School	100.0	42.3	4.4	49.9	3.3
高中	Senior Secondary School	100.0	66.6	7.1	23.6	2.7
大学专科	College	100.0	87.4	5.0	6.4	1.2
大学本科	University	100.0	93.8	3.3	2.5	0.4
研究生及以上	Graduate and Higher Level	100.0	96.8	2.2	0.9	0.1
男	**Male**	**100.0**	**52.9**	**5.5**	**40.6**	**1.1**
未上过学	No Schooling	100.0	16.1	1.6	80.7	1.7
小学	Primary School	100.0	26.1	3.1	69.9	0.9
初中	Junior Secondary School	100.0	45.0	5.4	48.5	1.1
高中	Senior Secondary School	100.0	65.6	7.9	24.9	1.6
大学专科	College	100.0	85.7	6.0	7.3	0.9
大学本科	University	100.0	92.9	4.2	2.6	0.3
研究生及以上	Graduate and Higher Level	100.0	96.2	2.8	0.9	0.1
女	**Female**	**100.0**	**46.0**	**3.1**	**46.3**	**4.6**
未上过学	No Schooling	100.0	9.0	0.7	87.1	3.2
小学	Primary School	100.0	16.5	1.5	78.0	4.0
初中	Junior Secondary School	100.0	38.9	3.2	51.8	6.2
高中	Senior Secondary School	100.0	68.2	5.7	21.5	4.6
大学专科	College	100.0	89.6	3.6	5.2	1.5
大学本科	University	100.0	95.0	2.1	2.3	0.5
研究生及以上	Graduate and Higher Level	100.0	97.6	1.4	0.9	0.2

3-12 按就业身份、性别分的全国就业人员受教育程度构成
Educational Attainment of Employed Persons by Employment Status and Sex

单位：% (%)

受教育程度	Educational Attainment	就业人员 Employed Persons	雇员 Employee	雇主 Employer	自营劳动者 Self-Employed	家庭帮工 Unpaid Familial Worker
总　计	**Total**	**100.0**	**100.0**	**100.0**	**100.0**	**100.0**
未上过学	No Schooling	1.8	0.4	0.4	3.6	1.9
小　学	Primary School	18.1	7.7	9.2	31.2	17.2
初　中	Junior Secondary School	46.7	39.7	47.1	54.0	58.0
高　中	Senior Secondary School	17.2	23.0	27.8	9.4	17.7
大学专科	College	9.3	16.4	10.5	1.4	4.2
大学本科	University	6.2	11.8	4.7	0.4	0.9
研究生及以上	Graduate and Higher Level	0.5	1.1	0.3	0.0	0.0
男	**Male**	**100.0**	**100.0**	**100.0**	**100.0**	**100.0**
未上过学	No Schooling	1.0	0.3	0.3	2.1	1.6
小　学	Primary School	15.5	7.7	8.7	26.7	12.2
初　中	Junior Secondary School	47.9	40.7	47.5	57.2	48.8
高　中	Senior Secondary School	19.3	24.0	28.0	11.9	27.6
大学专科	College	9.4	15.2	10.3	1.7	8.1
大学本科	University	6.3	11.1	4.9	0.4	1.7
研究生及以上	Graduate and Higher Level	0.6	1.1	0.3	0.0	0.0
女	**Female**	**100.0**	**100.0**	**100.0**	**100.0**	**100.0**
未上过学	No Schooling	2.8	0.6	0.6	5.3	2.0
小　学	Primary School	21.4	7.7	10.2	36.0	18.7
初　中	Junior Secondary School	45.2	38.2	46.4	50.4	60.7
高　中	Senior Secondary School	14.7	21.7	27.3	6.8	14.8
大学专科	College	9.3	18.1	11.0	1.1	3.1
大学本科	University	6.1	12.7	4.2	0.3	0.7
研究生及以上	Graduate and Higher Level	0.5	1.1	0.2	0.0	0.0

3-13 按年龄、性别分的城镇就业人员就业身份构成
Employment Status of Urban Employed Persons by Age and Sex

单位：% (%)

年龄 Age	城镇就业人员 Urban Employed Persons	雇员 Employee	雇主 Employer	自营劳动者 Self-Employed	家庭帮工 Unpaid Familial Worker
总计 Total	**100.0**	**67.9**	**6.3**	**22.7**	**3.1**
16-19	100.0	77.8	1.6	15.5	5.1
20-24	100.0	81.3	3.0	11.8	3.8
25-29	100.0	77.4	5.1	14.2	3.3
30-34	100.0	73.5	6.8	16.8	2.9
35-39	100.0	69.1	8.1	19.9	2.8
40-44	100.0	66.0	7.9	23.1	3.0
45-49	100.0	63.4	6.9	26.5	3.1
50-54	100.0	62.8	6.6	27.5	3.0
55-59	100.0	55.0	5.0	37.1	2.9
60-64	100.0	33.7	4.2	58.6	3.5
65+	100.0	19.7	3.2	74.0	3.0
男 Male	**100.0**	**68.3**	**7.5**	**22.9**	**1.3**
16-19	100.0	76.1	2.1	16.0	5.8
20-24	100.0	79.6	3.7	12.9	3.8
25-29	100.0	76.5	6.0	15.4	2.1
30-34	100.0	72.4	8.2	18.3	1.0
35-39	100.0	68.2	9.8	21.5	0.6
40-44	100.0	65.6	9.5	24.3	0.6
45-49	100.0	64.5	8.5	26.4	0.7
50-54	100.0	67.9	7.8	23.8	0.6
55-59	100.0	64.6	5.5	28.8	1.2
60-64	100.0	41.0	5.3	51.8	1.9
65+	100.0	24.5	4.1	69.3	2.0
女 Female	**100.0**	**67.3**	**4.7**	**22.5**	**5.5**
16-19	100.0	80.0	1.0	14.7	4.2
20-24	100.0	83.4	2.2	10.6	3.8
25-29	100.0	78.5	4.1	12.7	4.6
30-34	100.0	74.8	5.1	15.0	5.2
35-39	100.0	70.2	6.2	18.1	5.5
40-44	100.0	66.5	5.9	21.7	5.9
45-49	100.0	62.1	4.9	26.7	6.3
50-54	100.0	53.5	4.5	34.4	7.6
55-59	100.0	32.8	3.9	56.3	7.0
60-64	100.0	21.9	2.5	69.6	6.0
65+	100.0	12.2	1.8	81.5	4.5

3-14 按就业身份、性别分的城镇就业人员年龄构成
Age Composition of Urban Employed Persons by Employment Status and Sex

单位：% (%)

年 龄 Age	城 镇 就业人员 Urban Employed Persons	雇 员 Employee	雇 主 Employer	自营劳动者 Self-Employed	家庭帮工 Unpaid Familial Worker
总计 Total	**100.0**	**100.0**	**100.0**	**100.0**	**100.0**
16-19	1.4	1.6	0.4	0.9	2.3
20-24	9.1	10.9	4.4	4.7	11.0
25-29	14.3	16.4	11.7	8.9	14.9
30-34	14.6	15.8	15.8	10.8	13.7
35-39	13.0	13.3	17.0	11.4	11.7
40-44	16.0	15.5	20.1	16.2	15.3
45-49	13.2	12.3	14.5	15.4	13.2
50-54	8.9	8.2	9.4	10.7	8.6
55-59	5.1	4.2	4.1	8.4	4.8
60-64	2.7	1.3	1.8	6.9	3.0
65+	1.7	0.5	0.9	5.5	1.6
男 Male	**100.0**	**100.0**	**100.0**	**100.0**	**100.0**
16-19	1.4	1.6	0.4	1.0	6.1
20-24	8.8	10.2	4.3	4.9	25.3
25-29	13.6	15.3	10.9	9.2	21.3
30-34	13.8	14.7	15.2	11.1	10.6
35-39	12.5	12.5	16.4	11.8	5.8
40-44	15.5	14.9	19.9	16.4	7.3
45-49	13.0	12.3	14.7	15.0	6.6
50-54	10.2	10.1	10.6	10.6	4.5
55-59	6.3	6.0	4.6	7.9	5.5
60-64	2.9	1.8	2.1	6.6	4.2
65+	1.8	0.7	1.0	5.5	2.8
女 Female	**100.0**	**100.0**	**100.0**	**100.0**	**100.0**
16-19	1.4	1.7	0.3	0.9	1.1
20-24	9.6	11.8	4.6	4.5	6.6
25-29	15.3	17.8	13.4	8.6	12.9
30-34	15.6	17.3	17.0	10.4	14.7
35-39	13.7	14.3	18.3	11.0	13.5
40-44	16.5	16.3	20.8	15.9	17.8
45-49	13.4	12.3	13.9	15.9	15.3
50-54	7.1	5.7	6.9	10.9	9.8
55-59	3.6	1.7	3.0	8.9	4.5
60-64	2.4	0.8	1.3	7.4	2.6
65+	1.5	0.3	0.6	5.5	1.2

3-15 按受教育程度、性别分的城镇就业人员就业身份构成

Employment Status of Urban Employed Persons by Educational Attainment and Sex

单位：% (%)

受教育程度	Educational Attainment	城镇就业人员 Urban Employed Persons	雇员 Employee	雇主 Employer	自营劳动者 Self-Employed	家庭帮工 Unpaid Familial Worker
总计	**Total**	**100.0**	**67.9**	**6.3**	**22.7**	**3.1**
未上过学	No Schooling	100.0	25.8	3.4	66.2	4.6
小学	Primary School	100.0	35.6	4.8	54.9	4.7
初中	Junior Secondary School	100.0	55.7	6.9	33.0	4.5
高中	Senior Secondary School	100.0	73.7	8.1	15.1	3.1
大学专科	College	100.0	88.5	5.3	5.1	1.1
大学本科	University	100.0	94.1	3.4	2.1	0.4
研究生及以上	Graduate and Higher Level	100.0	97.1	2.3	0.6	0.1
男	**Male**	**100.0**	**68.3**	**7.5**	**22.9**	**1.3**
未上过学	No Schooling	100.0	32.4	4.7	61.0	1.9
小学	Primary School	100.0	39.5	6.2	52.9	1.4
初中	Junior Secondary School	100.0	56.3	8.2	34.0	1.6
高中	Senior Secondary School	100.0	72.6	9.1	16.7	1.7
大学专科	College	100.0	87.1	6.3	5.8	0.9
大学本科	University	100.0	92.8	4.5	2.3	0.3
研究生及以上	Graduate and Higher Level	100.0	96.6	2.9	0.4	0.1
女	**Female**	**100.0**	**67.3**	**4.7**	**22.5**	**5.5**
未上过学	No Schooling	100.0	22.3	2.6	69.0	6.1
小学	Primary School	100.0	31.9	3.5	56.8	7.7
初中	Junior Secondary School	100.0	54.9	5.1	31.7	8.3
高中	Senior Secondary School	100.0	75.4	6.5	12.8	5.3
大学专科	College	100.0	90.3	4.1	4.1	1.5
大学本科	University	100.0	95.6	2.0	1.9	0.5
研究生及以上	Graduate and Higher Level	100.0	97.6	1.4	0.8	0.2

3-16 按就业身份、性别分的城镇就业人员受教育程度构成
Educational Attainment of Urban Employed Persons by Employment Status and Sex

单位：% (%)

受教育程度	Educational Attainment	城镇就业人员 Urban Employed Persons	雇员 Employee	雇主 Employer	自营劳动者 Self-Employed	家庭帮工 Unpaid Familial Worker
总计	**Total**	**100.0**	**100.0**	**100.0**	**100.0**	**100.0**
未上过学	No Schooling	0.8	0.3	0.4	2.2	1.1
小学	Primary School	9.1	4.8	7.0	22.0	13.5
初中	Junior Secondary School	38.1	31.2	41.7	55.2	54.3
高中	Senior Secondary School	23.9	26.0	30.9	15.9	23.8
大学专科	College	15.8	20.6	13.4	3.5	5.8
大学本科	University	11.3	15.6	6.2	1.0	1.4
研究生及以上	Graduate and Higher Level	1.1	1.5	0.4	0.0	0.0
男	**Male**	**100.0**	**100.0**	**100.0**	**100.0**	**100.0**
未上过学	No Schooling	0.5	0.2	0.3	1.2	0.7
小学	Primary School	7.9	4.6	6.5	18.2	8.6
初中	Junior Secondary School	38.3	31.6	41.8	56.8	45.4
高中	Senior Secondary School	25.6	27.2	31.2	18.6	32.7
大学专科	College	15.6	19.8	13.1	3.9	10.0
大学本科	University	11.1	15.1	6.7	1.1	2.5
研究生及以上	Graduate and Higher Level	1.1	1.5	0.4	0.0	0.1
女	**Female**	**100.0**	**100.0**	**100.0**	**100.0**	**100.0**
未上过学	No Schooling	1.1	0.4	0.6	3.5	1.3
小学	Primary School	10.7	5.1	8.0	27.1	15.0
初中	Junior Secondary School	37.7	30.7	41.6	53.1	57.1
高中	Senior Secondary School	21.7	24.3	30.3	12.4	21.0
大学专科	College	16.1	21.6	14.1	3.0	4.4
大学本科	University	11.5	16.4	5.1	1.0	1.1
研究生及以上	Graduate and Higher Level	1.0	1.5	0.3	0.0	0.0

3-17 按年龄、性别分的城镇就业人员行业构成

Urban Employed Persons by Age, Sex and Sector

单位：% (%)

年龄 Age	城镇就业人员 Urban Employed Persons	农、林、牧、渔业 Agriculture, Forestry, Animal Husbandry and Fishery	采矿业 Mining	制造业 Manu-facturing	电力、热力、燃气及水生产和供应业 Production and Supply of Electricity Power, Heat Power, Gas and Water	建筑业 Construction	批发和零售业 Wholesale and Retail Trades
总计 Total	**100.0**	**11.5**	**1.4**	**21.3**	**1.5**	**6.7**	**17.8**
16-19	100.0	11.0	0.3	32.6	0.3	5.8	17.4
20-24	100.0	5.0	0.7	27.7	0.9	6.1	20.6
25-29	100.0	5.5	1.1	24.1	1.3	6.1	20.1
30-34	100.0	6.0	1.1	21.8	1.5	5.6	20.2
35-39	100.0	7.6	1.5	21.5	1.8	6.0	19.9
40-44	100.0	9.5	2.0	21.5	1.7	7.5	18.3
45-49	100.0	13.0	2.1	20.2	1.6	8.4	15.8
50-54	100.0	15.5	2.0	17.7	1.8	7.8	13.7
55-59	100.0	25.8	1.2	15.7	2.0	6.9	12.1
60-64	100.0	46.6	0.5	10.4	0.7	6.7	11.3
65+	100.0	64.7	0.2	8.0	0.3	3.2	7.7
男 Male	**100.0**	**9.7**	**2.0**	**22.3**	**1.8**	**10.0**	**14.3**
16-19	100.0	10.0	0.5	33.5	0.2	9.6	15.1
20-24	100.0	4.6	0.9	30.9	1.0	9.3	16.1
25-29	100.0	5.0	1.7	26.5	1.6	9.5	15.9
30-34	100.0	5.2	1.6	22.8	1.6	8.5	16.1
35-39	100.0	6.7	2.1	21.9	2.2	9.2	15.7
40-44	100.0	8.2	2.8	21.5	2.0	11.3	14.6
45-49	100.0	10.2	3.0	20.0	2.0	12.8	13.0
50-54	100.0	10.8	2.7	19.5	2.3	10.8	11.5
55-59	100.0	16.9	1.5	17.9	2.6	9.0	10.9
60-64	100.0	37.3	0.8	12.5	1.0	10.2	11.5
65+	100.0	58.3	0.3	9.3	0.4	4.9	8.3
女 Female	**100.0**	**13.9**	**0.7**	**20.0**	**1.1**	**2.3**	**22.4**
16-19	100.0	12.2	0.1	31.4	0.4	1.0	20.4
20-24	100.0	5.4	0.3	24.0	0.7	2.2	25.9
25-29	100.0	6.1	0.4	21.4	1.0	2.2	25.0
30-34	100.0	6.9	0.6	20.6	1.3	2.2	24.9
35-39	100.0	8.8	0.8	21.0	1.3	2.2	24.9
40-44	100.0	11.2	0.9	21.4	1.3	2.9	22.9
45-49	100.0	16.5	1.0	20.6	1.2	2.8	19.4
50-54	100.0	24.2	0.7	14.4	0.9	2.4	17.9
55-59	100.0	46.3	0.4	10.6	0.4	1.9	14.7
60-64	100.0	61.6	0.1	7.1	0.1	1.0	11.0
65+	100.0	74.9	0.0	5.8		0.6	6.8

3-17 续表 1 continued

单位：% (%)

年 龄 Age	交通运输、仓储和邮政业 Transport, Storage and Post	住宿和餐饮业 Hotels and Catering Services	信息传输、软件和信息技术服务业 Information Transmission, Software and Information Technical Services	金融业 Financial Intermediation	房地产业 Real Estate	租赁和商务服务业 Leasing and Business Services	科学研究和技术服务业 Scientific Research and Technical Services
总计 Total	**5.7**	**4.8**	**2.8**	**2.4**	**1.6**	**2.0**	**0.9**
16-19	3.2	9.8	2.3	0.7	0.7	1.0	0.2
20-24	4.4	6.0	4.3	3.0	1.6	2.6	1.2
25-29	4.8	4.7	4.4	3.5	1.8	2.6	1.2
30-34	6.0	4.5	3.7	2.9	1.5	2.4	1.3
35-39	6.3	4.5	3.0	2.1	1.5	1.9	0.8
40-44	6.6	5.1	2.2	2.1	1.3	1.6	0.7
45-49	6.4	5.0	1.9	2.0	1.5	1.6	0.7
50-54	6.7	4.3	1.6	2.1	2.0	1.7	0.8
55-59	5.2	3.6	1.2	1.5	2.3	1.7	0.7
60-64	2.5	3.5	0.6	0.5	2.0	1.1	0.2
65+	1.5	2.0	0.6	0.2	1.1	0.8	0.3
男 Male	**8.2**	**3.9**	**2.8**	**2.1**	**1.7**	**2.1**	**1.0**
16-19	4.4	9.0	2.4	0.6	0.8	1.0	0.2
20-24	6.1	6.0	4.4	2.6	1.4	2.4	1.1
25-29	6.7	4.4	4.2	2.9	1.7	2.7	1.5
30-34	8.9	4.2	4.0	2.6	1.6	2.4	1.5
35-39	9.5	3.7	3.0	1.8	1.6	2.0	0.9
40-44	9.7	3.6	2.2	1.7	1.3	1.9	0.9
45-49	9.3	3.2	1.9	1.9	1.6	1.6	0.8
50-54	9.1	3.0	1.6	2.1	2.3	2.0	0.9
55-59	7.1	2.8	1.3	1.8	2.7	2.0	0.9
60-64	3.6	2.9	0.6	0.6	2.2	1.4	0.3
65+	2.3	1.8	0.6	0.2	1.5	1.1	0.4
女 Female	**2.4**	**5.9**	**2.9**	**2.7**	**1.4**	**1.8**	**0.7**
16-19	1.8	10.8	2.1	1.0	0.6	0.9	0.3
20-24	2.4	6.0	4.1	3.4	1.7	2.8	1.2
25-29	2.5	5.1	4.8	4.1	1.9	2.6	1.0
30-34	2.7	5.0	3.3	3.2	1.3	2.4	1.1
35-39	2.6	5.5	3.1	2.5	1.3	1.9	0.7
40-44	2.9	6.8	2.3	2.5	1.3	1.3	0.5
45-49	2.7	7.3	1.8	2.2	1.3	1.5	0.6
50-54	2.2	6.6	1.7	2.3	1.3	1.1	0.4
55-59	0.9	5.3	1.0	1.0	1.4	0.8	0.1
60-64	0.7	4.4	0.6	0.5	1.7	0.5	0.1
65+	0.1	2.4	0.4	0.1	0.6	0.4	0.1

3-17 续表 2 continued

单位：% (%)

年 龄 Age	水利、环境和公共设施管理业 Management of Water Conservancy, Environment and Public Facilities	居民服务、修理和其他服务业 Services to Households, Repair and Other Services	教 育 Education	卫生和社会工作 Health and Society	文化、体育和娱乐业 Culture, Sports and Entertainment	公共管理、社会保障和社会组织 Public Management Social Security and Social Organizations	国际组织 International Organizations
总计 Total	**0.8**	**4.0**	**4.4**	**3.1**	**1.3**	**6.0**	**0.01**
16-19	0.3	7.1	3.4	1.7	1.0	1.1	
20-24	0.4	4.4	2.9	3.5	1.6	3.2	
25-29	0.6	3.8	3.9	3.4	1.8	5.2	
30-34	0.6	3.9	5.5	4.0	1.5	6.1	0.01
35-39	0.8	3.6	5.7	3.5	1.2	6.7	0.01
40-44	0.8	3.9	4.7	2.8	1.2	6.4	0.01
45-49	1.0	4.0	4.3	2.5	1.0	6.8	0.00
50-54	1.2	4.1	4.5	3.0	1.2	8.2	0.02
55-59	1.3	4.1	3.6	2.6	1.1	7.7	
60-64	1.0	4.4	1.7	1.7	0.6	3.8	0.03
65+	0.9	3.6	0.8	1.5	0.6	2.0	0.00
男 Male	**0.8**	**3.8**	**3.1**	**2.1**	**1.2**	**7.0**	**0.01**
16-19	0.3	8.4	1.5	0.6	1.0	1.0	
20-24	0.5	5.0	1.2	1.3	1.4	3.5	
25-29	0.7	4.0	2.1	1.7	1.7	5.7	
30-34	0.7	3.9	3.4	2.4	1.4	7.1	
35-39	0.8	3.4	3.9	2.7	1.1	7.9	0.01
40-44	0.8	3.3	3.6	2.2	1.1	7.4	0.00
45-49	0.9	3.5	3.5	1.8	0.9	8.0	
50-54	1.1	3.4	3.9	2.3	1.1	9.6	0.03
55-59	1.5	3.7	4.1	2.6	1.2	9.5	
60-64	1.0	4.8	1.8	1.9	0.7	4.6	0.04
65+	0.9	3.9	1.1	1.6	0.5	2.6	0.01
女 Female	**0.8**	**4.2**	**6.0**	**4.5**	**1.4**	**4.6**	**0.01**
16-19	0.2	5.4	6.0	3.1	1.0	1.3	
20-24	0.4	3.7	5.0	6.0	1.8	2.9	
25-29	0.4	3.6	6.1	5.5	1.9	4.6	
30-34	0.6	3.9	7.9	5.8	1.5	4.9	0.01
35-39	0.8	3.9	7.8	4.4	1.3	5.3	0.00
40-44	0.9	4.6	6.1	3.6	1.3	5.1	0.01
45-49	1.1	4.8	5.3	3.5	1.1	5.3	0.01
50-54	1.5	5.4	5.7	4.5	1.4	5.4	
55-59	0.9	5.1	2.4	2.6	0.6	3.6	
60-64	1.1	3.8	1.5	1.4	0.5	2.4	
65+	1.0	3.2	0.4	1.3	0.9	1.0	

3-18 按行业、性别分的城镇就业人员年龄构成
Age Composition of Urban Employed Persons by Sector and Sex

单位：% (%)

年 龄 Age	城镇就业人员 Urban Employed Persons	农、林、牧、渔业 Agriculture, Forestry, Animal Husbandry and Fishery	采矿业 Mining	制造业 Manu-facturing	电力、热力、燃气及水生产和供应业 Production and Supply of Electricity Power, Heat Power, Gas and Water	建筑业 Construction	批发和零售业 Wholesale and Retail Trades
总计 Total	**100.0**	**100.0**	**100.0**	**100.0**	**100.0**	**100.0**	**100.0**
16-19	1.4	1.3	0.3	2.1	0.3	1.2	1.4
20-24	9.1	3.9	4.2	11.9	5.3	8.3	10.5
25-29	14.3	6.8	10.9	16.2	12.7	13.1	16.2
30-34	14.6	7.6	11.7	14.9	14.4	12.2	16.5
35-39	13.0	8.6	14.1	13.2	15.4	11.7	14.5
40-44	16.0	13.2	21.8	16.1	18.0	17.9	16.4
45-49	13.2	14.8	19.4	12.5	14.6	16.5	11.7
50-54	8.9	11.9	12.4	7.4	10.9	10.4	6.8
55-59	5.1	11.5	4.1	3.8	6.8	5.2	3.5
60-64	2.7	10.9	0.9	1.3	1.2	2.7	1.7
65+	1.7	9.5	0.2	0.6	0.3	0.8	0.7
男 Male	**100.0**	**100.0**	**100.0**	**100.0**	**100.0**	**100.0**	**100.0**
16-19	1.4	1.4	0.3	2.1	0.2	1.3	1.5
20-24	8.8	4.2	4.0	12.2	4.9	8.1	9.9
25-29	13.6	7.0	11.3	16.2	12.0	12.9	15.2
30-34	13.8	7.4	10.9	14.1	12.5	11.7	15.5
35-39	12.5	8.7	13.2	12.4	14.9	11.5	13.8
40-44	15.5	13.0	21.3	15.0	17.2	17.4	15.9
45-49	13.0	13.6	19.3	11.7	14.4	16.6	11.8
50-54	10.2	11.4	13.6	8.9	12.9	10.9	8.2
55-59	6.3	11.0	4.6	5.1	9.1	5.7	4.8
60-64	2.9	11.3	1.1	1.6	1.7	3.0	2.4
65+	1.8	11.0	0.3	0.8	0.4	0.9	1.1
女 Female	**100.0**	**100.0**	**100.0**	**100.0**	**100.0**	**100.0**	**100.0**
16-19	1.4	1.2	0.2	2.2	0.5	0.6	1.3
20-24	9.6	3.7	4.9	11.4	6.4	9.1	11.1
25-29	15.3	6.7	9.5	16.3	14.5	14.2	17.0
30-34	15.6	7.7	14.5	16.0	18.9	14.9	17.4
35-39	13.7	8.6	17.5	14.3	16.8	12.9	15.2
40-44	16.5	13.3	23.7	17.7	20.0	20.7	16.9
45-49	13.4	15.9	19.9	13.7	14.9	16.1	11.6
50-54	7.1	12.4	7.2	5.2	6.3	7.3	5.7
55-59	3.6	11.9	2.1	1.9	1.5	2.8	2.3
60-64	2.4	10.5	0.2	0.8	0.3	1.1	1.2
65+	1.5	8.1	0.1	0.4		0.4	0.5

3-18 续表 1 continued

单位：% (%)

年龄 Age	交通运输、仓储和邮政业 Transport, Storage and Post	住宿和餐饮业 Hotels and Catering Services	信息传输、软件和信息技术服务业 Information Transmission, Software and Information Technical Services	金融业 Financial Intermediation	房地产业 Real Estate	租赁和商务服务业 Leasing and Business Services	科学研究和技术服务业 Scientific Research and Technical Services
总计 Total	**100.0**	**100.0**	**100.0**	**100.0**	**100.0**	**100.0**	**100.0**
16-19	0.8	2.9	1.1	0.4	0.6	0.7	0.4
20-24	7.1	11.5	13.8	11.5	9.0	12.1	11.6
25-29	12.0	14.2	22.5	21.0	15.9	19.1	19.6
30-34	15.4	13.9	19.0	17.8	13.4	17.8	21.1
35-39	14.6	12.3	14.0	11.7	12.0	12.8	11.8
40-44	18.6	16.9	12.7	14.1	13.4	13.1	12.6
45-49	14.8	13.8	8.7	11.3	12.5	10.4	10.7
50-54	10.4	8.0	5.1	8.1	11.1	7.7	7.4
55-59	4.7	3.8	2.2	3.3	7.4	4.3	3.7
60-64	1.2	2.0	0.5	0.6	3.5	1.4	0.6
65+	0.4	0.7	0.3	0.1	1.2	0.7	0.5
男 Male	**100.0**	**100.0**	**100.0**	**100.0**	**100.0**	**100.0**	**100.0**
16-19	0.7	3.3	1.2	0.4	0.6	0.7	0.3
20-24	6.6	13.6	14.0	11.2	7.2	10.3	9.5
25-29	11.2	15.4	20.5	18.9	13.4	17.4	19.5
30-34	15.1	14.9	19.9	17.5	13.1	16.1	19.8
35-39	14.6	12.0	13.5	10.7	11.6	12.1	11.4
40-44	18.4	14.5	12.2	12.9	12.2	14.1	13.1
45-49	14.8	10.8	8.9	11.9	12.5	10.2	10.6
50-54	11.3	8.0	5.8	10.2	14.0	10.0	9.1
55-59	5.5	4.6	2.9	5.4	9.9	6.2	5.3
60-64	1.3	2.2	0.6	0.8	3.9	2.0	0.8
65+	0.5	0.8	0.4	0.2	1.6	1.0	0.6
女 Female	**100.0**	**100.0**	**100.0**	**100.0**	**100.0**	**100.0**	**100.0**
16-19	1.0	2.5	1.0	0.5	0.6	0.7	0.5
20-24	9.2	9.7	13.6	11.9	11.7	14.8	15.4
25-29	15.7	13.2	25.0	23.1	19.8	21.6	19.8
30-34	17.1	13.1	17.9	18.2	13.9	20.2	23.6
35-39	14.5	12.7	14.7	12.6	12.6	13.8	12.7
40-44	19.3	18.9	13.3	15.3	15.1	11.8	11.5
45-49	14.9	16.3	8.4	10.7	12.5	10.6	11.0
50-54	6.3	8.0	4.2	6.0	6.7	4.1	4.2
55-59	1.3	3.2	1.2	1.2	3.6	1.5	0.6
60-64	0.7	1.8	0.5	0.4	2.9	0.6	0.2
65+	0.1	0.6	0.2	0.1	0.6	0.3	0.2

3-18 续表 2 continued

单位: % (%)

年　龄 Age	水利、环境和公共设施管理业 Management of Water Conservancy, Environment and Public Facilities	居民服务、修理和其他服务业 Services to Households, Repair and Other Services	教　育 Education	卫生和社会工作 Health and Society	文化、体育和娱乐业 Culture, Sports and Entertainment	公共管理、社会保障和社会组织 Public Management Social Security and Social Organizations	国际组织 International Organizations
总计 Total	**100.0**	**100.0**	**100.0**	**100.0**	**100.0**	**100.0**	**100.0**
16-19	0.4	2.5	1.1	0.8	1.1	0.3	
20-24	4.8	10.0	6.1	10.1	11.4	4.9	
25-29	10.1	13.7	12.8	15.8	19.6	12.4	
30-34	11.3	14.3	18.3	18.6	16.5	14.9	12.4
35-39	12.8	11.7	16.8	14.5	12.1	14.5	16.4
40-44	16.6	15.6	17.2	14.4	14.7	17.0	20.3
45-49	16.6	13.3	12.9	10.7	10.2	15.0	10.4
50-54	13.7	9.1	9.2	8.7	8.0	12.1	27.3
55-59	8.3	5.3	4.2	4.2	4.2	6.6	
60-64	3.5	3.0	1.0	1.5	1.3	1.7	11.9
65+	2.0	1.5	0.3	0.8	0.9	0.6	1.2
男 Male	**100.0**	**100.0**	**100.0**	**100.0**	**100.0**	**100.0**	**100.0**
16-19	0.5	3.0	0.7	0.4	1.2	0.2	
20-24	5.0	11.5	3.4	5.6	10.3	4.3	
25-29	10.9	14.2	9.2	11.0	18.7	11.1	
30-34	11.2	14.1	15.1	16.3	16.1	14.0	
35-39	12.0	11.1	15.6	16.1	11.7	14.0	21.9
40-44	15.2	13.5	17.9	16.3	14.1	16.4	5.8
45-49	14.6	11.8	14.7	11.1	9.9	14.8	
50-54	13.6	9.0	12.8	11.2	8.9	14.0	48.8
55-59	11.3	6.1	8.3	7.8	6.4	8.5	
60-64	3.6	3.7	1.7	2.7	1.8	1.9	21.3
65+	2.0	1.9	0.6	1.4	0.8	0.7	2.2
女 Female	**100.0**	**100.0**	**100.0**	**100.0**	**100.0**	**100.0**	**100.0**
16-19	0.3	1.8	1.4	1.0	1.0	0.4	
20-24	4.4	8.3	8.0	12.8	12.6	6.0	
25-29	8.8	13.0	15.3	18.6	20.5	15.0	
30-34	11.4	14.5	20.5	20.1	17.1	16.6	28.2
35-39	13.9	12.5	17.7	13.5	12.7	15.5	9.4
40-44	18.4	18.0	16.7	13.2	15.2	18.4	38.7
45-49	19.5	15.1	11.6	10.5	10.6	15.4	23.7
50-54	13.7	9.1	6.8	7.1	7.0	8.4	
55-59	4.2	4.4	1.4	2.0	1.6	2.8	
60-64	3.3	2.2	0.6	0.7	0.8	1.2	
65+	1.9	1.1	0.1	0.4	1.0	0.3	

3-19 按受教育程度、性别分的城镇就业人员行业构成

Urban Employed Persons by Sex, Educational Attainment and Sector

单位：% (%)

受教育程度	Educational Attainment	城镇就业人员 Urban Employed Persons	农、林、牧、渔业 Agriculture, Forestry, Animal Husbandry and Fishery	采矿业 Mining	制造业 Manu-facturing	电力、热力、燃气及水生产和供应业 Production and Supply of Electricity Power, Heat Power, Gas and Water	建筑业 Construction	批发和零售业 Wholesale and Retail Trades
总　计	**Total**	**100.0**	**11.5**	**1.4**	**21.3**	**1.5**	**6.7**	**17.8**
未上过学	No Schooling	100.0	56.2	0.4	8.9	0.5	4.9	11.4
小　学	Primary School	100.0	40.2	0.8	15.9	0.4	9.3	13.2
初　中	Junior Secondary School	100.0	16.4	1.4	24.8	0.8	9.0	19.4
高　中	Senior Secondary School	100.0	4.1	2.0	24.6	1.9	5.7	23.1
大学专科	College	100.0	1.1	1.3	18.2	2.6	4.2	16.3
大学本科	University	100.0	0.6	1.1	13.0	2.3	3.2	9.1
研究生及以上	Graduate and Higher Level	100.0	0.4	0.5	9.1	1.4	1.5	4.4
男	**Male**	**100.0**	**9.7**	**2.0**	**22.3**	**1.8**	**10.0**	**14.3**
未上过学	No Schooling	100.0	48.1	0.5	8.8	1.0	10.7	12.4
小　学	Primary School	100.0	34.5	1.3	15.2	0.6	15.7	11.4
初　中	Junior Secondary School	100.0	14.1	2.2	24.1	1.1	13.9	14.9
高　中	Senior Secondary School	100.0	4.2	2.5	26.7	2.2	8.1	17.2
大学专科	College	100.0	1.3	1.8	20.4	2.9	5.7	14.2
大学本科	University	100.0	0.7	1.5	15.3	2.8	4.0	8.9
研究生及以上	Graduate and Higher Level	100.0	0.7	0.7	10.6	1.8	2.2	4.5
女	**Female**	**100.0**	**13.9**	**0.7**	**20.0**	**1.1**	**2.3**	**22.4**
未上过学	No Schooling	100.0	60.6	0.4	9.0	0.2	1.7	10.9
小　学	Primary School	100.0	45.6	0.3	16.7	0.1	3.2	14.9
初　中	Junior Secondary School	100.0	19.3	0.5	25.8	0.4	2.5	25.3
高　中	Senior Secondary School	100.0	3.9	1.1	21.5	1.5	1.9	32.1
大学专科	College	100.0	0.9	0.7	15.5	2.2	2.4	18.8
大学本科	University	100.0	0.5	0.5	10.1	1.7	2.1	9.3
研究生及以上	Graduate and Higher Level	100.0	0.1	0.4	6.9	0.8	0.7	4.3

3-19 续表 1 continued

单位：% (%)

受教育程度	Educational Attainment	交通运输、仓储和邮政业 Transport, Storage and Post	住宿和餐饮业 Hotels and Catering Services	信息传输、软件和信息技术服务业 Information Transmission, Software and Information Technical Services	金融业 Financial Intermediation	房地产业 Real Estate	租赁和商务服务业 Leasing and Business Services	科学研究和技术服务业 Scientific Research and Technical Services
总　计	**Total**	**5.7**	**4.8**	**2.8**	**2.4**	**1.6**	**2.0**	**0.9**
未上过学	No Schooling	2.1	3.3	1.1	0.3	0.9	0.7	0.0
小　学	Primary School	3.6	4.8	1.0	0.4	1.2	0.8	0.1
初　中	Junior Secondary School	6.5	6.5	1.8	0.7	1.2	1.3	0.2
高　中	Senior Secondary School	7.2	5.2	2.9	2.0	1.9	2.1	0.7
大学专科	College	4.9	2.8	4.3	4.5	2.3	3.0	1.5
大学本科	University	3.2	1.3	5.3	6.8	1.7	3.6	2.8
研究生及以上	Graduate and Higher Level	1.6	0.7	6.4	6.7	0.7	3.5	8.6
男	**Male**	**8.2**	**3.9**	**2.8**	**2.1**	**1.7**	**2.1**	**1.0**
未上过学	No Schooling	4.4	1.0	1.7	0.2	0.9	0.9	0.1
小　学	Primary School	6.2	3.2	0.8	0.3	1.5	1.0	0.1
初　中	Junior Secondary School	9.9	5.0	1.6	0.6	1.3	1.5	0.3
高　中	Senior Secondary School	9.9	4.6	2.5	1.8	2.0	2.2	0.8
大学专科	College	6.0	2.6	4.4	4.0	2.4	2.9	1.6
大学本科	University	3.5	1.3	6.0	5.9	1.8	3.2	3.3
研究生及以上	Graduate and Higher Level	1.8	0.8	7.5	5.5	0.7	3.5	10.1
女	**Female**	**2.4**	**5.9**	**2.9**	**2.7**	**1.4**	**1.8**	**0.7**
未上过学	No Schooling	0.9	4.6	0.7	0.3	0.9	0.5	
小　学	Primary School	1.1	6.4	1.1	0.6	1.0	0.6	0.1
初　中	Junior Secondary School	1.9	8.4	2.1	0.9	1.0	1.0	0.2
高　中	Senior Secondary School	3.2	6.3	3.4	2.4	1.7	1.9	0.6
大学专科	College	3.5	3.1	4.1	5.1	2.2	3.1	1.4
大学本科	University	2.7	1.4	4.6	7.9	1.7	3.9	2.1
研究生及以上	Graduate and Higher Level	1.3	0.4	4.8	8.2	0.8	3.4	6.7

3-19 续表 2 continued

单位：% (%)

受教育程度	Educational Attainment	水利、环境和公共设施管理业 Management of Water Conservancy, Environment and Public Facilities	居民服务、修理和其他服务业 Services to Households, Repair and Other Services	教育 Education	卫生和社会工作 Health and Society	文化、体育和娱乐业 Culture, Sports and Entertainment	公共管理、社会保障和社会组织 Public Management Social Security and Social Organizations	国际组织 International Organizations
总 计	**Total**	**0.8**	**4.0**	**4.4**	**3.1**	**1.3**	**6.0**	**0.0**
未上过学	No Schooling	1.2	4.5	0.7	0.8	0.4	1.8	
小 学	Primary School	0.8	4.6	0.6	0.5	0.6	1.1	
初 中	Junior Secondary School	0.6	5.1	1.2	0.8	0.8	1.6	0.0
高 中	Senior Secondary School	0.8	4.4	2.6	2.4	1.2	5.1	0.0
大学专科	College	1.0	2.5	7.7	7.0	2.0	12.7	0.0
大学本科	University	1.1	1.2	15.8	8.3	2.8	16.8	0.0
研究生及以上	Graduate and Higher Level	1.0	0.4	26.5	10.8	2.6	13.2	
男	**Male**	**0.8**	**3.8**	**3.1**	**2.1**	**1.2**	**7.0**	**0.0**
未上过学	No Schooling	1.1	3.6	0.6	0.7	0.7	2.6	
小 学	Primary School	0.7	4.6	0.5	0.5	0.5	1.3	
初 中	Junior Secondary School	0.6	4.8	0.9	0.7	0.7	1.9	0.0
高 中	Senior Secondary School	0.9	4.3	1.7	1.5	1.2	5.7	0.0
大学专科	College	1.2	2.4	5.2	3.9	1.7	15.4	0.0
大学本科	University	1.1	1.2	11.3	6.0	2.5	19.6	
研究生及以上	Graduate and Higher Level	1.1	0.4	22.0	9.5	1.8	15.0	
女	**Female**	**0.8**	**4.2**	**6.0**	**4.5**	**1.4**	**4.6**	**0.0**
未上过学	No Schooling	1.2	4.9	0.8	0.9	0.2	1.4	
小 学	Primary School	0.8	4.7	0.7	0.6	0.6	0.9	
初 中	Junior Secondary School	0.6	5.5	1.5	1.0	0.8	1.2	0.0
高 中	Senior Secondary School	0.7	4.7	3.9	3.9	1.2	4.1	0.0
大学专科	College	0.9	2.7	10.7	10.9	2.3	9.4	
大学本科	University	1.1	1.2	21.4	11.2	3.1	13.4	0.0
研究生及以上	Graduate and Higher Level	0.8	0.5	32.8	12.5	3.7	10.8	

3-20 按行业、性别分的城镇就业人员受教育程度构成

Educational Attainment of Urban Employed Persons by Sector and Sex

单位：% (%)

受教育程度	Educational Attainment	城镇就业人员 Urban Employed Persons	农、林、牧、渔业 Agriculture, Forestry, Animal Husbandry and Fishery	采矿业 Mining	制造业 Manu-facturing	电力、热力、燃气及水生产和供应业 Production and Supply of Electricity Power, Heat Power, Gas and Water	建筑业 Construction	批发和零售业 Wholesale and Retail Trades
总　计	**Total**	**100.0**	**100.0**	**100.0**	**100.0**	**100.0**	**100.0**	**100.0**
未上过学	No Schooling	0.8	3.7	0.2	0.3	0.2	0.5	0.5
小　学	Primary School	9.1	31.7	4.9	6.8	2.3	12.7	6.8
初　中	Junior Secondary School	38.1	53.9	38.2	44.3	20.6	51.0	41.3
高　中	Senior Secondary School	23.9	8.5	33.0	27.7	30.9	20.2	31.0
大学专科	College	15.8	1.5	14.8	13.5	27.7	10.0	14.4
大学本科	University	11.3	0.6	8.5	6.9	17.4	5.3	5.8
研究生及以上	Graduate and Higher Level	1.1	0.0	0.4	0.4	1.0	0.2	0.3
男	**Male**	**100.0**	**100.0**	**100.0**	**100.0**	**100.0**	**100.0**	**100.0**
未上过学	No Schooling	0.5	2.3	0.1	0.2	0.3	0.5	0.4
小　学	Primary School	7.9	28.0	5.0	5.4	2.7	12.3	6.3
初　中	Junior Secondary School	38.3	55.6	40.6	41.3	22.9	52.9	39.8
高　中	Senior Secondary School	25.6	11.2	32.0	30.7	31.2	20.7	30.8
大学专科	College	15.6	2.0	13.9	14.2	25.1	8.8	15.4
大学本科	University	11.1	0.8	8.2	7.6	16.8	4.5	6.9
研究生及以上	Graduate and Higher Level	1.1	0.1	0.4	0.5	1.1	0.2	0.3
女	**Female**	**100.0**	**100.0**	**100.0**	**100.0**	**100.0**	**100.0**	**100.0**
未上过学	No Schooling	1.1	4.9	0.6	0.5	0.2	0.8	0.5
小　学	Primary School	10.7	35.1	4.8	8.9	1.3	14.4	7.1
初　中	Junior Secondary School	37.7	52.4	28.8	48.7	15.4	40.2	42.6
高　中	Senior Secondary School	21.7	6.1	37.1	23.3	30.3	17.5	31.1
大学专科	College	16.1	1.1	18.4	12.5	33.5	16.5	13.5
大学本科	University	11.5	0.4	9.6	5.8	18.6	10.2	4.8
研究生及以上	Graduate and Higher Level	1.0	0.0	0.6	0.4	0.8	0.3	0.2

3-20 续表 1 continued

单位：% (%)

受教育程度	Educational Attainment	交通运输、仓储和邮政业 Transport, Storage and Post	住宿和餐饮业 Hotels and Catering Services	信息传输、软件和信息技术服务业 Information Transmission, Software and Information Technical Services	金融业 Financial Intermediation	房地产业 Real Estate	租赁和商务服务业 Leasing and Business Services	科学研究和技术服务业 Scientific Research and Technical Services
总 计	**Total**	**100.0**	**100.0**	**100.0**	**100.0**	**100.0**	**100.0**	**100.0**
未上过学	No Schooling	0.3	0.5	0.3	0.1	0.4	0.3	0.0
小 学	Primary School	5.8	9.2	3.1	1.6	7.0	3.7	0.8
初 中	Junior Secondary School	43.2	51.5	24.5	11.9	28.5	24.8	10.3
高 中	Senior Secondary School	30.6	26.2	24.4	20.8	28.2	25.1	18.4
大学专科	College	13.6	9.3	23.9	30.2	23.0	23.9	25.8
大学本科	University	6.3	3.1	21.4	32.4	12.3	20.3	34.6
研究生及以上	Graduate and Higher Level	0.3	0.1	2.4	3.0	0.5	1.8	10.0
男	**Male**	**100.0**	**100.0**	**100.0**	**100.0**	**100.0**	**100.0**	**100.0**
未上过学	No Schooling	0.2	0.1	0.3	0.1	0.2	0.2	0.0
小 学	Primary School	6.0	6.4	2.3	1.0	7.0	3.9	0.8
初 中	Junior Secondary School	46.4	49.0	22.3	11.9	29.5	28.2	11.3
高 中	Senior Secondary School	31.0	30.2	23.5	22.3	29.6	27.2	18.6
大学专科	College	11.4	10.4	24.7	30.4	21.7	21.5	23.5
大学本科	University	4.7	3.6	24.0	31.4	11.6	17.3	35.2
研究生及以上	Graduate and Higher Level	0.2	0.2	2.9	2.9	0.4	1.8	10.4
女	**Female**	**100.0**	**100.0**	**100.0**	**100.0**	**100.0**	**100.0**	**100.0**
未上过学	No Schooling	0.4	0.9	0.3	0.1	0.7	0.3	
小 学	Primary School	4.9	11.6	4.2	2.2	7.2	3.5	0.8
初 中	Junior Secondary School	29.5	53.5	27.3	11.8	27.1	19.8	8.5
高 中	Senior Secondary School	28.6	22.9	25.6	19.3	26.0	22.2	17.9
大学专科	College	23.2	8.3	22.9	30.0	25.0	27.5	30.0
大学本科	University	12.9	2.7	18.1	33.5	13.4	24.9	33.5
研究生及以上	Graduate and Higher Level	0.6	0.1	1.7	3.1	0.6	1.9	9.3

3-20 续表 2 continued

单位：% (%)

受教育程度	Educational Attainment	水利、环境和公共设施管理业 Management of Water Conservancy, Environment and Public Facilities	居民服务、修理和其他服务业 Services to Households, Repair and Other Services	教育 Education	卫生和社会工作 Health and Society	文化、体育和娱乐业 Culture, Sports and Entertainment	公共管理、社会保障和社会组织 Public Management Social Security and Social Organizations	国际组织 International Organizations
总 计	**Total**	**100.0**	**100.0**	**100.0**	**100.0**	**100.0**	**100.0**	**100.0**
未上过学	No Schooling	1.1	0.8	0.1	0.2	0.2	0.2	
小 学	Primary School	8.9	10.6	1.3	1.6	3.9	1.7	
初 中	Junior Secondary School	29.1	48.5	10.0	10.1	22.4	10.1	26.0
高 中	Senior Secondary School	24.4	26.5	14.1	18.8	22.6	20.3	34.8
大学专科	College	20.3	10.0	27.6	35.6	24.4	33.6	12.3
大学本科	University	15.0	3.4	40.6	30.1	24.3	31.7	27.0
研究生及以上	Graduate and Higher Level	1.3	0.1	6.4	3.7	2.1	2.3	
男	**Male**	**100.0**	**100.0**	**100.0**	**100.0**	**100.0**	**100.0**	**100.0**
未上过学	No Schooling	0.6	0.4	0.1	0.2	0.3	0.2	
小 学	Primary School	7.0	9.4	1.2	1.9	3.4	1.5	
初 中	Junior Secondary School	27.5	47.8	10.6	12.9	23.4	10.3	43.2
高 中	Senior Secondary School	27.3	28.7	14.2	18.5	26.0	20.7	34.9
大学专科	College	21.7	9.9	26.0	29.3	22.4	34.1	21.9
大学本科	University	14.4	3.6	40.2	32.2	23.0	30.8	
研究生及以上	Graduate and Higher Level	1.4	0.1	7.6	5.0	1.6	2.3	
女	**Female**	**100.0**	**100.0**	**100.0**	**100.0**	**100.0**	**100.0**	**100.0**
未上过学	No Schooling	1.7	1.3	0.1	0.2	0.2	0.3	
小 学	Primary School	11.5	12.0	1.3	1.4	4.5	2.1	
初 中	Junior Secondary School	31.2	49.2	9.6	8.4	21.3	9.8	4.1
高 中	Senior Secondary School	20.3	24.0	14.1	19.0	18.7	19.4	34.6
大学专科	College	18.4	10.1	28.6	39.3	26.8	32.6	
大学本科	University	15.8	3.3	40.8	28.9	25.7	33.4	61.3
研究生及以上	Graduate and Higher Level	1.1	0.1	5.5	2.9	2.8	2.4	

3-21 按年龄、性别分的城镇就业人员职业构成

Occupation of Urban Employed Persons by Age and Sex

单位：%　　(%)

年龄 Age	城镇就业人员 Urban Employed Persons	单位负责人 Unit Head	专业技术人员 Technical Personnel	办事人员和有关人员 Clerk and Related Workers	商业、服务业人员 Business Service Personnel	农林牧渔水利业生产人员 Producers in the Sectors of Agriculture, Forestry,Animal Husbandry, Fishery and Water Conservancy	生产运输设备操作人员及有关人员 Production, Transport Equipment Operators and Related Workers	其他 Others
总计 Total	**100.0**	**3.6**	**16.1**	**11.5**	**31.0**	**11.8**	**25.4**	**0.6**
16-19	100.0	0.3	8.1	5.4	37.1	10.6	37.6	0.9
20-24	100.0	1.3	17.5	10.1	35.9	5.1	29.3	0.8
25-29	100.0	2.6	20.1	12.7	33.1	5.8	25.2	0.5
30-34	100.0	3.8	20.9	13.2	32.1	6.4	23.2	0.4
35-39	100.0	4.5	18.2	11.9	31.8	8.0	25.2	0.4
40-44	100.0	4.2	15.2	10.9	31.6	9.9	27.7	0.5
45-49	100.0	4.2	13.3	10.8	30.4	13.1	27.6	0.7
50-54	100.0	4.7	13.2	13.0	27.3	15.9	25.2	0.7
55-59	100.0	4.0	10.0	13.1	25.2	26.1	21.0	0.6
60-64	100.0	2.4	6.5	6.6	22.0	46.4	15.2	0.8
65+	100.0	1.2	3.7	4.8	17.0	64.3	8.6	0.4
男 Male	**100.0**	**4.7**	**13.5**	**12.9**	**26.6**	**10.1**	**31.7**	**0.6**
16-19	100.0	0.3	5.0	6.5	32.9	9.9	44.9	0.5
20-24	100.0	1.5	12.9	9.2	32.4	4.9	38.3	0.8
25-29	100.0	3.4	15.7	12.4	29.4	5.4	33.2	0.5
30-34	100.0	4.9	17.3	13.7	28.5	5.9	29.2	0.4
35-39	100.0	5.8	14.8	13.4	27.2	7.2	31.2	0.4
40-44	100.0	5.7	13.4	12.5	25.7	8.6	33.7	0.5
45-49	100.0	5.7	12.1	12.8	24.4	10.4	33.9	0.7
50-54	100.0	6.0	12.3	16.0	22.9	11.3	30.7	0.8
55-59	100.0	5.2	11.0	17.0	23.1	17.5	25.6	0.6
60-64	100.0	3.4	7.3	9.7	21.4	37.3	20.1	0.8
65+	100.0	1.6	4.5	6.9	17.8	58.0	10.7	0.4
女 Female	**100.0**	**2.1**	**19.5**	**9.8**	**36.8**	**14.0**	**17.3**	**0.6**
16-19	100.0	0.2	12.1	4.1	42.5	11.6	28.2	1.4
20-24	100.0	1.1	23.0	11.1	40.1	5.4	18.6	0.7
25-29	100.0	1.7	25.2	12.9	37.5	6.2	15.9	0.6
30-34	100.0	2.5	25.0	12.6	36.3	6.9	16.2	0.4
35-39	100.0	2.9	22.2	10.1	37.4	8.9	18.0	0.5
40-44	100.0	2.5	17.5	8.9	38.9	11.4	20.2	0.5
45-49	100.0	2.2	14.8	8.2	38.0	16.4	19.7	0.8
50-54	100.0	2.4	14.9	7.6	35.4	24.3	14.9	0.5
55-59	100.0	1.2	7.7	4.1	30.0	46.0	10.3	0.6
60-64	100.0	0.9	5.1	1.6	23.0	61.1	7.3	0.9
65+	100.0	0.4	2.6	1.5	15.8	74.1	5.2	0.4

3-22 按职业、性别分的城镇就业人员年龄构成

Age Composition of Urban Employed Persons by Occupation and Sex

单位：% (%)

年龄 Age	城镇就业人员 Urban Employed Persons	单位负责人 Unit Head	专业技术人员 Technical Personnel	办事人员和有关人员 Clerk and Related Workers	商业、服务业人员 Business Service Personnel	农林牧渔水利业生产人员 Producers in the Sectors of Agriculture, Forestry, Animal Husbandry, Fishery and Water Conservancy	生产运输设备操作人员及有关人员 Production, Transport Equipment Operators and Related Workers	其他 Others
总计 Total	**100.0**	**100.0**	**100.0**	**100.0**	**100.0**	**100.0**	**100.0**	**100.0**
16-19	1.4	0.1	0.7	0.7	1.7	1.3	2.1	2.1
20-24	9.1	3.4	9.9	8.0	10.5	3.9	10.5	12.7
25-29	14.3	10.5	17.9	15.7	15.3	7.0	14.2	13.2
30-34	14.6	15.6	18.9	16.7	15.1	7.9	13.3	10.8
35-39	13.0	16.3	14.7	13.5	13.4	8.8	12.9	10.0
40-44	16.0	19.0	15.1	15.0	16.3	13.4	17.4	13.6
45-49	13.2	15.4	10.8	12.3	12.9	14.6	14.3	16.6
50-54	8.9	11.8	7.3	10.0	7.8	11.9	8.8	10.3
55-59	5.1	5.7	3.2	5.8	4.2	11.3	4.2	5.4
60-64	2.7	1.8	1.1	1.5	1.9	10.6	1.6	4.0
65+	1.7	0.6	0.4	0.7	0.9	9.2	0.6	1.2
男 Male	**100.0**	**100.0**	**100.0**	**100.0**	**100.0**	**100.0**	**100.0**	**100.0**
16-19	1.4	0.1	0.5	0.7	1.7	1.4	2.0	1.2
20-24	8.8	2.8	8.4	6.3	10.7	4.2	10.6	13.0
25-29	13.6	9.8	15.9	13.1	15.1	7.3	14.3	11.9
30-34	13.8	14.5	17.8	14.7	14.8	8.1	12.7	10.7
35-39	12.5	15.5	13.7	13.1	12.8	8.9	12.4	9.2
40-44	15.5	18.7	15.4	15.0	15.0	13.2	16.6	12.9
45-49	13.0	15.9	11.7	12.9	11.9	13.4	13.9	15.5
50-54	10.2	13.1	9.3	12.7	8.8	11.4	9.9	13.6
55-59	6.3	7.0	5.1	8.3	5.5	10.9	5.1	6.6
60-64	2.9	2.1	1.6	2.2	2.4	10.8	1.9	4.1
65+	1.8	0.6	0.6	1.0	1.2	10.5	0.6	1.4
女 Female	**100.0**	**100.0**	**100.0**	**100.0**	**100.0**	**100.0**	**100.0**	**100.0**
16-19	1.4	0.2	0.9	0.6	1.6	1.2	2.3	3.3
20-24	9.6	5.1	11.3	10.9	10.4	3.7	10.3	12.2
25-29	15.3	12.5	19.7	20.2	15.5	6.8	14.1	15.0
30-34	15.6	18.8	20.0	20.2	15.4	7.7	14.7	11.0
35-39	13.7	18.5	15.6	14.2	13.9	8.7	14.3	11.1
40-44	16.5	19.6	14.8	15.1	17.4	13.5	19.4	14.6
45-49	13.4	13.9	10.1	11.2	13.8	15.7	15.2	18.0
50-54	7.1	8.0	5.5	5.5	6.9	12.4	6.2	6.1
55-59	3.6	2.1	1.4	1.5	2.9	11.8	2.1	3.9
60-64	2.4	1.0	0.6	0.4	1.5	10.4	1.0	3.9
65+	1.5	0.3	0.2	0.2	0.7	8.0	0.5	1.0

3-23 按受教育程度、性别分的城镇就业人员职业构成

Occupation of Urban Employed Persons by Educational Attainment and Sex

单位：% (%)

受教育程度	Educational Attainment	城镇就业人员 Urban Employed Persons	单位负责人 Unit Head	专业技术人员 Technical Personnel	办事人员和有关人员 Clerk and Related Workers	商业、服务业人员 Business Service Personnel	农林牧渔水利业生产人员 Producers in the Sectors of Agriculture, Forestry,Animal Husbandry, Fishery and Water Conservancy	生产运输设备操作人员及有关人员 Production, Transport Equipment Operators and Related Workers	其他 Others
总　计	**Total**	**100.0**	**3.6**	**16.1**	**11.5**	**31.0**	**11.8**	**25.4**	**0.6**
未上过学	No Schooling	100.0	1.1	1.9	1.6	24.1	55.6	15.5	0.1
小　学	Primary School	100.0	1.5	2.9	3.1	26.5	39.8	25.7	0.5
初　中	Junior Secondary School	100.0	2.4	5.1	4.9	35.5	16.7	34.7	0.7
高　中	Senior Secondary School	100.0	4.0	13.3	11.7	38.2	4.6	27.7	0.6
大学专科	College	100.0	5.4	31.1	21.7	25.6	1.4	14.4	0.4
大学本科	University	100.0	5.6	45.4	26.0	14.7	0.7	7.4	0.2
研究生及以上	Graduate and Higher Level	100.0	5.7	63.5	20.9	6.1	0.4	3.2	0.2
男	**Male**	**100.0**	**4.7**	**13.5**	**12.9**	**26.6**	**10.1**	**31.7**	**0.6**
未上过学	No Schooling	100.0	1.0	2.2	2.6	22.4	48.3	23.4	0.1
小　学	Primary School	100.0	2.2	3.3	4.8	22.2	34.3	32.8	0.5
初　中	Junior Secondary School	100.0	3.1	4.8	6.2	28.8	14.7	41.8	0.7
高　中	Senior Secondary School	100.0	4.9	10.3	12.6	32.0	4.8	34.7	0.7
大学专科	College	100.0	7.3	24.0	23.1	24.4	1.8	19.1	0.4
大学本科	University	100.0	7.6	39.1	27.8	14.9	0.8	9.5	0.2
研究生及以上	Graduate and Higher Level	100.0	6.6	60.8	22.1	6.1	0.5	3.7	0.3
女	**Female**	**100.0**	**2.1**	**19.5**	**9.8**	**36.8**	**14.0**	**17.3**	**0.6**
未上过学	No Schooling	100.0	1.1	1.8	1.1	25.1	59.6	11.2	0.2
小　学	Primary School	100.0	0.8	2.4	1.4	30.8	45.2	18.9	0.6
初　中	Junior Secondary School	100.0	1.5	5.5	3.2	44.4	19.4	25.3	0.8
高　中	Senior Secondary School	100.0	2.6	17.8	10.2	47.8	4.2	16.8	0.5
大学专科	College	100.0	3.1	40.0	20.1	27.1	1.0	8.4	0.4
大学本科	University	100.0	3.0	53.4	23.7	14.4	0.6	4.7	0.2
研究生及以上	Graduate and Higher Level	100.0	4.5	67.3	19.3	6.0	0.2	2.6	

3-24 按职业、性别分的城镇就业人员受教育程度构成

Educational Attainment of Urban Employed Persons by Occupation and Sex

单位：% (%)

受教育程度	Educational Attainment	城镇就业人员 Urban Employed Persons	单位负责人 Unit Head	专业技术人员 Technical Personnel	办事人员和有关人员 Clerk and Related Workers	商业、服务业人员 Business Service Personnel	农林牧渔水利业生产人员 Producers in the Sectors of Agriculture, Forestry,Animal Husbandry, Fishery and Water Conservancy	生产运输设备操作人员及有关人员 Production, Transport Equipment Operators and Related Workers	其他 Others
总 计	**Total**	**100.0**	**100.0**	**100.0**	**100.0**	**100.0**	**100.0**	**100.0**	**100.0**
未上过学	No Schooling	0.8	0.2	0.1	0.1	0.6	3.5	0.5	0.2
小 学	Primary School	9.1	3.8	1.6	2.4	7.8	30.8	9.2	8.5
初 中	Junior Secondary School	38.1	25.8	12.1	16.1	43.5	53.8	51.9	48.3
高 中	Senior Secondary School	23.9	26.8	19.7	24.2	29.5	9.2	26.1	27.0
大学专科	College	15.8	24.1	30.5	29.8	13.0	1.9	8.9	11.2
大学本科	University	11.3	17.6	31.8	25.4	5.3	0.7	3.3	4.5
研究生及以上	Graduate and Higher Level	1.1	1.7	4.2	1.9	0.2	0.0	0.1	0.3
男	**Male**	**100.0**	**100.0**	**100.0**	**100.0**	**100.0**	**100.0**	**100.0**	**100.0**
未上过学	No Schooling	0.5	0.1	0.1	0.1	0.4	2.2	0.3	0.1
小 学	Primary School	7.9	3.7	1.9	2.9	6.6	26.7	8.2	6.8
初 中	Junior Secondary School	38.3	25.6	13.7	18.3	41.4	55.3	50.5	45.1
高 中	Senior Secondary School	25.6	26.9	19.6	25.1	30.9	12.1	28.1	31.9
大学专科	College	15.6	24.2	27.7	27.8	14.3	2.7	9.4	10.7
大学本科	University	11.1	18.0	32.1	23.9	6.2	0.9	3.3	4.9
研究生及以上	Graduate and Higher Level	1.1	1.5	4.9	1.8	0.2	0.1	0.1	0.5
女	**Female**	**100.0**	**100.0**	**100.0**	**100.0**	**100.0**	**100.0**	**100.0**	**100.0**
未上过学	No Schooling	1.1	0.6	0.1	0.1	0.8	4.8	0.7	0.3
小 学	Primary School	10.7	4.1	1.3	1.5	9.0	34.7	11.7	10.7
初 中	Junior Secondary School	37.7	26.2	10.6	12.4	45.5	52.3	55.2	52.6
高 中	Senior Secondary School	21.7	26.7	19.9	22.7	28.2	6.5	21.2	20.6
大学专科	College	16.1	23.7	33.0	33.1	11.9	1.2	7.8	11.8
大学本科	University	11.5	16.5	31.6	28.0	4.5	0.5	3.2	4.0
研究生及以上	Graduate and Higher Level	1.0	2.2	3.5	2.0	0.2	0.0	0.2	

3-25 城镇就业人员调查周平均工作时间
Weekly Working Hours of Urban Employed Persons

单位：小时／周 (hours/per week)

分组	Group	2010年11月 Nov.2010	2011年11月 Nov.2011	2012年11月 Nov.2012	2013年9月 Sep.2013	2014年9月 Sep.2014
全　部	**Total**	**47.0**	**46.2**	**46.3**	**46.6**	**46.6**
一、按年龄分组	**By Age**					
	16-19	49.1	48.0	47.7	49.3	49.3
	20-24	47.8	46.8	47.1	47.6	47.7
	25-29	47.1	46.6	46.8	47.0	47.2
	30-34	47.5	47.0	46.9	47.2	47.0
	35-39	47.8	47.2	47.3	47.6	47.5
	40-44	47.6	46.9	47.1	47.6	47.5
	45-49	46.8	46.0	46.2	46.8	46.7
	50-54	45.8	44.8	45.2	45.5	45.6
	55-59	44.7	43.4	43.6	43.8	44.1
	60-64	42.6	40.1	41.4	41.2	41.2
	65+	38.5	35.0	35.7	35.7	35.6
二、按职业分组	**By Occupation**					
单位负责人	Unit Head	47.1	47.7	48.2	48.4	48.4
专业技术人员	Technical Personnel	43.1	43.7	43.7	43.9	43.9
办事人员和有关人员	Clerk and Related Workers	44.0	43.9	44.0	44.0	43.8
商业、服务业人员	Business Service Personnel	49.8	49.5	49.6	49.9	49.9
农林牧渔水利业生产人员	Producers in the Sectors of Agriculture, Forestry,Animal Husbandry,Fishery and Water Conservancy	41.5	38.2	38.3	38.2	37.6
生产、运输设备操作人员及有关人员	Production, Transport Equipment Operators and Related Workers	49.7	48.7	48.8	49.5	49.5
其　他	Others	47.8	47.7	49.8	49.2	44.0
三、按受教育程度分组	**By Educational Attaiment**					
未上过学	No Schooling	**43.5**	**40.1**	**39.8**	**39.6**	**40.1**
小　学	Primary School	47.2	45.0	44.5	44.8	44.6
初　中	Junior Secondary School	48.9	48.1	48.2	48.8	48.7
高　中	Senior Secondary School	47.2	47.1	47.4	47.6	47.8
大　专	College	43.7	43.8	44.0	44.3	44.5
大学本科	University	42.1	42.4	42.4	42.5	42.6
研究生及以上	Graduate and Higher Level	41.1	41.7	41.6	41.8	41.4

注：9月相对应的调查周是9月3-9日(下表同)。
Note: The referent week in September is 3rd to 9th, September. The same applies to the tables following.

3-26 城镇男性就业人员调查周平均工作时间

Weekly Working Hours of Urban Male Employed Persons

单位：小时／周 (hours/per week)

分　组	Group	2010年11月 Nov.2010	2011年11月 Nov.2011	2012年11月 Nov.2012	2013年9月 Sep.2013	2014年9月 Sep.2014
全　部	**Total**	**47.7**	**47.0**	**47.1**	**47.5**	**47.5**
一、按年龄分组	**By Age**					
	16-19	49.3	48.0	47.9	49.5	49.8
	20-24	48.5	47.5	47.7	48.5	48.5
	25-29	47.9	47.4	47.7	47.8	48.1
	30-34	48.2	47.8	47.6	47.9	47.8
	35-39	48.4	48.0	48.0	48.3	48.2
	40-44	48.3	47.9	47.9	48.4	48.3
	45-49	47.5	46.8	47.1	47.7	47.7
	50-54	46.6	45.5	46.0	46.4	46.5
	55-59	45.7	44.8	45.2	45.4	45.5
	60-64	44.4	42.1	44.0	43.8	43.8
	65+	40.1	37.4	38.0	38.3	37.9
二、按职业分组	**By Occupation**					
单位负责人	Unit Head	47.0	47.7	48.2	48.5	48.5
专业技术人员	Technical Personnel	43.6	44.2	44.2	44.6	44.5
办事人员和有关人员	Clerk and Related Workers	44.6	44.4	44.5	44.6	44.4
商业、服务业人员	Business Service Personnel	50.2	50.1	50.1	50.3	50.3
农林牧渔水利业生产人员	Producers in the Sectors of Agriculture, Forestry,Animal Husbandry,Fishery and Water Conservancy	43.3	40.6	40.8	40.8	40.5
生产、运输设备操作人员及有关人员	Production, Transport Equipment Operators and Related Workers	49.9	48.9	48.9	49.7	49.6
其　他	Others	48.2	49.2	50.2	48.9	45.6
三、按受教育程度分组	**By Educational Attaiment**					
未上过学	No Schooling	**45.2**	**42.6**	**43.7**	**42.9**	**43.3**
小　学	Primary School	48.4	46.8	46.3	46.8	46.3
初　中	Junior Secondary School	49.6	48.9	49.1	49.7	49.8
高　中	Senior Secondary School	47.6	47.4	47.8	48.1	48.2
大　专	College	44.0	44.5	44.4	44.7	44.9
大学本科	University	42.4	42.6	42.8	42.9	43.0
研究生及以上	Graduate and Higher Level	41.3	41.8	41.9	42.4	41.5

3-27 城镇女性就业人员调查周平均工作时间

Weekly Working Hours of Urban Female Employed Persons

单位: 小时／周 (hours/per week)

分组	Group	2010年11月 Nov.2010	2011年11月 Nov.2011	2012年11月 Nov.2012	2013年9月 Sep.2013	2014年9月 Sep.2014
全 部	**Total**	**46.1**	**45.2**	**45.2**	**45.5**	**45.5**
一、按年龄分组	**By Age**					
	16-19	48.8	48.1	47.4	49.2	48.5
	20-24	47.0	46.1	46.3	46.7	46.7
	25-29	46.1	45.8	45.7	46.0	46.1
	30-34	46.6	46.1	46.0	46.3	46.2
	35-39	46.9	46.2	46.4	46.6	46.6
	40-44	46.7	45.8	46.2	46.6	46.6
	45-49	45.8	45.0	45.0	45.6	45.5
	50-54	44.2	43.1	43.5	43.7	44.0
	55-59	42.2	40.1	40.1	40.2	40.8
	60-64	39.3	36.6	37.2	36.9	37.0
	65+	35.3	31.2	31.8	31.4	31.9
二、按职业分组	**By Occupation**					
单位负责人	Unit Head	47.2	47.8	48.2	48.1	48.2
专业技术人员	Technical Personnel	42.7	43.2	43.2	43.3	43.4
办事人员和有关人员	Clerk and Related Workers	42.8	43.0	43.1	43.0	42.8
商业、服务业人员	Business Service Personnel	49.5	49.0	49.1	49.4	49.5
农林牧渔水利业生产人员	Producers in the Sectors of Agriculture, Forestry,Animal Husbandry,Fishery and Water Conservancy	39.6	35.7	35.8	35.6	34.9
生产、运输设备操作人员及有关人员	Production, Transport Equipment Operators and Related Workers	49.5	48.4	48.6	49.0	49.1
其 他	Others	47.1	44.9	49.2	49.6	42.0
三、按受教育程度分组	**By Educational Attaiment**					
未上过学	No Schooling	**42.6**	**38.9**	**37.7**	**38.0**	**38.4**
小 学	Primary School	45.9	43.1	42.6	42.9	42.9
初 中	Junior Secondary School	47.9	47.1	46.9	47.5	47.3
高 中	Senior Secondary School	46.5	46.5	46.7	46.8	47.3
大 专	College	43.2	43.0	43.6	43.8	44.0
大学本科	University	41.7	42.0	42.0	42.1	42.0
研究生及以上	Graduate and Higher Level	40.7	41.4	41.1	41.0	41.2

3-28 按年龄、性别分的城镇就业人员工作时间构成

Working Hours of Urban Employed Persons by Age and Sex

单位：% (%)

年 龄 Age	城 镇 就业人员 Urban Employed Persons	1-8小时 1-8 Hours	9-19小时 9-19 Hours	20-39小时 20-39 Hours	40小时 40 Hours	41-48小时 41-48 Hours	48小时以上 48 Hours Above
总计 Total	**100.0**	**0.6**	**1.4**	**8.0**	**36.1**	**20.2**	**33.7**
16-19	100.0	0.2	1.1	9.5	22.7	23.2	43.3
20-24	100.0	0.4	0.6	6.2	33.2	24.9	34.7
25-29	100.0	0.4	0.6	5.2	38.0	22.7	33.0
30-34	100.0	0.4	0.8	5.2	40.5	20.7	32.5
35-39	100.0	0.4	0.7	5.8	38.0	19.5	35.5
40-44	100.0	0.4	1.0	6.9	35.9	19.7	36.2
45-49	100.0	0.7	1.3	8.5	35.1	19.6	34.8
50-54	100.0	0.8	1.7	9.7	37.9	18.2	31.7
55-59	100.0	1.1	2.8	14.1	34.8	17.0	30.0
60-64	100.0	1.7	6.6	24.8	23.4	14.5	28.9
65+	100.0	3.3	12.0	35.6	18.5	10.4	20.2
男 Male	**100.0**	**0.5**	**1.0**	**6.5**	**35.7**	**20.0**	**36.2**
16-19	100.0	0.1	0.8	8.9	22.6	20.2	47.3
20-24	100.0	0.4	0.6	5.8	30.9	24.1	38.3
25-29	100.0	0.5	0.5	4.3	35.7	22.2	36.8
30-34	100.0	0.3	0.6	4.3	39.3	20.4	35.1
35-39	100.0	0.3	0.6	4.6	37.1	19.2	38.2
40-44	100.0	0.2	0.7	5.3	35.4	19.7	38.6
45-49	100.0	0.5	0.8	6.6	35.4	19.2	37.4
50-54	100.0	0.5	1.1	6.7	40.2	19.2	32.3
55-59	100.0	0.7	1.5	9.8	38.8	18.1	31.2
60-64	100.0	1.3	4.5	19.1	25.3	16.3	33.4
65+	100.0	2.2	9.9	32.6	19.0	12.0	24.3
女 Female	**100.0**	**0.8**	**1.8**	**10.0**	**36.6**	**20.4**	**30.4**
16-19	100.0	0.3	1.6	10.2	22.7	27.2	38.1
20-24	100.0	0.4	0.7	6.6	36.1	25.8	30.4
25-29	100.0	0.4	0.8	6.3	40.7	23.2	28.6
30-34	100.0	0.5	1.0	6.2	41.8	21.0	29.5
35-39	100.0	0.5	0.9	7.3	39.1	19.9	32.3
40-44	100.0	0.6	1.2	8.8	36.4	19.6	33.3
45-49	100.0	0.9	1.9	10.9	34.7	20.0	31.6
50-54	100.0	1.2	2.9	15.4	33.6	16.3	30.5
55-59	100.0	2.2	6.0	24.1	25.7	14.5	27.4
60-64	100.0	2.3	10.0	34.0	20.3	11.6	21.7
65+	100.0	4.9	15.2	40.4	17.7	8.0	13.7

3-29 按受教育程度、性别分的城镇就业人员工作时间构成
Working Hours of Urban Employed Persons by Educational Attainment and Sex

单位：% (%)

受教育程度	Educational Attainment	城镇就业人员 Urban Employed Persons	1-8小时 1-8 Hours	9-19小时 9-19 Hours	20-39小时 20-39 Hours	40小时 40 Hours	41-48小时 41-48 Hours	48小时以上 48 Hours Above
总　计	**Total**	**100.0**	**0.6**	**1.4**	**8.0**	**36.1**	**20.2**	**33.7**
未上过学	No Schooling	100.0	1.3	11.0	28.8	17.0	11.3	30.7
小　学	Primary School	100.0	1.7	4.9	20.1	18.9	15.7	38.6
初　中	Junior Secondary School	100.0	0.8	1.6	10.2	20.8	21.2	45.3
高　中	Senior Secondary School	100.0	0.4	0.6	4.4	35.6	23.6	35.4
大学专科	College	100.0	0.2	0.3	3.6	56.8	20.4	18.8
大学本科	University	100.0	0.2	0.2	3.7	70.9	14.5	10.6
研究生及以上	Graduate and Higher Level	100.0	0.2	0.3	4.6	79.1	8.8	6.9
男	**Male**	**100.0**	**0.5**	**1.0**	**6.5**	**35.7**	**20.0**	**36.2**
未上过学	No Schooling	100.0	1.0	8.3	22.5	17.0	12.3	39.0
小　学	Primary School	100.0	1.2	3.9	16.5	19.3	16.5	42.6
初　中	Junior Secondary School	100.0	0.6	1.2	8.2	20.9	20.7	48.5
高　中	Senior Secondary School	100.0	0.3	0.6	4.1	35.1	23.0	36.9
大学专科	College	100.0	0.2	0.3	3.2	55.6	20.1	20.7
大学本科	University	100.0	0.1	0.2	3.3	69.3	14.7	12.4
研究生及以上	Graduate and Higher Level	100.0	0.1	0.3	5.2	77.5	9.8	7.1
女	**Female**	**100.0**	**0.8**	**1.8**	**10.0**	**36.6**	**20.4**	**30.4**
未上过学	No Schooling	100.0	1.5	12.4	32.2	17.0	10.8	26.1
小　学	Primary School	100.0	2.2	5.9	23.5	18.6	15.0	34.7
初　中	Junior Secondary School	100.0	1.0	2.2	12.9	20.8	21.9	41.2
高　中	Senior Secondary School	100.0	0.4	0.7	4.8	36.5	24.5	33.1
大学专科	College	100.0	0.2	0.4	4.0	58.2	20.7	16.4
大学本科	University	100.0	0.2	0.1	4.3	72.8	14.2	8.4
研究生及以上	Graduate and Higher Level	100.0	0.4	0.4	3.7	81.2	7.5	6.7

3-30 按户口性质、性别分的城镇就业人员工作时间构成
Working Hours of Urban Employed Persons by Household Registration and Sex

单位：% (%)

户口性质 Household Registration		城镇就业人员 Urban Employed Persons	1-8小时 1-8 Hours	9-19小时 9-19 Hours	20-39小时 20-39 Hours	40小时 40 Hours	41-48小时 41-48 Hours	48小时以上 48 Hours Above
总　计	**Total**	**100.0**	**0.6**	**1.4**	**8.0**	**36.1**	**20.2**	**33.7**
农　业	Agriculture	100.0	1.0	2.5	12.2	20.3	21.2	42.9
非农业	Non-Agriculture	100.0	0.2	0.4	4.4	49.9	19.3	25.8
男	**Male**	**100.0**	**0.5**	**1.0**	**6.5**	**35.7**	**20.0**	**36.2**
农　业	Agriculture	100.0	0.7	1.8	9.6	19.8	21.0	47.1
非农业	Non-Agriculture	100.0	0.2	0.3	3.9	49.4	19.2	26.9
女	**Female**	**100.0**	**0.8**	**1.8**	**10.0**	**36.6**	**20.4**	**30.4**
农　业	Agriculture	100.0	1.4	3.3	15.5	20.9	21.4	37.5
非农业	Non-Agriculture	100.0	0.2	0.5	5.1	50.4	19.5	24.2

3-31 按就业身份、性别分的城镇就业人员工作时间构成
Working Hours of Urban Employed Persons by Employment Status and Sex

单位：% (%)

就业身份	Employment Status	城镇就业人员 Urban Employed Persons	1-8小时 1-8 Hours	9-19小时 9-19 Hours	20-39小时 20-39 Hours	40小时 40 Hours	41-48小时 41-48 Hours	48小时以上 48 Hours Above
总　计	**Total**	**100.0**	**0.6**	**1.4**	**8.0**	**36.1**	**20.2**	**33.7**
雇　员	Employee	100.0	0.7	1.4	8.0	41.5	21.7	26.7
雇　主	Employer	100.0	0.2	0.7	3.6	22.3	15.8	57.4
自营劳动者	Self-Employed	100.0	0.4	1.1	9.2	15.1	14.5	59.7
家庭帮工	Unpaid Familial Worker	100.0	0.4	1.7	12.0	16.2	15.2	54.5
男	**Male**	**100.0**	**0.5**	**1.0**	**6.5**	**35.7**	**20.0**	**36.2**
雇　员	Employee	100.0	0.5	1.1	6.4	41.3	21.5	29.2
雇　主	Employer	100.0	0.2	0.6	3.5	22.5	16.2	56.9
自营劳动者	Self-Employed	100.0	0.4	1.0	8.2	15.2	14.8	60.3
家庭帮工	Unpaid Familial Worker	100.0	0.4	1.6	9.7	17.6	15.1	55.5
女	**Female**	**100.0**	**0.8**	**1.8**	**10.0**	**36.6**	**20.4**	**30.4**
雇　员	Employee	100.0	0.9	1.9	10.0	41.6	21.9	23.6
雇　主	Employer	100.0	0.1	0.8	3.9	21.8	14.9	58.4
自营劳动者	Self-Employed	100.0	0.4	1.3	11.1	14.8	13.9	58.4
家庭帮工	Unpaid Familial Worker	100.0	0.4	1.7	12.8	15.8	15.2	54.2

3-32 按行业、性别分的城镇就业人员工作时间构成
Working Hours of Urban Employed Persons by Sector and Sex

单位：% (%)

项目	Item	城镇就业人员 Urban Employed Persons	1-8小时 1-8 Hours	9-19小时 9-19 Hours	20-39小时 20-39 Hours	40小时 40 Hours	41-48小时 41-48 Hours	48小时以上 48 Hours Above
总 计	**National Total**	**100.0**	**0.6**	**1.4**	**8.0**	**36.1**	**20.2**	**33.7**
农、林、牧、渔业	Agriculture,Forestry,Animal Husbandry and Fishery	100.0	2.7	8.3	31.9	21.3	14.5	21.3
采矿业	Mining	100.0	0.3	0.3	2.4	46.0	23.0	28.0
制造业	Manufacturing	100.0	0.4	0.4	4.2	30.0	27.1	37.9
电力、热力、燃气及水生产和供应业	Production and Supply of Electricity Power, Heat Power, Gas and Water	100.0	0.1	0.2	3.7	61.5	18.3	16.2
建筑业	Construction	100.0	0.3	0.7	6.2	24.9	21.0	47.0
批发和零售业	Wholesale and Retail Trades	100.0	0.3	0.6	5.0	25.6	21.0	47.5
交通运输、仓储和邮政业	Transport,Storage and Post	100.0	0.3	0.7	6.0	35.2	18.8	38.9
住宿和餐饮业	Hotels and Catering Services	100.0	0.3	0.6	5.2	22.8	21.2	49.9
信息传输、软件和信息技术服务业	Information Transmission, Software and Information Technical Services	100.0	0.1	0.3	3.9	44.3	18.2	33.2
金融业	Financial Intermediation	100.0	0.2	0.2	4.9	65.5	15.5	13.6
房地产业	Real Estate	100.0	0.4	0.8	4.5	43.7	25.2	25.5
租赁和商务服务业	Leasing and Business Services	100.0	0.4	0.5	5.3	50.0	21.5	22.5
科学研究和技术服务业	Scientific Research and Technical Services	100.0	0.6	0.1	3.7	68.6	16.7	10.3
水利、环境和公共设施管理业	Management of Water Conservancy, Environment and Public Facilities	100.0		0.0	5.6	53.0	19.3	22.1
居民服务、修理和其他服务业	Services to Households, Repair and Other Services	100.0	0.5	1.0	7.2	24.2	19.5	47.6
教育	Education	100.0	0.4	0.6	5.1	68.1	12.5	13.2
卫生和社会工作	Health and Society	100.0	0.3	0.3	4.0	57.6	20.2	17.5
文化体育和娱乐业	Culture, Sports and Entertainment	100.0	0.1	0.5	5.3	49.4	18.3	26.4
公共管理、社会保障和社会组织	Public Management, Social Security and Social	100.0	0.2	0.1	5.5	74.3	11.1	8.8
国际组织	Organizations International Organizations	100.0			8.7	45.5	10.8	35.0
男	**Male**	**100.0**	**0.5**	**1.0**	**6.5**	**35.7**	**20.0**	**36.2**
农、林、牧、渔业	Agriculture,Forestry,Animal Husbandry and Fishery	100.0	1.8	6.4	26.4	22.4	16.4	26.6
采矿业	Mining	100.0	0.2	0.4	1.9	42.3	23.5	31.8
制造业	Manufacturing	100.0	0.4	0.3	3.2	30.9	26.5	38.7
电力、热力、燃气及水生产和供应业	Production and Supply of Electricity Power, Heat Power, Gas and Water	100.0	0.2	0.3	3.4	58.7	19.1	18.3
建筑业	Construction	100.0	0.3	0.7	6.0	23.0	20.9	49.2
批发和零售业	Wholesale and Retail Trades	100.0	**0.3**	**0.5**	**4.5**	**25.9**	**19.1**	**49.8**
交通运输、仓储和邮政业	Transport,Storage and Post	100.0	0.3	0.8	5.9	32.0	18.8	42.3
住宿和餐饮业	Hotels and Catering Services	100.0	0.2	0.5	4.0	22.2	20.2	52.9
信息传输、软件和信息技术服务业	Information Transmission, Software and Information Technical Services	100.0	0.2	0.1	3.6	46.7	16.9	32.5

3-32 续表 continued

单位：% (%)

项　目	Item	城　镇 就业人员 Urban Employed Persons	1-8小时 1-8 Hours	9-19小时 9-19 Hours	20-39小时 20-39 Hours	40小时 40 Hours	41-48小时 41-48 Hours	48小时以上 48 Hours Above
金融业	Financial Intermediation	100.0	0.4	0.2	4.3	66.5	14.9	13.7
房地产业	Real Estate	100.0	0.5	0.9	4.3	41.8	24.0	28.5
租赁和商务服务业	Leasing and Business Services	100.0	0.4	0.5	4.8	46.5	20.9	26.9
科学研究和技术服务业	Scientific Research and Technical Services	100.0	0.9	0.1	4.0	67.8	15.6	11.7
水利、环境和公共设施管理业	Management of Water Conservancy, Environment and Public Facilities	100.0			4.9	53.5	19.0	22.6
居民服务、修理和其他服务业	Services to Households, Repair and Other Services	100.0	0.5	0.9	5.2	23.8	19.0	50.5
教育	Education	100.0	0.4	0.7	5.0	65.1	13.1	15.8
卫生和社会工作	Health and Society	100.0	0.5	0.4	3.9	54.0	20.0	21.2
文化体育和娱乐业	Culture, Sports and Entertainment	100.0	0.3	0.4	4.2	49.9	16.9	28.3
公共管理、社会保障和社会组织	Public Management, Social Security and Social Organizations	100.0	0.2	0.1	5.2	72.8	12.0	9.7
国际组织	International Organizations	100.0				29.8	7.5	62.6
女	**Female**	**100.0**	**0.8**	**1.8**	**10.0**	**36.6**	**20.4**	**30.4**
农、林、牧、渔业	Agriculture,Forestry,Animal Husbandry and Fishery	100.0	3.6	10.0	36.9	20.3	12.7	16.4
采矿业	Mining	100.0	1.0	0.3	4.2	60.8	20.9	12.7
制造业	Manufacturing	100.0	0.5	0.5	5.7	28.6	28.0	36.8
电力、热力、燃气及水生产和供应业	Production and Supply of Electricity Power, Heat Power, Gas and Water	100.0			4.5	67.7	16.5	11.3
建筑业	Construction	100.0	0.2	0.7	7.5	35.5	21.4	34.7
批发和零售业	Wholesale and Retail Trades	100.0	0.3	0.6	5.4	25.5	22.6	45.6
交通运输、仓储和邮政业	Transport,Storage and Post	100.0	0.4	0.4	6.6	49.4	19.1	24.1
住宿和餐饮业	Hotels and Catering Services	100.0	0.4	0.6	6.2	23.3	22.1	47.4
信息传输、软件和信息技术服务业	Information Transmission, Software and Information Technical Services	100.0	0.1	0.4	4.4	41.3	19.8	34.1
金融业	Financial Intermediation	100.0	0.1	0.2	5.4	64.6	16.2	13.4
房地产业	Real Estate	100.0	0.2	0.6	4.7	46.6	27.1	20.8
租赁和商务服务业	Leasing and Business Services	100.0	0.3	0.5	6.0	55.1	22.3	15.9
科学研究和技术服务业	Scientific Research and Technical Services	100.0		0.3	3.2	70.2	18.9	7.6
水利、环境和公共设施管理业	Management of Water Conservancy, Environment and Public Facilities	100.0		0.1	6.6	52.3	19.6	21.4
居民服务、修理和其他服务业	Services to Households, Repair and Other Services	100.0	0.5	1.0	9.6	24.6	20.1	44.2
教育	Education	100.0	0.4	0.6	5.3	70.2	12.0	11.5
卫生和社会工作	Health and Society	100.0	0.2	0.3	4.0	59.8	20.3	15.3
文化体育和娱乐业	Culture, Sports and Entertainment	100.0	0.0	0.5	6.6	48.7	19.9	24.3
公共管理、社会保障和社会组织	Public Management, Social Security and Social Organizations	100.0	0.1	0.2	6.1	77.3	9.3	7.0
国际组织	International Organizations	100.0			19.8	65.4	14.8	

3-33 按职业、性别分的城镇就业人员工作时间构成

Working Hours of Urban Employed Persons by Occupation and Sex

单位：% (%)

职业	Occupation	城镇就业人员 Urban Employed Persons	1-8小时 1-8 Hours	9-19小时 9-19 Hours	20-39小时 20-39 Hours	40小时 40 Hours	41-48小时 41-48 Hours	48小时以上 48 Hours Above
合　计	**Total**	**100.0**	**0.6**	**1.4**	**8.0**	**36.1**	**20.2**	**33.7**
单位负责人	Unit Head	100.0	0.2	0.3	3.7	41.7	17.3	36.9
专业技术人员	Technical Personnel	100.0	0.3	0.4	4.3	59.0	18.5	17.6
办事人员和有关人员	Clerk and Related Workers	100.0	0.2	0.1	4.2	62.9	17.1	15.6
商业、服务业人员	Business Service Personnel	100.0	0.3	0.6	5.5	27.4	20.9	45.3
农林牧渔水利业生产人员	Producers in the Sectors of Agriculture, Forestry, Animal Husbandry, Fishery and Water Conservancy	100.0	2.7	8.1	31.0	21.7	14.8	21.7
生产运输设备操作人员及有关人员	Production,Transport Equipment Operators and Related Workers	100.0	0.4	0.5	5.2	26.1	24.5	43.3
其　他	Others	100.0	0.3	1.2	16.7	32.1	27.2	22.5
男	**Male**	**100.0**	**0.5**	**1.0**	**6.5**	**35.7**	**20.0**	**36.2**
单位负责人	Unit Head	100.0	0.2	0.2	3.4	41.6	17.3	37.2
专业技术人员	Technical Personnel	100.0	0.3	0.3	4.0	56.7	18.6	20.1
办事人员和有关人员	Clerk and Related Workers	100.0	0.1	0.1	3.8	60.5	17.5	17.9
商业、服务业人员	Business Service Personnel	100.0	0.3	0.6	4.6	28.2	19.4	46.8
农林牧渔水利业生产人员	Producers in the Sectors of Agriculture, Forestry, Animal Husbandry, Fishery and Water Conservancy	100.0	1.7	6.1	25.3	22.9	16.8	27.1
生产运输设备操作人员及有关人员	Production,Transport Equipment Operators and Related Workers	100.0	0.4	0.6	4.7	26.3	23.4	44.5
其　他	Others	100.0	0.4	0.1	10.7	34.2	29.8	24.8
女	**Female**	**100.0**	**0.8**	**1.8**	**10.0**	**36.6**	**20.4**	**30.4**
单位负责人	Unit Head	100.0	0.2	0.6	4.3	41.8	17.2	36.0
专业技术人员	Technical Personnel	100.0	0.3	0.4	4.5	61.2	18.4	15.2
办事人员和有关人员	Clerk and Related Workers	100.0	0.2	0.1	4.8	66.9	16.3	11.6
商业、服务业人员	Business Service Personnel	100.0	0.3	0.7	6.3	26.6	22.3	43.9
农林牧渔水利业生产人员	Producers in the Sectors of Agriculture, Forestry, Animal Husbandry, Fishery and Water Conservancy	100.0	3.6	10.0	36.5	20.5	12.9	16.4
生产运输设备操作人员及有关人员	Production,Transport Equipment Operators and Related Workers	100.0	0.4	0.4	6.3	25.6	27.1	40.2
其　他	Others	100.0	0.2	2.8	24.6	29.3	23.7	19.4

3-34 按年龄、性别分的城镇失业人员失业原因构成
Reason for Unemployment of Urban Unemployed Persons by Age and Sex

单位：% (%)

年 龄 Age	城 镇 失业人员 Urban Unemployed Persons	离退休 Retired	料理家务 Do Housework	毕业后未工作 Job-off After Graduated	因单位原因失去工作 Lost Job for Working Unit Reasons	因个人原因失去工作 Lost Job for Individual Reasons	承包土地被征用 Land Expropriated	其 他 Others
总计 Total	**100.0**	**5.4**	**24.0**	**15.9**	**15.1**	**29.5**	**1.7**	**8.2**
16-19	100.0		2.8	65.0	4.0	21.8		6.3
20-24	100.0		7.5	54.0	3.5	28.2	0.3	6.5
25-29	100.0		21.6	21.8	6.7	39.4	0.5	9.9
30-34	100.0		33.7	5.5	11.0	39.0	1.4	9.5
35-39	100.0		40.3	1.6	16.5	31.5	1.3	8.8
40-44	100.0	0.0	32.9	1.2	24.0	29.3	3.0	9.7
45-49	100.0	3.1	32.0	0.5	28.4	25.0	3.1	7.9
50-54	100.0	20.4	18.0	0.4	28.7	22.0	2.5	8.0
55-59	100.0	31.0	14.9	0.3	27.6	17.3	3.0	5.8
60-64	100.0	56.2	18.9		8.9	8.1	5.2	2.7
65+	100.0	59.6	17.8		4.6	4.6	6.0	7.3
男 Male	**100.0**	**5.9**	**3.8**	**22.4**	**20.6**	**33.2**	**2.5**	**11.5**
16-19	100.0		1.4	64.2	3.9	23.9		6.6
20-24	100.0		0.7	60.5	3.5	27.5	0.6	7.3
25-29	100.0		2.6	29.6	10.2	44.3	0.8	12.4
30-34	100.0		3.6	10.1	16.7	50.5	3.1	16.1
35-39	100.0		4.9	2.1	27.0	42.8	3.1	20.0
40-44	100.0	0.1	5.7	1.1	31.5	40.2	4.5	16.9
45-49	100.0	0.4	7.6	0.8	38.6	34.4	5.0	13.3
50-54	100.0	5.3	4.3	0.7	45.9	28.8	2.5	12.5
55-59	100.0	22.6	5.7	0.5	41.9	18.8	3.2	7.4
60-64	100.0	63.5	7.1		9.8	10.1	6.7	2.8
65+	100.0	66.0	10.0		6.6	2.7	7.9	6.8
女 Female	**100.0**	**5.1**	**37.9**	**11.5**	**11.3**	**27.0**	**1.2**	**6.0**
16-19	100.0		5.4	66.5	4.1	18.1		5.9
20-24	100.0		14.9	46.9	3.5	28.9	0.1	5.7
25-29	100.0		33.3	16.9	4.6	36.4	0.3	8.4
30-34	100.0		45.8	3.6	8.7	34.3	0.7	6.9
35-39	100.0		53.3	1.5	12.6	27.4	0.6	4.7
40-44	100.0		45.3	1.3	20.6	24.3	2.3	6.4
45-49	100.0	4.4	44.0	0.3	23.3	20.4	2.2	5.3
50-54	100.0	35.8	32.0	0.1	11.1	15.2	2.5	3.3
55-59	100.0	45.6	31.0		3.0	14.7	2.8	2.9
60-64	100.0	42.4	41.2		7.2	4.3	2.3	2.5
65+	100.0	45.0	36.0			9.1	1.6	8.2

3-35 按失业原因、性别分的城镇失业人员年龄构成

Age Composition of Urban Unemployed Persons by Reason and Sex

单位：% (%)

年龄 Age	城镇失业人员 Urban Unemployed Persons	离退休 Retired	料理家务 Do Housework	毕业后未工作 Job-off After Graduated	因单位原因失去工作 Lost Job for Working Unit Reasons	因个人原因失去工作 Lost Job for Individual Reasons	承包土地被征用 Land Expropriated	其他 Others
总计 Total	**100.0**	**100.0**	**100.0**	**100.0**	**100.0**	**100.0**	**100.0**	**100.0**
16-19	3.3		0.4	13.4	0.9	2.4		2.5
20-24	17.1		5.3	57.9	4.0	16.3	3.3	13.5
25-29	15.8		14.2	21.5	7.0	21.1	4.7	19.0
30-34	12.8		17.9	4.4	9.3	16.9	10.2	14.8
35-39	10.2		17.2	1.1	11.1	10.9	7.5	11.0
40-44	13.7	0.0	18.8	1.0	21.8	13.6	23.6	16.1
45-49	10.9	6.2	14.5	0.3	20.5	9.2	19.9	10.5
50-54	8.1	30.6	6.1	0.2	15.4	6.1	11.8	7.8
55-59	4.5	25.9	2.8	0.1	8.3	2.6	7.9	3.2
60-64	2.6	27.3	2.1		1.5	0.7	7.9	0.9
65+	0.9	10.0	0.7		0.3	0.1	3.2	0.8
男 Male	**100.0**	**100.0**	**100.0**	**100.0**	**100.0**	**100.0**	**100.0**	**100.0**
16-19	5.2		1.8	14.8	1.0	3.7		3.0
20-24	22.0		4.0	59.6	3.8	18.2	4.9	13.9
25-29	14.8		10.2	19.6	7.3	19.7	4.8	15.9
30-34	9.0		8.4	4.1	7.3	13.7	11.0	12.5
35-39	6.7		8.7	0.6	8.8	8.7	8.3	11.7
40-44	10.5	0.1	15.7	0.5	16.1	12.8	18.6	15.5
45-49	8.9	0.5	17.7	0.3	16.6	9.2	17.5	10.2
50-54	10.1	9.1	11.2	0.3	22.4	8.7	10.0	10.9
55-59	7.0	27.1	10.4	0.2	14.3	4.0	8.8	4.5
60-64	4.2	45.7	7.8		2.0	1.3	11.2	1.0
65+	1.6	17.5	4.0		0.5	0.1	4.9	0.9
女 Female	**100.0**	**100.0**	**100.0**	**100.0**	**100.0**	**100.0**	**100.0**	**100.0**
16-19	2.0		0.3	11.6	0.7	1.3		2.0
20-24	13.7		5.4	55.6	4.2	14.7	1.0	13.0
25-29	16.5		14.5	24.2	6.7	22.2	4.5	23.1
30-34	15.4		18.6	4.9	11.8	19.6	9.0	17.7
35-39	12.6		17.7	1.6	14.0	12.8	6.3	10.0
40-44	15.9		19.0	1.8	28.9	14.3	30.9	17.0
45-49	12.3	10.7	14.3	0.4	25.3	9.3	23.4	10.9
50-54	6.8	47.6	5.7	0.0	6.7	3.8	14.5	3.8
55-59	2.8	24.9	2.3		0.7	1.5	6.7	1.4
60-64	1.5	12.7	1.7		1.0	0.2	3.0	0.6
65+	0.5	4.1	0.4			0.2	0.6	0.6

3-36 按受教育程度、性别分的城镇失业人员失业原因构成
Reason for Unemployment of Urban Unemployed Persons by Educational Attainment and Sex

单位：% (%)

受教育程度	Educational Attainment	城镇失业人员 Urban Unemployed Persons	离退休 Retired	料理家务 Do Housework	毕业后未工作 Job-off After Graduated	因单位原因失去工作 Lost Job for Working Unit Reasons	因个人原因失去工作 Lost Job for Individual Reasons	承包土地被征用 Land Expropriated	其他 Others
总　计	**Total**	**100.0**	**5.4**	**24.0**	**15.9**	**15.1**	**29.5**	**1.7**	**8.2**
未上过学	No Schooling	100.0	0.9	38.0	5.4	6.1	24.1	5.2	20.4
小　学	Primary School	100.0	5.6	41.8	2.0	8.2	27.8	4.8	9.8
初　中	Junior Secondary School	100.0	5.9	32.4	5.7	15.3	28.9	2.7	9.1
高　中	Senior Secondary School	100.0	7.2	19.4	15.4	19.9	29.5	0.7	7.8
大学专科	College	100.0	2.7	12.1	32.7	12.3	32.5	0.4	7.2
大学本科	University	100.0	1.6	7.3	48.6	8.3	28.0	0.3	5.8
研究生及以上	Graduate and Higher Level	100.0		3.9	41.8	10.7	42.5		1.0
男	**Male**	**100.0**	**5.9**	**3.8**	**22.4**	**20.6**	**33.2**	**2.5**	**11.5**
未上过学	No Schooling	100.0		14.6	7.9	15.8	28.4	14.1	19.1
小　学	Primary School	100.0	7.8	12.9	3.9	13.2	38.4	7.4	16.4
初　中	Junior Secondary School	100.0	7.9	5.2	8.7	23.8	34.9	4.3	15.1
高　中	Senior Secondary School	100.0	5.9	3.0	22.0	24.3	33.3	1.3	10.3
大学专科	College	100.0	3.0	0.8	40.7	14.7	31.5	0.6	8.7
大学本科	University	100.0	2.1	0.9	55.0	10.8	26.0	0.5	4.6
研究生及以上	Graduate and Higher Level	100.0			45.6	9.2	42.8		2.4
女	**Female**	**100.0**	**5.1**	**37.9**	**11.5**	**11.3**	**27.0**	**1.2**	**6.0**
未上过学	No Schooling	100.0	1.2	47.5	4.3	2.1	22.3	1.6	20.9
小　学	Primary School	100.0	4.5	56.1	1.1	5.7	22.5	3.6	6.5
初　中	Junior Secondary School	100.0	4.7	47.9	3.9	10.5	25.5	1.7	5.7
高　中	Senior Secondary School	100.0	8.4	33.0	9.9	16.2	26.4	0.3	5.8
大学专科	College	100.0	2.5	20.7	26.7	10.6	33.2	0.3	6.1
大学本科	University	100.0	1.1	13.1	42.8	6.1	29.8	0.2	6.9
研究生及以上	Graduate and Higher Level	100.0		6.7	39.1	11.9	42.3		

3-37 按失业原因、性别分的城镇失业人员受教育程度构成
Educational Attainment of Urban Unemployed Persons by Reason and Sex

单位：% (%)

受教育程度	Educational Attainment	城镇失业人员 Urban Unemployed Persons	离退休 Retired	料理家务 Do Housework	毕业后未工作 Job-off After Graduated	因单位原因失去工作 Lost Job for Working Unit Reasons	因个人原因失去工作 Lost Job for Individual Reasons	承包土地被征用 Land Expropriated	其他 Others
总　计	**Total**	**100.0**	**100.0**	**100.0**	**100.0**	**100.0**	**100.0**	**100.0**	**100.0**
未上过学	No Schooling	0.4	0.1	0.6	0.1	0.1	0.3	1.1	0.9
小　学	Primary School	7.2	7.5	12.6	0.9	3.9	6.8	20.4	8.6
初　中	Junior Secondary School	38.9	42.3	52.4	13.8	39.4	38.1	60.1	43.0
高　中	Senior Secondary School	30.1	40.2	24.4	29.1	39.6	30.1	12.9	28.6
大学专科	College	15.2	7.6	7.6	31.1	12.4	16.7	3.9	13.3
大学本科	University	7.8	2.3	2.4	23.8	4.3	7.4	1.6	5.6
研究生及以上	Graduate and Higher Level	0.4		0.1	1.1	0.3	0.6		0.0
男	**Male**	**100.0**	**100.0**	**100.0**	**100.0**	**100.0**	**100.0**	**100.0**	**100.0**
未上过学	No Schooling	0.3		1.0	0.1	0.2	0.2	1.5	0.4
小　学	Primary School	5.9	7.8	19.8	1.0	3.8	6.8	17.2	8.4
初　中	Junior Secondary School	34.8	47.0	47.5	13.6	40.1	36.5	58.8	45.5
高　中	Senior Secondary School	33.6	33.5	26.3	33.0	39.6	33.6	16.8	29.9
大学专科	College	16.1	8.3	3.3	29.2	11.4	15.3	3.8	12.1
大学本科	University	9.0	3.3	2.0	22.2	4.7	7.1	1.9	3.6
研究生及以上	Graduate and Higher Level	0.4			0.8	0.2	0.5		0.1
女	**Female**	**100.0**	**100.0**	**100.0**	**100.0**	**100.0**	**100.0**	**100.0**	**100.0**
未上过学	No Schooling	0.4	0.1	0.6	0.2	0.1	0.4	0.6	1.6
小　学	Primary School	8.2	7.3	12.1	0.8	4.1	6.8	25.0	8.9
初　中	Junior Secondary School	41.7	38.6	52.7	14.2	38.4	39.4	62.1	39.7
高　中	Senior Secondary School	27.8	45.5	24.2	23.9	39.6	27.2	7.2	26.8
大学专科	College	14.5	7.1	7.9	33.7	13.5	17.9	4.0	14.9
大学本科	University	7.0	1.5	2.4	26.0	3.8	7.7	1.0	8.1
研究生及以上	Graduate and Higher Level	0.4		0.1	1.3	0.4	0.6		

3-38 按年龄、性别分的城镇失业人员受教育程度构成

Educational Attainment of Urban Unemployed Persons by Age and Sex

单位：% (%)

年 龄 Age	城 镇 失业人员 Urban Unemployed Persons	未 上 过 学 No Schooling	小 学 Primary School	初 中 Junior Secondary School	高 中 Senior Secondary School	大 学 专 科 College	大 学 本 科 University	研究生 及以上 Graduate and Higher Level
总计 Total	**100.0**	**0.4**	**7.2**	**38.9**	**30.1**	**15.2**	**7.8**	**0.4**
16-19	100.0		4.2	41.4	45.5	7.5	1.4	
20-24	100.0	0.1	1.8	21.5	29.7	27.8	18.9	0.2
25-29	100.0	0.0	2.2	29.8	28.5	23.5	14.7	1.4
30-34	100.0	0.1	3.8	37.8	28.9	19.9	8.9	0.6
35-39	100.0	0.1	5.6	48.0	29.0	13.2	3.9	0.3
40-44	100.0	0.4	11.1	49.3	29.0	8.0	2.1	0.0
45-49	100.0	0.6	10.7	53.8	27.8	5.6	1.3	0.2
50-54	100.0	0.6	10.2	42.4	39.5	5.7	1.4	0.2
55-59	100.0	1.5	18.2	38.1	35.0	5.1	2.1	
60-64	100.0	2.1	26.3	47.0	18.7	4.9	1.1	
65+	100.0	3.6	39.0	35.4	13.8	5.7	2.5	
男 Male	**100.0**	**0.3**	**5.9**	**34.8**	**33.6**	**16.1**	**9.0**	**0.4**
16-19	100.0		3.8	42.8	46.0	5.2	2.2	
20-24	100.0	0.1	1.4	19.2	33.5	26.2	19.2	0.4
25-29	100.0		1.7	19.5	35.4	26.3	15.7	1.4
30-34	100.0		3.2	33.6	30.3	21.5	11.1	0.3
35-39	100.0	0.1	5.6	42.1	31.0	16.4	4.5	0.3
40-44	100.0	0.3	10.5	45.4	30.2	10.2	3.4	
45-49	100.0	0.0	7.7	53.2	30.3	6.3	1.9	0.6
50-54	100.0	0.4	6.4	42.4	40.8	7.3	2.4	0.3
55-59	100.0	1.1	11.0	40.9	39.0	5.5	2.5	
60-64	100.0	1.5	18.1	53.2	19.3	6.1	1.7	
65+	100.0	0.8	32.6	43.9	15.3	5.6	1.8	
女 Female	**100.0**	**0.4**	**8.2**	**41.7**	**27.8**	**14.5**	**7.0**	**0.4**
16-19	100.0		4.9	39.0	44.6	11.6		
20-24	100.0	0.1	2.2	24.1	25.4	29.5	18.6	0.1
25-29	100.0	0.1	2.5	36.1	24.2	21.7	14.0	1.4
30-34	100.0	0.1	4.0	39.5	28.4	19.2	8.0	0.7
35-39	100.0	0.0	5.6	50.2	28.3	12.0	3.7	0.3
40-44	100.0	0.5	11.4	51.1	28.4	7.0	1.6	0.0
45-49	100.0	1.0	12.2	54.1	26.6	5.2	0.9	
50-54	100.0	0.8	14.0	42.5	38.2	4.1	0.4	
55-59	100.0	2.2	30.7	33.2	28.1	4.3	1.4	
60-64	100.0	3.1	41.8	35.1	17.5	2.4		
65+	100.0	10.2	53.7	15.7	10.1	6.0	4.2	

3-39 按受教育程度、性别分的城镇失业人员年龄构成
Age Composition of Urban Unemployed Persons by Educational Attainment and Sex

单位：% (%)

年 龄 Age	城 镇 失业人员 Urban Unemployed Persons	未 上 过 学 No Schooling	小 学 Primary School	初 中 Junior Secondary School	高 中 Senior Secondary School	大 学 专 科 College	大 学 本 科 University	研究生 及以上 Graduate and Higher Level
总计 Total	**100.0**	**100.0**	**100.0**	**100.0**	**100.0**	**100.0**	**100.0**	**100.0**
16-19	3.3		1.9	3.5	5.0	1.6	0.6	
20-24	17.1	3.8	4.2	9.5	16.8	31.3	41.4	10.1
25-29	15.8	1.7	4.8	12.1	14.9	24.4	29.6	54.7
30-34	12.8	3.2	6.6	12.5	12.3	16.8	14.6	17.7
35-39	10.2	1.5	7.9	12.6	9.8	8.9	5.1	8.1
40-44	13.7	16.4	21.1	17.4	13.2	7.2	3.7	0.9
45-49	10.9	18.8	16.2	15.1	10.1	4.0	1.8	5.0
50-54	8.1	12.7	11.4	8.9	10.7	3.1	1.4	3.5
55-59	4.5	18.4	11.4	4.4	5.3	1.5	1.2	
60-64	2.6	14.6	9.5	3.2	1.6	0.8	0.4	
65+	0.9	8.8	4.9	0.8	0.4	0.3	0.3	
男 Male	**100.0**	**100.0**	**100.0**	**100.0**	**100.0**	**100.0**	**100.0**	**100.0**
16-19	5.2		3.3	6.4	7.1	1.7	1.3	
20-24	22.0	7.9	5.2	12.2	22.0	36.0	47.1	20.1
25-29	14.8		4.3	8.3	15.6	24.2	25.7	49.4
30-34	9.0		4.9	8.7	8.1	12.1	11.1	5.4
35-39	6.7	3.7	6.4	8.2	6.2	6.9	3.3	4.8
40-44	10.5	14.0	18.8	13.8	9.5	6.7	3.9	
45-49	8.9	0.8	11.6	13.6	8.0	3.5	1.9	11.9
50-54	10.1	14.8	10.8	12.3	12.2	4.6	2.6	8.3
55-59	7.0	29.6	13.1	8.3	8.2	2.4	1.9	
60-64	4.2	24.4	13.0	6.5	2.4	1.6	0.8	
65+	1.6	4.6	8.6	2.0	0.7	0.5	0.3	
女 Female	**100.0**	**100.0**	**100.0**	**100.0**	**100.0**	**100.0**	**100.0**	**100.0**
16-19	2.0		1.2	1.9	3.2	1.6		
20-24	13.7	2.1	3.8	7.9	12.5	27.7	36.3	2.8
25-29	16.5	2.3	5.1	14.3	14.3	24.6	33.0	58.6
30-34	15.4	4.5	7.5	14.6	15.7	20.4	17.7	26.7
35-39	12.6	0.6	8.6	15.2	12.8	10.4	6.6	10.4
40-44	15.9	17.4	22.3	19.5	16.3	7.6	3.5	1.5
45-49	12.3	26.1	18.5	16.0	11.8	4.4	1.7	
50-54	6.8	11.9	11.7	6.9	9.3	1.9	0.3	
55-59	2.8	13.9	10.5	2.2	2.8	0.8	0.6	
60-64	1.5	10.6	7.9	1.3	1.0	0.3		
65+	0.5	10.5	3.0	0.2	0.2	0.2	0.3	

3-40 按年龄、性别分的城镇失业人员寻找工作方式构成
Method of Job-seeking of Urban Unemployed Persons by Age and Sex

单位：%　　　　(%)

年　龄 Age	城　镇 失业人员 Urban Unemployed Persons	在职业介绍 机构登记 Register in Employment Agency Office	委托亲友 找 工 作 Ask Friends Relatives about Job	参　加 招聘会 Take Part in Employment Advertise Meeting	应 答 或 刊登广告 Answer or Advertise	浏　览 招聘广告 Scan and Want Ads	为自己经 营作准备 Prepare for Own Business	其　他 Others
总计　Total	**100.0**	**7.3**	**52.9**	**1.1**	**12.6**	**6.2**	**6.8**	**13.0**
16-19	100.0	11.1	56.0	2.2	8.6	8.6	6.0	7.5
20-24	100.0	9.8	42.5	0.5	16.0	15.5	3.9	11.8
25-29	100.0	9.5	44.3	1.7	14.9	8.4	8.6	12.6
30-34	100.0	7.6	50.7	1.4	14.4	5.0	8.2	12.8
35-39	100.0	7.1	51.8	1.2	13.9	3.6	8.0	14.4
40-44	100.0	5.6	58.5	0.8	12.8	3.2	7.3	11.8
45-49	100.0	5.2	63.2	1.0	7.7	2.6	5.7	14.6
50-54	100.0	5.1	63.3	1.2	8.2	1.6	7.2	13.3
55-59	100.0	5.8	61.0	1.1	8.3	2.3	5.1	16.5
60-64	100.0	1.7	67.1	1.7	9.6	0.2	6.4	13.2
65+	100.0	2.9	49.1		8.4	0.2	13.1	26.3
男　Male	**100.0**	**8.6**	**51.4**	**0.9**	**12.3**	**7.1**	**8.3**	**11.4**
16-19	100.0	10.5	57.2	2.9	7.7	10.7	5.8	5.1
20-24	100.0	11.6	43.7	0.4	15.6	13.9	4.5	10.4
25-29	100.0	10.1	44.2	0.3	15.3	9.8	10.9	9.4
30-34	100.0	10.7	45.5	2.9	12.7	4.5	12.1	11.5
35-39	100.0	7.0	48.5	0.1	15.2	4.3	11.5	13.5
40-44	100.0	4.8	57.1	0.2	11.4	5.5	10.6	10.4
45-49	100.0	8.0	57.4	0.7	8.4	2.9	8.8	13.9
50-54	100.0	8.0	59.7	0.9	8.4	2.8	8.2	12.0
55-59	100.0	6.4	59.0	0.7	9.6	2.7	5.7	15.9
60-64	100.0	1.2	68.5	2.2	10.7	0.2	5.6	11.7
65+	100.0	4.1	48.1		9.2	0.3	13.6	24.6
女　Female	**100.0**	**6.4**	**54.0**	**1.3**	**12.8**	**5.7**	**5.8**	**14.1**
16-19	100.0	12.1	54.0	0.9	10.2	4.9	6.3	11.7
20-24	100.0	7.7	41.1	0.7	16.5	17.3	3.2	13.4
25-29	100.0	9.1	44.4	2.6	14.7	7.6	7.1	14.5
30-34	100.0	6.3	52.8	0.8	15.0	5.2	6.7	13.3
35-39	100.0	7.2	53.0	1.6	13.4	3.4	6.7	14.7
40-44	100.0	5.9	59.2	1.0	13.5	2.1	5.8	12.5
45-49	100.0	3.8	66.2	1.1	7.3	2.5	4.2	15.0
50-54	100.0	2.1	67.0	1.6	8.0	0.4	6.3	14.6
55-59	100.0	4.8	64.3	1.7	6.1	1.5	4.0	17.5
60-64	100.0	2.8	64.4	0.9	7.6	0.2	8.0	16.0
65+	100.0		51.6		6.4		11.8	30.2

3-41 按受教育程度、性别分的城镇失业人员寻找工作方式构成

Method of Job-seeking of Urban Unemployed Persons by Educational Attainment and Sex

单位：% (%)

受教育程度	Educational Attainment	城镇失业人员 Urban Unemployed Persons	在职业介绍机构登记 Register in Employment Agency Office	委托亲友找工作 Ask Friends Relatives about Job	参加招聘会 Take Part in Employment Advertise Meeting	应答或刊登广告 Answer or Advertise	浏览招聘广告 Scan and Want Ads	为自己经营作准备 Prepare for Own Business	其他 Others
总　计	**Total**	**100.0**	**7.3**	**52.9**	**1.1**	**12.6**	**6.2**	**6.8**	**13.0**
未上过学	No Schooling	100.0	9.7	53.2	1.9	8.2	1.5	5.4	20.2
小　学	Primary School	100.0	2.3	60.9	0.9	9.1	1.3	6.9	18.7
初　中	Junior Secondary School	100.0	4.9	61.5	1.0	9.7	2.7	6.4	13.7
高　中	Senior Secondary School	100.0	8.5	54.3	1.0	12.5	5.1	7.2	11.3
大学专科	College	100.0	10.9	37.7	1.6	19.0	11.3	7.4	12.3
大学本科	University	100.0	11.1	28.8	1.5	18.3	22.2	6.1	12.0
研究生及以上	Graduate and Higher Level	100.0	24.7	18.2	6.9	16.7	19.2	3.7	10.6
男	**Male**	**100.0**	**8.6**	**51.4**	**0.9**	**12.3**	**7.1**	**8.3**	**11.4**
未上过学	No Schooling	100.0	12.5	46.3	6.5	8.8		12.4	13.4
小　学	Primary School	100.0	2.3	56.0	0.5	10.2	1.7	9.0	20.3
初　中	Junior Secondary School	100.0	4.5	61.6	0.4	9.5	3.5	8.5	12.1
高　中	Senior Secondary School	100.0	10.6	53.6	1.0	12.3	6.1	7.8	8.7
大学专科	College	100.0	11.7	37.5	1.2	16.2	10.8	10.5	12.0
大学本科	University	100.0	14.1	27.5	1.6	17.6	21.4	5.6	12.2
研究生及以上	Graduate and Higher Level	100.0	45.6	10.6		17.6	13.9		12.3
女	**Female**	**100.0**	**6.4**	**54.0**	**1.3**	**12.8**	**5.7**	**5.8**	**14.1**
未上过学	No Schooling	100.0	8.6	56.0		7.9	2.1	2.5	22.9
小　学	Primary School	100.0	2.3	63.3	1.1	8.6	1.1	5.9	17.8
初　中	Junior Secondary School	100.0	5.2	61.5	1.3	9.8	2.3	5.3	14.6
高　中	Senior Secondary School	100.0	6.8	54.9	1.0	12.7	4.3	6.7	13.5
大学专科	College	100.0	10.2	37.8	1.8	21.1	11.6	5.0	12.5
大学本科	University	100.0	8.5	30.0	1.5	18.8	22.9	6.5	11.8
研究生及以上	Graduate and Higher Level	100.0	9.4	23.7	12.0	16.0	23.1	6.5	9.4

3-42 按年龄、性别分的城镇失业人员失业前的行业构成

Sector of Urban Unemployed Persons (Prior to Unemployment) by Age and Sex

单位：% (%)

年龄 Age	城镇失业人员 Urban Unemployed Persons	农、林、牧、渔业 Agriculture, Forestry, Animal Husbandry and Fishery	采矿业 Mining	制造业 Manufacturing	电力、热力、燃气及水生产和供应业 Production and Supply of Electricity Power, Heat Power, Gas and Water	建筑业 Construction	批发和零售业 Wholesale and Retail Trades
总计 Total	**100.0**	**6.8**	**1.7**	**24.9**	**0.7**	**5.3**	**26.9**
16-19	100.0	7.2		16.6	0.3	5.6	21.6
20-24	100.0	6.4	0.3	25.2	0.9	4.1	27.4
25-29	100.0	3.8	0.8	18.4	0.6	4.3	33.4
30-34	100.0	4.0	1.0	21.7	0.4	4.0	34.6
35-39	100.0	6.6	1.2	21.7	0.2	5.7	31.5
40-44	100.0	9.0	1.5	26.7	0.8	5.4	27.3
45-49	100.0	8.3	2.0	29.2	1.1	5.4	23.1
50-54	100.0	7.1	3.3	32.9	1.1	7.2	19.1
55-59	100.0	7.8	4.2	31.6	0.9	5.6	12.7
60-64	100.0	12.6	5.2	23.5	0.6	11.5	13.6
65+	100.0	15.6	3.4	19.9	0.6	4.6	14.6
男 Male	**100.0**	**6.3**	**2.2**	**27.6**	**0.9**	**9.2**	**18.1**
16-19	100.0	10.9		15.1		6.0	21.1
20-24	100.0	7.2		29.3	1.0	6.6	22.4
25-29	100.0	3.7	2.0	20.9	0.7	6.1	22.5
30-34	100.0	4.3	1.3	25.1	0.8	8.8	18.5
35-39	100.0	4.9	1.6	26.7	0.7	8.0	22.7
40-44	100.0	7.0	1.3	29.3	0.9	12.3	19.2
45-49	100.0	7.6	3.1	28.7	1.0	11.0	15.4
50-54	100.0	5.7	3.5	32.6	1.6	10.7	14.9
55-59	100.0	6.3	3.8	33.8	0.9	7.5	11.8
60-64	100.0	8.9	4.3	24.4	0.4	15.1	11.1
65+	100.0	13.0	4.7	22.7	0.8	6.5	14.9
女 Female	**100.0**	**7.2**	**1.4**	**23.2**	**0.6**	**2.8**	**32.8**
16-19	100.0	0.2		19.4	0.9	4.9	22.6
20-24	100.0	5.6	0.7	21.5	0.8	1.8	31.9
25-29	100.0	3.9	0.1	17.0	0.5	3.3	39.8
30-34	100.0	3.9	0.9	20.2	0.2	2.0	41.4
35-39	100.0	7.3	1.0	19.6	0.1	4.8	35.2
40-44	100.0	10.0	1.6	25.3	0.8	1.9	31.4
45-49	100.0	8.7	1.4	29.4	1.1	2.4	27.2
50-54	100.0	8.7	3.0	33.2	0.4	3.5	23.6
55-59	100.0	10.5	4.8	27.5	1.0	2.1	14.2
60-64	100.0	20.5	7.2	21.7	0.9	3.9	18.9
65+	100.0	22.0		13.2			13.9

3-42 续表 1 continued

单位：% (%)

年　龄 Age	交通运输、仓储和邮政业 Transport, Storage and Post	住宿和餐饮业 Hotels and Catering Services	信息传输、软件和信息技术服务业 Information Transmission, Software and Information Technical Services	金融业 Financial Intermediation	房地产业 Real Estate	租赁和商务服务业 Leasing and Business Services	科学研究和技术服务业 Scientific Research and Technical Services
总计 Total	**4.9**	**7.2**	**3.0**	**1.7**	**1.9**	**2.0**	**0.5**
16-19	5.4	14.5	7.8	0.3	2.1		0.4
20-24	4.3	8.2	3.6	2.8	0.8	1.9	0.5
25-29	3.7	8.2	4.4	1.8	3.3	3.0	0.8
30-34	4.1	7.7	4.6	1.3	2.4	3.3	0.3
35-39	5.6	7.0	2.7	1.5	2.1	1.4	0.5
40-44	4.4	7.1	2.8	1.7	0.4	1.4	0.2
45-49	5.7	7.1	1.8	1.6	2.1	1.1	0.3
50-54	6.9	5.7	1.1	1.0	1.5	1.8	0.7
55-59	6.5	5.4	1.5	2.8	2.5	1.4	0.1
60-64	4.4	4.8	0.5	1.5	2.7	3.3	1.3
65+	6.7	6.9			1.4	0.2	0.4
男 Male	**8.7**	**5.5**	**2.2**	**1.3**	**2.7**	**2.5**	**0.6**
16-19	8.3	17.4	2.9		3.2		0.7
20-24	5.3	6.7	3.8	1.1	0.5	0.1	0.8
25-29	5.9	6.5	4.1	2.2	6.2	3.3	0.2
30-34	9.5	5.7	5.1	0.3	2.1	6.5	0.6
35-39	12.1	4.6	1.0	1.0	3.7	2.3	1.5
40-44	9.4	5.4	0.8	1.7	0.3	1.8	0.2
45-49	11.0	5.5	1.8	1.3	3.0	1.6	
50-54	9.8	3.6	0.7	0.9	2.3	2.7	1.3
55-59	8.8	4.7	1.2	1.9	3.2	2.0	
60-64	6.0	2.1	0.5	1.5	3.7	3.9	0.7
65+	9.5	6.7			1.9	0.3	
女 Female	**2.5**	**8.4**	**3.5**	**1.9**	**1.3**	**1.6**	**0.4**
16-19		8.9	16.9	0.9			
20-24	3.3	9.6	3.5	4.4	1.1	3.6	0.3
25-29	2.5	9.1	4.6	1.6	1.5	2.8	1.1
30-34	1.8	8.6	4.4	1.8	2.5	1.9	0.1
35-39	2.8	8.0	3.4	1.6	1.4	1.0	0.1
40-44	1.9	8.0	3.8	1.7	0.5	1.1	0.3
45-49	2.8	7.9	1.8	1.8	1.6	0.9	0.4
50-54	3.7	8.0	1.5	1.0	0.7	0.9	
55-59	2.3	6.8	1.9	4.5	1.1	0.2	0.2
60-64	1.1	10.5	0.6	1.4	0.7	2.0	2.5
65+		7.3					1.4

3-42 续表 2 continued

单位：% (%)

年 龄 Age	水利、环境和公共设施管理业 Management of Water Conservancy, Environment and Public Facilities	居民服务、修理和其他服务业 Services to Households, Repair and Other Services	教 育 Education	卫生和社会工作 Health and Society	文化、体育和娱乐业 Culture, Sports and Entertainment	公共管理、社会保障和社会组织 Public Management Social Security and Social Organizations	国际组织 International Organizations
总计 Total	**0.5**	**4.7**	**2.3**	**1.2**	**1.0**	**2.8**	
16-19		10.8	2.0	2.1	0.9	2.4	
20-24	0.1	4.0	3.3	1.5	2.3	2.4	
25-29	0.2	4.5	4.1	1.7	0.8	2.1	
30-34	0.3	3.5	2.3	0.8	1.1	2.6	
35-39	0.4	6.1	1.9	1.1	0.7	2.2	
40-44	0.8	6.1	1.2	0.7	0.2	2.2	
45-49	0.8	4.8	1.1	1.0	1.0	2.7	
50-54	1.0	3.6	1.3	0.9	0.6	3.4	
55-59	0.8	3.9	3.0	2.6	1.4	5.3	
60-64	0.3	2.0	3.7	0.2	0.6	7.7	
65+	1.4	3.2	9.0	3.5	3.1	5.6	
男 Male	**0.4**	**4.7**	**1.6**	**0.7**	**1.2**	**3.7**	
16-19		6.7		3.3	0.7	3.7	
20-24		5.2	2.5	0.7	3.0	3.8	
25-29	0.3	6.9	3.1	1.1	0.6	3.7	
30-34		3.6	1.3		2.0	4.5	
35-39	0.3	3.4	0.7	1.0	1.6	2.1	
40-44	0.4	6.4	0.6	0.4	0.1	2.7	
45-49	0.7	5.0	0.1	0.3	0.6	2.2	
50-54	0.9	3.8	0.6	0.3	0.8	3.5	
55-59	0.8	2.6	2.8	2.0	1.5	4.2	
60-64	0.2	2.8	3.4		0.9	10.1	
65+	1.9	2.5	4.1	1.4	3.8	5.3	
女 Female	**0.6**	**4.6**	**2.8**	**1.5**	**0.8**	**2.2**	
16-19		18.5	5.6		1.2		
20-24	0.2	2.9	4.0	2.3	1.6	1.1	
25-29	0.2	3.1	4.6	2.1	0.9	1.2	
30-34	0.5	3.4	2.7	1.2	0.8	1.8	
35-39	0.4	7.3	2.3	1.2	0.3	2.3	
40-44	1.1	5.9	1.6	0.9	0.3	1.9	
45-49	0.8	4.6	1.7	1.4	1.3	2.9	
50-54	1.1	3.4	2.1	1.6	0.5	3.2	
55-59	0.9	6.1	3.4	3.9	1.2	7.4	
60-64	0.3	0.4	4.1	0.6		2.6	
65+		4.9	20.9	8.5	1.4	6.5	

3-43 按受教育程度、性别分的城镇失业人员失业前的行业构成
Sector of Urban Unemployed Persons (Prior to Unemployment) by Educational Attainment and Sex

单位：% (%)

受教育程度	Educational Attainment	城镇失业人员 Urban Unemployed Persons	农、林、牧、渔业 Agriculture, Forestry, Animal Husbandry and Fishery	采矿业 Mining	制造业 Manufacturing	电力、热力、燃气及水生产和供应业 Production and Supply of Electricity Power, Heat Power, Gas and Water	建筑业 Construction	批发和零售业 Wholesale and Retail Trades
总　计	**Total**	**100.0**	**6.8**	**1.7**	**24.9**	**0.7**	**5.3**	**26.9**
未上过学	No Schooling	100.0	35.1	4.5	18.2		8.1	16.0
小　学	Primary School	100.0	19.3	2.2	23.5	0.3	8.4	17.4
初　中	Junior Secondary School	100.0	9.1	2.3	26.2	0.6	6.1	27.2
高　中	Senior Secondary School	100.0	3.2	0.9	26.5	0.7	4.0	29.5
大学专科	College	100.0	1.5	1.3	21.8	1.2	4.9	27.6
大学本科	University	100.0	0.8	0.9	15.8	1.6	4.1	22.7
研究生及以上	Graduate and Higher Level	100.0			6.7			20.4
男	**Male**	**100.0**	**6.3**	**2.2**	**27.6**	**0.9**	**9.2**	**18.1**
未上过学	No Schooling	100.0	28.1	14.4	13.4		23.9	6.2
小　学	Primary School	100.0	14.0	4.3	23.0	0.7	17.7	13.0
初　中	Junior Secondary School	100.0	9.0	2.8	28.9	0.5	11.5	15.8
高　中	Senior Secondary School	100.0	3.7	1.0	29.9	1.1	6.3	20.7
大学专科	College	100.0	1.8	2.5	23.7	1.1	6.0	21.6
大学本科	University	100.0		0.6	19.3	3.0	5.6	18.6
研究生及以上	Graduate and Higher Level	100.0			10.9			26.6
女	**Female**	**100.0**	**7.2**	**1.4**	**23.2**	**0.6**	**2.8**	**32.8**
未上过学	No Schooling	100.0	38.3		20.4		0.8	20.5
小　学	Primary School	100.0	22.2	1.1	23.8		3.2	19.9
初　中	Junior Secondary School	100.0	9.2	2.0	24.6	0.6	2.7	34.3
高　中	Senior Secondary School	100.0	2.9	0.8	23.8	0.4	2.2	36.4
大学专科	College	100.0	1.4	0.5	20.5	1.2	4.2	31.5
大学本科	University	100.0	1.3	1.2	13.3	0.7	3.0	25.6
研究生及以上	Graduate and Higher Level	100.0			3.7			16.0

3-43 续表 1 continued

单位：% (%)

受教育程度	Educational Attainment	交通运输、仓储和邮政业 Transport, Storage and Post	住宿和餐饮业 Hotels and Catering Services	信息传输、软件和信息技术服务业 Information Transmission, Software and Information Technical Services	金融业 Financial Intermediation	房地产业 Real Estate	租赁和商务服务业 Leasing and Business Services	科学研究和技术服务业 Scientific Research and Technical Services
总　计	**Total**	**4.9**	**7.2**	**3.0**	**1.7**	**1.9**	**2.0**	**0.5**
未上过学	No Schooling		9.1				3.4	1.1
小　学	Primary School	4.2	9.5	2.6	0.6	1.0	1.3	0.2
初　中	Junior Secondary School	5.3	7.9	1.8	1.0	1.1	1.0	0.2
高　中	Senior Secondary School	5.5	6.8	2.8	1.8	2.1	1.9	0.4
大学专科	College	3.5	5.1	6.3	3.2	3.3	4.5	1.6
大学本科	University	3.6	5.9	5.3	4.6	5.1	5.9	1.0
研究生及以上	Graduate and Higher Level		4.5	21.4	8.4	2.1		
男	**Male**	**8.7**	**5.5**	**2.2**	**1.3**	**2.7**	**2.5**	**0.6**
未上过学	No Schooling						10.7	
小　学	Primary School	8.3	3.7	1.1	0.7	1.6	2.8	0.3
初　中	Junior Secondary School	10.6	5.8	1.0	0.4	1.7	1.4	0.3
高　中	Senior Secondary School	8.9	6.0	1.5	1.5	3.2	2.5	0.4
大学专科	College	4.8	3.7	7.1	2.5	4.2	4.7	2.1
大学本科	University	2.9	7.0	5.8	3.7	5.5	4.7	0.4
研究生及以上	Graduate and Higher Level			18.2	20.3	5.0		
女	**Female**	**2.5**	**8.4**	**3.5**	**1.9**	**1.3**	**1.6**	**0.4**
未上过学	No Schooling		13.4					1.6
小　学	Primary School	1.9	12.6	3.5	0.6	0.6	0.5	0.1
初　中	Junior Secondary School	2.1	9.3	2.3	1.3	0.7	0.8	0.1
高　中	Senior Secondary School	2.9	7.3	3.9	2.1	1.3	1.3	0.4
大学专科	College	2.6	5.9	5.7	3.6	2.8	4.3	1.3
大学本科	University	4.1	5.1	5.0	5.2	4.8	6.7	1.5
研究生及以上	Graduate and Higher Level		7.6	23.6				

3-43 续表 2 continued

单位：% (%)

受教育程度	Educational Attainment	水利、环境和公共设施管理业 Management of Water Conservancy, Environment and Public Facilities	居民服务、修理和其他服务业 Services to Households, Repair and Other Services	教育 Education	卫生和社会工作 Health and Society	文化、体育和娱乐业 Culture, Sports and Entertainment	公共管理、社会保障和社会组织 Public Management Social Security and Social Organizations	国际组织 International Organizations
总　计	**Total**	**0.5**	**4.7**	**2.3**	**1.2**	**1.0**	**2.8**	
未上过学	No Schooling	0.5	0.3			2.6	1.1	
小　学	Primary School	0.3	6.6	1.0	0.3	0.4	0.9	
初　中	Junior Secondary School	0.4	5.2	1.1	0.7	0.8	2.0	
高　中	Senior Secondary School	0.8	4.3	2.4	1.4	1.0	3.9	
大学专科	College	0.4	2.9	4.7	2.3	1.0	3.1	
大学本科	University	0.0	4.0	8.4	2.5	1.5	6.1	
研究生及以上	Graduate and Higher Level		8.0	9.1	2.5	15.8	1.1	
男	**Male**	**0.4**	**4.7**	**1.6**	**0.7**	**1.2**	**3.7**	
未上过学	No Schooling						3.3	
小　学	Primary School		4.2	0.9	0.7	0.8	2.0	
初　中	Junior Secondary School	0.3	4.9	0.8	0.5	1.3	2.5	
高　中	Senior Secondary School	0.8	4.8	1.5	0.6	1.2	4.5	
大学专科	College	0.3	3.5	3.4	0.8	0.8	5.2	
大学本科	University		6.2	4.4	2.0	2.6	7.6	
研究生及以上	Graduate and Higher Level			13.0	6.0			
女	**Female**	**0.6**	**4.6**	**2.8**	**1.5**	**0.8**	**2.2**	
未上过学	No Schooling	0.8	0.4			**3.8**		
小　学	Primary School	0.5	8.0	1.0	0.1	0.2	0.3	
初　中	Junior Secondary School	0.5	5.3	1.3	0.8	0.5	1.7	
高　中	Senior Secondary School	0.9	3.9	3.1	2.1	0.9	3.4	
大学专科	College	0.4	2.4	5.6	3.2	1.2	1.6	
大学本科	University	0.0	2.4	11.4	2.9	0.7	5.1	
研究生及以上	Graduate and Higher Level		13.7	6.4		27.0	1.9	

3-44 按年龄、性别分的城镇失业人员失业前的职业构成
Occupation of Urban Unemployed Persons (Prior to Unemployment) by Age and Sex

单位：% (%)

年 龄 Age	城镇失业人员 Urban Unemployed Persons	单位负责人 Unit Head	专业技术人员 Technical Personnel	办事人员和有关人员 Clerk and Related Workers	商业、服务业人员 Business Service Personnel	农林牧渔水利业生产人员 Producers in the Sectors of Agriculture, Forestry, Animal Husbandry, Fishery and Water Conservancy	生产运输设备操作人员及有关人员 Production, Transport Equipment Operators and Related Workers	其 他 Others
总计 Total	**100.0**	**1.3**	**11.4**	**7.9**	**44.3**	**7.0**	**27.5**	**0.6**
16-19	100.0		5.5	12.9	52.6	7.2	21.4	0.3
20-24	100.0	0.2	11.8	7.7	47.7	6.7	25.5	0.4
25-29	100.0	1.8	14.3	9.0	49.0	4.2	20.8	1.0
30-34	100.0	1.3	10.8	7.5	51.8	4.6	23.6	0.4
35-39	100.0	1.1	11.5	6.8	49.1	7.3	23.8	0.4
40-44	100.0	1.1	10.4	5.7	44.8	9.1	28.2	0.7
45-49	100.0	0.6	10.6	7.0	40.1	8.3	33.1	0.3
50-54	100.0	2.2	9.7	8.5	36.6	7.0	35.6	0.5
55-59	100.0	2.0	11.8	10.3	31.5	6.8	36.7	1.0
60-64	100.0	2.5	12.3	14.6	24.4	12.5	33.5	0.1
65+	100.0	1.7	14.8	16.0	27.3	15.9	23.8	0.5
男 Male	**100.0**	**1.7**	**8.6**	**10.4**	**34.5**	**6.5**	**37.9**	**0.4**
16-19	100.0		1.2	14.7	48.8	10.9	24.4	
20-24	100.0	0.1	9.0	6.2	42.0	7.1	35.4	0.1
25-29	100.0	1.5	11.5	9.5	42.4	4.5	30.0	0.6
30-34	100.0	2.1	5.0	13.3	35.6	4.5	39.2	0.3
35-39	100.0	1.7	12.5	8.7	36.3	5.6	35.0	0.2
40-44	100.0	2.2	9.0	6.8	32.3	6.9	42.1	0.6
45-49	100.0	1.1	8.2	9.1	30.5	7.9	42.5	0.7
50-54	100.0	2.5	7.1	10.6	31.3	6.5	41.7	0.3
55-59	100.0	2.3	7.7	13.6	27.9	5.3	42.3	0.8
60-64	100.0	2.5	8.0	19.6	23.8	8.3	37.8	
65+	100.0	1.8	14.6	16.7	24.4	13.9	27.9	0.7
女 Female	**100.0**	**1.0**	**13.2**	**6.3**	**50.8**	**7.4**	**20.6**	**0.7**
16-19	100.0		13.5	9.7	59.7	0.2	15.9	0.9
20-24	100.0	0.4	14.4	9.1	52.9	6.4	16.3	0.6
25-29	100.0	2.0	15.9	8.7	52.9	4.0	15.4	1.2
30-34	100.0	1.0	13.2	5.0	58.6	4.6	17.1	0.5
35-39	100.0	0.9	11.1	6.0	54.4	8.0	19.1	0.5
40-44	100.0	0.6	11.1	5.2	51.1	10.2	21.1	0.7
45-49	100.0	0.4	11.9	5.8	45.2	8.5	28.1	0.1
50-54	100.0	1.8	12.5	6.2	42.3	7.6	28.9	0.7
55-59	100.0	1.3	19.2	4.1	37.9	9.4	26.5	1.5
60-64	100.0	2.5	21.4	4.0	25.8	21.4	24.4	0.4
65+	100.0	1.5	15.4	14.3	34.2	20.8	13.8	

3-45 按受教育程度、性别分的城镇失业人员失业前的职业构成
Occupation of Urban Unemployed Persons (Prior to Unemployment) by Educational Attainment and Sex

单位：% (%)

受教育程度	Educational Attainment	城镇失业人员 Urban Unemployed Persons	单位负责人 Unit Head	专业技术人员 Technical Personnel	办事人员和有关人员 Clerk and Related Workers	商业、服务业人员 Business Service Personnel	农林牧渔水利业生产人员 Producers in the Sectors of Agriculture, Forestry, Animal Husbandry, Fishery and Water Conservancy	生产运输设备操作人员及有关人员 Production, Transport Equipment Operators and Related Workers	其他 Others
总计	**Total**	**100.0**	**1.3**	**11.4**	**7.9**	**44.3**	**7.0**	**27.5**	**0.6**
未上过学	No Schooling	100.0	7.0	1.1	0.6	29.7	30.9	30.7	
小学	Primary School	100.0	0.6	5.2	3.5	37.2	18.8	34.1	0.6
初中	Junior Secondary School	100.0	0.7	6.2	5.2	45.4	9.4	32.4	0.6
高中	Senior Secondary School	100.0	1.7	11.8	8.8	47.1	3.6	26.4	0.5
大学专科	College	100.0	1.8	23.9	13.6	41.9	1.5	16.6	0.6
大学本科	University	100.0	2.5	28.8	18.8	36.7	1.4	11.3	0.5
研究生及以上	Graduate and Higher Level	100.0		57.5	16.2	26.3			
男	**Male**	**100.0**	**1.7**	**8.6**	**10.4**	**34.5**	**6.5**	**37.9**	**0.4**
未上过学	No Schooling	100.0	22.0		2.0	17.7	17.5	40.8	
小学	Primary School	100.0	0.6	5.6	6.5	25.5	14.2	47.5	
初中	Junior Secondary School	100.0	1.2	4.5	8.4	32.5	9.0	44.1	0.3
高中	Senior Secondary School	100.0	1.7	7.9	11.8	37.4	4.1	36.3	0.6
大学专科	College	100.0	2.7	17.7	13.8	36.9	2.3	25.9	0.7
大学本科	University	100.0	3.5	25.7	13.4	38.6	1.2	17.2	0.3
研究生及以上	Graduate and Higher Level	100.0		51.5	19.3	29.2			
女	**Female**	**100.0**	**1.0**	**13.2**	**6.3**	**50.8**	**7.4**	**20.6**	**0.7**
未上过学	No Schooling	100.0		1.6		35.2	37.1	26.0	
小学	Primary School	100.0	0.7	4.9	1.9	43.5	21.3	26.7	0.9
初中	Junior Secondary School	100.0	0.5	7.3	3.3	53.3	9.7	25.2	0.8
高中	Senior Secondary School	100.0	1.8	14.9	6.5	54.7	3.1	18.6	0.4
大学专科	College	100.0	1.2	28.1	13.5	45.2	1.0	10.4	0.6
大学本科	University	100.0	1.7	31.1	22.7	35.3	1.5	7.0	0.7
研究生及以上	Graduate and Higher Level	100.0		61.6	14.0	24.3			

3-46 按受教育程度、性别分的城镇失业人员未工作时间构成
Unemployment Duration of Urban Unemployed Persons by Educational Attainment and Sex

单位：% (%)

受教育程度	Educational Attainment	城镇失业人员 Urban Unemployed Persons	1个月 1 Month	2-3个月 2-3 Months	4-6个月 4-6 Months	7-12个月 7-12 Months	13-24个月 13-24 Months	25个月以上 25+ Months+
总　计	**Total**	**100.0**	**6.1**	**14.4**	**14.8**	**28.5**	**16.9**	**19.3**
未上过学	No Schooling	100.0	6.6	9.9	8.5	29.1	10.0	36.0
小　学	Primary School	100.0	5.4	11.2	15.1	29.8	15.8	22.7
初　中	Junior Secondary School	100.0	5.8	13.1	15.2	28.5	17.7	19.7
高　中	Senior Secondary School	100.0	4.9	11.9	14.7	29.4	17.2	21.9
大学专科	College	100.0	6.6	20.4	14.3	26.9	16.0	15.7
大学本科	University	100.0	11.1	21.2	14.7	27.5	14.9	10.7
研究生及以上	Graduate and Higher Level	100.0	17.1	34.5	8.2	15.1	19.2	5.8
男	**Male**	**100.0**	**7.5**	**16.7**	**15.2**	**27.6**	**15.7**	**17.4**
未上过学	No Schooling	100.0	3.9	7.7	5.3	21.7	1.1	60.3
小　学	Primary School	100.0	9.0	10.4	17.3	21.8	17.5	24.0
初　中	Junior Secondary School	100.0	7.8	16.4	14.7	27.5	16.6	17.0
高　中	Senior Secondary School	100.0	5.3	14.6	15.3	28.9	16.3	19.6
大学专科	College	100.0	7.4	20.3	16.3	28.0	13.6	14.4
大学本科	University	100.0	13.2	22.2	14.1	27.1	12.8	10.6
研究生及以上	Graduate and Higher Level	100.0	25.0	43.8	2.7	8.6	9.8	10.0
女	**Female**	**100.0**	**5.1**	**12.9**	**14.5**	**29.1**	**17.8**	**20.6**
未上过学	No Schooling	100.0	7.7	10.7	9.8	32.0	13.6	26.1
小　学	Primary School	100.0	3.7	11.5	14.0	33.8	15.0	22.0
初　中	Junior Secondary School	100.0	4.7	11.2	15.5	29.1	18.4	21.2
高　中	Senior Secondary School	100.0	4.6	9.7	14.1	29.8	17.9	23.8
大学专科	College	100.0	6.1	20.5	12.8	26.0	17.9	16.8
大学本科	University	100.0	9.1	20.3	15.2	27.9	16.8	10.8
研究生及以上	Graduate and Higher Level	100.0	11.4	27.7	12.3	19.8	26.1	2.8

3-47 按年龄、性别分的城镇失业人员未工作时间构成

Unemployment Duration of Urban Unemployed Persons by Age and Sex

单位：% (%)

年龄 Age	城镇 失业人员 Urban Unemployed Persons	1个月 1 Month	2-3个月 2-3 Months	4-6个月 4-6 Months	7-12个月 7-12 Months	13-24个月 13-24 Months	25个月以上 25+ Months+
总计 Total	**100.0**	**6.1**	**14.4**	**14.8**	**28.5**	**16.9**	**19.3**
16-19	100.0	13.9	27.5	13.2	29.2	10.5	5.6
20-24	100.0	12.3	22.2	15.5	27.3	13.7	8.9
25-29	100.0	5.2	16.7	14.7	30.3	17.6	15.6
30-34	100.0	5.4	14.7	17.9	27.1	15.3	19.5
35-39	100.0	4.0	13.4	14.5	29.8	18.4	19.8
40-44	100.0	4.3	10.3	14.8	30.3	17.1	23.2
45-49	100.0	4.8	9.5	13.1	26.4	19.2	27.0
50-54	100.0	3.3	9.6	13.8	29.2	18.5	25.6
55-59	100.0	3.7	8.2	12.3	24.6	21.7	29.5
60-64	100.0	1.2	6.0	15.1	31.6	21.7	24.5
65+	100.0	3.6	10.2	8.4	22.6	11.7	43.6
男 Male	**100.0**	**7.5**	**16.7**	**15.2**	**27.6**	**15.7**	**17.4**
16-19	100.0	13.5	28.5	11.8	28.6	10.0	7.6
20-24	100.0	12.3	20.7	16.9	26.3	15.0	8.7
25-29	100.0	6.7	18.7	15.5	30.8	13.2	15.1
30-34	100.0	8.2	17.8	20.7	27.2	13.6	12.5
35-39	100.0	4.6	20.2	18.1	30.0	11.0	16.2
40-44	100.0	5.6	15.7	18.3	27.9	16.5	15.9
45-49	100.0	7.1	11.8	10.1	28.5	17.8	24.7
50-54	100.0	4.1	11.4	12.4	25.3	17.7	29.2
55-59	100.0	4.0	8.5	8.9	23.0	22.7	32.8
60-64	100.0	1.8	6.9	15.5	29.5	24.4	21.9
65+	100.0	3.1	11.5	6.9	28.1	13.4	37.1
女 Female	**100.0**	**5.1**	**12.9**	**14.5**	**29.1**	**17.8**	**20.6**
16-19	100.0	14.6	25.8	15.7	30.4	11.4	2.1
20-24	100.0	12.3	23.9	13.9	28.5	12.3	9.1
25-29	100.0	4.2	15.4	14.2	29.9	20.3	15.9
30-34	100.0	4.3	13.5	16.7	27.1	16.0	22.4
35-39	100.0	3.8	10.9	13.2	29.7	21.2	21.1
40-44	100.0	3.7	7.8	13.2	31.5	17.4	26.4
45-49	100.0	3.7	8.3	14.6	25.4	19.9	28.1
50-54	100.0	2.6	7.7	15.2	33.2	19.4	22.0
55-59	100.0	3.0	7.7	18.1	27.4	20.0	23.8
60-64	100.0		4.2	14.4	35.6	16.7	29.2
65+	100.0	4.9	7.2	11.7	9.8	7.8	58.6

第四部分

Chapter Four

2014 年城镇单位就业人员统计数据

Data from Statistics on Employment in Urban Units in 2014

4-1 各地区分行业国有单位就业人员数

Employed Persons in State-owned Units by Sector and Region

单位：人 (person)

地 区	Region	国有单位合计 Total	(一)中央 I. Under Central Government	(二)省、自治区、直辖市 II. Under Provincial Government	(三)地区 III. Under Prefectural Government	(四)县及县以下 IV. At and Below County Level	(五)其他 V. Other	(一)企业 I. Enterprises	#地方 Local
总 计	**National Total**	**63123127**	**9098314**	**8776512**	**11735481**	**31950947**	**1516780**	**18304756**	**11214758**
北 京	Beijing	1885928	808825	426481	547228	81276	21901	575316	246298
天 津	Tianjin	751372	122101	291349	227212	93568	16863	266552	177257
河 北	Hebei	2934932	226762	266550	498773	1915144	27703	600417	428398
山 西	Shanxi	2060208	264710	336331	369070	1074349	15606	575578	336516
内蒙古	Inner Mongolia	1681345	248496	204891	332558	885340	9946	530553	305782
辽 宁	Liaoning	2925221	608410	295761	694961	1273994	49090	1189045	644108
吉 林	Jilin	1690308	401549	223118	313287	744831	7252	598563	255486
黑龙江	Heilongjiang	2770991	377156	1055061	414213	912496	11639	1443733	1119697
上 海	Shanghai	1062929	247455	318441	427936	42437	25611	352001	213758
江 苏	Jiangsu	2992211	326614	362006	528191	1467274	302071	832975	591207
浙 江	Zhejiang	2152759	157247	234225	350481	1340178	66544	378028	263038
安 徽	Anhui	1988251	210379	295149	390380	1043152	49173	515432	340143
福 建	Fujian	1595300	153419	199153	354872	832385	54401	455395	339923
江 西	Jiangxi	1897023	108637	269217	405389	1104133	9110	552030	469865
山 东	Shandong	4010527	457311	373649	770057	2333686	69797	1023201	667128
河 南	Henan	3679211	303509	328875	624377	2336586	82085	904672	630714
湖 北	Hubei	2690324	568216	206285	420223	1467392	25562	854159	387425
湖 南	Hunan	2615218	297298	270246	447197	1571644	27727	572795	322276
广 东	Guangdong	3962015	298380	384773	916741	2156628	193580	1018415	829610
广 西	Guangxi	2064771	187357	317607	406138	889042	264545	477067	324317
海 南	Hainan	429065	26222	115151	62666	209513	14713	94219	78313
重 庆	Chongqing	1182098	139141	206285	256214	554997	25258	269448	186768
四 川	Sichuan	3510556	618778	352461	596462	1896215	46123	1042874	547195
贵 州	Guizhou	1692304	195056	205487	184015	1095142	12604	425981	247530
云 南	Yunnan	1888317	198725	292657	227669	1162282	6804	411824	237384
西 藏	Tibet	269083	14825	44839	53850	155444	125	34676	25283
陕 西	Shaanxi	2444150	463271	305383	391224	1235407	48535	847458	442890
甘 肃	Gansu	1536855	253496	246263	187369	843077	6608	448673	218598
青 海	Qinghai	344456	48790	86240	39679	168731	1016	88048	47107
宁 夏	Ningxia	366580	54668	77912	76544	148684	8699	88965	39337
新 疆	Xinjiang	2048819	711511	184666	220505	915920	16089	836663	251407

4-1 续表 1 continued

单位：人 (person)

地 区	Region	(二) 事业 II. Institutions	#地方 Local	(三) 机关 III. Agencies and Organizations	#地方 Local	(四)民间非营利组织 IV. Civil Nonprofit Organizations	(五) 其他 V. Other	(一) 农、林、牧、渔业 I. Agriculture, Forestry, Animal Husbandry and Fishery	1.农业 1.Farming
总 计	**National Total**	**31158365**	**29681599**	**13415536**	**12889474**	**32342**	**212128**	**2629289**	**1525380**
北 京	Beijing	943844	522461	355186	302877	9408	2174	10531	1293
天 津	Tianjin	341837	321254	139767	127663	844	2372	4840	824
河 北	Hebei	1605811	1569393	726516	708397	439	1749	43497	30805
山 西	Shanxi	1025707	1015202	456606	441657	7	2310	18008	3329
内蒙古	Inner Mongolia	771854	759275	376877	363622		2061	229960	104147
辽 宁	Liaoning	1263194	1225065	468726	443576	502	3754	225287	205806
吉 林	Jilin	809225	763345	279008	266416	291	3221	128596	26297
黑龙江	Heilongjiang	941589	858844	385447	360716		222	702780	388107
上 海	Shanghai	537353	443705	168213	152656	2750	2612	4425	1970
江 苏	Jiangsu	1543403	1476181	591492	574228	116	24225	60828	49553
浙 江	Zhejiang	1190196	1168132	550487	533648	2632	31416	3810	992
安 徽	Anhui	1040235	1016811	425834	414726		6750	44451	23664
福 建	Fujian	776785	757178	362212	344171	16	892	41560	15605
江 西	Jiangxi	915085	898940	427253	417133	5	2650	50117	19256
山 东	Shandong	2106172	2036873	866888	836880	180	14086	13814	2035
河 南	Henan	1965046	1948633	779465	766446	7234	22794	35766	19084
湖 北	Hubei	1350782	1267839	466458	447919		18925	91082	69883
湖 南	Hunan	1430300	1405236	593756	580636	2422	15945	19065	4574
广 东	Guangdong	1979791	1933995	941103	884597	2317	20389	52836	28233
广 西	Guangxi	1181384	1170272	395879	379337	12	10429	76759	42490
海 南	Hainan	225534	220806	100995	95930	1219	7098	38063	3973
重 庆	Chongqing	654825	634856	254897	246599	410	2518	7996	222
四 川	Sichuan	1661263	1557761	804234	783738		2185	28830	1447
贵 州	Guizhou	869912	859238	392178	386341	25	4208	11625	1330
云 南	Yunnan	993590	984219	482420	467593	41	442	62689	19882
西 藏	Tibet	93249	92725	141158	136250			10513	357
陕 西	Shaanxi	1111995	1059835	481052	474826	771	2874	21939	3829
甘 肃	Gansu	726040	708284	360421	354780	72	1649	49047	21422
青 海	Qinghai	164269	160708	91981	87693	35	123	10515	2162
宁 夏	Ningxia	190694	188008	86062	83708	526	333	14219	8073
新 疆	Xinjiang	747401	656525	462965	424715	68	1722	515841	424736

4-1 续表 2 continued

单位：人 (person)

地 区	Region	2.林业 2.Forestry	3.畜牧业 3.Animal Husbandry	4.渔业 4.Fishery	5.农、林、牧、渔服务业 5.Service in Support of Agriculture	(二)采矿业 II. Mining	1.煤炭开采和洗选业 1.Mining and Washing of Coal	2.石油和天然气开采业 2.Extraction of Petroleum and Natural Gas	3.黑色金属矿采选业 3.Mining and Processing of Ferrous Metal Ores
总 计	**National Total**	**673528**	**135120**	**18759**	**276502**	**715546**	**435711**	**81673**	**36683**
北 京	Beijing	1734	6245	244	1015				
天 津	Tianjin	579	1291	127	2019	2221			
河 北	Hebei	4300	3078	11	5303	49699	28490	26	11520
山 西	Shanxi	7367	377	110	6825	43032	42412		248
内蒙古	Inner Mongolia	78335	20730	2317	24431	31830	30927		
辽 宁	Liaoning	10769	892	1073	6747	58615	1448		1039
吉 林	Jilin	73101	5980	2281	20937	17363	13717	312	
黑龙江	Heilongjiang	274128	11304	3362	25879	9331	2759		8
上 海	Shanghai	154	810	25	1466	81			
江 苏	Jiangsu	3021	2109	628	5517	16896	2934	8725	2791
浙 江	Zhejiang	1584	207	40	987	1284			87
安 徽	Anhui	8809	452	523	11003	43587	34511		6705
福 建	Fujian	11081	205	174	14495	6370	3016		549
江 西	Jiangxi	17539	716	749	11857	28690	24183		166
山 东	Shandong	3974	164	378	7263	98082	84943	284	10034
河 南	Henan	6807	1704	401	7770	49745	26705	21857	
湖 北	Hubei	4257	934	2722	13286	11473	1399		
湖 南	Hunan	11135	345	1270	1741	17100	14273	52	36
广 东	Guangdong	16639	505	752	6707	6453		1795	2088
广 西	Guangxi	25220	1582	886	6581	11553	1583		213
海 南	Hainan	32342	65	180	1503	417			
重 庆	Chongqing	1842	114		5818	6776	6561	131	
四 川	Sichuan	14785	1453	35	11110	46665	32950	6878	69
贵 州	Guizhou	4454	417	157	5267	12381	10614		217
云 南	Yunnan	20357	140	31	22279	25470	24818		
西 藏	Tibet	9423	109		624	1185			121
陕 西	Shaanxi	8104	500	55	9451	67622	36012	17019	748
甘 肃	Gansu	11433	811	22	15359	33226	7699	24594	
青 海	Qinghai	2872	1689	41	3751	2201	718		
宁 夏	Ningxia	1603	2183	60	2300	876	876		
新 疆	Xinjiang	5780	68009	105	17211	15322	2163		44

4-1 续表 3 continued

单位：人 (person)

地 区	Region	4.有色金属矿采选业 4.Mining and Processing of Non-ferrous Metal Ores	5.非金属矿采选业 5.Mining and Processing of Non-metal Ores	6.开采辅助活动 6.Support Activities for Mining	7.其他采矿业 7.Mining of Other Ores	(三)制造业 III. Manufacturing	1.农副食品加工业 1.Processing of Food from Agricultural Products	2.食品制造业 2.Manufacture of Foods	3.酒、饮料和精制茶制造业 3.Manufacture of Liquor, Beverages and Refined Tea
总 计	**National Total**	**27111**	**35253**	**98244**	**871**	**2077832**	**54069**	**20679**	**26637**
北 京	Beijing					45033	1400	212	7971
天 津	Tianjin		265	1956		64966	1769	158	628
河 北	Hebei	46	9587	30		50982	1068	641	102
山 西	Shanxi	6	366			39897	1519	829	356
内蒙古	Inner Mongolia	140	745	18		21288	312	368	40
辽 宁	Liaoning	851	468	54690	119	209486	5027	478	188
吉 林	Jilin	3108	89		137	182858	287	451	
黑龙江	Heilongjiang	21	429	6114		63476	916	1178	237
上 海	Shanghai		81			38341	198	317	625
江 苏	Jiangsu	430	2016			71336	1389	1084	409
浙 江	Zhejiang	67	1124		6	23370	3211	736	273
安 徽	Anhui	1678	693			71051	1194	459	3854
福 建	Fujian	124	2660		21	13717	293	312	769
江 西	Jiangxi	3219	470	427	225	102435	3138	894	1066
山 东	Shandong	1890	931			85936	8965	2119	2248
河 南	Henan	1096	87			66366	2278	2659	324
湖 北	Hubei	31	1049	8984	10	189085	2225	955	964
湖 南	Hunan	1368	1345		26	66956	2602	616	61
广 东	Guangdong	718	1836		16	53978	5054	1911	1028
广 西	Guangxi	8961	707	53	36	55787	3696	351	696
海 南	Hainan		417			4730	1012	184	483
重 庆	Chongqing				84	27814	905	1173	23
四 川	Sichuan	253	5973	542		139544	952	1249	982
贵 州	Guizhou	170	1322	41	17	41299	468	202	1428
云 南	Yunnan	191	461			70620	1314	51	1182
西 藏	Tibet	1054	8		2	967	101	146	
陕 西	Shaanxi	909	154	12780		228758	719	833	57
甘 肃	Gansu	772		6	155	29800	959	2	468
青 海	Qinghai		1483			4692	143	43	77
宁 夏	Ningxia					2977	114		
新 疆	Xinjiang	8	487	12603	17	10287	841	68	98

4-1 续表 4 continued

单位：人 (person)

地 区	Region	4.烟草制品业 4.Manufacture of Tobacco	5.纺织业 5.Manufacture of Textile	6.纺织服装、服饰业 6.Manufacture of Textile Wearing Apparel, and Accessories	7.皮革、毛皮、羽毛及其制品和制鞋业 7.Manufacture of Leather, Fur, Feather and Related Products and Footwear	8.木材加工和木、竹、藤、棕、草制品业 8.Processing of Timbers, Manufacture of Wood, Bamboo, Rattan, Palm and Straw Products	9.家具制造业 9.Manufacture of Furniture	10.造纸和纸制品业 10.Manufacture of Paper and Paper Products	11.印刷和记录媒介复制业 11.Printing and Reproduction of Recording Media
总 计	**National Total**	**111358**	**23680**	**22248**	**7653**	**17540**	**2892**	**10057**	**46355**
北 京	Beijing	920	216	132	11		6	183	5342
天 津	Tianjin	890	525	202	25	297		95	613
河 北	Hebei	1533	464	308	1081		253	95	2995
山 西	Shanxi		2022	354	3				1143
内蒙古	Inner Mongolia				36		4	1367	587
辽 宁	Liaoning		724	403	329	375	28	730	3252
吉 林	Jilin	1791		48	32	5197			373
黑龙江	Heilongjiang	7067	579	24	26	1820	590	72	1321
上 海	Shanghai		940	301	38	382	53	215	1856
江 苏	Jiangsu	5689	3726	5954	134			1098	1721
浙 江	Zhejiang	3580		256	11	3			74
安 徽	Anhui	11917	385	405	9	115		199	206
福 建	Fujian	1995	268	139		11	83		1001
江 西	Jiangxi	412	223	6227	180	521	562	1389	1213
山 东	Shandong	5849	1586		902	396	161	2547	3500
河 南	Henan	7261	2160	423	1729	68		105	1106
湖 北	Hubei	1911	2363	749	1001	520	15	30	1563
湖 南	Hunan	11911	372	53	28	1566		86	1279
广 东	Guangdong	7306	4913	887	793	1100	363	463	2972
广 西	Guangxi		61	729	55	1410		634	1828
海 南	Hainan					93	53		643
重 庆	Chongqing		60				270	41	1050
四 川	Sichuan	2260	114	385		314	183	41	1034
贵 州	Guizhou	250	19	86	7	1348		20	1264
云 南	Yunnan	36366	18	1106	1144	1455	36	494	1489
西 藏	Tibet		55		79	113	10		349
陕 西	Shaanxi	778	1055	2283		432	159	153	382
甘 肃	Gansu	1223	311				17		3714
青 海	Qinghai			548					619
宁 夏	Ningxia	449		65					138
新 疆	Xinjiang		521	181		4	46		1728

4-1 续表 5 continued

单位：人 (person)

地 区	Region	12.文教工美、体育和娱乐用品制造业 12.Manufacture of Articles for Culture, Education, Arts and Crafts, Sport and Entertainment Activities	13.石油加工、炼焦和核燃料加工业 13.Processing of Petroleum , Coking, Processing of Nuclear Fuel	14.化学原料和化学制品制造业 14.Manufacture of Chemical Raw Material and Chemical Products	15.医药制造业 15.Manufacture of Medicines	16.化学纤维制造业 16.Manufacture of Chemical Fibres	17.橡胶和塑料制品业 17.Manufacture of Rubber and Plastics Products	18.非金属矿物制品业 18.Manufacture of Non-metallic Mineral Products
总 计	**National Total**	**9386**	**50515**	**131598**	**21951**	**1045**	**17942**	**109719**
北 京	Beijing	268	98	2038	2173		240	775
天 津	Tianjin	783	9388	561	190	13	150	1259
河 北	Hebei		3668	3824	488	342	67	5194
山 西	Shanxi	152		3699	355	22	820	5135
内蒙古	Inner Mongolia	117	3488	972				1710
辽 宁	Liaoning	53	19049	10765	859	5	370	4732
吉 林	Jilin			17847	587		471	777
黑龙江	Heilongjiang	224	99	1763	880	11	1329	8983
上 海	Shanghai	503		4017	1469		697	720
江 苏	Jiangsu	26	1128	9581		270	366	4570
浙 江	Zhejiang	19		187			56	282
安 徽	Anhui	137		1923	744		544	5938
福 建	Fujian	119		3069	51		168	471
江 西	Jiangxi	626	21	2949	199		122	4851
山 东	Shandong	115	880	12213	1124	56	193	5512
河 南	Henan			6748	656		888	7243
湖 北	Hubei		28	2998	117	1		19226
湖 南	Hunan	274	45	8654	520		245	4963
广 东	Guangdong	1817	84	2235	3598		1122	794
广 西	Guangxi	42	750	3640	973		475	3214
海 南	Hainan	76		56	103			110
重 庆	Chongqing			4630	37		269	539
四 川	Sichuan	75		3409	1745		234	8255
贵 州	Guizhou	230		2002	152		330	920
云 南	Yunnan	48		5020	1745		3685	2425
西 藏	Tibet							57
陕 西	Shaanxi	3682	5965	12893	819		4270	7319
甘 肃	Gansu		4950	793	2032	325	377	1961
青 海	Qinghai			373	232			56
宁 夏	Ningxia			1719	30			432
新 疆	Xinjiang		874	1020	73		454	1296

4-1 续表 6 continued

单位：人 (person)

地 区	Region	19.黑色金属冶炼和压延加工业 19.Smelting and Processing of Ferrous Metals	20.有色金属冶炼和压延加工业 20.Smelting and Processing of Non-ferrous Metals	21.金属制品业 21.Manufacture of Metal Products	22.通用设备制造业 22.Manufacture of General Purpose Machinery	23.专用设备制造业 23.Manufacture of Special Purpose Machinery	24.汽车制造业 24.Manufacture of Automobiles	25.铁路、船舶、航空航天和其他运输设备制造业 25. Manufacture of Railway,Ship, Aerospace and Other Transport Equipment
总 计	**National Total**	**301644**	**114063**	**54929**	**102837**	**103362**	**250219**	**222327**
北 京	Beijing	60	174	525	1644	5410	87	10413
天 津	Tianjin	11788	44	2149	1710	2177	1313	25492
河 北	Hebei	590	525	2562	5929	3027	625	5758
山 西	Shanxi	2660		1347	6989	1816	2944	3968
内蒙古	Inner Mongolia	3564	2340		1668	227	1415	
辽 宁	Liaoning	125446	1059	4212	8115	5030	2869	8125
吉 林	Jilin	103		532	1899	5688	143256	686
黑龙江	Heilongjiang	1493	1100	1244	2555	8792	5377	9854
上 海	Shanghai	430	115	1138	2938	2690	2238	8943
江 苏	Jiangsu	2031	114	2252	5423	3995	3706	6842
浙 江	Zhejiang	9440		75	536	302	78	2384
安 徽	Anhui	227	16	1873	6477	8358	980	2135
福 建	Fujian	3		364	229	463	73	2501
江 西	Jiangxi	288	26692	1826	1147	1639	34338	823
山 东	Shandong	960		1124	10626	9252	2913	4662
河 南	Henan	429	16983	1708	3866	3995	368	1677
湖 北	Hubei	102226		3175	4343	784	9320	6009
湖 南	Hunan	1208	1005	14416	1495	4544	1780	5645
广 东	Guangdong	219	458	1948	389	1340	638	4348
广 西	Guangxi	15923	713	2607	548	1830	2804	10702
海 南	Hainan		14	89				
重 庆	Chongqing		513	715	1811	573	6441	1803
四 川	Sichuan	13810	50329	1365	2534	12884	2744	21074
贵 州	Guizhou		1626	1714	3008	2557	1321	15247
云 南	Yunnan	1719	951	2643	4091	1318	56	855
西 藏	Tibet		57					
陕 西	Shaanxi	6681	4593	2326	21588	12027	22535	57789
甘 肃	Gansu		3973	789	1145	1599		3480
青 海	Qinghai		557			23		
宁 夏	Ningxia				14	16		
新 疆	Xinjiang	346	112	211	120	1006		1112

4-1 续表 7 continued

单位：人 (person)

地 区	Region	26.电气机械和器材制造业 26.Manufacture of Electrical Machinery and Apparatus	27.计算机、通信和其他电子设备制造业 27.Manufacture of Computers, Communication and Other Electronic Equipment	28.仪器仪表制造业 28.Manufacture of Measuring Instruments and Machinery	29.其他制造业 29. Other Manufature	30.废弃资源综合利用业 30. Utilization of Waste Resources	31.金属制品、机械和设备修理业 31. Repair Service of Metal Products, Machinery and Eguipment	(四) 电力、热力、燃气及水生产和供应业 Production and Supply of Electricity, Heat, Gas and Water
总 计	**National Total**	**69863**	**80089**	**44959**	**22413**	**1308**	**24495**	**1928591**
北 京	Beijing	548	707	1499	1794	106	81	18710
天 津	Tianjin	547	1541	433	141		85	15466
河 北	Hebei	1754	7	2254	225		5603	106365
山 西	Shanxi	1482	733	533	940	76		61911
内蒙古	Inner Mongolia	3029	26				18	53184
辽 宁	Liaoning	959	2147	283	3414	135	325	79144
吉 林	Jilin	120	261			7	2445	42469
黑龙江	Heilongjiang	1350	997	358	2860	338	39	86450
上 海	Shanghai	670	776	945	155	66	4906	18762
江 苏	Jiangsu	3455	1011	5270	7	85		94704
浙 江	Zhejiang	77	38	770			982	69008
安 徽	Anhui	493	19087	254	855		2267	48837
福 建	Fujian	331	921	38	5		40	28790
江 西	Jiangxi	1056	749	9077	175	5	27	26875
山 东	Shandong	7124	335	212	226	14	122	125868
河 南	Henan	341	726	1971		64	590	138164
湖 北	Hubei	1427	25652	1296			187	114683
湖 南	Hunan	2100	1009	313		166		108753
广 东	Guangdong	1726	2921	319	1284	125	1823	103173
广 西	Guangxi	819	1034	164			89	49548
海 南	Hainan	175	684				955	13063
重 庆	Chongqing	1019	1611	2100	2193	38		8255
四 川	Sichuan	1131	3219	105	6570	47	2500	147652
贵 州	Guizhou	1196	454	5412	27	11		101476
云 南	Yunnan	755	604	50				35794
西 藏	Tibet							5883
陕 西	Shaanxi	34512	12806	11303	799			59194
甘 肃	Gansu	766	33		114		769	97904
青 海	Qinghai	833			629		559	10442
宁 夏	Ningxia							19643
新 疆	Xinjiang	68				25	83	38421

4-1 续表 8 continued

单位：人 (person)

地 区	Region	1.电力、热力生产和供应业 1.Production and Supply of Electric Power and Heat Power	2.燃气生产和供应业 2.Production and Supply of Gas	3.水的生产和供应业 3.Production and Supply of Water	(五) 建筑业 V. Construction	1.房屋建筑业 1. Construction of Buildings	2.土木工程建筑业 2. Civil Engineering	3.建筑安装业 3.Building Installation
总 计	**National Total**	**1613032**	**33316**	**282243**	**2371277**	**1264715**	**895244**	**117168**
北 京	Beijing	16297	1488	925	27540	11290	13055	1257
天 津	Tianjin	14329	386	751	21968	4655	13744	2991
河 北	Hebei	84536	4911	16918	62068	18892	40198	1278
山 西	Shanxi	46008	3048	12855	70908	27493	38981	575
内蒙古	Inner Mongolia	41853	357	10974	8050	5334	2456	260
辽 宁	Liaoning	52429	3200	23515	144876	62467	63547	11078
吉 林	Jilin	29197	979	12293	29668	11731	12176	5464
黑龙江	Heilongjiang	75128	440	10882	88314	51140	27203	5833
上 海	Shanghai	16082	648	2032	10581	2130	7447	202
江 苏	Jiangsu	79566	280	14858	133855	39544	64972	7991
浙 江	Zhejiang	65160	514	3334	26419	1688	20442	977
安 徽	Anhui	40953	149	7735	90010	54792	26769	5515
福 建	Fujian	22491	286	6013	115993	81551	30710	1409
江 西	Jiangxi	19514	66	7295	98973	73855	22573	1715
山 东	Shandong	103020	2481	20367	151754	38267	106579	3011
河 南	Henan	121991	1017	15156	73555	23712	42128	6719
湖 北	Hubei	101369	104	13210	86923	27730	41336	12111
湖 南	Hunan	91189	298	17266	94152	32447	57143	2432
广 东	Guangdong	80326	239	22608	211174	140744	51014	15779
广 西	Guangxi	40877	20	8651	72814	31628	37558	1585
海 南	Hainan	10629	6	2428	9567	7850	1389	5
重 庆	Chongqing	3126	3106	2023	47763	36239	9422	268
四 川	Sichuan	131129	4663	11860	249690	196827	40047	8908
贵 州	Guizhou	95268	277	5931	137181	96059	38757	556
云 南	Yunnan	29443	1036	5315	36532	17242	13899	2073
西 藏	Tibet	5220	9	654	3322	1342	1943	
陕 西	Shaanxi	44968	3057	11169	116116	82208	25392	5818
甘 肃	Gansu	89804		8100	79523	47525	18793	8174
青 海	Qinghai	9579		863	19491	8896	9131	1464
宁 夏	Ningxia	17876		1767	10296	4430	4640	918
新 疆	Xinjiang	33675	251	4495	42201	25007	11800	802

4-1 续表 9 continued

单位：人 (person)

地 区	Region	4.建筑装饰和其他建筑业 4.Building Decoration and Other Constructions	(六) 批发和零售业 VI. Wholesale and Retail Trades	1.批发业 1.Wholesale Trade	2.零售业 2.Retail Trade	(七) 交通运输、仓储和邮政业 VII. Transport, Storage and Post	1.铁路运输业 1.Railway Transport	2.道路运输业 2.Road Transport
总 计	**National Total**	**94150**	**999016**	**729563**	**269453**	**3951662**	**1725879**	**1102235**
北 京	Beijing	1938	29989	18778	11211	109150	77091	3849
天 津	Tianjin	578	11458	7029	4429	56300	19025	25897
河 北	Hebei	1700	36451	23041	13410	166997	53923	76939
山 西	Shanxi	3859	53535	40581	12954	186257	120413	36093
内蒙古	Inner Mongolia		23526	13448	10078	155366	100691	29004
辽 宁	Liaoning	7784	35678	23701	11977	228856	113231	65068
吉 林	Jilin	297	23524	20989	2535	118710	67275	22150
黑龙江	Heilongjiang	4138	46677	33545	13132	250879	134844	60805
上 海	Shanghai	802	15531	8500	7031	88710	38825	5921
江 苏	Jiangsu	21348	45014	34982	10032	164916	23020	67994
浙 江	Zhejiang	3312	16683	13948	2735	78815	20751	24006
安 徽	Anhui	2934	34088	26546	7542	95219	40313	20386
福 建	Fujian	2323	33965	25330	8635	99629	38953	21211
江 西	Jiangxi	830	32276	27278	4998	125272	61095	33554
山 东	Shandong	3897	55789	38970	16819	223643	80846	64250
河 南	Henan	996	107715	75611	32104	228820	110364	70474
湖 北	Hubei	5746	44432	27993	16439	192992	86426	40156
湖 南	Hunan	2130	36125	27774	8351	155565	75131	41364
广 东	Guangdong	3637	78615	58396	20219	186319	1036	88815
广 西	Guangxi	2043	27096	19867	7229	109075	59197	18104
海 南	Hainan	323	2924	2289	635	9479	53	5950
重 庆	Chongqing	1834	16912	12210	4702	79306	28272	19689
四 川	Sichuan	3908	43291	33243	10048	208011	61320	59854
贵 州	Guizhou	1809	30084	27292	2792	58413	30868	14848
云 南	Yunnan	3318	43658	38386	5272	83785	38296	27021
西 藏	Tibet	37	3528	1819	1709	7717	85	4808
陕 西	Shaanxi	2698	36555	23175	13380	195275	101502	55815
甘 肃	Gansu	5031	13503	9521	3982	88989	52996	18620
青 海	Qinghai		3040	2056	984	31862	19125	8911
宁 夏	Ningxia	308	3888	2858	1030	26736	14866	6994
新 疆	Xinjiang	4592	13466	10407	3059	140599	56046	63685

4-1 续表 10 continued

单位：人 (person)

地 区	Region	3.水上运输业 3.Water Transport	4.航空运输业 4.Air Transport	5.管道运输业 5.Transport Via Pipeline	6.装卸搬运和运输代理业 6.Loading Unloading and Forwarding Ageney	7.仓储业 7.Storage	8.邮政业 8.Post	(八) 住宿和餐饮业 VIII. Hotels and Catering Services
总 计	**National Total**	**105120**	**75501**	**6770**	**39933**	**137559**	**758665**	**418034**
北 京	Beijing		6		864	4495	22845	41283
天 津	Tianjin	1313	2147		1569	1935	4414	6406
河 北	Hebei	174	1240		1490	6580	26651	20000
山 西	Shanxi	46	690	113	940	6118	21844	16903
内蒙古	Inner Mongolia	24	1096		102	4281	20168	8397
辽 宁	Liaoning	9796	9036	1251	2058	6150	22266	21376
吉 林	Jilin	123	5370	30	256	9482	14024	10804
黑龙江	Heilongjiang	2268	4555	647	1457	15664	30639	22073
上 海	Shanghai	16852	2968		3571	1682	18891	17471
江 苏	Jiangsu	9062	6438	2108	2974	5039	48281	20598
浙 江	Zhejiang	2323	2835		1664	1152	26084	10211
安 徽	Anhui	258	900		913	6079	26370	7445
福 建	Fujian	2886	3459		3337	2223	27560	11197
江 西	Jiangxi	1173	2693	112	152	6140	20353	9521
山 东	Shandong	24044	842	1131	3374	6723	42433	36709
河 南	Henan	339	470		2059	15697	29417	22714
湖 北	Hubei	6260	1330	605	1452	3989	52774	10431
湖 南	Hunan	466	2841		291	5712	29760	12056
广 东	Guangdong	12920	7526		4636	5192	66194	27201
广 西	Guangxi	1071	4777		977	3894	21055	10649
海 南	Hainan	479	626		60	209	2102	3443
重 庆	Chongqing	2921		2	71	728	27623	4729
四 川	Sichuan	9624	1217	51	3248	5091	67606	10594
贵 州	Guizhou	433	75		235	2289	9665	5515
云 南	Yunnan	37	1843		570	859	15159	9973
西 藏	Tibet	130	582		15	365	1732	3326
陕 西	Shaanxi	74	1271	720	576	3984	31333	12278
甘 肃	Gansu	24	1405		95	2563	13286	9826
青 海	Qinghai		226		19	765	2816	1909
宁 夏	Ningxia		276		242	659	3699	1709
新 疆	Xinjiang		6761		666	1820	11621	11287

4-1 续表 11 continued

单位：人 (person)

地 区	Region	1.住宿业 1.Hotels	2.餐饮业 2.Catering Services	(九) 信息传输、软件和信息技术服务业 Information Transmission, Software and Information Technology	1.电信、广播电视和卫星传输服务 1.Telecommu-nication, Radio and Television and Satellite Transmission Service	2.互联网和相关服务 2.Internet and Related Service	3.软件和信息技术服务业 3.Software and Information Technology	(十) 金融业 X. Financial Intermediation
总 计	**National Total**	**356352**	**61682**	**374633**	**330154**	**13219**	**31260**	**1460564**
北 京	Beijing	38408	2875	12332	1688	1951	8693	10053
天 津	Tianjin	5091	1315	929	200	150	579	11699
河 北	Hebei	17676	2324	12564	10828	1647	89	24468
山 西	Shanxi	12950	3953	9727	8070	505	1152	51150
内蒙古	Inner Mongolia	6758	1639	15100	14705	199	196	42658
辽 宁	Liaoning	19839	1537	19779	16977	459	2343	84203
吉 林	Jilin	9275	1529	13462	12651	451	360	45261
黑龙江	Heilongjiang	18934	3139	20135	18134	1123	878	56488
上 海	Shanghai	15076	2395	2650	1098	249	1303	35687
江 苏	Jiangsu	17350	3248	26523	24286	369	1868	103232
浙 江	Zhejiang	9123	1088	13203	11987	244	972	52917
安 徽	Anhui	6093	1352	18313	18112	26	175	62272
福 建	Fujian	8430	2767	10793	9238	1135	420	56476
江 西	Jiangxi	8320	1201	10483	9569	242	672	54768
山 东	Shandong	26947	9762	22621	21093	544	984	99124
河 南	Henan	20398	2316	19817	19037	571	209	67377
湖 北	Hubei	8971	1460	15724	14042	621	1061	71042
湖 南	Hunan	11187	869	13055	12407	284	364	25121
广 东	Guangdong	22472	4729	41180	36130	444	4606	108687
广 西	Guangxi	9111	1538	7661	7296	163	202	49310
海 南	Hainan	3239	204	2113	1515	56	542	8404
重 庆	Chongqing	3775	954	3638	2881	411	346	38120
四 川	Sichuan	8961	1633	26852	25719	645	488	104222
贵 州	Guizhou	4780	735	3045	2796	18	231	17562
云 南	Yunnan	8934	1039	7452	6027	66	1359	47060
西 藏	Tibet	3326		3114	3114			8029
陕 西	Shaanxi	10184	2094	4919	4241	175	503	35632
甘 肃	Gansu	8845	981	8635	8217	262	156	29257
青 海	Qinghai	1909		400	368		32	15901
宁 夏	Ningxia	1234	475	1120	1018	97	5	14444
新 疆	Xinjiang	8756	2531	7294	6710	112	472	29940

4-1 续表 12 continued

单位：人 (person)

地 区	Region	1.货币金融服务 1.Monetay and Financial Service	2.资本市场服务 2.Capital Market Service	3.保险业 3.Insurance	4.其他金融业 4.Other Financial Activities	(十一)房地产业 XI. Real Estate	#房地产开发经营 Development and Management of Real Estate	#物业管理 Property Management
总 计	**National Total**	**1172602**	**26829**	**250143**	**10990**	**365124**	**106194**	**150320**
北 京	Beijing	6487	2530	830	206	29129	3263	17127
天 津	Tianjin	10605	100	885	109	11062	4381	4692
河 北	Hebei	23136	165	823	344	8927	2164	2719
山 西	Shanxi	44606	317	5703	524	8976	4114	1929
内蒙古	Inner Mongolia	34936	310	7175	237	5439	693	609
辽 宁	Liaoning	68817	1004	14127	255	20634	4076	9349
吉 林	Jilin	38944	1014	5154	149	9093	842	2895
黑龙江	Heilongjiang	49679	77	6317	415	14570	2033	7749
上 海	Shanghai	30088	3416	1331	852	16603	4182	8889
江 苏	Jiangsu	75384	518	27046	284	14823	5352	4712
浙 江	Zhejiang	44894	2987	4623	413	11266	2396	3134
安 徽	Anhui	38121	1862	22010	279	10137	3643	1853
福 建	Fujian	39806	757	14487	1426	19604	4820	11594
江 西	Jiangxi	45497	405	8545	321	9479	3222	2928
山 东	Shandong	81619	952	16319	234	21799	8245	9342
河 南	Henan	48732	2475	16030	140	11909	3427	2584
湖 北	Hubei	59477	360	10885	320	9943	4923	2133
湖 南	Hunan	22228	271	2561	61	11402	3553	4332
广 东	Guangdong	86750	2594	18652	691	43097	5715	30564
广 西	Guangxi	38105	435	9340	1430	10459	2845	3614
海 南	Hainan	7774	28	486	116	3931	2007	1171
重 庆	Chongqing	36535	166	1088	331	7256	2653	3257
四 川	Sichuan	78943	449	24134	696	9751	3470	2784
贵 州	Guizhou	15466	367	1615	114	5081	1208	1010
云 南	Yunnan	37594	438	8813	215	4111	1436	1393
西 藏	Tibet	7966		12	51	59	19	
陕 西	Shaanxi	26470	2573	6133	456	21017	13083	4237
甘 肃	Gansu	25225	30	3884	118	7646	5261	559
青 海	Qinghai	13247	14	2513	127	1101	631	188
宁 夏	Ningxia	10169		4275		2440	1798	453
新 疆	Xinjiang	25302	215	4347	76	4380	739	2520

4-1 续表 13 continued

单位：人 (person)

地 区	Region	#房地产中介服务 Agency Services for Real Estate	(十二) 租赁和商务服务业 XII. Leasing and Business Services	1.租赁业 1.Leasing	2.商务服务业 2.Business Services	(十三) 科学研究和技术服务业 XIII. Scientific Research and Technical Services	1.研究和试验发展 1.Research and Experimental Development	2.专业技术服务业 2.Professional Technical Services
总 计	**National Total**	**18398**	**1260415**	**9942**	**1250473**	**2247990**	**654030**	**1286844**
北 京	Beijing	142	176097	621	175476	215159	135650	63339
天 津	Tianjin	283	9345	454	8891	42997	10686	29976
河 北	Hebei	728	59307	89	59218	71632	15702	50533
山 西	Shanxi	472	47391	667	46724	59809	15677	38631
内蒙古	Inner Mongolia	618	20627	386	20241	41773	5511	30043
辽 宁	Liaoning	1113	61721	421	61300	116572	30452	71615
吉 林	Jilin	868	24567	40	24527	62734	12041	41455
黑龙江	Heilongjiang	564	31374	128	31246	101157	14030	79690
上 海	Shanghai	149	60430	107	60323	75705	41316	27168
江 苏	Jiangsu	296	90372	959	89413	91890	33955	46942
浙 江	Zhejiang	245	69305	989	68316	71943	13013	50927
安 徽	Anhui	663	18748	179	18569	60847	10473	41533
福 建	Fujian	683	35375	156	35219	44954	5598	32754
江 西	Jiangxi	907	28347	374	27973	44595	9153	29568
山 东	Shandong	1010	87770	386	87384	92953	18148	65695
河 南	Henan	1301	42749	283	42466	93510	25167	53558
湖 北	Hubei	727	32697	319	32378	83898	23677	48154
湖 南	Hunan	1147	24302	95	24207	77654	17540	52988
广 东	Guangdong	2363	117778	641	117137	93918	18272	67870
广 西	Guangxi	882	38404	999	37405	80187	13366	48317
海 南	Hainan	203	8748	304	8444	12233	3312	7518
重 庆	Chongqing	357	21868	4	21864	38432	8950	23692
四 川	Sichuan	789	47965	558	47407	156053	71936	71806
贵 州	Guizhou	245	7350	176	7174	57009	9039	24022
云 南	Yunnan	312	18475	17	18458	78658	10076	41226
西 藏	Tibet		422		422	11155	1267	8877
陕 西	Shaanxi	761	22945	280	22665	131305	56281	53391
甘 肃	Gansu	131	18119	86	18033	58768	13329	33507
青 海	Qinghai	121	1596	18	1578	19350	2180	11554
宁 夏	Ningxia	148	5601		5601	10088	1498	5926
新 疆	Xinjiang	170	30620	206	30414	51052	6735	34569

4-1 续表 14 continued

单位：人 (person)

地 区	Region	3.科技推广和应用服务业 3.Science and Technology Popularization and Application Services	(十四) 水利、环境和公共设施管理业 XIV. Management of Water Conservancy, Enviroment and Public Facilities	1.水利管理业 1.Management of Water Conservancy	2.生态保护和环境治理业 2.Ecological Protection and Environmental Treatment	3.公共设施管理业 3.Management of Public Facilities	(十五) 居民服务、修理和其他服务业 XV. Service to Households, Repair and Other Services	1.居民服务业 1.Service to Households
总 计	**National Total**	**307116**	**2119037**	**468453**	**89115**	**1561469**	**224546**	**132714**
北 京	Beijing	16170	62661	6966	1742	53953	13403	7861
天 津	Tianjin	2335	34228	5693	726	27809	39157	1892
河 北	Hebei	5397	103532	21130	5302	77100	5805	3717
山 西	Shanxi	5501	81915	14211	2924	64780	3470	1848
内蒙古	Inner Mongolia	6219	72762	15121	3020	54621	4698	3634
辽 宁	Liaoning	14505	146332	20792	6464	119076	17090	10123
吉 林	Jilin	9238	66414	17387	2913	46114	7541	6313
黑龙江	Heilongjiang	7437	92670	16392	3129	73149	36379	35698
上 海	Shanghai	7221	23549	3233	930	19386	9260	4627
江 苏	Jiangsu	10993	94692	31669	3167	59856	4935	3625
浙 江	Zhejiang	8003	65247	8599	1750	54898	6637	5466
安 徽	Anhui	8841	71852	20769	1688	49395	3003	2584
福 建	Fujian	6602	46470	7508	1764	37198	7187	3184
江 西	Jiangxi	5874	60202	10448	1080	48674	2904	1640
山 东	Shandong	9110	122661	29790	2698	90173	6117	3930
河 南	Henan	14785	108203	33119	4555	70529	6045	4611
湖 北	Hubei	12067	87112	25188	3468	58456	4582	2779
湖 南	Hunan	7126	87907	19378	2044	66485	3066	1872
广 东	Guangdong	7776	116429	25592	6350	84487	14090	9992
广 西	Guangxi	18504	88941	15134	3317	70490	2379	1715
海 南	Hainan	1403	18096	3074	1619	13403	508	213
重 庆	Chongqing	5790	40344	3020	1688	35636	1580	1340
四 川	Sichuan	12311	103534	13111	7105	83318	4649	3284
贵 州	Guizhou	23948	45079	6008	1231	37840	4449	3467
云 南	Yunnan	27356	57093	14241	5095	37757	2097	1190
西 藏	Tibet	1011	2182	207	79	1896	120	42
陕 西	Shaanxi	21633	80658	28007	4230	48421	6564	2694
甘 肃	Gansu	11932	58115	22923	4630	30562	1931	1367
青 海	Qinghai	5616	9593	3726	628	5239	300	232
宁 夏	Ningxia	2664	18484	5612	1218	11654	162	102
新 疆	Xinjiang	9748	52080	20405	2561	29114	4438	1672

4-1 续表 15 continued

单位：人 (person)

地 区	Region	2.机动车、电子产品和日用产品修理业 2.Repair of Motor Vehicle, Electronics and Household Products	3.其他服务业 3.Other Sevices	(十六) 教育 XVI. Education	#初等教育 Primary Education	#中等教育 Secondary Education	#高等教育 Senior Education	(十七) 卫生和社会工作 XVII. Health and Social Service
总 计	**National Total**	**22055**	**69777**	**16027030**	**5730659**	**7204025**	**2030271**	**7039338**
北 京	Beijing	1722	3820	354167	61779	91644	153887	207936
天 津	Tianjin	1577	35688	164771	29009	56985	42881	85632
河 北	Hebei	857	1231	885576	348862	404768	81982	320041
山 西	Shanxi	637	985	508544	188207	236337	49247	171011
内蒙古	Inner Mongolia	183	881	348045	139179	147710	35619	134678
辽 宁	Liaoning	874	6093	569507	157926	244418	111796	311687
吉 林	Jilin	286	942	357751	133402	146057	57964	164634
黑龙江	Heilongjiang	263	418	447551	146924	196509	69638	217401
上 海	Shanghai	3144	1489	265133	41460	83365	78412	159231
江 苏	Jiangsu	570	740	875367	280312	381547	151191	339970
浙 江	Zhejiang	585	586	588925	190822	238475	92226	345877
安 徽	Anhui	199	220	601204	225258	289715	64925	203957
福 建	Fujian	345	3658	459397	179974	194371	51265	164457
江 西	Jiangxi	430	834	497296	209699	211544	47358	198971
山 东	Shandong	955	1232	1105200	352776	573100	118296	501095
河 南	Henan	356	1078	1032478	356530	538647	80293	427685
湖 北	Hubei	443	1360	654452	199028	308437	116782	351350
湖 南	Hunan	177	1017	679003	181622	383754	83371	337838
广 东	Guangdong	2074	2024	1080449	425658	499422	94429	520553
广 西	Guangxi	194	470	595777	281610	238558	46097	289171
海 南	Hainan	249	46	108626	47235	46932	9612	48699
重 庆	Chongqing	122	118	376035	140871	179267	37837	145662
四 川	Sichuan	624	741	895437	352631	395503	107156	376000
贵 州	Guizhou	698	284	494864	236906	202967	29730	169476
云 南	Yunnan	217	690	555749	273301	214881	38940	214489
西 藏	Tibet	53	25	46628	23772	16875	3744	17576
陕 西	Shaanxi	3188	682	568072	190006	247135	94390	232577
甘 肃	Gansu	564		378891	139053	179285	37398	132377
青 海	Qinghai	68		71040	25482	32222	4963	36376
宁 夏	Ningxia	45	15	85023	32193	38898	8675	41230
新 疆	Xinjiang	356	2410	376072	139172	184697	30167	171701

4-1 续表 16 continued

单位：人 (person)

地 区	Region	1.卫生 1.Health	2.社会工作 2.Social Service	（十八）文化、体育和娱乐业 XVIII. Culture, Sports and Entertainment	1.新闻和出版业 1.Journalism and Publishing Activities	2.广播、电视、电影和影视录音制作业 2.Radio, Television, Motion Picture and Videotape Programme Production Services	3.文化艺术业 3.Cultural and Art Activities	4.体育 4.Sports Activities
总 计	**National Total**	**6863616**	**175722**	**1062500**	**242631**	**349172**	**380342**	**64054**
北 京	Beijing	201275	6661	109972	51514	24825	25109	7504
天 津	Tianjin	83697	1935	14304	1624	4116	6262	1788
河 北	Hebei	312871	7170	44446	7835	18452	14206	1324
山 西	Shanxi	166929	4082	42543	10217	12939	16908	2020
内蒙古	Inner Mongolia	130631	4047	34067	7697	10734	14279	992
辽 宁	Liaoning	288027	23660	41376	7419	13264	18214	1899
吉 林	Jilin	160364	4270	29360	5610	9558	11404	2056
黑龙江	Heilongjiang	210751	6650	35943	6159	12674	12784	2645
上 海	Shanghai	153748	5483	25394	5164	3793	9973	5829
江 苏	Jiangsu	333469	6501	46282	8739	17990	15819	2425
浙 江	Zhejiang	338032	7845	52263	10409	19468	19673	1913
安 徽	Anhui	200831	3126	26736	4592	13165	7632	1174
福 建	Fujian	159796	4661	29128	4370	10578	10256	3141
江 西	Jiangxi	194434	4537	26401	6373	8908	9239	1224
山 东	Shandong	494116	6979	53640	10392	20732	17812	3437
河 南	Henan	421726	5959	61095	14418	21411	21494	2336
湖 北	Hubei	343497	7853	45785	10810	16383	15570	1788
湖 南	Hunan	332606	5232	36070	5616	15601	12928	1225
广 东	Guangdong	508649	11904	65689	14709	18821	19463	6856
广 西	Guangxi	285170	4001	25817	3541	8340	11179	2139
海 南	Hainan	47851	848	5805	978	2661	1902	104
重 庆	Chongqing	142650	3012	17204	4926	5785	5184	1296
四 川	Sichuan	362004	13996	49277	16946	12445	17637	1736
贵 州	Guizhou	166111	3365	13798	1958	5220	5503	828
云 南	Yunnan	208868	5621	24347	3558	7675	11621	1124
西 藏	Tibet	17041	535	6465	645	3007	2423	361
陕 西	Shaanxi	227204	5373	33967	5554	8198	18488	1569
甘 肃	Gansu	129902	2475	22593	2178	7784	11049	1353
青 海	Qinghai	34226	2150	7033	1157	2368	2925	375
宁 夏	Ningxia	40532	698	7440	1626	2260	2603	761
新 疆	Xinjiang	166608	5093	28260	5897	10017	10803	832

4-1 续表 17 continued

单位：人 (person)

地 区	Region	5.娱乐业 5.Entertainment	(十九) 公共管理、社会保障和社会组织 XIX.Public Management, Social Security and Social Organization	#中国共产党机关 Organs of Communist Party of China	#国家机构 Government Agencies	#人民政协、民主党派 People's Political Consultative Conference and Democratic Parties	#社会保障 Social Security	#群众社团、社会团体和其他成员组织 Non-Governmental Organizations, Social Organizations and Membership Organizations
总 计	**National Total**	**26301**	**15850703**	**584167**	**14682521**	**103822**	**168096**	**303474**
北 京	Beijing	1020	412783	12831	376380	2131	3154	18287
天 津	Tianjin	514	153623	3179	145452	437	1642	1900
河 北	Hebei	2629	862575	33209	806654	5101	6493	11118
山 西	Shanxi	459	585221	20306	541809	3423	8554	11129
内蒙古	Inner Mongolia	365	429897	17475	392150	3604	5150	10823
辽 宁	Liaoning	580	533002	23760	483654	3408	7557	14248
吉 林	Jilin	732	355499	13291	326074	2030	7988	6116
黑龙江	Heilongjiang	1681	447343	14909	415789	2714	5305	7839
上 海	Shanghai	635	195385	3111	183193	745	4834	3088
江 苏	Jiangsu	1309	695978	15061	663867	3018	6505	7429
浙 江	Zhejiang	800	645576	22768	605440	3625	5393	8350
安 徽	Anhui	173	476494	16446	447822	2762	3296	5888
福 建	Fujian	783	370238	14878	337824	3304	5021	8983
江 西	Jiangxi	657	489418	20262	449139	3633	3373	12943
山 东	Shandong	1267	1105952	42787	1032492	6312	8524	15688
河 南	Henan	1436	1085498	31849	1014358	6085	8909	24233
湖 北	Hubei	1234	592638	15049	544523	3959	7545	21306
湖 南	Hunan	700	810028	28872	761816	4250	6583	8507
广 东	Guangdong	5840	1040396	28335	979055	3955	8189	20862
广 西	Guangxi	618	463384	17320	425018	3197	9160	8137
海 南	Hainan	160	130216	4486	121197	670	1254	2609
重 庆	Chongqing	13	292408	9153	272982	1746	2960	5567
四 川	Sichuan	513	862539	36774	788778	6999	11524	17832
贵 州	Guizhou	289	476617	21509	439937	3884	2654	8556
云 南	Yunnan	369	510265	25418	460983	6455	5606	9843
西 藏	Tibet	29	136892	9506	119811	1278	414	5883
陕 西	Shaanxi	158	568757	26117	524454	4636	4737	8745
甘 肃	Gansu	229	418705	23634	379688	5382	2161	6976
青 海	Qinghai	208	97614	5319	86199	1429	1608	3059
宁 夏	Ningxia	190	100204	3759	92071	950	914	2467
新 疆	Xinjiang	711	505558	22794	463912	2700	11089	5063

4-2 各地区分行业城镇集体单位就业人员数
Employed Persons in Urban Collective-owned Units by Sector and Region

单位：人 (person)

地区	Region	城镇集体单位合计 Total	(一)企业 I. Enterprises	(二)事业 II. Institutions	(三)机关 III. Agencies and Organizations	(四)民间非营利组织 IV. Civil Nonprofit Organizations	(五)其他 V. Other	(一)农、林、牧、渔业 I.Agriculture, Forestry, Animal Husbandry and Fishery
总 计	**National Total**	**5367103**	**4438611**	**852262**	**7696**	**21523**	**47011**	**25727**
北 京	Beijing	188413	149591	20853		6779	11190	4103
天 津	Tianjin	76177	71128	4798		63	188	1
河 北	Hebei	155849	124053	30834	598		364	753
山 西	Shanxi	195633	165350	29335	457		491	756
内蒙古	Inner Mongolia	62856	49221	13584		27	24	482
辽 宁	Liaoning	334673	314084	18235	953	1151	250	557
吉 林	Jilin	66499	51484	14786	198		31	2998
黑龙江	Heilongjiang	147269	135853	11077	339			881
上 海	Shanghai	137260	95181	39007		2286	786	332
江 苏	Jiangsu	394679	270727	120984	246	173	2549	617
浙 江	Zhejiang	202549	135930	57959	35	3897	4728	81
安 徽	Anhui	156087	100862	54267	305	541	112	432
福 建	Fujian	129587	91838	37172	88	288	201	289
江 西	Jiangxi	157871	145665	11688	183	15	320	390
山 东	Shandong	517040	429470	79537	400	535	7098	755
河 南	Henan	433514	339790	87492	1582	1786	2864	4013
湖 北	Hubei	148686	117368	28557	1543	232	986	867
湖 南	Hunan	220682	190355	28610		1118	599	779
广 东	Guangdong	566903	512605	45352	328	1477	7141	560
广 西	Guangxi	150932	146256	3828	33	20	795	177
海 南	Hainan	22095	17871	3576	75	216	357	460
重 庆	Chongqing	90911	72977	17458	82	228	166	425
四 川	Sichuan	290424	221552	64286	61	280	4245	2352
贵 州	Guizhou	60709	59563	248	8	149	741	147
云 南	Yunnan	118598	107714	10809	75			1653
西 藏	Tibet	3433	3432	1				24
陕 西	Shaanxi	186035	173886	11525	14	242	368	460
甘 肃	Gansu	102862	99408	3009	39		406	147
青 海	Qinghai	12025	11585	440				69
宁 夏	Ningxia	7070	5846	1189	24		11	89
新 疆	Xinjiang	29782	27966	1766	30	20		78

4-2 续表 1 continued

单位：人 (person)

地 区	Region	1.农业 1.Farming	2.林业 2.Forestry	3.畜牧业 3.Animal Husbandry	4.渔业 4.Fishery	5.农、林、牧、渔服务业 5.Service in support of Agriculture	(二)采矿业 II. Mining	1.煤炭开采和洗选业 1.Mining and Washing of Coal
总 计	**National Total**	**5703**	**9842**	**1345**	**1537**	**7300**	**132681**	**71940**
北 京	Beijing	1471	1370	481	94	687	713	
天 津	Tianjin					1	142	
河 北	Hebei	60	415	13	76	189	3591	2020
山 西	Shanxi	353	55			348	11090	10692
内蒙古	Inner Mongolia	291		59		132	1377	795
辽 宁	Liaoning	76	50	3	335	93	12796	5851
吉 林	Jilin	17	2646		144	191	2237	763
黑龙江	Heilongjiang	283	167	94	19	318	7840	6308
上 海	Shanghai					332		
江 苏	Jiangsu	435		13	90	79	921	
浙 江	Zhejiang	10	5	19	26	21	1028	
安 徽	Anhui	46			44	342	981	
福 建	Fujian	12	173		76	28	4894	2966
江 西	Jiangxi	145	163			82	2366	1920
山 东	Shandong	24	8	39	22	662	6231	1591
河 南	Henan	1800	282	338		1593	20349	724
湖 北	Hubei	45	18	12	372	420	4741	2102
湖 南	Hunan	173	420		186		26182	21641
广 东	Guangdong	118	182	89	5	166	1291	
广 西	Guangxi		162		15		492	
海 南	Hainan		417			43	11	
重 庆	Chongqing	22	26		33	344	3858	2915
四 川	Sichuan		1319	5		1028	3537	2533
贵 州	Guizhou		132	15			1724	301
云 南	Yunnan	153	1402	98			5207	3765
西 藏	Tibet			1		23	169	
陕 西	Shaanxi	41	304			115	3273	2883
甘 肃	Gansu	18	44	47		38	5361	2007
青 海	Qinghai	59				10	65	
宁 夏	Ningxia		82			7		
新 疆	Xinjiang	51		19		8	214	163

4-2 续表 2 continued

单位：人 (person)

地 区	Region	2.石油和天然气开采业 2.Extraction of Petroleum and Natural Gas	3.黑色金属矿采选业 3.Mining and Processing of Ferrous Metal Ores	4.有色金属矿采选业 4.Mining and Processing of Non-ferrous Metal Ores	5.非金属矿采选业 5.Mining and Processing of Non-metal Ores	6.开采辅助活动 6.Support Activities for Mining	7.其他采矿业 7.Mining of Other Ores	(三)制造业 III. Manufacturing
总 计	**National Total**		**13207**	**19887**	**22134**	**5388**	**125**	**879182**
北 京	Beijing		603		110			24043
天 津	Tianjin		142					9797
河 北	Hebei		1571					28496
山 西	Shanxi		373	20	5			43660
内蒙古	Inner Mongolia		572		10			9916
辽 宁	Liaoning		2727	291	3927			112169
吉 林	Jilin		65		109	1300		10049
黑龙江	Heilongjiang				85	1447		48279
上 海	Shanghai							25977
江 苏	Jiangsu		329		592			71073
浙 江	Zhejiang		32		996			10350
安 徽	Anhui		856				125	9251
福 建	Fujian		532	396	1000			12284
江 西	Jiangxi			425	21			11793
山 东	Shandong		129	3007	1504			90983
河 南	Henan		1191	12110	6324			74797
湖 北	Hubei		903	205	1531			23453
湖 南	Hunan		1754	1490	1297			32220
广 东	Guangdong		3		1288			130393
广 西	Guangxi		30		462			23514
海 南	Hainan				11			453
重 庆	Chongqing				935	8		9861
四 川	Sichuan		284	106	614			12722
贵 州	Guizhou		654	65	704			6036
云 南	Yunnan		254	777	411			7275
西 藏	Tibet		161		8			1384
陕 西	Shaanxi		42	128	87	133		27215
甘 肃	Gansu			867	55	2432		7330
青 海	Qinghai					65		1158
宁 夏	Ningxia							185
新 疆	Xinjiang				48	3		3066

4-2 续表 3 continued

单位：人 (person)

地 区	Region	1.农副食品加工业 1.Processing of Food from Agricultural Products	2.食品制造业 2.Manufacture of Foods	3.酒、饮料和精制茶制造业 3.Manufacture of Liquor, Beverages and Refined Tea	4.烟草制品业 4.Manufacture of Tobacco	5.纺织业 5.Manufacture of Textile	6.纺织服装、服饰业 6.Manu-facture of Textile Wearing Apparel, and Accessories	7.皮革、毛皮、羽毛及其制品和制鞋业 7.Manufacture of Leather, Fur, Feather and Related Products and Footwear
总 计	**National Total**	**32824**	**6947**	**5921**	**4432**	**24050**	**33347**	**28944**
北 京	Beijing	512	298	420		203	1937	200
天 津	Tianjin	163	45	33		429	931	
河 北	Hebei	2805	96			641	601	126
山 西	Shanxi	346	193	111		239	890	129
内蒙古	Inner Mongolia	126		90		30	333	4
辽 宁	Liaoning	378	210	164	233	710	1164	191
吉 林	Jilin	381	37	4		19	553	125
黑龙江	Heilongjiang	3336	613	11	211	146	658	1593
上 海	Shanghai	39	269			727	664	616
江 苏	Jiangsu	296	420	89		4694	1693	390
浙 江	Zhejiang	43				658	317	23
安 徽	Anhui	104	33	90	1113	10	70	109
福 建	Fujian	513	178	976		679	404	460
江 西	Jiangxi	730	441	63		158	400	132
山 东	Shandong	4243	463	910		5002	2612	1329
河 南	Henan	7565	375	1243	1877	2056	3506	275
湖 北	Hubei	1641	328	361		1997	261	33
湖 南	Hunan	845	436	363		278	385	284
广 东	Guangdong	718	1420	140		4138	14579	20668
广 西	Guangxi	636	258	200		148	328	126
海 南	Hainan							
重 庆	Chongqing	608	118	65		65	92	461
四 川	Sichuan	44	35	76	204	121	34	77
贵 州	Guizhou	103	140	55		6	52	818
云 南	Yunnan	91	263	40	762	476	489	109
西 藏	Tibet			28		115	152	
陕 西	Shaanxi	6379	190	77	32	198	57	44
甘 肃	Gansu	168		305		6	125	617
青 海	Qinghai						3	
宁 夏	Ningxia							
新 疆	Xinjiang	11	88	7		101	57	5

4-2 续表 4 continued

单位：人 (person)

地 区	Region	8.木材加工和木、竹、藤、棕、草制品业 8.Processing of Timbers, Manufacture of Wood, Bamboo, Rattan, Palm and Straw Products	9.家具制造业 9.Manufacture of Furniture	10.造纸和纸制品业 10.Manufacture of Paper and Paper Products	11.印刷业和记录媒介的复制 11.Printing and Reproduction of Recording Media	12.文教工美、体育和娱乐用品制造业 12.Manufacture of Articles for Culture, Education, Arts and Crafts, Sport and Entertainment Activities	13.石油加工、炼焦和核燃料加工业 13.Processing of Petroleum , Coking, Processing of Nuclear Fuel	14.化学原料和化学制品制造业 14.Manufacture of Chemical Raw Material and Chemical Products
总 计	**National Total**	**12794**	**2219**	**20410**	**33708**	**39368**	**14122**	**56939**
北 京	Beijing	134	94	1139	3115	299	35	752
天 津	Tianjin	25	9	551	31	32	52	1945
河 北	Hebei	131	227	1795	874	41	412	1155
山 西	Shanxi	465	94	307	994	132	51	471
内蒙古	Inner Mongolia	3	43	152	452	20		488
辽 宁	Liaoning	967	114	771	2048	411	12305	9899
吉 林	Jilin	605	1	70	953	114		1638
黑龙江	Heilongjiang	6473	108	645	827	298	119	6375
上 海	Shanghai	303	24	23	841	969	46	1004
江 苏	Jiangsu	306	233	929	1024	1985	46	4445
浙 江	Zhejiang	36	28	186	459	81		195
安 徽	Anhui	105	24	350	750	623		254
福 建	Fujian	55	70	1042	997	439		118
江 西	Jiangxi	71	45	88	886	53		415
山 东	Shandong	259	127	1915	1004	158	105	4158
河 南	Henan	308	25	1211	2616	1440	900	3921
湖 北	Hubei	466	58	1251	198	10		1291
湖 南	Hunan	213	98	929	816	794		2675
广 东	Guangdong	882	425	2783	1974	28958		1426
广 西	Guangxi	386	42	376	1927	1374		7670
海 南	Hainan			20	95			313
重 庆	Chongqing	466	118	201	316	17		592
四 川	Sichuan	36		108	493	284		1363
贵 州	Guizhou	72	53	128	374	154		169
云 南	Yunnan	22	14	1022	327	30		381
西 藏	Tibet		65			452		32
陕 西	Shaanxi		42	2107	8828	107		1242
甘 肃	Gansu		12	200	262	37	48	1953
青 海	Qinghai				161			84
宁 夏	Ningxia		3		23			19
新 疆	Xinjiang	5	23	111	43	56	3	496

4-2 续表 5 continued

单位：人 (person)

地 区	Region	15.医药制造业 15.Manufacture of Medicines	16.化学纤维制造业 16.Manufacture of Chemical Fibres	17.橡胶和塑料制品业 17.Manufacture of Rubber and Plastics Products	18.非金属矿物制品业 18.Manufacture of Non-metallic Mineral Products	19.黑色金属冶炼和压延加工业 19.Smelting and Processing of Ferrous Metals	20.有色金属冶炼和压延加工业 20.Smelting and Processing of Non-ferrous Metals	21.金属制品业 21.Manufacture of Metal Products
总 计	**National Total**	**16453**	**1229**	**36368**	**69505**	**49585**	**14942**	**56826**
北 京	Beijing	250		1271	2214	321	232	3265
天 津	Tianjin	5	3	1049	179	343	409	1123
河 北	Hebei	135	110	346	3437	370	246	3942
山 西	Shanxi	6		924	1232	858	56	7324
内蒙古	Inner Mongolia	203		180	1109	1730	137	1305
辽 宁	Liaoning	34	110	6613	7555	10032	4115	12237
吉 林	Jilin	113		681	2177	507	28	84
黑龙江	Heilongjiang	13		2650	2610	1405	58	1775
上 海	Shanghai	486	123	867	741	338	134	1962
江 苏	Jiangsu	60	504	1710	1892	21219	834	2604
浙 江	Zhejiang	94		392	1141	664	113	896
安 徽	Anhui	430		239	1378	123		959
福 建	Fujian	74		786	1436	108		1156
江 西	Jiangxi	92		515	2064	971	668	90
山 东	Shandong	380	246	2286	4118	2499	3053	7882
河 南	Henan	12127		1501	6833	152	851	3819
湖 北	Hubei			927	3920	1015	857	1980
湖 南	Hunan	606		2195	12797	1868	657	362
广 东	Guangdong	515		7848	1517	35	921	1297
广 西	Guangxi	136		800	4133	133		394
海 南	Hainan			9				8
重 庆	Chongqing	80		127	607	338	112	227
四 川	Sichuan	14	28	667	1773	748	188	348
贵 州	Guizhou	89		118	1485	471	134	364
云 南	Yunnan	141		273	482	448	326	461
西 藏	Tibet	294			232			
陕 西	Shaanxi	76	105	678	1260	404	298	636
甘 肃	Gansu			433	318	1872		97
青 海	Qinghai				20	22	493	82
宁 夏	Ningxia			4	40			62
新 疆	Xinjiang			279	805	591	22	85

4-2 续表 6 continued

单位：人 (person)

地区	Region	22.通用设备制造业 22.Manufacture of General Purpose Machinery	23.专用设备制造业 23.Manufacture of Special Purpose Machinery	24.汽车制造业 24.Manufacture of Automobiles	25.铁路、船舶、航空航天和其他运输设备制造业 25. Manufacture of Railway,Ship, Aerospace and Other Transport Equipment	26.电气机械和器材制造业 26.Manufacture of Electrical Machinery and Apparatus	27.计算机、通信和其他电子设备制造业 27.Manufacture of Computers, Communication and Other Electronic Equipment	28.仪器仪表制造业 28.Manufacture of Measuring Instruments and Machinery
总　计	**National Total**	**83985**	**38358**	**18790**	**33961**	**64893**	**42133**	**11468**
北　京	Beijing	2245	1490	876	335	1027	507	517
天　津	Tianjin	672	495	358	173	393	143	206
河　北	Hebei	2921	3930	370	1441	1942	8	113
山　西	Shanxi	4310	12808	83	2443	3352	20	3296
内蒙古	Inner Mongolia	396	40	367	170	205		
辽　宁	Liaoning	12882	3729	1062	12502	3462	4189	680
吉　林	Jilin	369	357	499	440	162	4	34
黑龙江	Heilongjiang	6511	1450	792	3464	2952	1886	88
上　海	Shanghai	11155	1184	1123	403	1434	40	92
江　苏	Jiangsu	4916	775	1078	2120	6033	7640	1303
浙　江	Zhejiang	694	232	10	239	978	493	281
安　徽	Anhui	275	497	94	710	823	55	
福　建	Fujian	1548	173	66	84	354	69	283
江　西	Jiangxi	226	238	266	84	464	424	32
山　东	Shandong	18174	2103	2660	547	22987	255	1167
河　南	Henan	5876	4473	1313	913	6162	2119	576
湖　北	Hubei	598	830	1501	726	335		263
湖　南	Hunan	1416	364	918	282	650	283	286
广　东	Guangdong	3751	812	155	414	8580	23769	1199
广　西	Guangxi	226	173	1011	1947	374	23	693
海　南	Hainan					8		
重　庆	Chongqing	606	380	1741	1892	162	84	58
四　川	Sichuan	2127	943	781	1108	775	4	48
贵　州	Guizhou	356	154	410	111	128		86
云　南	Yunnan	356	349	106	3	86	85	32
西　藏	Tibet		14					
陕　西	Shaanxi	958	298	1124	1367	645	33	
甘　肃	Gansu	392	13		43	184		135
青　海	Qinghai			26		213		
宁　夏	Ningxia	29	5					
新　疆	Xinjiang		49			23		

4-2 续表 7 continued

单位：人 (person)

地 区	Region	29.其他制造业 29. Other Manufature	30.废弃资源综合利用业 30. Utilization of Waste Resources	31.金属制品、机械和设备修理业 31. Repair Service of Metal Products, Machinery and Eguipment	(四) 电力、热力、燃气及水生产和供应业 Production and Supply of Electricity, Heat, Gas and Water	1.电力、热力生产和供应业 1.Production and Supply of Electric Power and Heat Power	2.燃气生产和供应业 2.Production and Supply of Gas	3.水的生产和供应业 3.Production and Supply of Water
总 计	**National Total**	**9086**	**5754**	**9821**	**40227**	**21322**	**910**	**17995**
北 京	Beijing	36	129	190	792	668		124
天 津	Tianjin				333	278		55
河 北	Hebei	3		278	156	109	12	35
山 西	Shanxi	2348	7	171	361	209		152
内蒙古	Inner Mongolia	2122	50	161	698	181		517
辽 宁	Liaoning	691	395	2316	1585	1009	200	376
吉 林	Jilin		54	40	532	280	132	120
黑龙江	Heilongjiang	44	169	999	888	767		121
上 海	Shanghai	58		312	1182	1126		56
江 苏	Jiangsu	593	1010	232	1742	823	18	901
浙 江	Zhejiang			2097	2118	942	100	1076
安 徽	Anhui	17	16		1049	988		61
福 建	Fujian	16		200	2592	2265	8	319
江 西	Jiangxi	1652	169	356	104			104
山 东	Shandong	31	201	109	998	553	44	401
河 南	Henan	84	45	635	3560	786	156	2618
湖 北	Hubei		1630	976	1108	182		926
湖 南	Hunan		1268	152	2723	2132		591
广 东	Guangdong	1357	96	16	10880	4302	28	6550
广 西	Guangxi				641	378	8	255
海 南	Hainan				9		9	
重 庆	Chongqing		303	25	1118	527	13	578
四 川	Sichuan		2	293	3071	1457	182	1432
贵 州	Guizhou	6			405	265		140
云 南	Yunnan	28	73		337	164		173
西 藏	Tibet							
陕 西	Shaanxi		27	3	504	490		14
甘 肃	Gansu		110		399	361		38
青 海	Qinghai			54				
宁 夏	Ningxia				28	28		
新 疆	Xinjiang			206	314	52		262

4-2 续表 8 continued

单位：人 (person)

地 区	Region	(五) 建筑业 V. Construction	1.房屋建筑业 1. Construction of Buildings	2.土木工程建筑业 2. Civil Engineering	3.建筑安装业 3.Building Installation	4.建筑装饰和其他建筑业 4.Building Decoration and Other Constructions	(六) 批发和零售业 VI. Wholesale and Retail Trades	1.批发业 1.Wholesale Trade
总 计	**National Total**	**1737135**	**1471772**	**142121**	**97280**	**25962**	**350474**	**139723**
北 京	Beijing	19756	11712	3404	3626	1014	12149	5600
天 津	Tianjin	29599	20586	3388	3136	2489	6250	1800
河 北	Hebei	23672	19877	2116	1332	347	19650	7784
山 西	Shanxi	25377	16559	4337	3862	619	30046	13440
内蒙古	Inner Mongolia	4448	3464	666	318		3000	1854
辽 宁	Liaoning	102076	62575	16291	21903	1307	11901	4504
吉 林	Jilin	11014	6738	1842	2254	180	2416	1265
黑龙江	Heilongjiang	32932	20466	7782	2568	2116	10150	3744
上 海	Shanghai	9252	7346	568	1088	250	7084	2833
江 苏	Jiangsu	89791	69862	11550	2887	5492	14083	5419
浙 江	Zhejiang	75135	64597	8396	1558	584	5214	2301
安 徽	Anhui	43981	32335	3471	6803	1372	4342	2582
福 建	Fujian	29435	27096	1279	763	297	10271	3057
江 西	Jiangxi	104060	96323	5885	1586	266	3863	2140
山 东	Shandong	193729	176537	10885	5260	1047	40786	16913
河 南	Henan	97574	80221	9014	6741	1598	60200	19908
湖 北	Hubei	45668	39248	3652	2264	504	17168	2413
湖 南	Hunan	90611	84479	3849	1495	788	6721	1485
广 东	Guangdong	188674	176983	5570	5383	738	30453	16864
广 西	Guangxi	75849	64831	2271	8658	89	8326	3561
海 南	Hainan	12952	12242	700	10		1209	297
重 庆	Chongqing	45141	40058	1454	1476	2153	4365	1831
四 川	Sichuan	143012	123231	12590	6459	732	8730	4293
贵 州	Guizhou	25954	25006	694	64	190	4734	2857
云 南	Yunnan	54097	44699	8009	1158	231	7731	2455
西 藏	Tibet	1661	1286	375			44	6
陕 西	Shaanxi	91169	83638	5092	1096	1343	11177	3483
甘 肃	Gansu	59666	54377	2486	2597	206	4606	2040
青 海	Qinghai	5177	2534	2081	562		553	126
宁 夏	Ningxia	2597	2540	50	7		228	167
新 疆	Xinjiang	3076	326	2374	366	10	3024	2701

4-2 续表 9 continued

单位：人 (person)

地 区	Region	2.零售业 2.Retail Trade	(七) 交通运输、仓储和邮政业 VII. Transport, Storage and Post	1.铁路运输业 1.Railway Transport	2.道路运输业 2.Road Transport	3.水上运输业 3.Water Transport	4.航空运输业 4.Air Transport	5.管道运输业 5.Transport Via Pipeline
总 计	**National Total**	**210751**	**173624**	**8623**	**96090**	**25398**	**612**	**38**
北 京	Beijing	6549	7513	23	5129			
天 津	Tianjin	4450	5615	120	5127			
河 北	Hebei	11866	5046	47	3512			
山 西	Shanxi	16606	3696	439	1941			
内蒙古	Inner Mongolia	1146	1066	109	414			
辽 宁	Liaoning	7397	14005	1237	10831	31	34	
吉 林	Jilin	1151	726	63	558			
黑龙江	Heilongjiang	6406	2008	59	994	89		
上 海	Shanghai	4251	5909	922	3698	72		
江 苏	Jiangsu	8664	19097	950	7381	5735	51	
浙 江	Zhejiang	2913	5087	1452	1795	678		
安 徽	Anhui	1760	9087	230	4796	3646		
福 建	Fujian	7214	3374	68	1664	251		
江 西	Jiangxi	1723	4577	13	879	2644		
山 东	Shandong	23873	10962	198	9038	29	155	
河 南	Henan	40292	18187	2216	8566	3171		
湖 北	Hubei	14755	6247		4573	539		
湖 南	Hunan	5236	10085		5170	1603		
广 东	Guangdong	13589	8828	9	5603	1383	24	
广 西	Guangxi	4765	7145		1513	4679		
海 南	Hainan	912	229		158	45		
重 庆	Chongqing	2534	2886	32	1480	263		
四 川	Sichuan	4437	11134	14	7869	493	305	38
贵 州	Guizhou	1877	1406	67	101			
云 南	Yunnan	5276	1972		253		36	
西 藏	Tibet	38	14		14			
陕 西	Shaanxi	7694	4989		1287	47	7	
甘 肃	Gansu	2566	1726	65	1661			
青 海	Qinghai	427	307	290	17			
宁 夏	Ningxia	61						
新 疆	Xinjiang	323	701		68			

4-2 续表 10 continued

单位：人 (person)

地 区	Region	6.装卸搬运和运输代理业 6.Loading Unloading and Forwarding Ageney	7.仓储业 7.Storage	8.邮政业 8.Post	(八) 住宿和餐饮业 VIII. Hotels and Catering Services	1.住宿业 1.Hotels	2.餐饮业 2.Catering Services	(九) 信息传输、软件和信息技术服务业 Information Transmission, Software and Information Technology
总 计	**National Total**	**34424**	**5734**	**2705**	**66960**	**49281**	**17679**	**7841**
北 京	Beijing	1408	919	34	10176	7354	2822	459
天 津	Tianjin	59	309		1223	1042	181	117
河 北	Hebei	1413	74		1562	1262	300	332
山 西	Shanxi	858	458		2517	2056	461	187
内蒙古	Inner Mongolia	543			837	633	204	26
辽 宁	Liaoning	1634	193	45	3230	2774	456	229
吉 林	Jilin	50	55		804	495	309	8
黑龙江	Heilongjiang	530	336		2346	1528	818	63
上 海	Shanghai	435	615	167	3208	1740	1468	18
江 苏	Jiangsu	4712	164	104	2896	1909	987	833
浙 江	Zhejiang	977	103	82	2286	2173	113	986
安 徽	Anhui	415			919	484	435	199
福 建	Fujian	1237	154		1214	788	426	98
江 西	Jiangxi	791	250		252	94	158	259
山 东	Shandong	972	570		7709	6108	1601	194
河 南	Henan	3315	813	106	6064	4989	1075	1646
湖 北	Hubei	866	115	154	1505	1201	304	96
湖 南	Hunan	3225	87		1089	1060	29	79
广 东	Guangdong	1226	283	300	5845	3484	2361	869
广 西	Guangxi	895	58		1135	838	297	28
海 南	Hainan	26			126	126		42
重 庆	Chongqing	1025	86		1867	781	1086	518
四 川	Sichuan	2169	47	199	1796	1377	419	298
贵 州	Guizhou	1222	16		679	574	105	33
云 南	Yunnan	1654	29		1996	1680	316	74
西 藏	Tibet				89	89		
陕 西	Shaanxi	2134		1514	1768	935	833	56
甘 肃	Gansu				692	637	55	71
青 海	Qinghai				434	385	49	
宁 夏	Ningxia				76	69	7	
新 疆	Xinjiang	633			620	616	4	23

4-2 续表 11 continued

单位：人 (person)

地 区	Region	1.电信、广播电视和卫星传输服务 1.Telecommunication, Radio and Television and Satellite Transmission Service	2.互联网和相关服务 2.Internet and Related Service	3.软件和信息技术服务业 3.Software and Information Tcchnology	(十) 金融业 X. Financial Intermediation	1.货币金融服务 1.Monetay and Financial Service	2.资本市场服务 2.Capital Market Service	3.保险业 3.Insurance
总 计	**National Total**	**5445**	**435**	**1961**	**469697**	**459389**	**774**	**8208**
北 京	Beijing	90	4	365	112		106	1
天 津	Tianjin			117	27	11	13	
河 北	Hebei	242	45	45	24919	24452		
山 西	Shanxi	181		6	39514	38902	5	607
内蒙古	Inner Mongolia			26	23080	23080		
辽 宁	Liaoning	185	34	10	23256	22041		932
吉 林	Jilin			8	15582	15262		320
黑龙江	Heilongjiang	48		15	19384	19000		359
上 海	Shanghai			18	90	17		
江 苏	Jiangsu	648	179	6	21745	21708	13	24
浙 江	Zhejiang	822	71	93	6017	5675	342	
安 徽	Anhui	199			17797	17783		14
福 建	Fujian	16	40	42	10487	10080	38	117
江 西	Jiangxi	91		168	16601	16561		40
山 东	Shandong	115		79	34879	34363		516
河 南	Henan	1353	25	268	32005	31195		788
湖 北	Hubei	3		93	12632	12565	45	
湖 南	Hunan	34		45	10299	10299		
广 东	Guangdong	633		236	40857	37681		3161
广 西	Guangxi	23		5	14264	13988		276
海 南	Hainan		34	8	636	636		
重 庆	Chongqing	505		13	11		11	
四 川	Sichuan	89		209	25877	25282	149	437
贵 州	Guizhou			33	12665	12652	13	
云 南	Yunnan	67		7	19807	19659		
西 藏	Tibet							
陕 西	Shaanxi	53	3		18302	17913	17	370
甘 肃	Gansu	41		30	14425	14243		182
青 海	Qinghai				2473	2451	22	
宁 夏	Ningxia				1897	1897		
新 疆	Xinjiang	7		16	10057	9993		64

4-2 续表 12 continued

单位：人 (person)

地 区	Region	4.其他金融业 4.Other Financial Activities	(十一) 房地产业 XI. Real Estate	#房地产开发经营 Development and Management of Real Estate	#物业管理 Property Management	#房地产中介服务 Agency Services for Real Estate	(十二) 租赁和商务服务业 XII. Leasing and Business Services	1.租赁业 1.Leasing
总 计	**National Total**	**1326**	**89229**	**18296**	**45451**	**2851**	**359985**	**5509**
北 京	Beijing	5	17605	330	10153	86	45864	529
天 津	Tianjin	3	829	647	149	6	7176	140
河 北	Hebei	467	889		553	240	11466	180
山 西	Shanxi		1483	484	420	238	4970	62
内蒙古	Inner Mongolia		73	14	59		1842	11
辽 宁	Liaoning	283	2047	277	1185	360	20276	22
吉 林	Jilin		164	11	140	13	1621	
黑龙江	Heilongjiang	25	929	208	557		5160	14
上 海	Shanghai	73	8030	395	7093	43	28723	301
江 苏	Jiangsu		4869	1298	3133	162	30168	392
浙 江	Zhejiang		2802	350	1281	48	20478	9
安 徽	Anhui		1482	143	1250		6752	400
福 建	Fujian	252	2097	459	1095	91	12965	44
江 西	Jiangxi		830	601	67		2955	49
山 东	Shandong		11345	6241	3510	318	18064	341
河 南	Henan	22	3757	375	2113	287	11178	1134
湖 北	Hubei	22	1181	310	734	80	3909	22
湖 南	Hunan		897	155	334		5871	
广 东	Guangdong	15	17923	4218	7937	254	68296	656
广 西	Guangxi		2814	495	849	136	10658	44
海 南	Hainan		673	23	115	333	189	
重 庆	Chongqing		1419	76	564		1198	32
四 川	Sichuan	9	581	400	71	102	12531	17
贵 州	Guizhou		1089	120	557		3405	39
云 南	Yunnan	148	649	51	358	30	2469	15
西 藏	Tibet						4	
陕 西	Shaanxi	2	1195	324	222		10562	65
甘 肃	Gansu		464	213	251		4345	60
青 海	Qinghai		24		24		915	
宁 夏	Ningxia		406	30	286	18	261	
新 疆	Xinjiang		683	48	391	6	5714	931

4-2 续表 13 continued

单位：人 (person)

地 区	Region	2.商务服务业 2.Business Services	(十三) 科学研究和技术服务业 XIII. Scientific Research and Technical Services	1.研究和试验发展 1.Research and Experimental Development	2.专业技术服务业 2.Professional Technical Services	3.科技推广和应用服务业 3.Science and Technology Popularization and Application Services	(十四) 水利、环境和公共设施管理业 XIV. Management of Water Conservancy, Enviroment and Public Facilities	1.水利管理业 1.Management of Water Conservancy
总 计	**National Total**	**354476**	**54238**	**5335**	**39368**	**9535**	**111641**	**10385**
北 京	Beijing	45335	7979	2723	3126	2130	2615	289
天 津	Tianjin	7036	1536	40	1487	9	756	105
河 北	Hebei	11286	1025		931	94	2250	582
山 西	Shanxi	4908	813	4	754	55	5883	224
内蒙古	Inner Mongolia	1831	868		862	6	2549	90
辽 宁	Liaoning	20254	4790	229	3566	995	3129	354
吉 林	Jilin	1621	476	14	462		8860	230
黑龙江	Heilongjiang	5146	1319	3	1270	46	3851	328
上 海	Shanghai	28422	1572	249	523	800	5340	
江 苏	Jiangsu	29776	4020	258	3173	589	25527	974
浙 江	Zhejiang	20469	2411	84	2091	236	8692	247
安 徽	Anhui	6352	1021	86	662	273	1720	133
福 建	Fujian	12921	1342		712	630	1520	315
江 西	Jiangxi	2906	67		67		3237	63
山 东	Shandong	17723	3617	704	2020	893	5764	469
河 南	Henan	10044	3716	263	3050	403	2103	779
湖 北	Hubei	3887	1584	91	785	708	7147	1809
湖 南	Hunan	5871	1020	55	809	156	1530	389
广 东	Guangdong	67640	6072	78	5765	229	9143	2107
广 西	Guangxi	10614	1145	91	1045	9	1006	62
海 南	Hainan	189	710	143	507	60	278	
重 庆	Chongqing	1166	694	145	508	41	3186	152
四 川	Sichuan	12514	1585	15	1254	316	3843	163
贵 州	Guizhou	3366	293	18	210	65	197	166
云 南	Yunnan	2454	1350	18	806	526	826	74
西 藏	Tibet	4						
陕 西	Shaanxi	10497	2460	24	2217	219	512	281
甘 肃	Gansu	4285	309		272	37		
青 海	Qinghai	915	167		157	10	89	
宁 夏	Ningxia	261					88	
新 疆	Xinjiang	4783	277		277			

4-2 续表 14 continued

单位：人 (person)

地 区	Region	2.生态保护和环境治理业 2.Ecological Protection and Environmental Treatment	3.公共设施管理业 3.Management of Public Facilities	(十五) 居民服务、修理和其他服务业 XV. Service to Households, Repair and Other Services	1.居民服务业 1.Service to Households	2.机动车、电子产品和日用产品修理业 2.Repair of Motor Vehicle, Electronics and Household Products	3.其他服务业 3.Other Sevices	(十六) 教育 XVI. Education
总 计	**National Total**	**1967**	**99289**	**56756**	**21558**	**10637**	**24561**	**221752**
北 京	Beijing	3	2323	7073	2548	1723	2802	12046
天 津	Tianjin		651	8434	446	58	7930	585
河 北	Hebei	14	1654	946	96	651	199	1706
山 西	Shanxi		5659	1525	1098	147	280	3920
内蒙古	Inner Mongolia		2459	2628	821	37	1770	344
辽 宁	Liaoning	201	2574	2396	1005	550	841	3323
吉 林	Jilin		8630	1571	542	125	904	98
黑龙江	Heilongjiang	7	3516	2552	187	498	1867	2498
上 海	Shanghai		5340	5103	2326	1344	1433	3776
江 苏	Jiangsu	336	24217	4625	3003	906	716	20924
浙 江	Zhejiang	74	8371	1817	1241	268	308	21413
安 徽	Anhui		1587	835	209	63	563	2695
福 建	Fujian	58	1147	346	163	91	92	3263
江 西	Jiangxi	39	3135	357	273	14	70	396
山 东	Shandong	559	4736	3375	2198	662	515	31382
河 南	Henan	36	1288	2347	1473	453	421	62821
湖 北	Hubei	193	5145	791	145	18	628	3642
湖 南	Hunan		1141	928	303	87	538	7022
广 东	Guangdong	305	6731	2177	414	949	814	19577
广 西	Guangxi		944	1446	9	368	1069	1321
海 南	Hainan	67	211	44		37	7	465
重 庆	Chongqing	16	3018	783	251	485	47	985
四 川	Sichuan	9	3671	1787	1567	131	89	5759
贵 州	Guizhou		31	290	162	59	69	694
云 南	Yunnan		752	715	312	216	187	8350
西 藏	Tibet			20	20			
陕 西	Shaanxi	50	181	1188	525	481	182	2003
甘 肃	Gansu			251	40	195	16	282
青 海	Qinghai		89	100	100			
宁 夏	Ningxia		88	44		17	27	362
新 疆	Xinjiang			262	81	4	177	100

4-2 续表 15 continued

单位：人 (person)

地 区	Region	#初等教育 Primary Education	#中等教育 Secondary Education	#高等教育 Senior Education	(十七) 卫生和社会工作 XVII. Health and Social Service	1.卫生 1.Health	2.社会工作 2.Social Service	(十八) 文化、体育和娱乐业 XVIII. Culture, Sports and Entertainment
总 计	**National Total**	**68654**	**70303**	**10425**	**549307**	**540469**	**8838**	**19287**
北 京	Beijing	950	1759	2274	13177	11595	1582	1243
天 津	Tianjin		32		3434	3388	46	323
河 北	Hebei	129	755		27387	27344	43	1046
山 西	Shanxi	264	2265		18304	18292	12	1501
内蒙古	Inner Mongolia		136	69	9593	9544	49	29
辽 宁	Liaoning	475	920	192	15288	14775	513	607
吉 林	Jilin	66	1		7034	6576	458	94
黑龙江	Heilongjiang	20	49	1133	5246	5197	49	665
上 海	Shanghai	115	773		21747	21297	450	1418
江 苏	Jiangsu	7774	4223	41	78345	77454	891	2995
浙 江	Zhejiang	5345	3657	2648	35622	34837	785	474
安 徽	Anhui	392	1386		51033	50934	99	661
福 建	Fujian	334	824	553	32903	32880	23	211
江 西	Jiangxi	92			5694	5643	51	
山 东	Shandong	10839	15942	60	53509	52330	1179	874
河 南	Henan	34452	25868	130	23852	23718	134	1981
湖 北	Hubei	1521	613	648	15897	15204	693	674
湖 南	Hunan	1833	3140	466	21978	21817	161	468
广 东	Guangdong	582	879	363	23795	23128	667	1203
广 西	Guangxi	448	499	25	876	808	68	11
海 南	Hainan	174	161		3382	3382		198
重 庆	Chongqing	467	164		12454	12189	265	140
四 川	Sichuan	103	4764		51142	50824	318	662
贵 州	Guizhou	159	130		854	838	16	
云 南	Yunnan	1047	393	1800	3806	3768	38	97
西 藏	Tibet							24
陕 西	Shaanxi	955	680	23	8521	8273	248	517
甘 肃	Gansu	63	44		2327	2327		455
青 海	Qinghai				226	226		268
宁 夏	Ningxia	55	231		317	317		444
新 疆	Xinjiang		15		1564	1564		4

4-2 续表 16 continued

单位：人 (person)

地 区	Region	1.新闻和出版业 1.Journalism and Publishing Activities	2.广播、电视、电影和影视录音制作业 2.Radio, Television, Motion Picture and Videotape Programme Production Services	3.文化艺术业 3.Cultural and Art Activities	4.体育 4.Sports Activities	5.娱乐业 5.Entertainment	(十九)公共管理、社会保障和社会组织 XIX. Public Management, Social Security and Social Organization	#群众社团、社会团体和其他成员组织 Non-Governmental Organizations, Social Organizations and Membership Organizations
总 计	**National Total**	**2387**	**4052**	**9882**	**899**	**2067**	**21360**	**5214**
北 京	Beijing	426	31	226	383	177	995	729
天 津	Tianjin			111	150	62		
河 北	Hebei	66	71	862	30	17	957	147
山 西	Shanxi	59	98	1238	13	93	30	17
内蒙古	Inner Mongolia		28	1				
辽 宁	Liaoning	382	54	57	23	91	1013	37
吉 林	Jilin	31	18	26		19	215	
黑龙江	Heilongjiang	62	330	3		270	278	
上 海	Shanghai	2	173	1207	36		8499	1410
江 苏	Jiangsu		1024	1597	19	355	408	91
浙 江	Zhejiang	5	115	284	37	33	538	438
安 徽	Anhui		109	552			1850	209
福 建	Fujian		4	161		46	2	2
江 西	Jiangxi						70	32
山 东	Shandong		235	517		122	1884	277
河 南	Henan	105	840	850	59	127	3364	883
湖 北	Hubei	168	242	252	5	7	376	341
湖 南	Hunan	18	24	378	38	10	180	180
广 东	Guangdong	170	559	236	52	186	67	67
广 西	Guangxi				4	7	84	71
海 南	Hainan	90	64	44			29	17
重 庆	Chongqing	60	12	58	10		2	2
四 川	Sichuan	71	1	549	20	21	5	5
贵 州	Guizhou						104	104
云 南	Yunnan	12	10		20	55	187	88
西 藏	Tibet			24				
陕 西	Shaanxi	10	3	504			164	43
甘 肃	Gansu	382	7	66			6	
青 海	Qinghai	268						
宁 夏	Ningxia			75		369	48	19
新 疆	Xinjiang			4			5	5

4-3 各地区分行业其他单位就业人员数

Employed Persons in Units of Other Types of Ownership by Sector and Region

单位：人　　(person)

地区	Region	其他单位合计 Total	(一)内资 I. Domestic Funded	1.股份合作 1.Coopera-tive Units	2.联营 2.Joint Ownership Units	#国有联营 State Joint Ownership Units	#集体联营 Collective Joint Ownership Units	3.有限责任公司 3.Limited Liability Corporations	#国有独资 State Funded Corporations
总　计	**National Total**	**114287546**	**84736058**	**1032483**	**221159**	**60380**	**48835**	**63151800**	**7606545**
北　京	Beijing	5484260	4023410	67772	5309	1158	882	2860395	416309
天　津	Tianjin	2127563	1282190	27499	4183	1272	2017	960863	145624
河　北	Hebei	3471009	2980867	39086	34556	628	426	2218486	271119
山　西	Shanxi	2265105	2051017	8094	3384	1058	1469	1738106	305220
内蒙古	Inner Mongolia	1270316	1183325	10979	1587	703	415	919725	184446
辽　宁	Liaoning	3391839	2637370	39666	3954	1009	615	1928526	294757
吉　林	Jilin	1587355	1423015	9901	783	264	144	950098	169446
黑龙江	Heilongjiang	1590568	1433065	57611	4354	732	796	1059309	241422
上　海	Shanghai	5288570	2482317	25825	9795	1796	1740	1747635	253009
江　苏	Jiangsu	12637132	8003673	48621	15272	6332	2815	6136337	340192
浙　江	Zhejiang	8671449	6556318	112295	5502	1581	1184	4891776	267908
安　徽	Anhui	3073048	2697485	33439	3898	757	750	2004358	374307
福　建	Fujian	4821519	3019630	68093	11588	3282	4475	2461737	145528
江　西	Jiangxi	2597722	2043791	23082	2236	312	1070	1652448	164520
山　东	Shandong	8135825	6499929	77300	26425	16846	6040	4727041	762124
河　南	Henan	6976215	6217086	65846	11136	2424	3990	4697239	256407
湖　北	Hubei	4228946	3693692	21827	4490	695	709	2849656	310487
湖　南	Hunan	3143145	2775796	39967	10677	2366	2545	1948544	273997
广　东	Guangdong	15203878	7073490	75294	26395	8695	5944	5124730	461344
广　西	Guangxi	1798881	1492631	20441	1476	450	224	1135904	364782
海　南	Hainan	564050	505788	6582	1923	1115	102	332932	17645
重　庆	Chongqing	2871721	2472310	21116	4994	1122	1940	2017395	289280
四　川	Sichuan	4286487	3845832	55616	6355	643	975	2893703	268993
贵　州	Guizhou	1294457	1245903	17273	3357	624	1083	982786	244696
云　南	Yunnan	2188758	2084742	18636	4283	692	1797	1149063	162319
西　藏	Tibet	52923	50275	1531	410	37	100	36754	13185
陕　西	Shaanxi	2534977	2336850	19692	9265	1595	4058	1797146	250857
甘　肃	Gansu	1007731	979100	7879	2332	1498	458	727958	107969
青　海	Qinghai	275380	262987	3510	225	167	30	162208	34536
宁　夏	Ningxia	358840	326035	2641	37	37		245956	93039
新　疆	Xinjiang	1087877	1056139	5369	978	490	42	792986	121078

4-3 续表 1 continued

单位：人 (person)

地 区	Region	4.股份有限公司 4.Share-holding Corporations Ltd	5.其他 5.Others	(二) 港、澳、台商投资 II.Units with funds Entrepreneurs from Hong Kong, Macao and Taiwan	(三) 外商投资 III. Foreign Funded Units	(一) 企业 I. Enterprises	(二) 事业 II. Institutions	(三) 机关 III. Agencies and Organi-zations	(四) 民间非营利组织 IV. Civil Nonprofit Organi-zations
总 计	**National Total**	**17511618**	**2818998**	**13928888**	**15622600**	**113172266**	**415665**	**14435**	**326027**
北 京	Beijing	939863	150071	562398	898452	5348680	20565		61781
天 津	Tianjin	257913	31732	280608	564765	2115488	6091	32	1220
河 北	Hebei	659685	29054	194050	296092	3455812	9284	196	2771
山 西	Shanxi	278821	22612	111182	102906	2251487	5879	449	2059
内蒙古	Inner Mongolia	237356	13678	23847	63144	1262593	3947	724	840
辽 宁	Liaoning	594510	70714	183379	571090	3361147	13679	2190	13071
吉 林	Jilin	394310	67923	52624	111716	1577627	3693	22	3817
黑龙江	Heilongjiang	304826	6965	51198	106305	1588907	918	450	
上 海	Shanghai	665747	33315	932278	1873975	5270646	5387		9918
江 苏	Jiangsu	1663184	140259	1689117	2944342	12589729	29102		5202
浙 江	Zhejiang	1405348	141397	1031801	1083330	8533103	32617		48396
安 徽	Anhui	589211	66579	166915	208648	3033608	19010		11261
福 建	Fujian	399070	79142	1067085	734804	4793602	8587	178	11428
江 西	Jiangxi	342491	23534	361607	192324	2592222	1388	277	
山 东	Shandong	1468876	200287	441424	1194472	8076649	21156	1882	17151
河 南	Henan	1219999	222866	561038	198091	6854975	52203	2655	25815
湖 北	Hubei	744947	72772	195062	340192	4200089	20040	559	1719
湖 南	Hunan	626751	149857	220409	146940	3081857	29790		23264
广 东	Guangdong	1584758	262313	5044225	3086163	15071621	47049	398	34835
广 西	Guangxi	276606	58204	171959	134291	1771278	8948	1213	8516
海 南	Hainan	133079	31272	26451	31811	535438	8224	30	12096
重 庆	Chongqing	374632	54173	174639	224772	2836158	25401	13	3688
四 川	Sichuan	802615	87543	220041	220614	4246459	20020	433	9019
贵 州	Guizhou	205098	37389	19536	29018	1276303	455	80	4011
云 南	Yunnan	229946	682814	44304	59712	2175511	9164	323	535
西 藏	Tibet	11265	315	1251	1397	52828			
陕 西	Shaanxi	467182	43565	51749	146378	2505181	6281	218	8145
甘 肃	Gansu	223003	17928	8579	20052	1004573	1132	13	206
青 海	Qinghai	92313	4731	5045	7348	271854	155		3141
宁 夏	Ningxia	68370	9031	18854	13951	352331	4603	1040	786
新 疆	Xinjiang	249843	6963	16233	15505	1084510	897	1060	1336

4-3 续表 2 continued

单位：人 (person)

地 区	Region	(五) 其他 V.Other	(一) 农、林、牧、渔业 I. Agriculture, Forestry, Animal Husbandry and Fishery	1.农业 1.Farming	2.林业 2.Forestry	3.畜牧业 3.Animal Husbandry	4.渔业 4.Fishery	5.农、林、牧、渔服务业 5.Service in support of Agriculture	(二) 采矿业 II. Mining
总 计	**National Total**	**359153**	**190966**	**116703**	**11149**	**37073**	**14412**	**11629**	**5116686**
北 京	Beijing	53234	17697	6432	1448	8468	177	1172	60338
天 津	Tianjin	4732	204	43		68	80	13	64018
河 北	Hebei	2946	1329	43	13	1085	116	72	219314
山 西	Shanxi	5231	1463	291	345	735	3	89	931102
内蒙古	Inner Mongolia	2212	7880	2321	81	4674	8	796	170569
辽 宁	Liaoning	1752	5496	962	21	358	4107	48	241528
吉 林	Jilin	2196	1556	665	5	441	40	405	123188
黑龙江	Heilongjiang	293	7323	5829	6	1116	151	221	342109
上 海	Shanghai	2619	18907	7146	346	5054	6009	352	513
江 苏	Jiangsu	13099	1578	610	125	122	113	608	99839
浙 江	Zhejiang	57333	1722	817	142	268	380	115	6250
安 徽	Anhui	9169	266	2	10	254			268750
福 建	Fujian	7724	3379	1864	1168	99	34	214	13994
江 西	Jiangxi	3835	1055	635	169	251			46632
山 东	Shandong	18987	1958	614	77	566	555	146	607222
河 南	Henan	40567	11123	4129	516	3555	290	2633	493349
湖 北	Hubei	6539	681	106	101	152	97	225	61628
湖 南	Hunan	8234	2545	592	58	112	1374	409	82597
广 东	Guangdong	49975	3306	1547	384	478	292	605	22159
广 西	Guangxi	8926	5862	2343	1323	1817	51	328	25926
海 南	Hainan	8262	65101	62664	266	1272	270	629	6527
重 庆	Chongqing	6461	3341	2074	193	824	44	206	79226
四 川	Sichuan	10556	1135	406	424	215	48	42	184945
贵 州	Guizhou	13608	3559	1967	226	1179	86	101	161763
云 南	Yunnan	3225	2456	1142	1077	52	12	173	142734
西 藏	Tibet	95							4205
陕 西	Shaanxi	15152	1188	358	131	549		150	290091
甘 肃	Gansu	1807	982	379	49			554	87461
青 海	Qinghai	230	3116	2855		261			39799
宁 夏	Ningxia	80	1188	303	841			44	62422
新 疆	Xinjiang	74	13570	7564	1604	3048	75	1279	176488

4-3 续表 3 continued

单位：人 (person)

地 区	Region	1.煤炭开采和洗选业 1.Mining and Washing of Coal	2.石油和天然气开采业 2.Extraction of Petroleum and Natural Gas	3.黑色金属矿采选业 3.Mining and Processing of Ferrous Metal Ores	4.有色金属矿采选业 4.Mining and Processing of Non-ferrous Metal Ores	5.非金属矿采选业 5.Mining and Processing of Nonmetal Ores	6.开采辅助活动 6.Support Activities for Mining	7.其他采矿业 7.Mining of Other Ores	(三) 制造业 III. Manufacturing
总 计	**National Total**	**3638454**	**661605**	**228083**	**228476**	**153686**	**205703**	**679**	**49474379**
北 京	Beijing	12428	2080	24330		310	21184	6	931271
天 津	Tianjin	18458	20471	3469		6867	14753		1115236
河 北	Hebei	158239	28593	32033		449			1397532
山 西	Shanxi	917552	3880	6851	2139	680			607779
内蒙古	Inner Mongolia	148535	4400	4589	9754	3253		38	431605
辽 宁	Liaoning	165312	45083	12475	10595	5720	2074	269	1347569
吉 林	Jilin	54818	31997	8430	5746	1290	20907		673998
黑龙江	Heilongjiang	221865	113608	1305	1290	1367	2664	10	501327
上 海	Shanghai		169			344			1996640
江 苏	Jiangsu	78742	3013	2039	906	14868	271		5980783
浙 江	Zhejiang	5		1179	1002	4064			3471813
安 徽	Anhui	243480		22881	1205	1134	50		1145922
福 建	Fujian	9391		494	683	3421	5		2426889
江 西	Jiangxi	23776		2195	16816	3845			1220916
山 东	Shandong	425430	105724	14437	26543	5711	29377		4080586
河 南	Henan	401749	35511	3402	21127	5079	26380	101	3229862
湖 北	Hubei	8272	17986	9472	1924	14987	8817	170	1720772
湖 南	Hunan	41067		4141	24959	12430			1207349
广 东	Guangdong		5608	1727	4071	8779	1974		9967234
广 西	Guangxi	11080	123	6579	3954	4190			702659
海 南	Hainan		163	5066	288	1010			91848
重 庆	Chongqing	72308	1285	1121	172	4340			854980
四 川	Sichuan	75041	31134	9811	13869	11913	43177		1601987
贵 州	Guizhou	143491	5	4497	2124	11599	8	39	393488
云 南	Yunnan	73022	139	17488	38545	13460	55	25	642903
西 藏	Tibet			771	3313	121			8570
陕 西	Shaanxi	139616	114937	11873	17075	4553	2037		805325
甘 肃	Gansu	68010	1136	4667	9110	3540	998		337563
青 海	Qinghai	8859	23773	2166	3083	1918			106778
宁 夏	Ningxia	61827	275	255		65			126287
新 疆	Xinjiang	56081	70512	8340	8183	2379	30972	21	346908

4-3 续表 4 continued

单位：人 (person)

地 区	Region	1.农副食品加工业 1.Processing of Food from Agricultural Products	2.食品制造业 2.Manufacture of Foods	3.酒、饮料和精制茶制造业 3.Manufacture of Liquor, Beverages and Refined Tea	4.烟草制品业 4.Manufacture of Tobacco	5.纺织业 5.Manufacture of Textile	6.纺织服装、服饰业 6.Manufacture of Textile Wearing Apparel, and Accessories	7.皮革、毛皮、羽毛及其制品和制鞋业 7.Manufacture of Leather, Fur, Feather and Related Products and Footwear	8.木材加工和木、竹、藤、棕、草制品业 8.Processing of Timbers, Manufacture of Wood, Bamboo, Rattan, Palm and Straw Products
总 计	**National Total**	**1807992**	**1203560**	**1035284**	**118851**	**2090865**	**2567932**	**1734404**	**399454**
北 京	Beijing	26885	45374	23103		5066	34801	1883	3004
天 津	Tianjin	13657	51210	12765		12399	82336	7400	1528
河 北	Hebei	50019	35369	24063	4052	54334	26833	22576	4369
山 西	Shanxi	11004	7523	21439	947	5733	3595		410
内蒙古	Inner Mongolia	26908	40857	16378	2840	13891	7352	2855	7685
辽 宁	Liaoning	70978	25079	22031	1930	17887	65348	3948	13405
吉 林	Jilin	56960	13506	19118	2553	29828	7621	614	45054
黑龙江	Heilongjiang	70221	30850	23711	973	12357	1182	138	15797
上 海	Shanghai	16311	75458	14642	3890	27103	86194	23054	6499
江 苏	Jiangsu	83465	57213	67304	594	331408	365852	72271	45941
浙 江	Zhejiang	36668	51996	35909	235	299753	317053	135122	19732
安 徽	Anhui	38305	24686	34794		49954	63038	25335	8992
福 建	Fujian	70853	64935	44199	3854	104288	321577	461723	17298
江 西	Jiangxi	39233	23053	20667	5436	49937	103042	104702	17913
山 东	Shandong	363484	88777	67003	6027	390007	204187	80868	21016
河 南	Henan	231135	151455	84437	17095	175300	124130	102935	25647
湖 北	Hubei	87131	57121	75821	8281	115577	88154	26197	14359
湖 南	Hunan	58047	35499	25832	3612	24443	19022	65449	13190
广 东	Guangdong	95763	143497	75725	2056	213331	589266	518072	38629
广 西	Guangxi	81753	18510	22011	3466	21165	9832	28068	28813
海 南	Hainan	15283	6186	5405	591	729	212		2272
重 庆	Chongqing	27786	14211	13481	5013	8563	11721	7262	3745
四 川	Sichuan	76710	45732	137314	5170	49848	13535	34061	15239
贵 州	Guizhou	14506	7522	39965	8677	2138	6124	3340	10256
云 南	Yunnan	62236	25334	44892	17265	7265	3511	2370	14246
西 藏	Tibet	213	441	1630		134			850
陕 西	Shaanxi	33181	26266	30101	10073	34214	7277	1868	2477
甘 肃	Gansu	15452	8019	13715	3499	5097	1165	1806	297
青 海	Qinghai	1291	891	4169		1833	635		
宁 夏	Ningxia	4657	7138	2485		5180	1225	153	86
新 疆	Xinjiang	27897	19852	11175	722	22103	2112	334	705

4-3 续表 5 continued

单位：人 (person)

地 区	Region	9.家具制造业 9.Manufacture of Furniture	10.造纸及纸制品业 10.Manufacture of Paper and Paper Products	11.印刷和记录媒介复制业 11.Printing and Reproduction of Recording Media	12.文教工美、体育和娱乐用品制造业 12.Manufacture of Articles for Culture, Education, Arts and Crafts, Sport and Entertainment Activities	13.石油加工、炼焦和核燃料加工业 13.Processing of Petroleum , Coking, Processing of Nuclear Fuel	14.化学原料和化学制品制造业 14.Manufacture of Chemical Raw Material and Chemical Products	15.医药制造业 15.Manufacture of Medicines	16.化学纤维制造业 16.Manufacture of Chemical Fibres
总 计	**National Total**	**589990**	**703388**	**525968**	**1272232**	**624302**	**2672454**	**1533018**	**256186**
北 京	Beijing	11064	7255	21789	7714	13786	32565	66497	527
天 津	Tianjin	6640	12951	8061	17468	6290	43532	43734	625
河 北	Hebei	9199	11067	9171	13266	25194	99502	58383	6586
山 西	Shanxi	219	441	4151	1425	56599	88388	23641	
内蒙古	Inner Mongolia	891	3978	1912	1147	10368	51440	9886	
辽 宁	Liaoning	17164	9378	5317	7192	59921	61966	30563	3331
吉 林	Jilin	2702	7478	5945	1802	4464	52078	120212	7949
黑龙江	Heilongjiang	5787	6246	3470	3184	45284	18154	46043	
上 海	Shanghai	35136	23369	22179	24734	18098	97017	54571	2223
江 苏	Jiangsu	28756	54003	49089	124490	19259	353931	137304	71440
浙 江	Zhejiang	100521	53941	28085	88110	8120	161400	102305	71122
安 徽	Anhui	3823	7729	17328	11574	5256	74761	38174	7304
福 建	Fujian	32116	50752	18446	131742	9293	40858	19475	16727
江 西	Jiangxi	11166	13214	14148	43326	20351	73979	43723	3282
山 东	Shandong	27846	96638	24493	97788	81435	298050	156394	13565
河 南	Henan	18203	62729	38156	78013	18864	157839	112645	12393
湖 北	Hubei	7135	25965	18995	8673	8796	130212	84266	4725
湖 南	Hunan	6292	27044	9744	10842	16337	103728	30738	2284
广 东	Guangdong	208806	129156	164199	560503	25010	214648	102537	9094
广 西	Guangxi	3066	25161	3996	12752	2251	35439	23429	
海 南	Hainan	703	5888	1013	90	2392	4376	14438	160
重 庆	Chongqing	6607	12318	7939	4137	3322	48658	35517	614
四 川	Sichuan	40242	22562	19666	5751	8050	112800	62258	14744
贵 州	Guizhou	1652	4173	3152	3716	5215	54720	31230	15
云 南	Yunnan	1619	10854	10113	7578	14020	63381	26167	332
西 藏	Tibet	20		385	12		366	1107	
陕 西	Shaanxi	2102	10393	10845	820	50712	51028	35284	802
甘 肃	Gansu	391	943	1142	577	26318	31706	9089	329
青 海	Qinghai		58	634	3556	149	32264	3434	
宁 夏	Ningxia	9	3471	993	54	19265	19116	4359	15
新 疆	Xinjiang	113	4233	1412	196	39883	64552	5615	5998

4-3 续表 6 continued

单位：人 (person)

地区	Region	17.橡胶和塑料制品业 17.Manufacture of Rubber and Plastics Products	18.非金属矿物制品业 18.Manufacture of Non-metallic Mineral Products	19.黑色金属冶炼和压延加工业 19.Smelting and Processing of Ferrous Metals	20.有色金属冶炼和压延加工业 20.Smelting and Processing of Non-ferrous Metals	21.金属制品业 21.Manufacture of Metal Products	22.通用设备制造业 22.Manufacture of General Purpose Machinery	23.专用设备制造业 23.Manufacture of Special Purpose Machinery	24.汽车制造业 24.Manufacture of Automobiles
总 计	**National Total**	**1848579**	**2390881**	**2158167**	**1231432**	**1725870**	**2633266**	**2022288**	**3069761**
北 京	Beijing	17993	50442	8026	5082	38257	56005	62308	142514
天 津	Tianjin	35857	24898	88790	22628	44317	71503	89776	122428
河 北	Hebei	34816	70752	307596	12125	57750	62042	69936	127685
山 西	Shanxi	6409	36458	77671	37644	23079	13103	38461	15568
内蒙古	Inner Mongolia	4827	30498	79340	68144	6949	13161	8146	10983
辽 宁	Liaoning	43561	55231	155878	37904	63754	162472	99213	112051
吉 林	Jilin	11084	35131	28700	9738	9883	15812	14811	119585
黑龙江	Heilongjiang	15151	29553	22096	5868	11406	37577	31348	19849
上 海	Shanghai	100412	49182	64126	14714	84298	178872	100548	191372
江 苏	Jiangsu	190430	139157	166977	54191	195171	418590	278654	244930
浙 江	Zhejiang	151473	93038	58637	42499	129898	315362	126744	204637
安 徽	Anhui	55332	53388	57349	42270	46328	77565	46889	110872
福 建	Fujian	113531	115431	57350	30459	55347	66285	43634	70292
江 西	Jiangxi	27741	103075	50682	62632	20498	40089	27210	33717
山 东	Shandong	146991	214539	209719	79886	141930	248847	174941	244977
河 南	Henan	90966	262887	129577	101725	76393	157875	196086	145787
湖 北	Hubei	49094	104022	42076	30178	58048	67606	67265	308531
湖 南	Hunan	17366	108666	58992	65265	52445	50948	91177	59284
广 东	Guangdong	577913	328077	68638	80885	480647	347301	253191	316829
广 西	Guangxi	15669	61368	31042	36654	8472	22450	26410	78033
海 南	Hainan	2596	8874	828	601	2076	437	869	6367
重 庆	Chongqing	26332	50287	25707	15113	22949	31711	23886	178538
四 川	Sichuan	39318	100573	125598	33326	41100	86577	60261	73440
贵 州	Guizhou	16682	50356	36537	15165	14495	8804	7253	17763
云 南	Yunnan	19612	63464	66832	113062	9852	10793	11004	11731
西 藏	Tibet		3236						
陕 西	Shaanxi	19164	58601	37039	65373	14813	46796	46470	98390
甘 肃	Gansu	5395	33593	38501	74128	6071	10629	17690	696
青 海	Qinghai	159	7942	13747	28279	696	5525	60	16
宁 夏	Ningxia	3715	7425	10853	17383	2910	6201	5329	
新 疆	Xinjiang	8990	40737	39263	28511	6038	2328	2718	2896

4-3 续表 7 continued

单位：人 (person)

地区	Region	25.铁路、船舶、航空航天和其他运输设备制造业 25. Manufacture of Railway,Ship, Aerospace and Other Transport Equipment	26.电气机械和器材制造业 26.Manufacture of Electrical Machinery and Apparatus	27.计算机、通信和其他电子设备制造业 27.Manufacture of Computers, Communication and Other Electronic Equipment	28.仪器仪表制造业 28.Manufacture of Measuring Instruments and Machinery	29.其他制造业 29. Other Manufature	30.废弃资源综合利用业 30. Utilization of Waste Resources	31.金属制品、机械和设备修理业 31. Repair Service of Metal Products, Machinery and Equipment
总 计	**National Total**	**950620**	**3881149**	**7383531**	**695373**	**192675**	**68789**	**86118**
北 京	Beijing	24147	50454	126767	31403	6475	924	9161
天 津	Tianjin	35525	55797	180689	8843	7183	4211	2195
河 北	Hebei	30051	74120	79618	8941	3194	777	4146
山 西	Shanxi	13672	11214	101619	3871	365	214	2916
内蒙古	Inner Mongolia	1548	5931	1930		100	242	1418
辽 宁	Liaoning	51445	64965	58662	17760	2819	3801	2615
吉 林	Jilin	23723	10355	7167	7356	308	1447	1014
黑龙江	Heilongjiang	14743	19755	2802	4899	1208	172	1503
上 海	Shanghai	45149	159508	417262	43190	8597	1176	7756
江 苏	Jiangsu	192760	555173	1546953	117081	12602	3859	1935
浙 江	Zhejiang	53753	383878	271341	80818	32911	10607	6145
安 徽	Anhui	6858	145534	78345	6041	1947	2484	3667
福 建	Fujian	20781	128193	243038	28958	33175	1576	10703
江 西	Jiangxi	13977	128619	108328	9930	5245	2001	
山 东	Shandong	78402	169732	306691	36360	7433	1778	782
河 南	Henan	37882	156205	413925	31798	8466	4402	4912
湖 北	Hubei	17738	119492	67613	14157	3442	4156	5946
湖 南	Hunan	42702	55756	136851	11514	1433	2155	692
广 东	Guangdong	105947	1362352	2696750	193504	43871	13636	7401
广 西	Guangxi	2926	23034	68585	2359	3710	2047	188
海 南	Hainan	1229	6409	1052	353	12	282	125
重 庆	Chongqing	67532	34388	148140	15525	335	1555	2088
四 川	Sichuan	20127	77773	265453	6057	3462	1545	3695
贵 州	Guizhou	11923	10269	3574	2614	1074	325	253
云 南	Yunnan	1785	13144	5373	2334	1454	608	672
西 藏	Tibet		25			151		
陕 西	Shaanxi	32271	33946	34232	7449	1375	1251	712
甘 肃	Gansu	1839	14129	10622	930	47	1115	2633
青 海	Qinghai		618	95	422	281	24	
宁 夏	Ningxia	15	3297		824		129	
新 疆	Xinjiang	170	7084	54	82	0	290	845

4-3 续表 8 continued

单位：人 (person)

地区	Region	(四) 电力、热力、燃气及水生产和供应业 Production and Supply of Electricity, Heat, Gas and Water	1.电力、热力生产和供应业 1.Production and Supply of Electric Power and Heat Power	2.燃气生产和供应业 2.Production and Supply of Gas	3.水的生产和供应业 3.Production and Supply of Water	(五) 建筑业 V. Construction	1.房屋建筑业 1. Construction of Buildings	2.土木工程建筑业 2. Civil Engineering	3.建筑安装业 3.Building Installation
总 计	**National Total**	**2067723**	**1571202**	**222422**	**274099**	**25103375**	**17724258**	**4457339**	**1403951**
北 京	Beijing	62508	40889	10595	11024	408735	169521	108861	80868
天 津	Tianjin	28802	17457	6380	4965	261149	103434	81874	33954
河 北	Hebei	85557	65502	8494	11561	804748	605643	132085	38691
山 西	Shanxi	56217	41180	8906	6131	259144	80717	157435	13282
内蒙古	Inner Mongolia	86031	77799	4184	4048	216618	152888	51874	8543
辽 宁	Liaoning	77859	57311	10899	9649	776211	460380	182215	89100
吉 林	Jilin	91513	82005	4478	5030	291220	162125	75418	30520
黑龙江	Heilongjiang	93620	79349	6137	8134	217251	113479	67698	21274
上 海	Shanghai	25928	8123	7767	10038	353003	201062	73443	37684
江 苏	Jiangsu	84733	52121	14960	17652	4278331	3486199	395682	218727
浙 江	Zhejiang	63101	30292	6886	25923	3192970	2572984	417571	82796
安 徽	Anhui	58529	42982	7853	7694	836844	466639	233493	58770
福 建	Fujian	59458	45527	4117	9814	1402100	963390	145104	44138
江 西	Jiangxi	115977	101881	5666	8430	741041	579714	122211	17693
山 东	Shandong	110326	82036	14944	13346	1429593	1087168	241486	64698
河 南	Henan	113539	76019	19007	18513	1724963	1112059	364466	110134
湖 北	Hubei	50330	30912	7434	11984	1308918	897895	254444	80558
湖 南	Hunan	53873	41208	5378	7287	894466	664482	168528	29637
广 东	Guangdong	193984	154691	13477	25816	1094215	600125	230810	90244
广 西	Guangxi	90387	82257	2128	6002	460982	375118	68933	10983
海 南	Hainan	9597	4840	1293	3464	50636	39378	2392	4639
重 庆	Chongqing	60864	45024	7886	7954	945162	678018	148030	65234
四 川	Sichuan	116293	85838	15535	14920	1162879	846346	200689	68034
贵 州	Guizhou	27663	18641	3962	5060	264947	143665	94559	19522
云 南	Yunnan	66996	58459	3181	5356	585448	436270	100223	27900
西 藏	Tibet	4021	4021			14304	7915	5196	1107
陕 西	Shaanxi	67077	54247	7651	5179	502505	289899	178627	23446
甘 肃	Gansu	30943	24834	3795	2314	317749	231308	62979	15679
青 海	Qinghai	8445	6912	264	1269	50842	17886	29572	2111
宁 夏	Ningxia	17347	14393	1458	1496	47335	32407	12301	1864
新 疆	Xinjiang	56205	44452	7707	4046	209066	146144	49140	12121

4-3 续表 9 continued

单位：人 (person)

地区	Region	4.建筑装饰和其他建筑业 4.Building Decoration and Other Constructions	(六)批发和零售业 VI. Wholesale and Retail Trades	1.批发业 1.Wholesale Trade	2.零售业 2.Retail Trade	(七)交通运输、仓储和邮政业 VII. Transport, Storage and Post	1.铁路运输业 1.Railway Transport	2.道路运输业 2.Road Transport	3.水上运输业 3.Water Transport
总　计	**National Total**	**1517827**	**7536200**	**3108989**	**4427211**	**4489014**	**167998**	**2683137**	**360606**
北　京	Beijing	49485	680680	373635	307045	485599	33769	273218	269
天　津	Tianjin	41887	154988	68529	86459	81506	2057	20614	18757
河　北	Hebei	28329	226343	85730	140613	117560	3030	64492	25560
山　西	Shanxi	7710	106918	54522	52396	55963	2198	46773	26
内蒙古	Inner Mongolia	3313	78479	21888	56591	56649	7715	39812	
辽　宁	Liaoning	44516	219830	70880	148950	132878	4548	60291	36201
吉　林	Jilin	23157	99477	20856	78621	44851	621	32011	
黑龙江	Heilongjiang	14800	130616	46893	83723	24574	1062	12815	164
上　海	Shanghai	40814	757489	419686	337803	419075	2298	200266	39014
江　苏	Jiangsu	177723	534471	209423	325048	313761	227	178058	66267
浙　江	Zhejiang	119619	395358	187542	207816	242962	7218	139412	29187
安　徽	Anhui	77942	195970	60150	135820	112849	113	91550	8497
福　建	Fujian	249468	225719	86339	139380	137404	1380	85801	13345
江　西	Jiangxi	21423	139902	59253	80649	77930	230	69223	5429
山　东	Shandong	36241	531666	187242	344424	262892	260	161427	38272
河　南	Henan	138304	364691	116608	248083	197845	5376	163044	1586
湖　北	Hubei	76021	341305	129927	211378	145034	521	112116	7783
湖　南	Hunan	31819	164141	46003	118138	86299	2717	60990	2480
广　东	Guangdong	173036	849339	408216	441123	658852	61557	289211	46570
广　西	Guangxi	5948	97510	35819	61691	92874	6617	59615	5027
海　南	Hainan	4227	55270	24445	30825	44578	5187	13460	5275
重　庆	Chongqing	53880	206973	75884	131089	190627		160802	9648
四　川	Sichuan	47810	271130	71992	199138	194196	2272	140134	384
贵　州	Guizhou	7201	104622	40887	63735	51056	1126	39887	274
云　南	Yunnan	21055	208222	65439	142783	85323	256	51570	505
西　藏	Tibet	86	6821	3676	3145	1241		751	
陕　西	Shaanxi	10533	215983	63522	152461	87074	13561	54082	
甘　肃	Gansu	7783	63740	20463	43277	33667	661	28410	
青　海	Qinghai	1273	19627	8361	11266	8721	98	5810	
宁　夏	Ningxia	763	22894	6088	16806	12678	1192	8688	86
新　疆	Xinjiang	1661	66026	39091	26935	32496	131	18804	0

4-3 续表 10 continued

单位：人 (person)

地区	Region	4.航空运输业 4.Air Transport	5.管道运输业 5.Transport Via Pipeline	6.装卸搬运和运输代理业 6.Loading Unloading and Forwarding Ageney	7.仓储业 7.Storage	8.邮政业 8.Post	(八)住宿和餐饮业 VIII. Hotels and Catering Services	1.住宿业 1.Hotels	2.餐饮业 2.Catering Services
总计	**National Total**	**431676**	**30824**	**361775**	**185074**	**267924**	**2407863**	**1125246**	**1282617**
北京	Beijing	68969	6183	40602	5762	56827	251042	89433	161609
天津	Tianjin	7007	232	12526	17875	2438	51938	14226	37712
河北	Hebei	2911	647	9803	5639	5478	41116	25802	15314
山西	Shanxi	4243	327	837	1115	444	30754	12346	18408
内蒙古	Inner Mongolia	2968		1987	601	3566	33362	17963	15399
辽宁	Liaoning	10531	1861	13706	4768	972	49044	27593	21451
吉林	Jilin	121	1074	895	4644	5485	18518	10737	7781
黑龙江	Heilongjiang	2599	9	2610	4620	695	20827	12702	8125
上海	Shanghai	58677	1389	69282	32155	15994	223246	53212	170034
江苏	Jiangsu	6760	9445	29077	12413	11514	174075	57154	116921
浙江	Zhejiang	9144	108	20109	10788	26996	125890	73791	52099
安徽	Anhui	1861		3533	3661	3634	51484	26839	24645
福建	Fujian	12930	12	18226	3320	2390	86847	50924	35923
江西	Jiangxi		164	852	1054	978	31068	21023	10045
山东	Shandong	13761	2195	24286	14047	8644	111376	49391	61985
河南	Henan	10565	147	5567	9497	2063	83672	47839	35833
湖北	Hubei	5356	133	6959	7096	5070	94126	35983	58143
湖南	Hunan	5493	170	3437	818	10194	71815	46758	25057
广东	Guangdong	100989	270	50829	27957	81469	337505	161349	176156
广西	Guangxi	4639		12024	2104	2848	38344	23673	14671
海南	Hainan	11949	30	5938	430	2309	61354	53494	7860
重庆	Chongqing	8638		6200	2712	2627	60933	23956	36977
四川	Sichuan	40172	532	4414	1930	4358	102734	45493	57241
贵州	Guizhou	6316		1996	674	783	32742	21392	11350
云南	Yunnan	17735	355	11356	1611	1935	74986	49420	25566
西藏	Tibet		176			314	1821	1527	294
陕西	Shaanxi	7726	1671	2248	4756	3030	103672	44483	59189
甘肃	Gansu	1155	55	951	2144	291	23104	11885	11219
青海	Qinghai	1595		227	125	866	3634	2730	904
宁夏	Ningxia	1874		254	58	526	4789	2823	1966
新疆	Xinjiang	4992	3639	1044	700	3186	12045	9305	2740

4-3 续表 11 continued

单位：人 (person)

地 区	Region	(九) 信息传输、软件和信息技术服务业 Information Transmission, software and Information Technology	1.电信、广播电视和卫星传输服务 1.Telecommunication, Radio and Television and Satellite Transmission Service	2.互联网和相关服务 2.Internet and Related Service	3.软件和信息技术服务业 3.Software and Information Technology	(十) 金融业 X. Financial Intermediation	1.货币金融服务 1.Monetay and Financial Service	2.资本市场服务 2.Capital Market Service	3.保险业 3.Insurance
总 计	**National Total**	**2980258**	**1482112**	**202136**	**1296010**	**3732702**	**1897963**	**172401**	**1601025**
北 京	Beijing	598315	79166	82514	436635	421409	202680	54726	131897
天 津	Tianjin	37431	17876	2826	16729	77391	33616	108	39784
河 北	Hebei	72691	53153	4593	14945	227240	117863	2698	106534
山 西	Shanxi	45072	42267		2805	65543	35915	1887	27482
内蒙古	Inner Mongolia	35096	33681	115	1300	47564	29636	607	17167
辽 宁	Liaoning	109640	53016	1703	54921	136951	62819	2185	71540
吉 林	Jilin	52313	42197	841	9275	53925	36344	2077	15162
黑龙江	Heilongjiang	56187	48950	991	6246	93133	36073	1143	54578
上 海	Shanghai	245142	40276	17351	187515	294519	145127	21939	126077
江 苏	Jiangsu	263016	139403	10522	113091	208232	112010	8929	86946
浙 江	Zhejiang	150162	55214	24571	70377	320697	193210	10685	114969
安 徽	Anhui	55280	44834	2445	8001	96558	50583	1990	42941
福 建	Fujian	60081	31928	1846	26307	97834	52794	3948	40071
江 西	Jiangxi	60806	47802	1017	11987	50404	26239	553	23507
山 东	Shandong	146879	109225	2141	35513	254282	130416	3347	119995
河 南	Henan	75773	61949	3300	10524	140394	75631	773	62216
湖 北	Hubei	89537	54360	2036	33141	96195	42209	5871	45914
湖 南	Hunan	63100	49806	2888	10406	188334	100282	7267	80304
广 东	Guangdong	304291	126544	24103	153644	281963	155761	25074	97923
广 西	Guangxi	36891	35685	655	551	54046	32181	1068	20711
海 南	Hainan	13493	7941	1538	4014	25284	9799	318	14615
重 庆	Chongqing	42344	27266	1878	13200	93992	30896	4865	56893
四 川	Sichuan	135722	100304	7305	28113	112051	39682	4011	67598
贵 州	Guizhou	29843	25566	527	3750	53311	35312	1802	15697
云 南	Yunnan	44948	40281	318	4349	34192	17674	1427	14668
西 藏	Tibet	1970	1887		83	1404		1230	174
陕 西	Shaanxi	98758	60999	2691	35068	106735	46454	1068	54514
甘 肃	Gansu	18855	16397	1234	1224	28598	15437	7	13154
青 海	Qinghai	8930	8457	10	463	4003	2663		1309
宁 夏	Ningxia	7311	7025		286	17718	10973	14	6716
新 疆	Xinjiang	20381	18657	177	1547	48800	17684	784	29969

4-3 续表 12 continued

单位: 人 (person)

地区	Region	4.其他金融业 4.Other Financial Activities	(十一) 房地产业 XI. Real Estate	#房地产开发经营 Development and Management of Real Estate	#物业管理 Property Management	#房地产中介服务 Agency Services for Real Estate	(十二) 租赁和商务服务业 XII. Leasing and Business Services	1.租赁业 1.Leasing
总　计	**National Total**	**61313**	**3568094**	**1711005**	**1608393**	**173798**	**2874063**	**81356**
北　京	Beijing	32106	363413	82642	212466	31793	485576	18238
天　津	Tianjin	3883	54783	25417	23150	6057	50102	2744
河　北	Hebei	145	95441	61408	31975	1661	66916	1536
山　西	Shanxi	259	25409	14503	10606	40	27181	1100
内蒙古	Inner Mongolia	154	44759	24370	20133	75	22228	241
辽　宁	Liaoning	407	122548	66575	49449	5264	45879	756
吉　林	Jilin	342	53821	31852	20466	950	31642	577
黑龙江	Heilongjiang	1339	44847	28038	16498	169	25521	476
上　海	Shanghai	1376	231230	55346	153656	20254	400008	18449
江　苏	Jiangsu	347	201704	95746	98591	6046	191796	5192
浙　江	Zhejiang	1833	183400	72709	100250	6621	194318	2553
安　徽	Anhui	1044	92343	66687	22936	2316	34656	758
福　建	Fujian	1021	121509	61715	55109	2835	68783	1130
江　西	Jiangxi	105	46943	37861	8068	512	15772	325
山　东	Shandong	524	222622	148125	66601	5893	109703	3672
河　南	Henan	1774	168313	123326	37990	2642	96746	3839
湖　北	Hubei	2201	112457	74158	34217	3672	57125	3512
湖　南	Hunan	481	107211	67712	36420	2683	60438	846
广　东	Guangdong	3205	497386	145811	291234	47605	419992	7242
广　西	Guangxi	86	66255	36584	28505	741	61678	755
海　南	Hainan	552	69104	38511	28248	1922	15937	816
重　庆	Chongqing	1338	115176	49352	57299	8018	97578	603
四　川	Sichuan	760	166518	82534	72383	11179	66595	1656
贵　州	Guizhou	500	72643	45340	24676	2216	34266	1272
云　南	Yunnan	423	106500	71757	32139	1326	72161	1007
西　藏	Tibet		1435	1052	365	18	4264	252
陕　西	Shaanxi	4699	84539	50042	32752	678	51486	585
甘　肃	Gansu		36735	22350	14357		8797	238
青　海	Qinghai	31	6706	3297	3251	93	5431	
宁　夏	Ningxia	15	12301	5881	6302	118	13425	
新　疆	Xinjiang	363	40043	20304	18301	401	38063	986

4-3 续表 13 continued

单位：人 (person)

地 区	Region	2.商务服务业 2.Business Services	(十三) 科学研究和技术服务业 XIII. Scientific Research and Technical Services	1.研究和试验发展 1.Research and Experimental Development	2.专业技术服务业 2.Professional Technical Services	3.科技推广和应用服务业 3.Science and Technology Popularization and Application Services	(十四) 水利、环境和公共设施管理业 XIV. Management of Water Conservancy, Enviroment and Public Facilities	1.水利管理业 1.Management of Water Conservancy
总 计	**National Total**	**2792707**	**1778177**	**186525**	**1329981**	**261671**	**460508**	**24840**
北 京	Beijing	467338	374842	38240	241090	95512	33926	1033
天 津	Tianjin	47358	62353	2105	57218	3030	5740	170
河 北	Hebei	65380	72105	2477	67835	1793	8614	1089
山 西	Shanxi	26081	12642	419	11519	704	5972	841
内蒙古	Inner Mongolia	21987	19518	368	16537	2613	7500	625
辽 宁	Liaoning	45123	47667	5285	38056	4326	11652	2421
吉 林	Jilin	31065	15582	606	14119	857	6323	263
黑龙江	Heilongjiang	25045	12946	2345	8052	2549	4982	1976
上 海	Shanghai	381559	148128	31743	103403	12982	56832	847
江 苏	Jiangsu	186604	119163	8168	89237	21758	29389	882
浙 江	Zhejiang	191765	86664	6840	67592	12232	42901	1347
安 徽	Anhui	33898	33969	2975	28554	2440	8041	36
福 建	Fujian	67653	38508	1405	35146	1957	9726	556
江 西	Jiangxi	15447	10716	345	10163	208	7609	199
山 东	Shandong	106031	87608	10137	56184	21287	39085	813
河 南	Henan	92907	66633	8569	46189	11875	21674	2451
湖 北	Hubei	53613	66223	2342	49479	14402	9306	477
湖 南	Hunan	59592	50566	3039	24698	22829	5521	874
广 东	Guangdong	412750	219287	31681	172875	14731	47249	1394
广 西	Guangxi	60923	16354	809	14008	1537	5948	691
海 南	Hainan	15121	8957	705	7561	691	9580	335
重 庆	Chongqing	96975	37469	7672	28966	831	11441	1018
四 川	Sichuan	64939	52962	6926	43607	2429	24271	1965
贵 州	Guizhou	32994	19249	1516	16358	1375	4259	687
云 南	Yunnan	71154	21137	2706	17512	919	17874	330
西 藏	Tibet	4012						
陕 西	Shaanxi	50901	43926	5462	33664	4800	16582	864
甘 肃	Gansu	8559	11320	764	10192	364	1238	120
青 海	Qinghai	5431	3377	432	2791	154	487	308
宁 夏	Ningxia	13425	3971	157	3478	336	2754	96
新 疆	Xinjiang	37077	14335	287	13898	150	4032	132

4-3 续表 14 continued

单位：人 (person)

地 区	Region	2.生态保护和环境治理业 2.Ecological Protection and Environmental Treatment	3.公共设施管理业 3.Management of Public Facilities	(十五)居民服务、修理和其他服务业 XV. Service to Households, Repair and Other Services	1.居民服务业 1.Service to Households	2.机动车、电子产品和日用产品修理业 2.Repair of Motor Vehicle, Electronics and Household Products	3.其他服务业 3.Other Service	(十六)教育 XVI. Education
总 计	**National Total**	**37308**	**398360**	**472843**	**142550**	**95866**	**234427**	**1024478**
北 京	Beijing	5353	27540	67920	19105	18006	30809	91819
天 津	Tianjin	150	5420	62845	9956	490	52399	8342
河 北	Hebei	501	7024	8465	4066	1306	3093	11800
山 西	Shanxi	505	4626	8611	1117	6750	744	14660
内蒙古	Inner Mongolia	20	6855	1903	859	441	603	5433
辽 宁	Liaoning	1126	8105	8750	3576	2876	2298	25932
吉 林	Jilin	271	5789	7945	3511	1125	3309	8216
黑龙江	Heilongjiang	302	2704	3711	1625	906	1180	3659
上 海	Shanghai	4979	51006	52099	8627	15649	27823	25334
江 苏	Jiangsu	2413	26094	27972	3949	7989	16034	49866
浙 江	Zhejiang	3664	37890	17756	6756	2906	8094	90425
安 徽	Anhui	720	7285	5620	1304	1112	3204	43193
福 建	Fujian	1153	8017	7376	2896	1517	2963	38256
江 西	Jiangxi	219	7191	4899	2998	372	1529	11652
山 东	Shandong	1752	36520	21913	7036	5537	9340	66891
河 南	Henan	2083	17140	15519	7180	4083	4256	95189
湖 北	Hubei	1114	7715	10478	3582	1330	5566	35465
湖 南	Hunan	481	4166	13637	9513	996	3128	50665
广 东	Guangdong	5176	40679	58594	15212	9278	34104	144940
广 西	Guangxi	479	4778	4342	1555	802	1985	21485
海 南	Hainan	49	9196	3757	512	456	2789	20090
重 庆	Chongqing	1879	8544	12408	3330	1118	7960	30192
四 川	Sichuan	173	22133	11487	3758	4411	3318	44424
贵 州	Guizhou	329	3243	8177	5428	1701	1048	14996
云 南	Yunnan	712	16832	11420	6889	2109	2422	34669
西 藏	Tibet			1666			1666	
陕 西	Shaanxi	943	14775	9409	5906	2009	1494	25979
甘 肃	Gansu		1118	808	649	53	106	1337
青 海	Qinghai	11	168	428	13	341	74	2888
宁 夏	Ningxia	543	2115	541	541			3368
新 疆	Xinjiang	208	3692	2387	1101	197	1089	3313

4-3 续表 15 continued

单位：人 (person)

地 区	Region	#初等教育 Primary Education	#中等教育 Secondary Education	#高等教育 Senior Education	(十七)卫生和社会工作 XVII. Health and Social Service	1.卫生 1.Health	2.社会工作 2.Social Service	(十八)文化、体育和娱乐业 XVIII. Culture, Sports and Entertainment
总 计	**National Total**	**137075**	**293208**	**157448**	**515627**	**491231**	**24396**	**373403**
北 京	Beijing	6698	8066	10853	33181	30164	3017	63233
天 津	Tianjin	800	2670	2311	3729	3713	16	6189
河 北	Hebei	1510	2874	3222	7044	6828	216	7194
山 西	Shanxi	3327	6307	756	5793	5606	187	4733
内蒙古	Inner Mongolia	730	1586	778	3496	3432	64	1343
辽 宁	Liaoning	1981	6479	1837	17724	17052	672	10523
吉 林	Jilin	534	2213	3684	7802	7589	213	5413
黑龙江	Heilongjiang	79	539	57	3303	3266	37	4373
上 海	Shanghai	1646	6022	10392	9299	9064	235	29852
江 苏	Jiangsu	5726	21032	6354	48399	48007	392	28441
浙 江	Zhejiang	11925	32303	9769	34807	31112	3695	19350
安 徽	Anhui	3464	21809	5726	26563	26406	157	6164
福 建	Fujian	2783	17014	5784	12321	11309	1012	11157
江 西	Jiangxi	282	5144	315	10450	10384	66	3890
山 东	Shandong	9876	13574	8904	32256	29949	2307	16836
河 南	Henan	21748	36110	11837	48646	47730	916	11625
湖 北	Hubei	1533	9831	7747	18738	18369	369	10469
湖 南	Hunan	9525	22714	7271	21272	20371	901	16115
广 东	Guangdong	25153	29336	23831	52439	46615	5824	48352
广 西	Guangxi	3042	3480	2293	8827	8543	284	7775
海 南	Hainan	3900	5758	2626	5146	4927	219	6349
重 庆	Chongqing	8412	3687	8778	20156	18139	2017	8859
四 川	Sichuan	2547	16111	7075	24283	24061	222	12833
贵 州	Guizhou	2134	4327	761	11108	10904	204	6123
云 南	Yunnan	4427	5899	2831	27333	26947	386	9291
西 藏	Tibet				795	795		406
陕 西	Shaanxi	2107	6956	9948	13681	13378	303	10778
甘 肃	Gansu		329		2452	2452		2203
青 海	Qinghai		291		965	965		1203
宁 夏	Ningxia	417	182	1654	1459	1243	216	777
新 疆	Xinjiang	769	565	54	2160	1911	249	1554

4-3 续表 16 continued

单位：人 (person)

地 区	Region	1.新闻和出版业 1.Journalism and Publishing Activities	2.广播、电视、电影和影视录音制作业 2.Radio, Television, Motion Picture and Videotape Programme Production Services	3.文化艺术业 3.Cultural and Art Activities	4.体育 4.Sports Activities	5.娱乐业 5.Entertainment	(十九)公共管理、社会保障和社会组织 XIX.Public Management, Social Security and Social Organization	#群众社团、社会团体和其他成员组织 Non-Governmental Organizations, Social Organizations and Membership Organizations
总 计	**National Total**	**100977**	**89563**	**56144**	**69591**	**57128**	**121187**	**32258**
北 京	Beijing	18423	13645	8400	15976	6789	52756	11286
天 津	Tianjin	1795	1536	593	664	1601	817	50
河 北	Hebei	1351	2118	1414	1553	758		
山 西	Shanxi	1357	833	2295	98	150	149	
内蒙古	Inner Mongolia	323	407	102	103	408	283	261
辽 宁	Liaoning	3561	1648	916	1818	2580	4158	947
吉 林	Jilin	3029	1075	553	237	519	52	52
黑龙江	Heilongjiang	2039	1561	391	125	257	259	
上 海	Shanghai	5618	8978	2538	8894	3824	1326	177
江 苏	Jiangsu	6551	7828	3118	2093	8851	1583	552
浙 江	Zhejiang	3322	5893	4934	2845	2356	30903	4815
安 徽	Anhui	2816	1077	1667	281	323	47	
福 建	Fujian	2921	1980	1844	1981	2431	178	178
江 西	Jiangxi	859	763	1435	336	497	60	28
山 东	Shandong	3665	5897	1476	3189	2609	2131	380
河 南	Henan	3076	2942	2756	504	2347	16659	6038
湖 北	Hubei	3296	2518	3363	402	890	159	86
湖 南	Hunan	5141	3875	2457	1084	3558	3201	3201
广 东	Guangdong	11413	9902	2584	19343	5110	2791	2555
广 西	Guangxi	2932	536	1554	1347	1406	736	53
海 南	Hainan	1521	733	306	2730	1059	1442	367
重 庆	Chongqing	3796	2000	1301	76	1686		
四 川	Sichuan	4207	4066	1203	1089	2268	42	39
贵 州	Guizhou	2177	825	1544	657	920	642	621
云 南	Yunnan	2518	1078	2834	1527	1334	165	150
西 藏	Tibet		50	98		258		
陕 西	Shaanxi	1354	4437	2978	557	1452	189	68
甘 肃	Gansu	1184	169	538		312	179	179
青 海	Qinghai	69	836	298				
宁 夏	Ningxia	79	266	174	36	222	275	170
新 疆	Xinjiang	584	91	480	46	353	5	5

第五部分

Chapter Five

2014 年全国户籍统计人口数据

Data from Household Registration in 2014

5-1 各地区总户数、总人口

Households and Population by Region

地 区	Region	总户数 (户) Number of Households (household)	总人口 (人) Total Population (person)	男 Male	女 Female	平均每户人数 (人/户) Average Family Size (person/household)	性别比 (女=100) Sex Ratio (Female=100)
全 国	**National Total**	**443308957**	**1376917137**	**707543086**	**669374051**	**3.11**	**105.70**
北 京	Beijing	5226058	13346767	6689726	6657041	2.55	100.49
天 津	Tianjin	3626333	10183537	5107859	5075678	2.81	100.63
河 北	Hebei	23538487	75927356	38720999	37206357	3.23	104.07
山 西	Shanxi	13133548	35221786	17991885	17229901	2.68	104.42
内蒙古	Inner Mongolia	9750316	24583254	12521408	12061846	2.52	103.81
辽 宁	Liaoning	15150869	42442269	21322014	21120255	2.80	100.96
吉 林	Jilin	10081384	26713268	13464850	13248418	2.65	101.63
黑龙江	Heilongjiang	14901691	37469552	18910540	18559012	2.51	101.89
上 海	Shanghai	5325453	14386944	7147089	7239855	2.70	98.72
江 苏	Jiangsu	24354199	76846895	38940878	37906017	3.16	102.73
浙 江	Zhejiang	16304936	48591771	24586866	24004905	2.98	102.42
安 徽	Anhui	21227959	69358267	36103352	33254915	3.27	108.57
福 建	Fujian	10578834	36957931	19041177	17916754	3.49	106.28
江 西	Jiangxi	15243788	49232704	25796860	23435844	3.23	110.07
山 东	Shandong	31625940	97470960	49597377	47873583	3.08	103.60
河 南	Henan	31780654	111016485	57507581	53508904	3.49	107.47
湖 北	Hubei	20513794	61623264	31981001	29642263	3.00	107.89
湖 南	Hunan	23135817	72022918	37409705	34613213	3.11	108.08
广 东	Guangdong	23884652	88868799	45770999	43097800	3.72	106.20
广 西	Guangxi	15665417	54754920	28908609	25846311	3.50	111.85
海 南	Hainan	2653944	9163361	4786808	4376553	3.45	109.37
重 庆	Chongqing	12486736	33751955	17388669	16363286	2.70	106.27
四 川	Sichuan	32458034	91590823	47103571	44487252	2.82	105.88
贵 州	Guizhou	12745163	43254925	22605575	20649350	3.39	109.47
云 南	Yunnan	15174622	46418751	23927297	22491454	3.06	106.38
西 藏	Tibet	842968	3225768	1614628	1611140	3.83	100.22
陕 西	Shaanxi	12656542	39405902	20362167	19043735	3.11	106.92
甘 肃	Gansu	8286279	27343265	14100975	13242290	3.30	106.48
青 海	Qinghai	1771673	5801645	2934841	2866804	3.27	102.37
宁 夏	Ningxia	2262304	6715575	3401913	3313662	2.97	102.66
新 疆	Xinjiang	6920563	23225520	11795867	11429653	3.36	103.20

5-2 各地区市总户数、总人口
Households and Population in Cities by Region

地 区	Region	总户数 (户) Number of Households (household)	总人口 (人) Total Population (person)	男 Male	女 Female	平均每户人数 (人/户) Average Family Size (person/household)	性别比 (女=100) Sex Ratio (Female=100)
全 国	**National Total**	**220577493**	**662841918**	**336739806**	**326102112**	**3.01**	**103.26**
北 京	Beijing	4879837	12631493	6330761	6300732	2.59	100.48
天 津	Tianjin	3010122	8344259	4172831	4171428	2.77	100.03
河 北	Hebei	8607573	27747310	14011786	13735524	3.22	102.01
山 西	Shanxi	4996512	14042114	7133642	6908472	2.81	103.26
内蒙古	Inner Mongolia	3379057	8958098	4498169	4459929	2.65	100.86
辽 宁	Liaoning	11110365	30470106	15204792	15265314	2.74	99.60
吉 林	Jilin	7044978	18484076	9268789	9215287	2.62	100.58
黑龙江	Heilongjiang	9224815	22547938	11299707	11248231	2.44	100.46
上 海	Shanghai	5025654	13709152	6814328	6894824	2.73	98.83
江 苏	Jiangsu	17268613	52119907	26151089	25968818	3.02	100.70
浙 江	Zhejiang	11313769	33459415	16798388	16661027	2.96	100.82
安 徽	Anhui	7798104	24029939	12371365	11658574	3.08	106.11
福 建	Fujian	5519399	18971794	9668385	9303409	3.44	103.92
江 西	Jiangxi	5258680	16465516	8581906	7883610	3.13	108.86
山 东	Shandong	18309882	55435526	27963920	27471606	3.03	101.79
河 南	Henan	11208796	38235909	19554405	18681504	3.41	104.67
湖 北	Hubei	13141963	38826355	20033448	18792907	2.95	106.60
湖 南	Hunan	8645684	25474481	13065660	12408821	2.95	105.29
广 东	Guangdong	17350911	62991017	32360116	30630901	3.63	105.65
广 西	Guangxi	5689319	19728537	10331980	9396557	3.47	109.95
海 南	Hainan	1634145	5614036	2913389	2700647	3.44	107.88
重 庆	Chongqing	7580261	19438702	9894482	9544220	2.56	103.67
四 川	Sichuan	13051481	35238534	17855504	17383030	2.70	102.72
贵 州	Guizhou	3301969	10994591	5643905	5350686	3.33	105.48
云 南	Yunnan	3833212	10975335	5569271	5406064	2.86	103.02
西 藏	Tibet	131461	325053	162482	162571	2.47	99.95
陕 西	Shaanxi	4675723	14576296	7410543	7165753	3.12	103.42
甘 肃	Gansu	2870546	8751337	4468230	4283107	3.05	104.32
青 海	Qinghai	520219	1556804	776187	780617	2.99	99.43
宁 夏	Ningxia	1200856	3329412	1670395	1659017	2.77	100.69
新 疆	Xinjiang	2993587	9368876	4759951	4608925	3.13	103.28

注：市，指经国务院批准设立市建制的市，本表中市的各项数字不包括市辖县的数字(表5-5、5-7、5-8同)。

5-3 各地区县总户数、总人口

Households and Population in Counties by Region

地 区	Region	总户数 (户) Number of Households (household)	总人口 (人) Total Population (person)	男 Male	女 Female	平均每户人数 (人/户) Average Family Size (person/household)	性别比 (女=100) Sex Ratio (Female=100)
全 国	**National Total**	**222731464**	**714075219**	**370803280**	**343271939**	**3.21**	**108.02**
北 京	Beijing	346221	715274	358965	356309	2.07	100.75
天 津	Tianjin	616211	1839278	935028	904250	2.98	103.40
河 北	Hebei	14930914	48180046	24709213	23470833	3.23	105.28
山 西	Shanxi	8137036	21179672	10858243	10321429	2.60	105.20
内蒙古	Inner Mongolia	6371259	15625156	8023239	7601917	2.45	105.54
辽 宁	Liaoning	4040504	11972163	6117222	5854941	2.96	104.48
吉 林	Jilin	3036406	8229192	4196061	4033131	2.71	104.04
黑龙江	Heilongjiang	5676876	14921614	7610833	7310781	2.63	104.10
上 海	Shanghai	299799	677792	332761	345031	2.26	96.44
江 苏	Jiangsu	7085586	24726988	12789789	11937199	3.49	107.14
浙 江	Zhejiang	4991167	15132356	7788478	7343878	3.03	106.05
安 徽	Anhui	13429855	45328328	23731987	21596341	3.38	109.89
福 建	Fujian	5059435	17986137	9372792	8613345	3.55	108.82
江 西	Jiangxi	9985108	32767188	17214954	15552234	3.28	110.69
山 东	Shandong	13316058	42035434	21633457	20401977	3.16	106.04
河 南	Henan	20571858	72780576	37953176	34827400	3.54	108.98
湖 北	Hubei	7371831	22796909	11947553	10849356	3.09	110.12
湖 南	Hunan	14490133	46548437	24344045	22204392	3.21	109.64
广 东	Guangdong	6533741	25877782	13410883	12466899	3.96	107.57
广 西	Guangxi	9976098	35026383	18576629	16449754	3.51	112.93
海 南	Hainan	1019799	3549325	1873419	1675906	3.48	111.79
重 庆	Chongqing	4906475	14313253	7494187	6819066	2.92	109.90
四 川	Sichuan	19406553	56352289	29248067	27104222	2.90	107.91
贵 州	Guizhou	9443194	32260334	16961670	15298664	3.42	110.87
云 南	Yunnan	11341410	35443416	18358026	17085390	3.13	107.45
西 藏	Tibet	711507	2900715	1452146	1448569	4.08	100.25
陕 西	Shaanxi	7980819	24829606	12951624	11877982	3.11	109.04
甘 肃	Gansu	5415733	18591928	9632745	8959183	3.43	107.52
青 海	Qinghai	1251454	4244841	2158654	2086187	3.39	103.47
宁 夏	Ningxia	1061448	3386163	1731518	1654645	3.19	104.65
新 疆	Xinjiang	3926976	13856644	7035916	6820728	3.53	103.15

5-4 各地区非农业、农业人口

Non-agricultural and Agricultural Population by Region

单位：人 (person)

地 区	Region	总人口 Total Population	非农业人口 Non-agricultural		农业人口 Agricultural	
			人口数 Population	比重(%) Proportion	人口数 Population	比重(%) Proportion
全 国	**National Total**	**1376917137**	**504389104**	**36.63**	**872528033**	**63.37**
北 京	Beijing	13346767	10909725	81.74	2437042	18.26
天 津	Tianjin	10183537	6450529	63.34	3733008	36.66
河 北	Hebei	75927356	24873154	32.76	51054202	67.24
山 西	Shanxi	35221786	11927203	33.86	23294583	66.14
内蒙古	Inner Mongolia	24583254	10166430	41.36	14416824	58.64
辽 宁	Liaoning	42442269	21889047	51.57	20553222	48.43
吉 林	Jilin	26713268	12478476	46.71	14234792	53.29
黑龙江	Heilongjiang	37469552	18416709	49.15	19052843	50.85
上 海	Shanghai	14386944	12994998	90.32	1391946	9.68
江 苏	Jiangsu	76846895	46218434	60.14	30628461	39.86
浙 江	Zhejiang	48591771	15800643	32.52	32791128	67.48
安 徽	Anhui	69358267	15737682	22.69	53620585	77.31
福 建	Fujian	36957931	12660628	34.26	24297303	65.74
江 西	Jiangxi	49232704	12797792	25.99	36434912	74.01
山 东	Shandong	97470960	42847521	43.96	54623439	56.04
河 南	Henan	111016485	24907872	22.44	86108613	77.56
湖 北	Hubei	61623264	21354963	34.65	40268301	65.35
湖 南	Hunan	72022918	15996326	22.21	56026592	77.79
广 东	Guangdong	88868799	48274320	54.32	40594479	45.68
广 西	Guangxi	54754920	14318676	26.15	40436244	73.85
海 南	Hainan	9163361	3450123	37.65	5713238	62.35
重 庆	Chongqing	33751955	13721228	40.65	20030727	59.35
四 川	Sichuan	91590823	26939604	29.41	64651219	70.59
贵 州	Guizhou	43254925	7092216	16.40	36162709	83.60
云 南	Yunnan	46418751	13524807	29.14	32893944	70.86
西 藏	Tibet	3225768	562194	17.43	2663574	82.57
陕 西	Shaanxi	39405902	15195105	38.56	24210797	61.44
甘 肃	Gansu	27343265	7614752	27.85	19728513	72.15
青 海	Qinghai	5801645	2782000	47.95	3019645	52.05
宁 夏	Ningxia	6715575	2688868	40.04	4026707	59.96
新 疆	Xinjiang	23225520	9797079	42.18	13428441	57.82

5-5 各地区市非农业、农业人口

Non-agricultural and Agricultural Population in Cities by Region

单位：人 (person)

地 区	Region	总人口 Total Population	非农业人口 Non-agricultural		农业人口 Agricultural	
			人口数 Population	比重(%) Proportion	人口数 Population	比重(%) Proportion
全 国	**National Total**	**662841918**	**360135289**	**54.33**	**302706629**	**45.67**
北 京	Beijing	12631493	10599816	83.92	2031677	16.08
天 津	Tianjin	8344259	6055367	72.57	2288892	27.43
河 北	Hebei	27747310	15070754	54.31	12676556	45.69
山 西	Shanxi	14042114	8040242	57.26	6001872	42.74
内蒙古	Inner Mongolia	8958098	6327787	70.64	2630311	29.36
辽 宁	Liaoning	30470106	19014245	62.40	11455861	37.60
吉 林	Jilin	18484076	10188863	55.12	8295213	44.88
黑龙江	Heilongjiang	22547938	13666502	60.61	8881436	39.39
上 海	Shanghai	13709152	12699640	92.64	1009512	7.36
江 苏	Jiangsu	52119907	35429778	67.98	16690129	32.02
浙 江	Zhejiang	33459415	12544193	37.49	20915222	62.51
安 徽	Anhui	24029939	10328357	42.98	13701582	57.02
福 建	Fujian	18971794	8620971	45.44	10350823	54.56
江 西	Jiangxi	16465516	6656350	40.43	9809166	59.57
山 东	Shandong	55435526	31276470	56.42	24159056	43.58
河 南	Henan	38235909	15473185	40.47	22762724	59.53
湖 北	Hubei	38826355	17106019	44.06	21720336	55.94
湖 南	Hunan	25474481	9676975	37.99	15797506	62.01
广 东	Guangdong	62991017	43084351	68.40	19906666	31.60
广 西	Guangxi	19728537	7470813	37.87	12257724	62.13
海 南	Hainan	5614036	2298412	40.94	3315624	59.06
重 庆	Chongqing	19438702	9757953	50.20	9680749	49.80
四 川	Sichuan	35238534	16085812	45.65	19152722	54.35
贵 州	Guizhou	10994591	4013596	36.51	6980995	63.49
云 南	Yunnan	10975335	6106200	55.64	4869135	44.36
西 藏	Tibet	325053	244048	75.08	81005	24.92
陕 西	Shaanxi	14576296	8050432	55.23	6525864	44.77
甘 肃	Gansu	8751337	4767495	54.48	3983842	45.52
青 海	Qinghai	1556804	1271567	81.68	285237	18.32
宁 夏	Ningxia	3329412	2011332	60.41	1318080	39.59
新 疆	Xinjiang	9368876	6197764	66.15	3171112	33.85

5-6 各地区县非农业、农业人口

Non-agricultural and Agricultural Population in Counties by Region

单位：人 (person)

地　区	Region	总人口 Total Population	非农业人口 Non-agricultural 人口数 Population	比重(%) Proportion	农业人口 Agricultural 人口数 Population	比重(%) Proportion
全　国	**National Total**	**712389594**	**139156375**	**19.53**	**573233219**	**80.47**
北　京	Beijing	711698	303177	42.60	408521	57.40
天　津	Tianjin	1823363	387652	21.26	1435711	78.74
河　北	Hebei	47590667	9345193	19.64	38245474	80.36
山　西	Shanxi	21186426	3836987	18.11	17349439	81.89
内蒙古	Inner Mongolia	15719055	3872914	24.64	11846141	75.36
辽　宁	Liaoning	11964673	2966889	24.80	8997784	75.20
吉　林	Jilin	8290913	2413814	29.11	5877099	70.89
黑龙江	Heilongjiang	15094441	4783389	31.69	10311052	68.31
上　海	Shanghai	682127	288945	42.36	393182	57.64
江　苏	Jiangsu	24548433	10165218	41.41	14383215	58.59
浙　江	Zhejiang	15048857	3132742	20.82	11916115	79.18
安　徽	Anhui	45614173	5635797	12.36	39978376	87.64
福　建	Fujian	17692599	3955240	22.36	13737359	77.64
江　西	Jiangxi	32057448	6185808	19.30	25871640	80.70
山　东	Shandong	41305376	10363835	25.09	30941541	74.91
河　南	Henan	72350012	9446859	13.06	62903153	86.94
湖　北	Hubei	22859024	4339940	18.99	18519084	81.01
湖　南	Hunan	46187214	6307627	13.66	39879587	86.34
广　东	Guangdong	26165815	5344910	20.43	20820905	79.57
广　西	Guangxi	34752355	4365037	12.56	30387318	87.44
海　南	Hainan	3533919	1158401	32.78	2375518	67.22
重　庆	Chongqing	15714279	4377750	27.86	11336529	72.14
四　川	Sichuan	57036238	10729124	18.81	46307114	81.19
贵　州	Guizhou	31943390	3030664	9.49	28912726	90.51
云　南	Yunnan	34676941	6543059	18.87	28133882	81.13
西　藏	Tibet	2856601	314375	11.01	2542226	88.99
陕　西	Shaanxi	25030757	7053668	28.18	17977089	71.82
甘　肃	Gansu	18517399	2829432	15.28	15687967	84.72
青　海	Qinghai	4589925	1447580	31.54	3142345	68.46
宁　夏	Ningxia	3391442	676363	19.94	2715079	80.06
新　疆	Xinjiang	13454034	3553986	26.42	9900048	73.58

5-7 按总人口排序的市及人口数

Cities and Population by Size of Total Population

单位：人 (person)

城 市	City	人 数 Population
全 国	**NationalTotal**	**662841918**
400万以上	**over 4 million**	**106653492**
重庆市	Chongqing	19438702
上海市	Shanghai	13709152
北京市	Beijing	12631493
天津市	Tianjin	8344259
武汉市	Wuhan	8273117
广州市	Guangzhou	6949637
西安市	Xi'an	5871627
成都市	Chengdu	5816326
南京市	Nanjing	5621860
汕头市	Shantou	5390623
沈阳市	Shenyang	5284407
哈尔滨市	Harbin	4737636
杭州市	Hangzhou	4584653
200万—400万	**from 2 million to 4 million**	**87229652**
佛山市	Foshan	3856084
青岛市	Qingdao	3705304
长春市	Changchun	3658620
济南市	Jinan	3609894
深圳市	Shenzhen	3465952
郑州市	Zhengzhou	3264847
唐山市	Tangshan	3087323
大连市	Dalian	3042789
长沙市	Changsha	3035103
淮安市	Huaian	2914976
太原市	Taiyuan	2868225
淄博市	Zibo	2845393
南宁市	Nanning	2843789
昆明市	Kunming	2768073
乌鲁木齐市	Wulumuqi	2606434
临沂市	Linyi	2585216
苏州市	Suzhou	2560590
石家庄市	Shijiazhuang	2494226
无锡市	Wuxi	2457421
合肥市	Hefei	2453691
普宁市	Puning	2444622
常州市	Changzhou	2339174
枣庄市	Zaozhuang	2320231
贵阳市	Guiyang	2307101
宁波市	Ningbo	2296382
莆田市	Putian	2284309
襄阳市	Xiangyang	2274827
南昌市	Nanchang	2274599
阜阳市	Fuyang	2239944
绍兴市	Shaoxing	2177836
揭阳市	Jieyang	2081806
徐州市	Xuzhou	2064871
兰州市	Lanzhou	2048802
厦门市	Xiamen	2034393
100万—200万	**from 1 million to 2 million**	**75646890**
洛阳市	Luoyang	1993224
南阳市	Nanyang	1974549
福州市	Fuzhou	1974319
贵港市	Guigang	1974000
南充市	Nanchong	1971058
桂平市	Guiping	1964834
东莞市	Dongguan	1913879
六安市	Liuan	1891181
陆丰市	Lufeng	1886043
宿州市	Suzhou	1862344
潍坊市	Weifang	1859788
邳州市	Pizhou	1858933
烟台市	Yantai	1837243
吉林市	Jilin	1818856
邓州市	Dengzhou	1807545
商丘市	Shangqiu	1804862
廉江市	Lianjiang	1787079
雷州市	Leizhou	1766903
高州市	Gaozhou	1749955
宿迁市	Suqian	1720004
化州市	Huazhou	1698541
淮南市	Huainan	1696252
盐城市	Yancheng	1693087
滕州市	Tengzhou	1693074
亳州市	Bozhou	1670453
海口市	Haikou	1653064
天门市	Tianmen	1642440
湛江市	Zhanjiang	1615265
泰安市	Taian	1609729
台州市	Taizhou	1584747
兴化市	Xinghua	1580016
大同市	Datong	1576285
南安市	Nan'an	1574438
毕节市	Bijie	1572908
中山市	Zhongshan	1560582
菏泽市	Heze	1555668
包头市	Baotou	1552946
仙桃市	Xiantao	1549939
永城市	Yongcheng	1548908
宣威市	Xuanwei	1529228
温州市	Wenzhou	1524470
遂宁市	Suining	1523315
自贡市	Zigong	1512672
信阳市	Xinyang	1512264
鞍山市	Anshan	1511518

5-7 续表 1 continued

单位：人 (person)

城　　市	City	人　数 Population	城　　市	City	人　数 Population
邯郸市	Handan	1505604	泰兴市	Taixing	1198791
泸州市	Luzhou	1499410	兴宁市	Xingning	1195936
丰城市	Fengcheng	1487732	临海市	Linhai	1190389
简阳市	Jianyang	1487044	六盘水市	Liupanshui	1190297
北流市	Beiliu	1471670	邹城市	Zoucheng	1178484
钦州市	Qinzhou	1466274	吴川市	Wuchuan	1178370
浏阳市	Liuyang	1453246	柳州市	Liuzhou	1175990
芜湖市	Fuhu	1449811	阳春市	Yangchun	1170108
如皋市	Rugao	1436920	涟源市	Lianyuan	1165798
内江市	Neijiang	1430275	济宁市	Jining	1164311
抚顺市	Fushun	1426349	乐山市	Leshan	1162886
信宜市	Xinyi	1425365	永州市	Yongzhou	1157290
宝鸡市	Baoji	1421961	安阳市	Anyang	1155072
惠州市	Huizhou	1416713	麻城市	Macheng	1155012
耒阳市	Leiyang	1406023	即墨市	Jimo	1147277
新泰市	Xintai	1400559	东台市	Dongtai	1137308
常德市	Changde	1400473	宜春市	Yichun	1134901
江门市	Jiangmen	1398975	汝州市	Ruzhou	1130745
平度市	Pingdu	1387101	来宾市	Laibin	1128193
齐齐哈尔市	Qiqihar	1382338	枣阳市	Zaoyang	1126145
茂名市	Maoming	1380840	蚌埠市	Bengbu	1123986
巴中市	Bazhong	1377026	启东市	Qidong	1123163
大庆市	Daqing	1365550	汉川市	Hanchuan	1118962
益阳市	Yiyang	1362257	新沂市	Xinyi	1118947
项城市	Xiangcheng	1357797	荆州市	Jingzhou	1112763
漯河市	Luohe	1341481	咸阳市	Xianyang	1110572
福清市	Fuqing	1335158	晋江市	Jinjiang	1108142
日照市	Rizhao	1321076	林州市	Linzhou	1107254
禹州市	Yuzhou	1304565	湖州市	Huzhou	1106484
天水市	Tianshui	1301102	资阳市	Ziyang	1105495
乐清市	Yueqing	1287335	保定市	Baoding	1104540
宜昌市	Yichang	1280139	珠海市	Zhuhai	1102229
莱芜市	Laiwu	1278254	鄂州市	Ezhou	1101835
呼和浩特市	Hohhot	1278073	平顶山市	Pingdingshan	1099591
榆树市	Yushu	1275220	岳阳市	Yueyang	1096764
广安市	Guang'an	1273134	诸城市	Zhucheng	1096191
宜宾市	Yibin	1271304	英德市	Yingde	1095502
绵阳市	Mianyang	1268648	贺州市	Hezhou	1089048
罗定市	Luoding	1268201	海城市	Haicheng	1083262
通州市	Tongzhou	1266584	宜兴市	Yixing	1081895
赤峰市	Chifeng	1257903	诸暨市	Zhuji	1080398
定州市	Dingzhou	1240001	玉林市	Yulin	1075484
江阴市	Jiangyin	1232106	醴陵市	Liling	1073271
瑞安市	Ruian	1231071	江都市	Jiangdu	1068982
温岭市	Wenling	1218006	常熟市	Changshu	1068844
扬州市	Yangzhou	1217611	公主岭市	Gongzhuling	1067113
聊城市	Liaocheng	1207489	寿光市	Shouguang	1066901
抚州市	Fuzhou	1199410	银川市	Yinchuan	1063642

5-7 续表 2 continued

单位：人 (person)

城　市	City	人　数 Population	城　市	City	人　数 Population
泉州市	Quanzhou	1063638	遵义市	Zunyi	896855
钟祥市	Zhongxiang	1060114	秦皇岛市	Qinhuangdao	895616
淮北市	Huaibei	1049428	安顺市	Anshun	892249
儋州市	Danzhou	1048459	江油市	Jiangyou	889864
慈溪市	Cixi	1045942	牡丹江市	Mudanjiang	889437
新乡市	Xinxiang	1041060	任丘市	Renqiu	887494
潜江市	Qianjiang	1039654	新余市	Xinyu	886559
镇江市	Zhenjiang	1034148	高密市	Gaomi	884232
安康市	Ankang	1025759	萍乡市	Pingxiang	880897
章丘市	Zhangqiu	1023903	新密市	Xinmi	876839
武威市	Wuwei	1022506	邢台市	Xingtai	876803
海门市	Haimen	1001634	湘潭市	Xiangtan	876651
瓦房店市	Wafangdian	1000985	眉山市	Meishan	876363
80万—100万	**from 800 thousand to 1 million**	**32199480**	辽阳市	Liaoyang	876037
连云港市	Lianyungang	998013	阆中市	Langzhong	875891
衡阳市	Hengyang	995511	昭通市	Zhaotong	871904
五常市	Wuchang	994475	河间市	Hejian	870581
肥城市	Feicheng	988737	开封市	Kaifeng	870229
葫芦岛市	Huludao	986504	莱阳市	Laiyang	869886
焦作市	Jiaozuo	984714	宣城市	Xuancheng	866201
台山市	Taishan	982769	高安市	Gaoan	865966
孝感市	Xiaogan	969363	增城市	Zengcheng	864571
渭南市	Weinan	962859	巢湖市	Chaohu	864113
株洲市	Zhuzhou	959033	嘉兴市	Jiaxing	863637
大冶市	Daye	958960	南通市	Nantong	861694
梅州市	Meizhou	957520	南康市	Nankang	858978
金华市	Jinhua	950886	辉县市	Huixian	856553
安丘市	Anqiu	949411	莱州市	Laizhou	853512
广水市	Guangshui	948459	龙海市	Longhai	852828
常宁市	Changning	940828	东营市	Dongying	851581
西宁市	Xining	940509	松滋市	Songzi	845818
广元市	Guangyuan	938869	鸡西市	Jixi	845795
锦州市	Jinzhou	936858	泰州市	Taizhou	843719
洪湖市	Honghu	934645	通辽市	Tongliao	843555
岑溪市	Cenxi	933674	廊坊市	Langfang	842756
本溪市	Benxi	932757	绥化市	Suihua	842715
青州市	Qingzhou	929670	兴义市	Xingyi	842621
湘乡市	Xiangxiang	928967	衢州市	Quzhou	841293
乐平市	Leping	927209	余姚市	Yuyao	836717
韶关市	Shaoguan	926901	武冈市	Wugang	834868
营口市	Yingkou	925886	东阳市	Dongyang	834213
保山市	Baoshan	925523	驻马店市	Zhumadian	832899
普兰店市	Pulandian	923145	藁城市	Gaocheng	829859
张家港市	Zhangjiagang	919816	德惠市	Dehui	828731
肇东市	Zhaodong	919341	巩义市	Gongyi	828223
利川市	Lichuan	917101	武安市	Wuan	826740
张家口市	Zhangjiakou	906905	胶州市	Jiaozhou	824648
庄河市	Zhuanghe	903662	马鞍山市	Maanshan	821950

5-7 续表 3 continued

单位：人 (person)

城 市	City	人 数 Population	城 市	City	人 数 Population
恩施市	Enshi	820925	济源市	Jiyuan	700685
高邮市	Gaoyou	818118	濮阳市	Puyang	698382
吴江市	Wujiang	814370	邵阳市	Shaoyang	696772
丹阳市	Danyang	813454	九台市	Jiutai	695407
彭州市	Pengzhou	808507	阳江市	Yangjiang	695386
双城市	Shuangcheng	808283	瑞金市	Ruijin	693738
临汾市	Linfen	806140	德阳市	Deyang	693180
武穴市	Wuxue	805210	仁怀市	Renhuai	693094
界首市	Jieshou	801725	新民市	Xinmin	690703
高要市	Gaoyao	800696	运城市	Yuncheng	689189
50万—80万	**from 500 thousand to 800 thousand**	**27668739**	桐乡市	Tongxiang	686778
姜堰市	Jiangyan	794441	开平市	Kaiping	685208
海伦市	Hailun	794030	攀枝花市	Panzhihua	683575
溧阳市	Liyang	793854	朔州市	Shuozhou	678961
佳木斯市	Kiamusze	790153	赣州市	Ganzhou	677797
丹东市	Dandong	784441	荥阳市	Xingyang	675049
临清市	Linqing	780704	海宁市	Haining	673782
伊春市	Yichun	780139	清远市	Qingyuan	672375
长葛市	Zhangge	776788	福安市	Fuan	670912
桂林市	Guilin	775939	涿州市	Zhuozhou	670571
阜新市	Fuxin	772161	崇州市	Chongzhou	669857
昆山市	Kunshan	769746	荣成市	Rongcheng	669403
义乌市	Yiwu	766604	应城市	Yingcheng	669018
迁安市	Qian'an	759210	靖江市	Jingjiang	668106
新郑市	Xinzheng	758960	滨州市	Binzhou	667556
郴州市	Chenzhou	755213	富阳市	Fuyang	666083
遵化市	Zunhua	754248	池州市	Chizhou	662897
桐城市	Tongcheng	754126	九江市	Jiujiang	661489
汨罗市	Miluo	751512	兰溪市	Lanxi	660879
灵宝市	Lingbao	749036	鹤岗市	Hegang	660403
沅江市	Yuanjiang	748191	海阳市	Haiyang	658615
铜川市	Tongchuan	747664	石首市	Shishou	658046
莱西市	Laixi	742008	邛崃市	Qionglai	657156
长治市	Changzhi	739695	宜州市	Yizhou	655017
安庆市	Anqing	734876	西昌市	Xichang	652947
威海市	Weihai	733673	随州市	Suizhou	649133
嵊州市	Shengzhou	733147	凌源市	Lingyuan	645564
曲靖市	Qujing	726624	兖州市	Yanzhou	644201
大丰市	Dafeng	725433	万宁市	Wanning	643636
讷河市	Nehe	717160	曲阜市	Qufu	643426
长乐市	Changle	715790	舒兰市	Shulan	643030
登封市	Dengfeng	713187	盘锦市	Panjin	642927
舟山市	Zhoushan	709040	霸州市	Bazhou	639732
阳泉市	Yangquan	708533	贵溪市	Guixi	637941
荆门市	Jingmen	704543	石河子市	Shihezi	637204
盖州市	Gaizhou	703959	龙口市	Longkou	637007
大石桥市	Dashiqiao	703045	辛集市	Xinji	636805
乐陵市	Laoling	700866	北海市	Beihai	636514

5-7 续表 4 continued

单位：人 (person)

城　市	City	人　数 Population	城　市	City	人　数 Population
明光市	Mingguang	635363	凤城市	Fengcheng	571529
鹤壁市	Hebi	632067	松原市	Songyuan	568967
高碑店市	Gaobeidian	631966	招远市	Zhaoyuan	568066
天长市	Tianchang	631519	宜城市	Yicheng	567493
泊头市	Botou	630112	库尔勒市	Korla	564173
雅安市	Yaan	627594	商洛市	Shangluo	563878
黄石市	Huangshi	626466	黄骅市	Huanghua	563312
安陆市	Anlu	623209	晋州市	Jinzhou	562042
偃师市	Yanshi	622068	乳山市	Rushan	561741
兴平市	Xingping	620238	凌海市	Linghai	560873
都江堰市	Dujiangyan	619279	伊宁市	Yining	559691
三河市	Sanhe	618983	防城港市	Fangchenggang	559384
德州市	Dezhou	618821	榆林市	Yulin	555437
大理市	Dali	617754	金坛市	Jintan	553380
栖霞市	Qixia	617708	建瓯市	Jian'ou	552884
晋中市	Jinzhong	612206	十堰市	Shiyan	548198
江山市	Jiangshan	611929	忻州市	Xinzhou	545816
朝阳市	Chaoyang	611172	沧州市	Cangzhou	544332
从化市	Conghua	609961	衡水市	Hengshui	543403
咸宁市	Xianning	609360	兴城市	Xingcheng	543373
尚志市	Shangzhi	609136	滁州市	Chuzhou	542035
东港市	Donggang	608100	七台河市	Qitaihe	538650
广汉市	Guanghan	607209	延吉市	Yanji	535941
喀什市	Kashar	607051	卫辉市	Weihui	535831
梅河口市	Meihekou	606369	临河市	Linhe	533495
樟树市	Zhangshu	606193	磐石市	Panshi	531933
万源市	Wanyuan	600808	张家界市	Zhangjiajie	531897
文昌市	Wenchang	598830	禹城市	Yucheng	531277
福鼎市	Fuding	597965	临湘市	Linxiang	530183
达州市	Dazhou	597842	临安市	Lin'an	529717
仪征市	Yizheng	597403	老河口市	Laohekou	528280
周口市	Zhoukou	597111	肇庆市	Zhaoqing	526598
承德市	Chengde	592676	赤壁市	Chibi	525666
永康市	Yongkang	591650	梧州市	Wuzhou	523747
句容市	Jurong	590525	楚雄市	Chuxiong	520847
四平市	Siping	587418	连州市	Lianzhou	518113
三亚市	Sanya	585564	北镇市	Beizhen	517113
陇南市	Longnan	584602	乐昌市	Lechang	516783
漳州市	Zhangzhou	584599	阿克苏市	Aksu	514887
昌邑市	Changyi	583548	新乐市	Xinle	514380
开原市	Kaiyuan	583489	平凉市	Pingliang	512985
文登市	Wendeng	582661	琼海市	Qionghai	510297
深州市	Shenzhou	577208	建德市	Jiande	509719
吉安市	Ji'an	577104	潮州市	Chaozhou	508593
北票市	Beipiao	576070	汕尾市	Shanwei	507884
白山市	Baishan	572579	绵竹市	Mianzhu	506716
汉中市	Hanzhong	571971	清镇市	Qingzhen	506537

5-7 续表 5 continued

单位：人 (person)

城　市	City	人　数 Population	城　市	City	人　数 Population
张掖市	Zhangye	506478	蛟河市	Jiaohe	443014
凯里市	Kaili	505821	黄山市	Huangshan	442689
龙岩市	Longyan	505403	沙河市	Shahe	440067
南平市	Nanping	503084	铁岭市	Tieling	438259
双鸭山市	Shuangyashan	500944	什邡市	Shifang	437814
恩平市	Enping	500464	玉溪市	Yuxi	436858
原平市	Yuanping	500003	峨眉山市	Emeishan	432691
30万—50万	**from 300 thousand to 500 thousand**	**18366336**	洮南市	Taonan	432415
白城市	Baicheng	498347	介休市	Jiexiu	427972
南宫市	Nangong	497387	宁安市	Ning'an	427529
洪江市	Hongjiang	496588	汾阳市	Fenyang	424486
白银市	Baiyin	492162	扎兰屯市	Zhalantun	421528
平湖市	Pinghu	491379	上饶市	Shangrao	419627
沁阳市	Qinyang	491287	安国市	Anguo	418064
枝江市	Zhijiang	490219	景洪市	Jinghong	416443
哈密市	Hami	487940	密山市	Mishan	415712
娄底市	Loudi	484851	许昌市	Xuchang	414273
奉化市	Fenghua	483728	鹿泉市	Luquan	412826
当阳市	Dangyang	483545	吴忠市	Wuzhong	412473
都匀市	Duyun	482550	酒泉市	Jiuquan	410367
孝义市	Xiaoyi	481903	河津市	Hejin	406603
高平市	Gaoping	481165	中卫市	Zhongwei	406426
宁德市	Ningde	479336	大安市	Da'an	404566
南雄市	Nanxiong	478871	韩城市	Hancheng	402606
景德镇市	Jingdezhen	477525	丽水市	Lishui	399914
太仓市	Taicang	477400	双辽市	Shuangliao	399593
安达市	Anda	474923	宜都市	Yidu	396827
敦化市	Dunhua	473308	个旧市	Gejiu	391478
辽源市	Liaoyuan	472175	海林市	Hailin	390790
富锦市	Fujin	467332	宁国市	Ningguo	386617
铜仁市	Tongren	467237	芒市	Mangshi	381772
固原市	Guyuan	466326	孟州市	Mengzhou	381296
延安市	Yan'an	464885	庆阳市	Qingyang	379465
东方市	Dongfang	461340	资兴市	Zixing	377338
丹江口市	Danjiangkou	459922	铁力市	Tieli	375779
瑞昌市	Ruichang	459074	怀化市	Huaihua	374192
定西市	Dingxi	458951	昌吉市	Changji	372926
北安市	Beian	456157	晋城市	Jincheng	372408
石嘴山市	Shizuishan	453026	崇左市	Chongzuo	371698
四会市	Sihui	450346	冀州市	Jizhou	371538
蓬莱市	Penglai	449482	冷水江市	Lengshuijiang	370328
铜陵市	Tongling	448738	鹤山市	Heshan	366454
灯塔市	Dengta	446146	华蓥市	Huaying	363779
乌海市	Wuhai	446080	百色市	Baise	353661
桦甸市	Huadian	446006	建阳市	Jianyang	353449
永济市	Yongji	445648	五大连池市	Wudalianchi	353091
通化市	Tonghua	443051	黄冈市	Huanggang	351002

5-7 续表 6 continued

单位：人 (person)

城　　市	City	人　数 Population
牙克石市	Yakeshi	347061
和田市	Hotan	346586
舞钢市	Wugang	341127
河池市	Hechi	338085
德兴市	Dexing	334044
丰镇市	Fengzhen	332866
永安市	Yong'an	332843
福泉市	Fuquan	327233
石狮市	Shishi	325242
临沧市	Lincang	323077
乌兰浩特市	Wulanhot	322360
乌兰察布市	Ulanqab	316484
云浮市	Yunfu	315819
赤水市	Chishui	310088
邵武市	Shaowu	308606
河源市	Heyuan	306495
霍州市	Huozhou	306460
吉首市	Jishou	300983
10万—30万	**from 100 thousand to 300 thousand**	**7368496**
奎屯市	Kuitun	299415
克拉玛依市	Karamay	295818
漳平市	Zhangping	292929
海东市	Haidong	292890
三门峡市	Sanmenxia	292592
穆棱市	Muling	290618
龙泉市	Longquan	290607
吐鲁番市	Turpan	288823
虎林市	Hulin	284930
开远市	Kaiyuan	284224
三明市	Sanming	282771
青铜峡市	Qingtongxia	282719
扬中市	Yangzhong	282570
呼伦贝尔市	Hulunbuir	281298
吕梁市	Lvliang	277363
鄂尔多斯市	Erdos	274148
博乐市	Bole	271815
阿图什市	Artux	271091
安宁市	Anning	270210
华阴市	Huayin	256839
临夏市	Linxia	255944
津市市	Jinshi	250225
灵武市	Lingwu	244800
侯马市	Houma	241457
武夷山市	Wuyishan	238756
调兵山市	Diaobingshan	237023
鹰潭市	Yingtan	236621
阿勒泰市	Altai	234933
乌苏市	Wusu	231167
潞城市	Lucheng	229083
珲春市	Hunchun	226560
普洱市	Puer	226486
古交市	Gujiao	222513
集安市	Ji'an	217896
拉萨市	Lhasa	207513
金昌市	Jinchang	206379
嘉峪关市	Jiayuguan	201723
黑河市	Heihe	188951
锡林浩特市	Xilinhot	183087
和龙市	Helong	182609
阿拉尔市	Alar	182085
同江市	Tongjiang	176422
满洲里市	Manzhouli	173255
塔城市	Tacheng	172785
井冈山市	Jinggangshan	168112
阜康市	Fukang	167498
龙井市	Longjing	167131
临江市	Linjiang	166603
图木舒克市	Tumushuke	163881
义马市	Yima	162949
丽江市	Lijiang	152733
根河市	Genhe	150845
敦煌市	Dunhuang	142762
玉门市	Yumen	142255
东兴市	Dongxing	141333
合山市	Heshan	138433
格尔木市	Golmud	135899
瑞丽市	Ruili	132101
图们市	Tumen	120618
韶山市	Shaoshan	120125
日喀则市	Shigatse	117540
五指山市	Wuzhishan	112846
凭祥市	Pingxiang	111770
玉树市	Yushu	110870
10万以下	**below 100 thousand**	**566796**
五家渠市	Wujiaqu	92673
合作市	Hezuo	84854
额尔古纳市	Erguna	83166
霍林郭勒市	Huolingol	81897
德令哈市	Delingha	76636
绥芬河市	Suifenhe	69519
阿尔山市	Arxan	48318
二连浩特市	Erlianhot	29733

5-8 按非农业人口排序的市及人口数

Cities and Population by Size of Non-agricultural Population

单位：人 (person)

城　市	City	人　数 Population	城　市	City	人　数 Population
全　国	**National Total**	**360135289**	宁波市	Ningbo	1460405
400万以上	**over 4 million**	**71888357**	宿迁市	Suqian	1458244
上海市	Shanghai	12699640	芜湖市	Fuhu	1449811
北京市	Beijing	10599816	烟台市	Yantai	1418645
重庆市	Chongqing	9757953	惠州市	Huizhou	1416713
广州市	Guangzhou	6949637	江门市	Jiangmen	1398975
天津市	Tianjin	6055367	邳州市	Pizhou	1388105
武汉市	Wuhan	5592628	茂名市	Maoming	1380840
南京市	Nanjing	5558333	大同市	Datong	1307713
汕头市	Shantou	5390623	鞍山市	Anshan	1287473
成都市	Chengdu	4867745	邯郸市	Handan	1277836
沈阳市	Shenyang	4416615	吉林市	Jilin	1274146
200万—400万	**from 2 million to 4 million**	**48483916**	包头市	Baotou	1268278
佛山市	Foshan	3856084	洛阳市	Luoyang	1263429
西安市	Xi'an	3740987	扬州市	Yangzhou	1217611
深圳市	Shenzhen	3465952	抚顺市	Fushun	1215020
哈尔滨市	Harbin	3441947	襄阳市	Xiangyang	1208479
杭州市	Hangzhou	3438039	绍兴市	Shaoxing	1175217
青岛市	Qingdao	3253647	大庆市	Daqing	1141870
济南市	Jinan	2924648	盐城市	Yancheng	1133386
大连市	Dalian	2779260	柳州市	Liuzhou	1105231
长春市	Changchun	2617466	保定市	Baoding	1102236
昆明市	Kunming	2577566	珠海市	Zhuhai	1102229
苏州市	Suzhou	2560590	齐齐哈尔市	Qiqihar	1085199
石家庄市	Shijiazhuang	2494226	泸州市	Luzhou	1050725
郑州市	Zhengzhou	2456373	呼和浩特市	Hohhot	1019210
太原市	Taiyuan	2370393	**80万—100万**	**from 800 thousand to 1 million**	**17245694**
无锡市	Wuxi	2331385	东莞市	Dongguan	988591
长沙市	Changsha	2093547	海口市	Haikou	987958
揭阳市	Jieyang	2081806	济宁市	Jining	977237
100万—200万	**from 1 million to 2 million**	**28203348**	淮南市	Huainan	971168
合肥市	Hefei	1959910	梅州市	Meizhou	957520
乌鲁木齐市	Wulumuqi	1932627	商丘市	Shangqiu	951109
徐州市	Xuzhou	1893211	枣庄市	Zaozhuang	933377
潍坊市	Weifang	1859788	韶关市	Shaoguan	926901
兰州市	Lanzhou	1852895	西宁市	Xining	925036
南宁市	Nanning	1797813	银川市	Yinchuan	915188
常州市	Changzhou	1792397	如皋市	Rugao	901000
淮安市	Huaian	1762247	秦皇岛市	Qinhuangdao	895616
唐山市	Tangshan	1747677	邢台市	Xingtai	876803
南昌市	Nanchang	1735793	宝鸡市	Baoji	868215
临沂市	Linyi	1678711	开封市	Kaifeng	861698
厦门市	Xiamen	1655905	南通市	Nantong	861660
淄博市	Zibo	1649088	中山市	Zhongshan	823506
贵阳市	Guiyang	1637741	本溪市	Benxi	821130
福州市	Fuzhou	1632280	平顶山市	Pingdingshan	801981
湛江市	Zhanjiang	1615265			

5-8 续表 1 continued

单位：人 (person)

城　市	City	人　数 Population	城　市	City	人　数 Population
50万—80万	**from 500 thousand to 800 thousand**	**32949618**	南阳市	Nanyang	589407
普宁市	Puning	792265	赤峰市	Chifeng	585743
镇江市	Zhenjiang	789734	阳泉市	Yangquan	579717
连云港市	Lianyungang	787038	石河子市	Shihezi	578125
淮北市	Huaibei	768115	海门市	Haimen	577651
锦州市	Jinzhou	764341	桂林市	Guilin	577460
新乡市	Xinxiang	763604	盘锦市	Panjin	577352
张家口市	Zhangjiakou	756930	公主岭市	Gongzhuling	576969
安阳市	Anyang	756541	泰州市	Taizhou	572235
伊春市	Yichun	755096	漯河市	Luohe	565307
菏泽市	Heze	754099	江阴市	Jiangyin	556235
营口市	Yingkou	751040	滨州市	Binzhou	556078
宜昌市	Yichang	740095	常熟市	Changshu	555077
泰安市	Taian	730764	马鞍山市	Maanshan	554379
绵阳市	Mianyang	721243	葫芦岛市	Huludao	550437
江都市	Jiangdu	717752	乐山市	Leshan	549845
陆丰市	Lufeng	715863	沧州市	Cangzhou	544332
岳阳市	Yueyang	710526	湘潭市	Xiangtan	543621
鸡西市	Jixi	709764	枣阳市	Zaoyang	540550
南充市	Nanchong	695656	滕州市	Tengzhou	540092
阳江市	Yangjiang	695386	玉林市	Yulin	537174
新沂市	Xinyi	693646	威海市	Weihai	534625
阜新市	Fuxin	689460	常德市	Changde	532986
温州市	Wenzhou	688956	攀枝花市	Panzhihua	531827
东营市	Dongying	683516	四平市	Siping	530789
蚌埠市	Bengbu	677877	廊坊市	Langfang	529974
衡阳市	Hengyang	674505	信阳市	Xinyang	529207
咸阳市	Xianyang	673146	肇庆市	Zhaoqing	526598
清远市	Qingyuan	672375	潜江市	Qianjiang	519238
自贡市	Zigong	669040	阜阳市	Fuyang	517118
牡丹江市	Mudanjiang	662519	潮州市	Chaozhou	508593
莱芜市	Laiwu	659308	汕尾市	Shanwei	507884
鄂州市	Ezhou	658380	溧阳市	Liyang	504683
即墨市	Jimo	650680	寿光市	Shouguang	503031
焦作市	Jiaozuo	649755	承德市	Chengde	502806
株洲市	Zhuzhou	649709	九江市	Jiujiang	500179
天水市	Tianshui	648585	**30万—50万**	**from 300 thousand to 500 thousand**	**5842562**
泉州市	Quanzhou	641143	十堰市	Shiyan	498006
长治市	Changzhi	631366	诸城市	Zhucheng	497779
日照市	Rizhao	630011	北流市	Beiliu	497026
荆州市	Jingzhou	620787	通州市	Tongzhou	495750
聊城市	Liaocheng	618799	湖州市	Huzhou	493207
平度市	Pingdu	614582	岑溪市	Cenxi	491268
辽阳市	Liaoyang	610974	宜宾市	Yibin	490750
丹东市	Dandong	607958	高州市	Gaozhou	484685
黄石市	Huangshi	600827	昆山市	Kunshan	481153
宜兴市	Yixing	599479	遵义市	Zunyi	471987
佳木斯市	Kiamusze	599224	东台市	Dongtai	470670
鹤岗市	Hegang	597159	胶州市	Jiaozhou	470281

5-8 续表 2 continued

单位：人 (person)

城 市	City	人 数 Population	城 市	City	人 数 Population
延吉市	Yanji	466991	漳州市	Zhangzhou	381078
通辽市	Tongliao	462674	辽源市	Liaoyuan	380547
天门市	Tianmen	460942	晋江市	Jinjiang	379763
新泰市	Xintai	460142	兴平市	Xingping	379337
安庆市	Anqing	459558	铜陵市	Tongling	378069
嘉兴市	Jiaxing	458965	石嘴山市	Shizuishan	376555
双鸭山市	Shuangyashan	457765	廉江市	Lianjiang	372100
白山市	Baishan	457635	靖江市	Jingjiang	370503
莆田市	Putian	457281	莱州市	Laizhou	367262
德州市	Dezhou	457215	库尔勒市	Korla	364158
萍乡市	Pingxiang	455770	瓦房店市	Wafangdian	363728
遂宁市	Suining	451507	伊宁市	Yining	362881
六盘水市	Liupanshui	446141	朝阳市	Chaoyang	362864
乌海市	Wuhai	446027	莱西市	Laixi	361665
罗定市	Luoding	444652	广元市	Guangyuan	361034
濮阳市	Puyang	439579	郴州市	Chenzhou	360169
增城市	Zengcheng	436598	抚州市	Fuzhou	359365
邹城市	Zoucheng	432674	孝感市	Xiaogan	359015
德阳市	Deyang	432218	铁岭市	Tieling	358347
邵阳市	Shaoyang	431707	眉山市	Meishan	357582
章丘市	Zhangqiu	428490	金坛市	Jintan	355571
鹤壁市	Hebi	427338	临汾市	Linfen	354588
大冶市	Daye	417215	衡水市	Hengshui	349988
安丘市	Anqiu	416894	松原市	Songyuan	348716
许昌市	Xuchang	414273	荆门市	Jingmen	347724
昭通市	Zhaotong	411241	益阳市	Yiyang	347153
仙桃市	Xiantao	410812	永州市	Yongzhou	346568
渭南市	Weinan	408435	新余市	Xinyu	343656
吴江市	Wujiang	408149	龙岩市	Longyan	343591
都江堰市	Dujiangyan	405977	丰城市	Fengcheng	343386
张家港市	Zhangjiagang	405482	六安市	Liuan	340826
荣成市	Rongcheng	402728	雷州市	Leizhou	340573
泰兴市	Taixing	402068	句容市	Jurong	339377
内江市	Neijiang	400581	牙克石市	Yakeshi	337804
铜川市	Tongchuan	400265	白银市	Baiyin	335287
青州市	Qingzhou	399967	北海市	Beihai	334286
高密市	Gaomi	399673	巴中市	Bazhong	331776
宿州市	Suzhou	396445	广安市	Guang'an	330776
儋州市	Danzhou	395096	丹阳市	Danyang	330327
南安市	Nan'an	391900	吴川市	Wuchuan	330225
景德镇市	Jingdezhen	390806	高邮市	Gaoyou	329506
曲靖市	Qujing	387904	武威市	Wuwei	328978
肥城市	Feicheng	387611	兴宁市	Xingning	327054
七台河市	Qitaihe	386889	金华市	Jinhua	326634
通化市	Tonghua	385909	梧州市	Wuzhou	322967
龙口市	Longkou	384560	莱阳市	Laiyang	322960
赣州市	Ganzhou	382970	启东市	Qidong	322667
福清市	Fuqing	382344	临清市	Linqing	322599

5-8 续表 3 continued

单位：人 (person)

城　市	City	人　数 Population	城　市	City	人　数 Population
仪征市	Yizheng	322226	宜春市	Yichun	268962
台州市	Taizhou	321808	宜城市	Yicheng	268640
信宜市	Xinyi	320190	招远市	Zhaoyuan	268524
喀什市	Kashar	316406	大丰市	Dafeng	266889
云浮市	Yunfu	315819	资阳市	Ziyang	266281
普兰店市	Pulandian	313460	老河口市	Laohekou	266258
大理市	Dali	313368	呼伦贝尔市	Hulunbuir	266117
晋中市	Jinzhong	312708	滁州市	Chuzhou	265966
昌邑市	Changyi	311511	化州市	Huazhou	261951
晋城市	Jincheng	308319	钦州市	Qinzhou	261552
河源市	Heyuan	306495	南平市	Nanping	261222
任丘市	Renqiu	306343	敦化市	Dunhua	260804
汉中市	Hanzhong	305451	霸州市	Bazhou	260706
娄底市	Loudi	305369	辛集市	Xinji	259727
贵港市	Guigang	301655	韩城市	Hancheng	259644
哈密市	Hami	301392	台山市	Taishan	258291
衢州市	Quzhou	300775	吉安市	Ji'an	254947
阳春市	Yangchun	300036	个旧市	Gejiu	254690
10万—30万	**from 100 thousand to 300 thousand**	**8214687**	济源市	Jiyuan	254313
达州市	Dazhou	296034	楚雄市	Chuxiong	253974
应城市	Yingcheng	295608	藁城市	Gaocheng	251193
北安市	Beian	293979	海阳市	Haiyang	250506
克拉玛依市	Karamay	292503	邛崃市	Qionglai	248739
定州市	Dingzhou	291350	周口市	Zhoukou	248720
姜堰市	Jiangyan	290986	梅河口市	Meihekou	248659
驻马店市	Zhumadian	290899	怀化市	Huaihua	247798
三亚市	Sanya	289840	长乐市	Changle	246835
玉溪市	Yuxi	289561	运城市	Yuncheng	246631
兖州市	Yanzhou	288457	尚志市	Shangzhi	245199
舟山市	Zhoushan	287575	文登市	Wendeng	245040
简阳市	Jianyang	285483	乌兰浩特市	Wulanhot	244190
三河市	Sanhe	285318	义乌市	Yiwu	243347
彭州市	Pengzhou	283633	辉县市	Huixian	243053
阿克苏市	Aksu	281938	广汉市	Guanghan	242821
江油市	Jiangyou	281853	阆中市	Langzhong	241401
白城市	Baicheng	280114	钟祥市	Zhongxiang	240547
乌兰察布市	Ulanqab	280051	昌吉市	Changji	240526
铁力市	Tieli	279548	平湖市	Pinghu	240435
海城市	Haicheng	277674	咸宁市	Xianning	240391
兴化市	Xinghua	277496	海林市	Hailin	239776
从化市	Conghua	276634	庄河市	Zhuanghe	239271
宣威市	Xuanwei	276550	延安市	Yan'an	237108
绥化市	Suihua	275983	随州市	Suizhou	235577
曲阜市	Qufu	275960	高碑店市	Gaobeidian	234502
肇东市	Zhaodong	273961	临河市	Linhe	234260
太仓市	Taicang	272680	海宁市	Haining	234160
桐乡市	Tongxiang	271776	巢湖市	Chaohu	232194
奎屯市	Kuitun	271243	开平市	Kaiping	231784

5-8 续表 4 continued

单位：人 (person)

城　　市	City	人　数 Population	城　　市	City	人　数 Population
乐昌市	Lechang	231315	拉萨市	Lhasa	197640
孝义市	Xiaoyi	229896	榆林市	Yulin	197422
三门峡市	Sanmenxia	229748	五大连池市	Wudalianchi	197192
五常市	Wuchang	229663	福安市	Fuan	197055
瑞安市	Ruian	228602	慈溪市	Cixi	196699
安顺市	Anshun	228025	北票市	Beipiao	195836
安康市	Ankang	227085	峨眉山市	Emeishan	195717
英德市	Yingde	226905	万宁市	Wanning	195174
乳山市	Rushan	224989	虎林市	Hulin	193172
耒阳市	Leiyang	222172	鄂尔多斯市	Erdos	192960
朔州市	Shuozhou	221923	余姚市	Yuyao	191507
黄骅市	Huanghua	221644	盖州市	Gaizhou	191207
汉川市	Hanchuan	221338	河间市	Hejian	190247
大石桥市	Dashiqiao	221117	凯里市	Kaili	189590
保山市	Baoshan	217959	乐陵市	Laoling	189186
四会市	Sihui	217906	丹江口市	Danjiangkou	189138
上饶市	Shangrao	217631	凤城市	Fengcheng	188870
三明市	Sanming	216331	舒兰市	Shulan	188588
乐平市	Leping	216085	桦甸市	Huadian	187942
商洛市	Shangluo	215129	冷水江市	Lengshuijiang	186226
福鼎市	Fuding	212513	林州市	Linzhou	186074
雅安市	Yaan	211884	栖霞市	Qixia	185561
项城市	Xiangcheng	210208	安达市	Anda	184692
温岭市	Wenling	209316	富锦市	Fujin	183825
涿州市	Zhuozhou	209314	张掖市	Zhangye	181942
恩平市	Enping	208625	沅江市	Yuanjiang	181154
忻州市	Xinzhou	206984	洪湖市	Honghu	180584
金昌市	Jinchang	206379	蓬莱市	Penglai	179811
黄山市	Huangshan	205290	调兵山市	Diaobingshan	178390
安宁市	Anning	205146	酒泉市	Jiuquan	178332
亳州市	Bozhou	204197	常宁市	Changning	177677
吴忠市	Wuzhong	203516	赤壁市	Chibi	177527
榆树市	Yushu	203511	桂平市	Guiping	177190
西昌市	Xichang	203349	密山市	Mishan	175658
泊头市	Botou	202772	武安市	Wuan	175042
永城市	Yongcheng	202593	禹城市	Yucheng	173699
嘉峪关市	Jiayuguan	201723	宣城市	Xuancheng	173682
景洪市	Jinghong	201536	满洲里市	Manzhouli	173102
高安市	Gaoan	201493	九台市	Jiutai	171895
长葛市	Zhangge	200772	永安市	Yong'an	171867
麻城市	Macheng	200013	铜仁市	Tongren	171170
黄冈市	Huanggang	199652	来宾市	Laibin	170896
毕节市	Bijie	199050	新密市	Xinmi	170768
禹州市	Yuzhou	198854	平凉市	Pingliang	170539
嵊州市	Shengzhou	198422	临夏市	Linxia	169952
崇州市	Chongzhou	197967	吕梁市	Lvliang	169893
登封市	Dengfeng	197748	张家界市	Zhangjiajie	169612

5-8 续表 5 continued

单位：人 (person)

城　　市	City	人　数 Population	城　　市	City	人　数 Population
磐石市	Panshi	169522	卫辉市	Weihui	146610
武穴市	Wuxue	169482	巩义市	Gongyi	146587
博乐市	Bole	167235	德惠市	Dehui	146363
珲春市	Hunchun	167000	东阳市	Dongyang	146216
都匀市	Duyun	166903	古交市	Gujiao	146007
蛟河市	Jiaohe	166761	绵竹市	Mianzhu	145390
扎兰屯市	Zhalantun	166716	恩施市	Enshi	145143
汨罗市	Miluo	166067	界首市	Jieshou	143071
双城市	Shuangcheng	166013	大安市	Da'an	142803
海伦市	Hailun	165995	宁安市	Ning'an	142672
天长市	Tianchang	165924	新乐市	Xinle	142470
建瓯市	Jian'ou	165520	图木舒克市	Tumushuke	142436
开远市	Kaiyuan	164245	陇南市	Longnan	142220
龙海市	Longhai	163973	和田市	Hotan	140220
新民市	Xinmin	162625	原平市	Yuanping	138689
松滋市	Songzi	162192	华阴市	Huayin	138208
广水市	Guangshui	161609	湘乡市	Xiangxiang	135659
浏阳市	Liuyang	160944	格尔木市	Golmud	134218
锡林浩特市	Xilinhot	160113	邵武市	Shaowu	134126
诸暨市	Zhuji	158573	黑河市	Heihe	133257
宁德市	Ningde	157954	吉首市	Jishou	133232
樟树市	Zhangshu	157727	凌源市	Lingyuan	132706
石首市	Shishou	157354	枝江市	Zhijiang	132406
贺州市	Hezhou	156686	兴城市	Xingcheng	132278
临沧市	Lincang	156579	建德市	Jiande	130237
涟源市	Lianyuan	156175	利川市	Lichuan	130129
邓州市	Dengzhou	155873	海东市	Haidong	129577
开原市	Kaiyuan	155575	丽水市	Lishui	128967
穆棱市	Muling	155085	讷河市	Nehe	128091
中卫市	Zhongwei	154983	义马市	Yima	128043
兴义市	Xingyi	154678	介休市	Jiexiu	127999
阿勒泰市	Altai	153383	百色市	Baise	127714
临海市	Linhai	153061	侯马市	Houma	127037
东港市	Donggang	152964	双辽市	Shuangliao	126940
醴陵市	Liling	151923	瑞金市	Ruijin	126373
固原市	Guyuan	151281	德兴市	Dexing	126234
防城港市	Fangchenggang	151214	兰溪市	Lanxi	126226
建阳市	Jianyang	151201	灵武市	Lingwu	125683
根河市	Genhe	150778	普洱市	Puer	125117
新郑市	Xinzheng	150517	当阳市	Dangyang	124872
琼海市	Qionghai	150001	霍州市	Huozhou	124405
迁安市	Qian'an	149810	安国市	Anguo	123997
南康市	Nankang	148294	凌海市	Linghai	123236
池州市	Chizhou	148267	河池市	Hechi	122882
洮南市	Taonan	147895	集安市	Ji'an	122206
富阳市	Fuyang	147525	资兴市	Zixing	122099
鹰潭市	Yingtan	147175	临湘市	Linxiang	120936

5-8 续表 6 continued

单位：人 (person)

城　市	City	人　数 Population	城　市	City	人　数 Population
宜州市	Yizhou	120577	图们市	Tumen	95586
安陆市	Anlu	120331	阜康市	Fukang	95532
乐清市	Yueqing	119960	晋州市	Jinzhou	95068
什邡市	Shifang	119052	阿图什市	Artux	94292
明光市	Mingguang	118740	灯塔市	Dengta	93763
南雄市	Nanxiong	118500	荥阳市	Xingyang	93670
贵溪市	Guixi	118008	高平市	Gaoping	92773
文昌市	Wenchang	117950	丽江市	Lijiang	92764
瑞昌市	Ruichang	117825	永济市	Yongji	91662
桐城市	Tongcheng	117448	汾阳市	Fenyang	90689
高要市	Gaoyao	117194	五家渠市	Wujiaqu	86993
沙河市	Shahe	116517	偃师市	Yanshi	86217
洪江市	Hongjiang	116169	南宫市	Nangong	85706
华蓥市	Huaying	115347	吐鲁番市	Turpan	84422
和龙市	Helong	114362	青铜峡市	Qingtongxia	84126
庆阳市	Qingyang	113149	沁阳市	Qinyang	83285
宜都市	Yidu	112530	武夷山市	Wuyishan	82912
临安市	Lin'an	112509	霍林郭勒市	Huolingol	81778
东方市	Dongfang	111877	乌苏市	Wusu	81088
芒市	Mangshi	111244	宁国市	Ningguo	80302
遵化市	Zunhua	110723	连州市	Lianzhou	79154
奉化市	Fenghua	110660	额尔古纳市	Erguna	77394
灵宝市	Lingbao	110341	崇左市	Chongzuo	76620
河津市	Hejin	110252	扬中市	Yangzhong	76579
汝州市	Ruzhou	109367	冀州市	Jizhou	75666
武冈市	Wugang	108915	赤水市	Chishui	73119
塔城市	Tacheng	108533	瑞丽市	Ruili	66756
津市市	Jinshi	108048	福泉市	Fuquan	63638
舞钢市	Wugang	107358	德令哈市	Delingha	59061
同江市	Tongjiang	106961	绥芬河市	Suifenhe	58348
清镇市	Qingzhen	106618	合作市	Hezuo	52965
临江市	Linjiang	106169	东兴市	Dongxing	52935
仁怀市	Renhuai	104936	孟州市	Mengzhou	51966
鹿泉市	Luquan	104748	潞城市	Lucheng	50598
丰镇市	Fengzhen	104108	五指山市	Wuzhishan	50516
鹤山市	Heshan	104059	阿尔山市	Arxan	48318
江山市	Jiangshan	102992	日喀则市	Shigatse	46408
万源市	Wanyuan	102579	玉门市	Yumen	45115
龙井市	Longjing	102575	凭祥市	Pingxiang	44027
阿拉尔市	Alar	101831	井冈山市	Jinggangshan	43671
10万以下	**below 100 thousand**	**590793**	合山市	Heshan	43640
深州市	Shenzhou	99467	龙泉市	Longquan	42084
永康市	Yongkang	99338	敦煌市	Dunhuang	40897
北镇市	Beizhen	99274	二连浩特市	Erlianhot	28166
定西市	Dingxi	98537	玉树市	Yushu	23675
石狮市	Shishi	97882	韶山市	Shaoshan	16309
漳平市	Zhangping	96295			

第六部分

Chapter Six

2014 年全国计划生育统计人口数据

Data from Family Planning Statistics in 2014

6-1 各地区分孩次出生政策符合率与上年同期比较

Family Planning Rate Compared with That of Last Year by Birth Order and Region

单位：% (%)

地 区	Region	出生政策符合率 Family Planning Rate	与上年对比 Compared with That of Last Year	一孩出生政策符合率 Family Planning Rate of First Birth	与上年对比 Compared with That of Last Year	二孩出生政策符合率 Family Planning Rate of Second Birth	与上年对比 Compared with That of Last Year	多孩出生政策符合率 Family Planning Rate of Third Birth & Over	与上年对比 Compared with That of Last Year
全 国	**National**	**89.40**	**-0.72**	**97.89**	**-0.04**	**78.12**	**0.73**	**36.30**	**-2.02**
北 京	Beijing	97.87	2.79	99.71	1.35	80.16	1.98	41.42	8.67
天 津	Tianjin	98.45	0.08	99.97	0.03	92.40	1.08		
河 北	Hebei	87.50	-0.23	99.88	-0.02	76.33	3.30	19.40	-2.05
山 西	Shanxi	88.62	0.97	99.33	0.31	69.89	2.50	33.04	7.51
内蒙古	Inner Mongolia	94.14	-0.27	98.40	0.10	87.09	-0.40	70.28	-3.19
辽 宁	Liaoning	98.24	-0.20	99.09	-0.42	95.78	0.74	60.24	6.10
吉 林	Jilin	94.63	-0.46	100.00	0.62	80.39	-0.67	68.84	-25.47
黑龙江	Heilongjiang	94.12	1.72	96.25	1.39	86.56	2.45	28.85	3.29
上 海	Shanghai	95.22	0.06	97.67	0.20	89.93	-0.17	27.42	1.17
江 苏	Jiangsu	97.81	0.07	99.66	0.08	90.81	1.77	77.45	-1.49
浙 江	Zhejiang	94.09	1.40	99.85	0.00	84.53	4.05	37.41	8.00
安 徽	Anhui	78.78	1.16	80.64	1.11	76.52	0.01	62.55	16.16
福 建	Fujian	89.47	1.86	99.76	0.43	80.60	5.81	21.92	5.44
江 西	Jiangxi	71.38	-6.25	100.00	0.20	52.27	-3.69	2.97	-1.18
山 东	Shandong	85.12	-9.45	96.53	-2.72	73.83	-8.89	1.55	1.42
河 南	Henan	97.20	0.13	99.81	0.00	86.00	1.15	92.36	-1.66
湖 北	Hubei	89.81	-0.55	99.96	-0.02	76.77	0.39	46.83	-0.97
湖 南	Hunan	82.59	-4.27	99.87	-0.05	67.59	-3.82	0.15	-0.08
广 东	Guangdong	90.52	4.68	97.19	0.51	82.12	9.35	42.46	21.45
广 西	Guangxi	89.54	-3.03	99.31	-0.12	83.09	-2.09	9.01	-10.70
海 南	Hainan	92.97	0.03	99.95	0.00	96.07	0.55	27.48	2.03
重 庆	Chongqing	87.84	1.01	100.00		70.53	5.83	11.07	-1.36
四 川	Sichuan	85.66	-0.08	99.11	-0.30	54.35	3.80	49.18	-2.43
贵 州	Guizhou	97.80	0.25	98.33	0.24	97.76	0.16	57.90	2.29
云 南	Yunnan	89.48	0.52	93.11	0.19	89.56	1.82	18.45	-0.83
西 藏	Tibet								
陕 西	Shaanxi	95.89	-1.38	100.00	0.00	85.70	-4.06	69.49	-10.28
甘 肃	Gansu	93.28	-0.03	99.85	-0.01	80.43	0.26	71.88	-2.14
青 海	Qinghai	98.70	0.31	99.85	-0.07	98.70	1.30	87.81	-1.63
宁 夏	Ningxia	92.43	3.10	99.53	-0.19	87.48	8.74	59.91	5.58
新 疆	Xinjiang	99.29	-0.44	99.98	-0.01	99.79	-0.09	96.68	-1.91

6-2 各地区已婚育龄妇女领证情况及避孕率与上年同期比较

Married Women at Childbearing Ages with One-child Certificate and Contraception Rate Compared with That of Last Year by Region

单位：人 (person,%)

地区	Region	已婚育龄妇女人数 Married Women at Childbearing Ages	与上年对比 Compared with That of Last Year	领证人数 Number of Women with Certificates	与上年对比 Compared with That of Last Year	领证率 Proportion	与上年对比 Compared with That of Last Year	已婚育龄妇女避孕率 Contraception Rate of Married Women at Childbearing Ages	与上年对比 Compared with That of Last Year
全国	**National**	**276245427**	**-2155761**	**58766479**	**-1273864**	**21.27**	**-0.30**	**86.52**	**-0.75**
北京	Beijing	2052985	-912206	799852	19400	38.96	12.64	78.28	1.23
天津	Tianjin	1642253	-31228	659412	1052	40.15	0.81	90.52	-0.77
河北	Hebei	14707884	-74273	2039520	-114700	13.87	-0.71	90.76	-0.09
山西	Shanxi	6708019	-1296	2256726	69004	33.64	1.03	91.21	-1.53
内蒙古	Inner Mongolia	4806454	-66832	416361	-57758	8.66	-1.07	89.80	-0.26
辽宁	Liaoning	7746474	-68499	2400649	-46369	30.99	-0.32	85.99	-1.13
吉林	Jilin	5088400	-110155	1342558	479129	26.38	9.78	89.55	-0.49
黑龙江	Heilongjiang	7232227	-104026	3131784	-16008	43.30	0.40	91.17	-0.12
上海	Shanghai	4462565	263788	570950	-40648	12.79	-1.77	81.01	-2.09
江苏	Jiangsu	15259753	-111881	4953925	34538	32.46	0.46	88.37	0.13
浙江	Zhejiang	9817557	-215249	2773161	-140056	28.25	-0.79	86.13	-0.92
安徽	Anhui	14650978	-97604	2950582	85535	20.14	0.71	89.71	1.08
福建	Fujian	8145354	-15011	1479202	-139346	18.16	-1.67	80.26	-1.13
江西	Jiangxi	10150712	-724441	1494250	7271	14.72	1.05	82.25	-8.20
山东	Shandong	19228661	-189851	7272539	-487584	37.82	-2.14	84.85	-3.87
河南	Henan	21752183	-170788	3461580	-33717	15.91	-0.03	89.82	-0.08
湖北	Hubei	13730446	8049	962039	-75522	7.01	-0.55	84.35	1.03
湖南	Hunan	14495814	298845	2039836	-839478	14.07	-6.21	89.75	1.33
广东	Guangdong	23249004	658532	1445714	-55859	6.22	-0.43	81.36	0.94
广西	Guangxi	10280258	74082	1259149	8011	12.25	-0.01	86.80	-0.31
海南	Hainan	1594548	-1578	70319	-1310	4.41	-0.08	80.67	-0.10
重庆	Chongqing	4961964	-76531	2581569	196988	52.03	4.70	81.97	1.66
四川	Sichuan	18345917	-451236	6898513	-137842	37.60	0.17	85.70	-2.53
贵州	Guizhou	6850347	-143411	721244	42528	10.53	0.82	89.09	0.05
云南	Yunnan	8946068	-9146	1636582	9862	18.29	0.13	86.02	-0.35
西藏	Tibet	766465	77691	8127	-1717	1.06	-0.37	79.17	3.36
陕西	Shaanxi	7087970	29695	1278562	-14403	18.04	-0.28	91.13	-0.13
甘肃	Gansu	5271205	19921	602014	-41289	11.42	-0.83	82.32	-5.93
青海	Qinghai	1217375	-1853	98377	-2133	8.08	-0.16	87.72	1.42
宁夏	Ningxia	1255662	-1600	111515	-702	8.88	-0.04	92.30	0.57
新疆	Xinjiang	4739925	-7669	1049868	19259	22.15	0.44	83.11	0.48

6-3 各地区采用各种节育措施人数

Contraception User by Method and Region

单位：人 (person)

地区	Region	合计 Total	男性绝育 Male Sterilization	女性绝育 Female Sterilization	宫内节育器 IUD	皮下埋植 Implant	口服及注射避孕药 Pill/Injection	避孕套 Condom	外用药 Diaphragm	其他 Others
全国	**National**	**239001773**	**9834644**	**65246730**	**130079131**	**539854**	**1965173**	**30234661**	**339752**	**761828**
北京	Beijing	1607129	349	13108	374914	1312	30481	1178871	1824	6270
天津	Tianjin	1486496	1551	84586	749408	1837	22128	611542	6999	8445
河北	Hebei	13348658	452026	3169246	8430600	12683	70499	1053767	4846	154991
山西	Shanxi	6118621	23979	1931227	4018311	4474	17617	109754	93	13166
内蒙古	Inner Mongolia	4316029	3218	649791	2870442	9143	29340	750368	611	3116
辽宁	Liaoning	6661428	442	205089	5415896	7855	52793	966017	10218	3118
吉林	Jilin	4556644	456	252019	3620400	17528	10812	653165	2264	
黑龙江	Heilongjiang	6593279	958	531297	5363941	7878	78897	587939	5165	17204
上海	Shanghai	3615173	8205	125743	1520844	5676	99272	1777585	18539	59309
江苏	Jiangsu	13485019	154552	1375529	9208788	9972	110767	2561837	34237	29337
浙江	Zhejiang	8455545	22890	1906815	4248045	9702	52201	2185295	13142	17455
安徽	Anhui	13143574	222342	5489806	6465786	31074	96752	826434	948	10432
福建	Fujian	6537249	336591	2746449	2784760	10916	11724	642083	1169	3557
江西	Jiangxi	8348620	13024	4297635	3119690	3409	29327	863879	13821	7835
山东	Shandong	16315617	1189568	3053597	9806913	26535	6756	2224882	2367	4999
河南	Henan	19536934	2266074	7996097	8237799	56862	71219	868953	14720	25210
湖北	Hubei	11581844	323844	3463889	6348160	35120	133558	1252336	2880	22057
湖南	Hunan	13010229	235231	5240320	5760105	24160	15868	1676225	29637	28683
广东	Guangdong	18915144	1388680	7454039	5179534	7500	70305	4775755	13502	25829
广西	Guangxi	8923356	738847	2886089	4601360	1873	112720	515872	61763	4832
海南	Hainan	1286268	8411	580821	599649	293	2071	92455	1277	1291
重庆	Chongqing	4067333	221818	65643	3120471	7536	97088	539588	9159	6030
四川	Sichuan	15721735	1091028	440404	12148292	94029	263561	1461554	15737	207130
贵州	Guizhou	6102643	783842	3211611	1995697	5179	7162	91401	548	7203
云南	Yunnan	7695175	215683	1980307	4962767	21916	125737	352272	19382	17111
西藏	Tibet	606836	107	48027	122079	56100	120908	206631	12250	40734
陕西	Shaanxi	6459481	115865	2615005	3198128	41874	98424	375442	12378	2365
甘肃	Gansu	4339354	3641	2523827	1578073	11575	30193	185428	956	5661
青海	Qinghai	1067901	768	379185	565911	5894	43146	63511	5063	4423
宁夏	Ningxia	1159024	282	341123	594409	2614	25543	181335	1821	11897
新疆	Xinjiang	3939435	10372	188406	3067959	7335	28304	602485	22436	12138

6-4 各地区采用各种节育措施人数与上年同期比较

Contraception User Compared with That of Last Year by Method and Region

单位：人 (person)

地 区	Region	合计 Total	男性绝育 Male Sterilization	女性绝育 Female Sterilization	宫内节育器 IUD	皮下埋植 Implant	口服及注射避孕药 Pill/Injection	避孕套 Condom	外用药 Diaphragm	其他 Others
全 国	**National**	**-3961801**	**-658715**	**-3636773**	**-2290002**	**-55581**	**-130806**	**2794995**	**-29027**	**44108**
北 京	Beijing	-677495	-5075	-47444	-260367	-1155	-39763	-297860	-8413	-17418
天 津	Tianjin	-41210	57	-16307	-45618	-192	-1059	20510	-761	2160
河 北	Hebei	-81147	-50387	-285305	295999	-1078	-15229	-25963	-358	1174
山 西	Shanxi	-103964	-2999	-156119	74231	-634	-3292	-14703	-37	-411
内蒙古	Inner Mongolia	-72575	-691	-82498	-50927	-780	-2365	64453	-75	308
辽 宁	Liaoning	-146992	-290	-50551	-121815	-1293	-4618	32384	-539	-270
吉 林	Jilin	-124098	-61	-60883	-64699	-1679	-1977	7219	-608	-1410
黑龙江	Heilongjiang	-103716	-134	-67464	-66450	-792	-7994	37131	690	1297
上 海	Shanghai	125874	-8293	-163250	-343649	1031	-37323	684582	410	-7634
江 苏	Jiangsu	-79164	-25397	-140788	-123234	-1618	-19964	233226	-1775	386
浙 江	Zhejiang	-278133	-3716	-173142	-241207	-726	-8135	149981	-1508	320
安 徽	Anhui	72246	-35278	-329493	191377	-3091	4119	244917	1	-306
福 建	Fujian	-104064	-15583	-64690	-102628	-781	81	79822	23	-308
江 西	Jiangxi	-1487168	-8590	-968048	-231970	-1112	-5400	-263061	-8484	-503
山 东	Shandong	-912759	-59102	-236317	-862967	-3559	-1376	252989	-608	-1819
河 南	Henan	-170472	-10361	-117377	-51658	-4757	2385	5682	-110	5724
湖 北	Hubei	147914	-31872	-201596	46563	1675	25358	303548	126	4112
湖 南	Hunan	457641	734	166587	124947	1006	-1580	146140	-7185	26992
广 东	Guangdong	748301	-44985	4177	44107	-399	1169	753842	-378	-9232
广 西	Guangxi	32560	-20435	-90677	131078	-1166	-6109	19853	192	-176
海 南	Hainan	-2905	-1320	-33903	28285	-23	-334	4901	-238	-273
重 庆	Chongqing	21102	-42573	-11506	-69394	-633	17182	124580	740	2706
四 川	Sichuan	-862704	-201177	-41651	-649246	-3751	-8685	46596	97	-4887
贵 州	Guizhou	-124530	-65007	-25603	-33037	-1509	83	3269	-34	-2692
云 南	Yunnan	-39533	-17339	-64021	29910	295	-3294	11715	4069	-868
西 藏	Tibet	84620	-1599	-9452	-10833	-24456	-27543	120893	3986	33624
陕 西	Shaanxi	17654	-4771	-82251	66696	615	7047	34924	-6032	1426
甘 肃	Gansu	-295172	-528	-244010	-62422	-1513	-70	16683	-198	-3114
青 海	Qinghai	15747	-68	-7295	6886	237	5295	6164	1382	3146
宁 夏	Ningxia	5706	25	-10610	4840	-768	1100	7139	-892	4872
新 疆	Xinjiang	16635	-1900	-25286	57200	-2975	1485	-16561	-2510	7182

6-5 各地区采取各种避孕措施分布

Distribution of Contraception Method by Region

单位：% (%)

地 区	Region	男性绝育 Male Sterilization	女性绝育 Female Sterilization	宫内节育器 IUD	皮下埋植 Implant	口服及注射避孕药 Pill/Injection	避孕套 Condom	外用药 Diaphragm	其他 Others
全 国	**National**	**4.11**	**27.30**	**54.43**	**0.23**	**0.82**	**12.65**	**0.14**	**0.32**
北 京	Beijing	0.02	0.82	23.33	0.08	1.90	73.35	0.11	0.39
天 津	Tianjin	0.10	5.69	50.41	0.12	1.49	41.14	0.47	0.57
河 北	Hebei	3.39	23.74	63.16	0.10	0.53	7.89	0.04	1.16
山 西	Shanxi	0.39	31.56	65.67	0.07	0.29	1.79	0.00	0.22
内蒙古	Inner Mongolia	0.07	15.06	66.51	0.21	0.68	17.39	0.01	0.07
辽 宁	Liaoning	0.01	3.08	81.30	0.12	0.79	14.50	0.15	0.05
吉 林	Jilin	0.01	5.53	79.45	0.38	0.24	14.33	0.05	
黑龙江	Heilongjiang	0.01	8.06	81.35	0.12	1.20	8.92	0.08	0.26
上 海	Shanghai	0.23	3.48	42.07	0.16	2.75	49.17	0.51	1.64
江 苏	Jiangsu	1.15	10.20	68.29	0.07	0.82	19.00	0.25	0.22
浙 江	Zhejiang	0.27	22.55	50.24	0.11	0.62	25.84	0.16	0.21
安 徽	Anhui	1.69	41.77	49.19	0.24	0.74	6.29	0.01	0.08
福 建	Fujian	5.15	42.01	42.60	0.17	0.18	9.82	0.02	0.05
江 西	Jiangxi	0.16	51.48	37.37	0.04	0.35	10.35	0.17	0.09
山 东	Shandong	7.29	18.72	60.11	0.16	0.04	13.64	0.01	0.03
河 南	Henan	11.60	40.93	42.17	0.29	0.36	4.45	0.08	0.13
湖 北	Hubei	2.80	29.91	54.81	0.30	1.15	10.81	0.02	0.19
湖 南	Hunan	1.81	40.28	44.27	0.19	0.12	12.88	0.23	0.22
广 东	Guangdong	7.34	39.41	27.38	0.04	0.37	25.25	0.07	0.14
广 西	Guangxi	8.28	32.34	51.57	0.02	1.26	5.78	0.69	0.05
海 南	Hainan	0.65	45.16	46.62	0.02	0.16	7.19	0.10	0.10
重 庆	Chongqing	5.45	1.61	76.72	0.19	2.39	13.27	0.23	0.15
四 川	Sichuan	6.94	2.80	77.27	0.60	1.68	9.30	0.10	1.32
贵 州	Guizhou	12.84	52.63	32.70	0.08	0.12	1.50	0.01	0.12
云 南	Yunnan	2.80	25.73	64.49	0.28	1.63	4.58	0.25	0.22
西 藏	Tibet	0.02	7.91	20.12	9.24	19.92	34.05	2.02	6.71
陕 西	Shaanxi	1.79	40.48	49.51	0.65	1.52	5.81	0.19	0.04
甘 肃	Gansu	0.08	58.16	36.37	0.27	0.70	4.27	0.02	0.13
青 海	Qinghai	0.07	35.51	52.99	0.55	4.04	5.95	0.47	0.41
宁 夏	Ningxia	0.02	29.43	51.29	0.23	2.20	15.65	0.16	1.03
新 疆	Xinjiang	0.26	4.78	77.88	0.19	0.72	15.29	0.57	0.31

6-6 各地区采取各种避孕措施分布与上年同期对比
Distribution of Contraception Method Compared with That of Last Year by Region

单位：% (%)

地 区	Region	男性绝育 Male Sterilization	女性绝育 Female Sterilization	宫内节育器 IUD	皮下埋植 Implant	口服及注射避孕药 Pill/Injection	避孕套 Condom	外用药 Diaphragm	其他 Others
全 国	**National**	**-0.20**	**-1.05**	**-0.06**	**-0.02**	**-0.04**	**1.36**	**-0.01**	**0.02**
北 京	Beijing	-0.22	-1.83	-4.48	-0.03	-1.18	8.71	-0.33	-0.65
天 津	Tianjin	0.01	-0.91	-1.63	-0.01	-0.03	2.45	-0.04	0.16
河 北	Hebei	-0.35	-1.98	2.59	-0.01	-0.11	-0.15	0.00	0.02
山 西	Shanxi	-0.04	-1.98	2.29	-0.01	-0.05	-0.21	0.00	0.00
内蒙古	Inner Mongolia	-0.01	-1.63	-0.06	-0.01	-0.04	1.76	0.00	0.01
辽 宁	Liaoning	0.00	-0.68	-0.03	-0.02	-0.05	0.79	0.00	0.00
吉 林	Jilin	0.00	-1.15	0.72	-0.03	-0.04	0.53	-0.01	-0.03
黑龙江	Heilongjiang	0.00	-0.88	0.27	-0.01	-0.10	0.69	0.01	0.02
上 海	Shanghai	-0.25	-4.80	-11.37	0.02	-1.17	17.85	-0.01	-0.28
江 苏	Jiangsu	-0.18	-0.98	-0.51	-0.01	-0.14	1.83	-0.01	0.00
浙 江	Zhejiang	-0.03	-1.26	-1.16	0.00	-0.07	2.54	-0.01	0.01
安 徽	Anhui	-0.28	-2.75	1.19	-0.02	0.03	1.84	0.00	0.00
福 建	Fujian	-0.15	-0.32	-0.88	-0.01	0.00	1.36	0.00	0.00
江 西	Jiangxi	-0.06	-2.06	3.29	-0.01	0.00	-1.11	-0.06	0.01
山 东	Shandong	0.04	-0.38	-1.82	-0.01	-0.01	2.19	0.00	-0.01
河 南	Henan	0.05	-0.24	0.10	-0.02	0.02	0.07	0.00	0.03
湖 北	Hubei	-0.31	-2.15	-0.30	0.01	0.21	2.51	0.00	0.03
湖 南	Hunan	-0.06	-0.14	-0.62	0.00	-0.02	0.69	-0.07	0.21
广 东	Guangdong	-0.55	-1.60	-0.89	0.00	-0.01	3.11	-0.01	-0.06
广 西	Guangxi	-0.26	-1.14	1.29	-0.01	-0.07	0.20	0.00	0.00
海 南	Hainan	-0.10	-2.53	2.30	0.00	-0.03	0.40	-0.02	-0.02
重 庆	Chongqing	-1.08	-0.29	-2.12	-0.02	0.41	3.01	0.02	0.07
四 川	Sichuan	-0.85	-0.11	0.10	0.01	0.03	0.76	0.01	0.04
贵 州	Guizhou	-0.79	0.64	0.12	-0.02	0.00	0.08	0.00	-0.04
云 南	Yunnan	-0.21	-0.70	0.72	0.01	-0.03	0.17	0.05	-0.01
西 藏	Tibet	-0.31	-3.09	-5.33	-6.18	-8.50	17.63	0.44	5.35
陕 西	Shaanxi	-0.08	-1.39	0.90	0.01	0.11	0.53	-0.09	0.02
甘 肃	Gansu	-0.01	-1.56	0.97	-0.02	0.04	0.63	0.00	-0.06
青 海	Qinghai	-0.01	-1.22	-0.14	0.01	0.44	0.50	0.12	0.29
宁 夏	Ningxia	0.00	-1.07	0.17	-0.07	0.08	0.54	-0.08	0.42
新 疆	Xinjiang	-0.05	-0.66	1.13	-0.08	0.03	-0.49	-0.07	0.18

第七部分

Chapter Seven

世界部分国家及地区人口和就业统计数据

Population and Employment Data of Selected Countries and Territories of the World

一、国际人口和就业统计数据

I.Population and Employment Data of Other Countries/Regions

7-1 人口数

Total Population

单位：百万人 (millions)

国家	Country	2003	2004	2005	2006	2007	2008	2009	2010	2011	2012	2013	2014
世界总计	**Total**	**6211.1**	**6377.6**	**6464.7**	**6540.3**	**6615.9**	**6749.7**	**6829.4**	**6908.7**	**6974.0**	**7052.1**	**7,162**	**7,244**
亚洲	**Asia**												
中国	China	1304.2	1313.3	1315.8	1323.6	1331.4	1336.3	1345.8	1354.1	1347.6	1353.6	1385.6	1393.8
阿富汗	Afghanistan	23.9	24.9	29.9	31.1	32.3	28.2	28.2	29.1	32.4	33.4	30.6	31.3
孟加拉国	Bangladesh	146.7	149.7	141.8	144.4	147.1	161.3	162.2	164.4	150.5	152.4	156.6	158.5
缅甸	Myanmar	49.5	50.1	50.5	51.0		49.2	50.0	50.5	48.3	48.7	53.3	53.7
柬埔寨	Cambodia	14.1	14.6	14.1	14.4	14.6	14.7	14.8	15.1	14.3	14.5	15.1	15.4
印度	India	1065.5	1081.2	1103.4	1119.5	1135.6	1186.2	1198.0	1214.5	1241.5	1258.4	1252.1	1267.4
印度尼西亚	Indonesia	219.9	222.6	222.8	225.5	228.1	234.3	230.0	232.5	242.3	244.8	249.9	252.8
伊朗	Iran	68.9	69.8	69.5	70.3	71.2	72.2	74.2	75.1	74.8	75.6	77.4	78.5
伊拉克	Iraq	25.2	25.9	28.8	29.6	30.3	29.5	30.7	31.5	32.7	33.7	33.8	34.8
日本	Japan	127.7	127.8	128.1	128.2	128.3	127.9	127.2	127.0	126.5	126.4	127.1	127.0
约旦	Jordan	5.5	5.6	5.7	5.8	6.0	6.1	6.3	6.5	6.3	6.5	7.3	7.5
朝鲜	Korea D.P.Rep.	22.7	22.8	22.5	22.6	22.7	23.9	23.9	24.0	24.5	24.6	24.9	25.0
韩国	Korea Rep.	47.7	48.0	47.8	48.0	48.1	48.4	48.3	48.5	48.4	48.6	49.3	49.5
科威特	Kuwait	2.5	2.6	2.7	2.8	2.8	2.9	3.0	3.1	2.8	2.9	3.4	3.5
老挝	Laos	5.7	5.8	5.9	6.1	6.2	6.0	6.3	6.4	6.3	6.4	6.8	6.9
黎巴嫩	Lebanon	3.7	3.7	3.6	3.6	3.7	4.1	4.2	4.3	4.3	4.3	4.8	5.0
马来西亚	Malaysia	24.4	24.9	25.3	25.8	26.2	27.0	27.5	27.9	28.9	29.3	29.7	30.2
蒙古	Mongolia	2.6	2.6	2.6	2.7	2.7	2.7	2.7	2.7	2.8	2.8	2.8	2.9
尼泊尔	Nepal	25.2	25.7	27.1	27.7	28.2	28.8	29.3	29.9	30.5	31.0	27.8	28.1
巴基斯坦	Pakistan	153.6	157.3	157.9	161.2	164.6	167.0	180.8	184.8	176.7	180.0	182.1	185.1
菲律宾	Philippines	80.0	81.4	83.1	84.5	85.9	89.7	92.0	93.6	94.9	96.5	98.4	100.1
沙特阿拉伯	Saudi Arabia	24.2	24.9	24.6	25.2	25.8	25.3	25.7	26.2	28.1	28.7	28.8	29.4
新加坡	Singapore	4.3	4.3	4.3	4.4	4.4	4.5	4.7	4.8	5.2	5.3	5.4	5.5
斯里兰卡	Sri Lanka	19.1	19.2	20.7	20.9	21.1	19.4	20.2	20.4	21.0	21.2	21.3	21.4
叙利亚	Syrian Arab Rep.	17.8	18.2	19.0	19.5	20.0	20.4	21.9	22.5	20.8	21.1	21.9	22.0
泰国	Thailand	62.8	63.5	64.2	64.8	65.3	64.3	67.8	68.1	69.5	69.9	67.0	67.2
土耳其	Turkey	71.3	72.3	73.2	74.2	75.2	75.8	74.8	75.7	73.6	74.5	74.9	75.8
越南	Viet Nam	81.4	82.5	84.2	85.3	86.4	88.5	88.1	89.0	88.8	89.7	91.7	92.5
也门	Yemen	20.0	20.7	21.0	21.6	22.3	23.1	23.6	24.3	24.8	25.6	24.4	25.0
欧洲	**Europe**												
阿尔巴尼亚	Albania	3.2	3.2	3.1	3.1	3.2	3.2	3.2	3.2	3.2	3.2	3.2	3.2
奥地利	Austria	8.1	8.1	8.2	8.2	8.2	8.4	8.4	8.4	8.4	8.4	8.5	8.5
保加利亚	Bulgaria	7.9	7.8	7.7	7.7	7.6	7.6	7.5	7.5	7.4	7.4	7.2	7.2
捷克共和国	Czech Rep.	10.2	10.2	10.2	10.2	10.2	10.2	10.4	10.4	10.5	10.6	10.7	10.7
丹麦	Denmark	5.4	5.4	5.4	5.4	5.5	5.5	5.5	5.5	5.6	5.6	5.6	5.6
芬兰	Finland	5.2	5.2	5.2	5.3	5.3	5.3	5.3	5.3	5.4	5.4	5.4	5.4
法国	France	60.1	60.4	60.5	60.7	60.9	61.9	62.3	62.6	63.1	63.5	64.3	64.6
德国	Germany	82.5	82.5	82.7	82.7	82.7	82.5	82.2	82.1	82.2	82.0	82.7	82.7
希腊	Greece	11.0	11.0	11.1	11.1	11.2	11.2	11.2	11.2	11.4	11.4	11.1	11.1
匈牙利	Hungary	9.9	9.8	10.1	10.1	10.0	10.0	10.0	10.0	10.0	9.9	10.0	9.9
意大利	Italy	60.1	57.3	58.1	68.1	58.2	58.9	59.9	60.1	60.8	61.0	61.0	61.1
荷兰	Netherlands	16.1	16.2	16.3	16.4		16.5	16.6	16.7	16.7	16.7	16.8	16.8
挪威	Norway	4.5	4.6	4.6	4.6	4.7	4.7	4.8	4.9	4.9	5.0	5.0	5.1
波兰	Poland	38.6	38.6	38.5	38.5	38.5	38.0	38.1	38.0	38.3	38.3	38.2	38.2
葡萄牙	Portugal	10.1	10.1	10.5	10.5	10.6	10.7	10.7	10.7	10.7	10.7	10.6	10.6
罗马尼亚	Romania	22.3	22.3	21.7	21.6	21.5	21.3	21.3	21.2	21.4	21.4	21.7	21.6
西班牙	Spain	41.1	41.1	43.1	43.3	43.6	44.6	44.9	45.3	46.5	46.8	46.9	47.1
瑞士	Switzerland	7.2	7.2	7.3	7.3	7.3	7.5	7.6	7.6	7.7	7.7	8.1	8.2
英国	United Kingdom	59.3	59.4	59.7	59.8	60.0	61.0	61.6	61.9	62.4	62.8	63.1	63.5
俄罗斯	Russian Federation	143.2	142.4	143.2	142.5	141.9	141.8	140.9	140.4	142.8	142.7	142.8	142.5

7-1 续表 continued

单位：百万人 (millions)

国　家	Country	2003	2004	2005	2006	2007	2008	2009	2010	2011	2012	2013	2014
非洲	**Africa**												
阿尔及利亚	Algeria	31.8	32.3	32.9	33.4	33.9	34.4	34.9	35.4	36.0	36.5	39.2	39.9
安哥拉	Angola	13.6	14.1	15.9	16.4	16.9	17.5	18.5	19.0	19.6	20.2	21.5	22.1
布隆迪	Burundi	6.8	7.1	7.5	7.8	8.1	8.9	8.3	8.5	8.6	8.7	10.2	10.5
中非共和国	Central African Rep.	3.9	3.9	4.0	4.1	4.2	4.4	4.4	4.5	4.5	4.6	4.6	4.7
刚果共和国	Congo, Republic of the	3.7	3.8	4.0	4.1	4.2	3.8	3.7	3.8	4.1	4.2	4.4	4.6
埃及	Egypt	71.9	73.4	74.0	75.4	76.9	76.8	83.0	84.5	82.5	84.0	82.1	83.4
埃塞俄比亚	Ethiopia	70.7	72.4	77.4	79.3	81.2	85.2	82.8	85.0	84.7	86.5	94.1	96.5
加蓬	Gabon	1.3	1.4	1.4	1.4	1.4	1.4	1.5	1.5	1.5	1.6	1.7	1.7
加纳	Ghana	20.9	21.4	22.1	22.6	23.0	23.9	23.8	24.3	25.0	25.5	25.9	26.4
几内亚	Guinea	8.5	8.6	9.4	9.6	9.8	9.6	10.1	10.3	10.2	10.5	11.7	12.0
肯尼亚	Kenya	32.0	32.4	34.3	35.1	36.0	38.6	39.8	40.9	41.6	42.7	44.4	45.5
利比亚	Libya	5.6	5.7	5.9	6.0	6.1	6.3	6.4	6.5	6.4	6.5	6.2	6.3
利比里亚	Liberia	3.4	3.5	3.3	3.4	3.5	3.9	4.0	4.1	4.1	4.2	4.3	4.4
马达加斯加	Madagascar	17.4	17.9	18.6	19.1	19.6	20.2	19.6	20.1	21.3	21.9	22.9	23.6
马里	Mali	13.0	13.4	13.5	13.9	14.3	12.7	13.0	13.3	15.8	16.3	15.3	15.8
毛里塔尼亚	Mauritania	2.9	3.0	3.1	3.2	3.2	3.2	3.3	3.4	3.5	3.6	3.9	4.0
摩洛哥	Morocco	30.6	31.1	31.5	31.9	32.4	31.6	32.0	32.4	32.3	32.6	33.0	33.5
莫桑比克	Mozambique	18.9	19.2	19.8	20.2	20.5	21.8	22.9	23.4	23.9	24.5	25.8	26.5
尼日利亚	Nigeria	124.0	127.1	131.5	134.4	137.2	151.5	154.7	158.3	162.5	166.6	173.6	178.5
卢旺达	Rwanda	8.4	8.5	9.0	9.2	9.4	10.0	10.0	10.3	10.9	11.3	11.8	12.1
索马里	Somalia	9.9	10.3	8.2	8.5	8.8	9.0	9.1	9.4	9.6	9.8	10.5	10.8
南非	South Africa	45.0	45.2	47.4	47.6	47.7	48.8	50.1	50.5	50.5	50.7	52.8	53.1
苏丹	Sudan	33.6	34.3	36.2	37.0	37.8	39.4	42.3	43.2	44.6	35.0	38.0	38.8
突尼斯	Tunisia	9.8	9.9	10.1	10.2	10.3	10.4	10.3	10.4	10.6	10.7	11.0	11.1
乌干达	Uganda	25.8	26.7	28.8	29.9	30.9	31.9	32.7	33.8	34.5	35.6	37.6	38.8
喀麦隆	Cameroon, Republic of	16.0	16.3	16.3	16.6	16.9	18.9	19.5	20.0	20.0	20.5	22.3	22.8
坦桑尼亚	Tanzania, United Republic of	37.0	37.7	38.3	39.0	39.7	41.5	43.7	45.0	46.2	47.7	49.3	50.8
赞比亚	Zambia	10.8	10.9	13.0	11.9	12.1	12.2	12.9	13.3	13.5	13.9	14.5	15.0
大洋洲	**Oceania**												
澳大利亚	Australia	19.7	19.9	20.2	20.4	20.6	21.0	21.3	21.5	22.6	22.9	23.3	23.6
新西兰	New Zealand	3.9	3.9	4.0	4.1	4.1	4.2	4.3	4.3	4.4	4.5	4.5	4.6
北美洲	**North America**												
加拿大	Canada	31.5	31.7	32.3	32.6	32.9	33.2	33.6	33.9	34.3	34.7	35.2	35.5
美国	United States	294.0	297.0	298.2	301.0	303.9	308.8	314.7	317.6	313.1	315.8	320.1	322.6
拉丁美洲	**Latin America**												
阿根廷	Argentina	38.4	38.9	38.7	39.1	39.5	39.9	40.3	40.7	40.8	41.1	41.4	41.8
玻利维亚	Bolivia	8.8	9.0	9.2	9.4	9.5	9.7	9.9	10.0	10.1	10.2	10.7	10.8
巴西	Brazil	178.5	180.7	186.4	188.9	191.3	194.2	193.7	195.4	196.7	198.4	200.4	202.0
智利	Chile	15.8	16.0	16.3	16.5	16.6	16.8	17.0	17.1	17.3	17.4	17.6	17.8
哥伦比亚	Colombia	44.2	44.9	45.6	46.3	47.0	46.7	45.7	46.3	46.9	47.6	48.3	48.9
古巴	Cuba	11.3	11.3	11.3	11.3	11.3	11.3	11.2	11.2	11.3	11.2	11.3	11.3
多米尼加共和国	Dominican Republic	8.7	8.9	8.9	9.0	9.1	9.9	10.1	10.2	10.1	10.2	10.4	10.5
厄瓜多尔	Ecuador	13.0	13.2	13.2	13.4	13.6	13.5	13.6	13.8	14.7	14.9	15.7	16.0
危地马拉	Guatemala	12.3	12.7	12.6	12.9	13.2	13.7	14.0	14.4	14.8	15.1	15.5	15.9
墨西哥	Mexico	103.5	104.9	107.0	108.3	109.6	107.8	109.6	110.6	114.8	116.1	122.3	123.8
巴拿马	Panama	3.1	3.2	3.2	3.3	3.3	3.4	3.5	3.5	3.6	3.6	3.9	3.9
巴拉圭	Paraguay	5.9	6.0	6.2	6.3	6.4	6.2	6.3	6.5	6.6	6.7	6.8	6.9
秘鲁	Peru	27.2	27.6	28.0	28.4	28.8	28.2	29.2	29.5	29.4	29.7	30.4	30.8
波多黎各	Puerto Rico	3.9	3.9	4.0	4.0	4.0	4.0	4.0	4.0			3.7	3.7
乌拉圭	Uruguay	3.4	3.4	3.5	3.5	3.5	3.4	3.4	3.4	3.4	3.4	3.4	3.4
委内瑞拉	Venezuela	25.7	26.2	26.7	27.2	27.7	28.1	28.6	29.0	29.4	29.9	30.4	30.9

资料来源：《世界人口状况》2003-2014年,联合国人口基金编。
Sources: UNFPA, State of World Population 2003-2014.

7-2 人口出生率、死亡率、自然增长率

Crude Birth Rate, Crude Death Rate and Rate of Natural Increase

国　　家	Country	出生率 Crude Birth Rate(‰)	死亡率 Crude Death Rate(‰)	自然增长率 Rate of Natural Increase(%)
美国	United States	13	8	0.4
日本	Japan	8	10	-0.2
德国	Germany	8	11	-0.2
英国	United Kingdom	12	9	0.3
法国	France	12	9	0.3
意大利	Italy	9	10	-0.1
加拿大	Canada	11	7	0.4
澳大利亚	Australia	13	6	0.7
波兰	Poland	10	10	-0.1
匈牙利	Hungary	9	13	-0.4
罗马尼亚	Romania	10	12	-0.3
保加利亚	Bulgaria	9	14	-0.5
印度	India	22	7	1.5
印度尼西亚	Indonesia	20	6	1.4
巴基斯坦	Pakistan	28	8	2
孟加拉国	Bangladesh	20	6	1.5
泰国	Thailand	12	8	0.4
菲律宾	Philippines	24	6	1.8
马来西亚	Malaysia	17	5	1.3
韩国	Korea Rep.	9	5	0.3
新加坡	Singapore	9	5	0.5
伊朗	Iran	19	5	1.4
土耳其	Turkey	16	5	1.1
尼日利亚	Nigeria	39	13	2.5
埃及	Egypt	32	6	2.6
埃塞俄比亚	Ethiopia	28	8	2.1
坦桑尼亚	Tanzania	40	9	3.1
肯尼亚	Kenya	34	9	2.6
巴西	Brazil	15	6	0.9
墨西哥	Mexico	19	6	1.4
阿根廷	Argentina	19	7	1.1
哥伦比亚	Colombia	19	6	1.3

资料来源：《2014年世界人口数据表》美国人口咨询局编。
Sources:Population Reference Bureau of United States, 2014 World Population Data Sheet.

7-3 人口年龄构成

Age Composition

单位：% (%)

国　家	Country	0-14岁 Aged 0-14	15-64岁 Aged 15-64	65岁及以上 Aged 65 and Over
美国	United States	19	67	14
日本	Japan	13	61	26
德国	Germany	13	66	21
英国	United Kingdom	18	65	17
法国	France	18	64	18
意大利	Italy	14	65	21
加拿大	Canada	16	69	15
澳大利亚	Australia	19	67	14
波兰	Poland	15	71	14
匈牙利	Hungary	14	69	17
罗马尼亚	Romania	16	68	16
保加利亚	Bulgaria	14	66	20
印度	India	31	64	5
印度尼西亚	Indonesia	29	66	5
巴基斯坦	Pakistan	38	58	4
孟加拉国	Bangladesh	29	66	5
泰国	Thailand	18	72	10
菲律宾	Philippines	34	62	4
马来西亚	Malaysia	26	68	6
韩国	Korea Rep.	15	73	12
新加坡	Singapore	16	73	11
伊朗	Iran	24	71	5
土耳其	Turkey	25	67	8
尼日利亚	Nigeria	44	53	3
埃及	Egypt	32	62	6
埃塞俄比亚	Ethiopia	43	54	3
坦桑尼亚	Tanzania	45	52	3
肯尼亚	Kenya	42	55	3
巴西	Brazil	24	69	7
墨西哥	Mexico	28	66	6
阿根廷	Argentina	25	65	10
哥伦比亚	Colombia	28	65	7

资料来源：《2014年世界人口数据表》美国人口咨询局编。
Sources:Population Reference Bureau of United States, 2014 World Population Data Sheet.

7-4 人口指标
Demographic Indicators

国　家	Country	预期寿命(岁) 男 / 女 Life Expectancy at Birth Male / Female (2010-2015)	总和生育率 Total Fertility Rate, Per Woman (2010-2015)	人口年均增长率(%) Average Annual Rate of Population Change, Per cent (2010-2015)	城镇化率(%) Persent Urban
美国	United States	76/81	2.0	0.8	81
日本	Japan	80/87	1.4	-0.1	91
德国	Germany	78/83	1.4	-0.1	73
英国	United Kingdom	78/82	1.9	0.6	80
法国	France	78/85	2.0	0.5	78
意大利	Italy	80/85	1.5	0.2	68
加拿大	Canada	79/84	1.7	1.0	80
澳大利亚	Australia	80/85	1.9	1.3	89
波兰	Poland	72/80	1.4	0.0	61
匈牙利	Hungary	70/79	1.4	-0.2	69
罗马尼亚	Romania	70/77	1.4	-0.3	54
印度	India	65/68	2.5	1.2	31
印度尼西亚	Indonesia	69/73	2.4	1.2	50
巴基斯坦	Pakistan	66/67	3.2	1.7	35
孟加拉国	Bangladesh	70/71	2.2	1.2	26
泰国	Thailand	71/78	1.4	0.3	47
菲律宾	Philippines	65/72	3.1	1.7	63
马来西亚	Malaysia	73/77	2.0	1.6	71
韩国	Korea,Republic of	78/85	1.3	0.5	81
新加坡	Singapore	80/85	1.3	2.0	100
土耳其	Turkey	72/79	2.1	1.2	77
尼日利亚	Nigeria	52/53	6.0	2.8	50
埃及	Egypt	69/73	2.8	1.6	43
埃塞俄比亚	Ethiopia	62/65	4.6	2.6	17
坦桑尼亚	Tanzania	60/63	5.2	3.0	30
肯尼亚	Kenya	60/63	4.4	2.7	24
巴西	Brazil	70/77	1.8	0.8	85
墨西哥	Mexico	75/80	2.2	1.2	78
阿根廷	Argentina	73/80	2.2	0.9	92
哥伦比亚	Colombia	70/78	2.3	1.3	76

资料来源：《世界人口状况-2014》联合国人口基金编。《2014年世界人口数据表》美国人口咨询局编。
Sources: UNFPA, State of World Population 2014, Population Bureau of United States, 2014 World Population Data Sheet.

7-5 全部就业人数

Employment

单位：千人 (1000 persons)

国　别	Country	2009	2010	2011	2012	2013	2014
阿根廷	Argentina	10337.9	10531.9	10765.7	10843.6	10942.8	11047.2
澳大利亚	Australia	10805.6	11022.2	11215.0	11347.2	11465.3	11562.8
加拿大	Canada	16727.6	16964.3	17221.0	17438.0	17691.1	17802.2
埃　及	Egypt	22975.4	23828.9	23345.8	23595.7	23973.6	
法　国	France	25633.6	25690.4	25751.3	25749.0	25749.4	25769.4
德　国	Germany	38471.1	38737.8	38787.2	39126.5	39531.4	39879.1
匈牙利	Hungary	3747.7	3732.4	3759.0	3827.2	3892.8	4100.8
印度尼西亚	Indonesia	104870.7	108207.8	109670.4	110808.2	112761.1	116400.0
意大利	Italy	22698.7	22526.9	22598.2	22566.0	22190.5	22278.9
日　本	Japan	62820.0	62570.0	62890.0	62700.0	63110.0	63505.8
韩　国	Korea, Republic of	23505.6	23828.8	24244.2	24680.7	25066.4	25599.5
马来西亚	Malaysia	10897.3	11776.8	12284.4	12723.2	13210.0	13532.1
墨西哥	Mexico	43678.1	45600.0	46891.6	49003.4	49275.1	49415.4
荷　兰	Netherlands	8596.1	8370.2	8368.7	8424.2	8364.8	8318.1
新西兰	New Zealand	2164.4	2180.3	2215.4	2216.1	2262.3	2341.9
挪　威	Norway	2499.5	2500.8	2535.5	2585.4	2601.6	2626.6
菲律宾	Philippines	35062.0	36035.0	37192.0	37600.0	37917.0	38093.5
葡萄牙	Portugal	4968.6	4898.4	4740.1	4546.9	4429.4	4499.5
罗马尼亚	Romania	9243.5	8712.8	8528.2	8605.1	8549.1	8613.7
俄罗斯	Russian Federation	69284.9	69803.6	70856.6	71545.4	71391.5	
瑞　典	Sweden	4499.3	4523.7	4625.9	4657.1	4704.5	4772.1
泰　国	Thailand	37706.3	38037.3	39317.2	39578.3	39112.4	38077.4
英　国	United Kingdom	29058.7	29125.0	29282.1	29596.2	29952.5	30641.8
美　国	United States	139877.0	139064.0	139869.0	142469.0	143929.0	146305.0

注：1)资料来源:国际劳工组织劳动统计数据库(下同)。

Note: a)Date resources:ILO Labour Statistics Database (same as below).

7-6 按三次产业分就业人员构成

Employment by Type of Industry

单位：% (%)

国别	Country	第一产业		第二产业		第三产业	
		2005	2013	2005	2013	2005	2013
孟加拉国	Bangladesh	48.1		14.5		37.4	
柬埔寨	Cambodia		51.0		18.6		30.4
印度	India	55.8	47.2②	19.0	24.7②	25.2	28.1②
印度尼西亚	Indonesia	44	35.1②	18.7	21.7②	37.2	43.2②
伊朗	Iran	24.7		30.3		44.8	
以色列	Israel	2		21.4		75.7	
日本	Japan	4.4		27.9		66.4	
哈萨克斯坦	Kazakhstan	32.4	25.5②	18.0	19.4②	49.6	55.1②
韩国	Korea, Rep.	7.9		26.8		65.2	
马来西亚	Malaysia	14.6	12.6②	29.7	28.4②	55.6	59.0②
蒙古	Mongolia	39.9	32.6①	16.8	17.3①	43.3	49.6①
巴基斯坦	Pakistan	43	43.7	20.3	21.5	36.6	33.2
菲律宾	Philippines	36	32.2②	15.6	15.4②	48.5	52.5②
新加坡	Singapore	1.1		21.7		77.3	
斯里兰卡	Sri Lanka	30.7	39.4②	25.6	17.7②	38.4	41.5②
泰国	Thailand	42.6	39.6②	20.2	20.9②	37.1	39.4②
越南	Viet Nam		47.4		21.1		31.5
埃及	Egypt	30.9	29.2①	21.5	23.5①	47.5	47.1①
南非	South Africa	7.5	4.6①	25.6	24.3①	66.6	62.7①
加拿大	Canada	2.7		22.0		75.3	
墨西哥	Mexico	14.9	13.4①	25.5	24.1①	59.0	61.9①
美国	United States	1.6		20.6		77.8	
阿根廷	Argentina	1.1	0.6②	23.5	23.4②	75.1	75.3②
巴西	Brazil	20.5	15.3①	21.4	21.9①	57.9	62.7①
委内瑞拉	Venezuela	9.7	7.7②	20.8	21.2②	68.7	70.7②
捷克	Czech Rep.	4	3.1②	39.5	38.1②	56.5	58.8②
法国	France	3.6	2.9②	23.7	21.7②	72.3	74.9②
德国	Germany	2.4	1.5②	29.8	28.2②	67.8	70.2②
意大利	Italy	4.2	3.7②	30.8	27.8②	65.0	68.5②
荷兰	Netherlands	3.2	2.5①	19.6	15.3①	72.4	71.5①
波兰	Poland	17.4	12.6②	29.2	30.4②	53.4	57.0②
俄罗斯	Russia	10.2		29.8		60.0	
西班牙	Spain	5.3	4.4②	29.7	20.7②	65.0	74.9②
土耳其	Turkey	29.5	23.6②	24.8	26.0②	45.8	50.4②
乌克兰	Ukraine	19.4	17.2②	24.2	20.7②	56.4	62.1②
英国	United Kingdom	1.3	1.2②	22.2	18.9②	76.3	78.9②
澳大利亚	Australia	3.6		21.3		75.1	
新西兰	New Zealand	7.1		22.0		70.7	

资料来源：世界银行数据库。

①2011年数据。②2012年数据。

Source: World Bank Database.

①Data refer to 2011.②Data refer to 2012.

7-7 失业人数

Unemployment

单位：千人 (1000 persons)

国 别	Country	2009	2010	2011	2012	2013	2014
阿根廷	Argentina	1033.4	880.3	832.7	843.4	836.3	865.8
澳大利亚	Australia	636.2	606.0	600.3	624.9	687.0	746.9
加拿大	Canada	1522.8	1486.3	1398.5	1371.6	1346.7	1322.3
埃 及	Egypt	2378.0	2350.8	3183.3	3424.7	3648.9	
法 国	France	2573.1	2626.8	2599.1	2806.6	2815.6	2819.1
德 国	Germany	3228.2	2945.5	2398.8	2224.4	2181.8	2089.7
匈牙利	Hungary	417.8	469.4	466.0	473.2	441.0	343.3
印度尼西亚	Indonesia	8962.6	8319.8	7700.1	7245.0	7410.9	7244.9
意大利	Italy	1906.6	2055.7	2061.3	2691.0	3068.7	3236.0
日 本	Japan	3360.0	3340.0	3020.0	2850.0	2650.0	2359.2
韩 国	Korea, Republic of	888.7	919.6	854.7	819.9	806.9	936.5
马来西亚	Malaysia	418.0	395.8	391.4	396.3	424.6	399.5
墨西哥	Mexico	2521.3	2572.3	2590.5	2473.8	2598.7	2508.6
荷 兰	Netherlands	303.7	389.9	388.6	468.5	600.1	609.0
新西兰	New Zealand	141.4	152.2	154.6	164.5	149.4	140.5
挪 威	Norway	80.0	91.3	84.2	83.3	92.2	94.8
菲律宾	Philippines	2831.0	2859.0	2813.0	2826.0	2905.0	2788.5
葡萄牙	Portugal	517.4	591.2	688.2	835.7	855.2	726.0
罗马尼亚	Romania	680.7	651.7	659.4	627.2	653.0	628.7
俄罗斯	Russian Federation	6372.8	5636.3	4922.4	4130.7	4137.4	
瑞 典	Sweden	410.0	426.2	391.6	403.6	412.0	412.4
泰 国	Thailand	572.3	402.2	262.4	230.8	305.6	322.7
英 国	United Kingdom	2368.8	2459.4	2559.2	2534.0	2440.5	1995.5
美 国	United States	14265.0	14825.0	13747.0	12506.0	11460.0	9617.0

7-8 失业率

Unemployment Rate

单位：%　　　　(%)

国　别	Country	2009	2010	2011	2012	2013	2014
阿根廷	Argentina	9.1	7.7	7.2	7.2	7.1	7.3
澳大利亚	Australia	5.6	5.2	5.1	5.2	5.7	6.1
加拿大	Canada	8.3	8.1	7.5	7.3	7.1	6.9
埃及	Egypt	9.4	9.0	12.0	12.7	13.2	
法国	France	9.1	9.3	9.2	9.8	9.9	9.9
德国	Germany	7.7	7.1	5.8	5.4	5.2	5.0
匈牙利	Hungary	10.0	11.2	11.0	11.0	10.2	7.7
印度尼西亚	Indonesia	7.9	7.1	6.6	6.1	6.2	5.9
意大利	Italy	7.7	8.4	8.4	10.7	12.1	12.7
日本	Japan	5.1	5.1	4.6	4.3	4.0	3.6
韩国	Korea, Republic of	3.6	3.7	3.4	3.2	3.2	3.5
马来西亚	Malaysia	3.7	3.3	3.1	3.0	3.1	2.9
墨西哥	Mexico	5.5	5.3	5.2	4.8	5.0	4.8
荷兰	Netherlands	3.4	4.5	4.4	5.3	6.7	6.8
新西兰	New Zealand	6.1	6.5	6.5	6.9	6.2	5.7
挪威	Norway	3.1	3.5	3.2	3.1	3.4	3.5
菲律宾	Philippines	7.5	7.3	7.0	7.0	7.1	6.8
葡萄牙	Portugal	9.4	10.8	12.7	15.5	16.2	13.9
罗马尼亚	Romania	6.9	7.0	7.2	6.8	7.1	6.8
俄罗斯	Russian Federation	8.4	7.5	6.5	5.5	5.5	
瑞典	Sweden	8.4	8.6	7.8	8.0	8.1	8.0
泰国	Thailand	1.5	1.0	0.7	0.6	0.8	0.8
英国	United Kingdom	7.5	7.8	8.0	7.9	7.5	6.1
美国	United States	9.2	9.6	9.0	8.1	7.4	6.2

7-9 消费价格指数

Consumer Price Indices

资料来源：国际货币基金组织数据库。
Source: IFS Database,IMF.

(2010年=100) (2010=100)

国家或地区	Country or Area	2005	2009	2011	2012	2013	2014
中　国①	China①	86.6	96.8	105.4	108.1	111.0	113.2
中国香港	Hong Kong,China	89.5	97.7	105.3	109.5	114.3	119.4
中国澳门	Macao,China	79.7	97.3	105.8	112.3	118.5	125.6
孟加拉国	Bangladesh	69.2	92.5	110.7	117.6	126.4	135.3
文　莱	Brunei Darussalam	95.5	99.6	102.0	102.5	102.9	102.7
柬埔寨	Cambodia	67.8	96.2	105.5	108.6	111.8	116.1
印　度	India	65.8	89.3	108.9	119.0	132.0	140.4
印度尼西亚	Indonesia	68.7	95.1	105.4	109.9	116.9	124.4
伊　朗	Iran	48.6	90.8	120.6	153.6	214.0	250.8
以色列	Israel	87.8	97.4	103.5	105.2	106.8	107.3
日　本	Japan	100.4	100.7	99.7	99.7	100.0	102.8
韩　国	Korea, Rep.	86.1	97.1	104.0	106.3	107.7	109.0
老　挝	Laos	78.5	94.4	107.6	112.2	119.3	124.2
马来西亚	Malaysia	87.7	98.3	103.2	104.9	107.1	110.5
蒙　古	Mongolia	59.6	90.8	109.5	125.9	136.7	154.5
缅　甸	Myanmar	44.5	92.8	105.0	106.6	112.5	118.6
巴基斯坦	Pakistan	55.3	87.8	111.9	122.8	132.2	141.7
菲律宾	Philippines	78.7	96.4	104.7	108.0	111.2	115.8
新加坡	Singapore	88.0	97.3	105.3	110.0	112.6	113.8
斯里兰卡	Sri Lanka	58.3	94.2	106.7	114.8	122.7	126.7
泰　国	Thailand	86.6	96.8	103.8	106.9	109.3	111.4
埃　及	Egypt	57.8	89.9	110.1	117.9	129.0	142.1
尼日利亚	Nigeria	62.0	87.9	110.8	124.4	134.9	145.8
南　非	South Africa	71.6	95.9	105.0	110.9	117.0	124.4
加拿大	Canada	91.9	98.3	102.9	104.5	105.5	107.5
墨西哥	Mexico	80.5	96.0	103.4	107.7	111.8	116.3
美　国	United States	89.6	98.4	103.2	105.3	106.8	108.6
巴　西	Brazil	79.6	95.2	106.6	112.4	119.4	126.9
捷　克	Czech Rep.	87.0	98.6	101.9	105.3	106.8	107.2
法　国	France	92.8	98.5	102.1	104.1	105.0	105.6
德　国	Germany	92.5	98.9	102.1	104.1	105.7	106.7
意大利	Italy	91.0	98.5	102.7	105.9	107.2	107.4
荷　兰	Netherlands	92.6	98.7	102.3	104.9	107.5	108.5
波　兰	Poland	86.8	97.4	104.3	108.0	109.1	109.2
俄罗斯	Russia	61.4	93.6	108.4	113.9	121.6	131.2
西班牙	Spain	89.0	98.2	103.2	105.7	107.2	107.1
土耳其	Turkey	65.9	92.1	106.5	115.9	124.6	135.7
乌克兰	Ukraine	51.2	91.4	108.0	108.6	108.3	121.5
英　国	United Kingdom	87.4	96.8	104.5	107.4	110.2	111.8
澳大利亚	Australia	86.4	97.2	103.3	105.1	107.7	110.4
新西兰	New Zealand	87.0	97.8	104.4	105.4	106.7	107.6

注：①根据《中国统计年鉴》数据计算得出。
Note: ①Calculating with data from China Statiatical Yearbook.

二、香港特别行政区人口和就业统计数据

II.Population and Employment Data of
Hong Kong Special Administrative Region

7-10 人口主要指标
Main Indicators of Population

项 目		Item		2010	2011	2012	2013	2014
年中人口	（万人）	Mid-year Population (10 000 persons)		702.4	707.2	715.5	718.8	724.2
粗出生率	（‰）	Crude Birth Rate	(‰)	12.6	13.5	12.8	7.9	8.6
粗死亡率	（‰）	Crude Death Rate	(‰)	6	6.0	6.1	6.0	6.2
婴儿死亡率	（‰）	Infant Mortality Rate	(‰)	1.7	1.3	1.5	1.8	1.6
自然增长率	（‰）	Rate of Natural Increase	(‰)	6.6	7.5	6.7	1.9	2.4
总和生育率①		Total Fertility Rate①		1127	1204	1285	1124	1234
登记结婚数	（对）	Registered Marriages	(couple)	52558	58369	60459	55274	56454
登记离婚数	（对）	Divorce Decrees	(couple)	18167	19597	21125	22271	20019
出生时平均预期寿命	（年）	Expectation of Life at Birth (year old)						
男		Male		80.1	80.3	80.7	81.1	81.2
女		Female		86	86.7	86.4	86.7	86.7

注：①不包括女性外籍家庭佣工。每千名女性的活产婴儿数目。
Note:①Excluding female foreign domestic helpers. Refers to live births per 1000 women.

7-11 劳动人口及失业状况
Labour Force and Unemployment

项 目		Item		2008	2009	2010	2011	2012	2013	2014
劳动人口数目(万人)		Labour Force	(10 000 persons)	363.7	366.0	363.1	370.3	378.5	385.9	387.6
男		Male		194.4	194.4	193.1	194.3	197.2	199.2	198.8
女		Female		169.3	171.6	170.0	176.0	181.3	186.6	188.8
劳动人口参与率	(%)	Labour Force Participation Rate	(%)	60.9	60.8	59.6	60.1	60.5	61.2	61.1
就业人口	（万人）	Employed Persons	(10 000 persons)	350.9	346.8	347.4	357.6	366.1	372.8	374.9
失业人口	（万人）	Unemployed Persons (10 000 persons)		12.8	19.3	15.7	12.7	12.4	13.1	12.7
失业率	(%)	Unemployment Rate	(%)	3.5	5.3	4.3	3.4	3.3	3.4	3.3

注：数字是根据每年1月至12月进行的“综合住户统计调查”结果，以及由政府统计处与跨部门人口分布推算小组共同编制按区议会分区

7-12 按行业划分的就业人数
Employed Persons by Industry

单位：万人 (10 000 persons)

行　业（按香港标准行业分类1.1版分类）	Industry (based on HSIC Version 1.1)	2005	2006	2007
制造业	Manufacturing	22.4	21.7	20.0
建筑业	Construction	26.4	26.9	27.5
批发、零售、进出口贸易、饮食及酒店业	Wholesale, Retail and Import/Export Trades, Restaurants and Hotels	109.4	110.5	114.2
运输、仓库及通讯业	Transport, Storage and Communications	35.7	36.9	37.2
金融、保险、地产及商用服务业	Financing, Insurance, Real Estate and Business Services	50.3	52.6	54.6
社区、社会及个人服务业	Community, Social and Personal Services	87.0	89.2	92.0
其它	Others	2.4	2.3	2.2
总计	**Total**	**333.7**	**340.1**	**347.7**

行　业（按香港标准行业分类2.0版分类）	Industry (based on HSIC Version 2.0)	2008	2009	2010	2011	2012	2013	2014
制造	Manufacturing	16.6	15.0	13.3	13.3	13.4	12.6	13.0
建筑	Construction	26.5	26.2	26.5	27.7	29.1	30.9	30.7
进出口贸易及批发	Import/Export Trade and Wholesale	58.9	56.2	54.7	53.9	56.4	51.5	50.2
零售、住宿①及膳食服务	Retail, Accommodation① and Food Services	55.2	54.5	55.8	57.8	59.1	61.2	63.4
运输、仓库、邮政及速递服务、资讯及通讯	Transportation, Storage, Postal and Courier Services, Information and Communications	43.4	42.3	42.2	43.4	43.4	44.5	44.6
金融、保险、地产、专业及商用服务	Financing, Insurance, Real Estate, Professional and Business Services	63.9	63.7	64.1	67.6	68.7	72.0	73.4
公共行政、社会及个人服务	Public Administration, Social and Personal Services	84.3	86.7	88.5	91.5	93.5	97.8	97.3
其它	Others	2.2	2.1	2.3	2.4	2.4	2.3	2.2
总计	**Total**	**350.9**	**346.8**	**347.4**	**357.6**	**366.1**	**372.8**	**374.9**

注：数字是根据每年1月至12月进行的“综合住户统计调查”结果，以及由政府统计处与跨部门人口分布推算小组共同编制按区议会分区划分年中人口估计数字而编制。
统计数字在编制过程中涉及应用人口数字。2007年至2010年的年度数字已就2011年人口普查的结果而作出了修订。
2011年人口普查的结果提供了一个基准，用作修订自2006年中期人口统计以来编制的人口数字。
由2009年开始，数字是按“香港标准行业分类2.0版”编制，其数列已向前估计至2008年。
①住宿服务包括酒店、宾馆、旅舍及其他提供短期住宿服务的机构单位。

Notes : Figures are compiled based on data collected in the General Household Survey from January to December of the year concerned as well as the mid-year population estimates by District Council district compiled jointly by the Census and Statistics Department and an inter-departmental Working Group on Population Distribution Projections.
Statistics involve the use of the population figures in the compilation process. Annual figures of 2007-2010 have been revised to take into account the results of the 2011 Population Census which provided a benchmark for revising the population figures compiled since the 2006 Population By-census.
Starting from 2009, figures are compiled based on the Hong Kong Standard Industrial Classification Version 2.0 and the series has been backcasted to 2008.
①Accommodation services cover hotels, guesthouses, boarding houses and other establishments providing short term accommodation.

7-13 按每月就业收入划分的就业人数
Employed Persons by Monthly Employment Earnings

单位：万人，另有注明除外 (10 000 persons, unless otherwise specified)

每月就业收入(港元)	Monthly Employment Earnings (HKD)	2010	2011	2012	2013	2014
< 3000	< 3000	11.3	10.1	9.9	11.3	11.4
3000 - 3999	3000 - 3999	27.3	28.2	29.1	28.4	17.6
4000 - 4999	4000 - 4999	8.1	6.8	6.9	8.8	19.4
5000 - 5999	5000 - 5999	11.6	8.5	6.2	6.3	5.7
6000 - 6999	6000 - 6999	20.3	16.5	11.3	9.0	6.9
7000 - 7999	7000 - 7999	23.2	22.2	17.8	14.2	11.6
8000 - 8999	8000 - 8999	27.2	28.9	28.6	22.1	18.1
9000 - 9999	9000 - 9999	21.0	21.3	25.7	24.4	22.3
10000 - 11999	10000 - 11999	35.9	38.2	38.3	40.5	39.2
12000 - 13999	12000 - 13999	29.6	33.0	35.2	36.7	38.9
14000 - 15999	14000 - 15999	25.6	26.0	29.6	31.2	34.0
16000 - 17999	16000 - 17999	8.8	9.8	12.3	15.0	16.0
18000 - 19999	18000 - 19999	9.5	10.1	9.6	11.9	13.6
20000 - 24999	20000 - 24999	27.0	30.1	31.6	33.0	33.9
25000 - 29999	25000 - 29999	13.1	14.7	15.4	16.9	18.0
30000 - 34999	30000 - 34999	14.6	17.1	17.0	16.8	17.9
35000 - 39999	35000 - 39999	5.7	6.4	8.0	8.6	9.4
40000 - 44999	40000 - 44999	6.0	6.0	7.5	8.4	8.4
45000 - 49999	45000 - 49999	3.7	3.8	3.7	4.8	5.7
50000 - 59999	50000 - 59999	6.3	6.8	8.9	9.1	9.8
60000 - 79999	60000 - 79999	5.2	5.8	5.6	7.2	7.7
80000 - 99999	80000 - 99999	2.5	2.6	3.0	3.3	3.4
≧ 100000	≧ 100000	4.1	4.8	5.2	5.1	6.0
总　计	Total	347.4	357.6	366.1	372.8	374.9
每月就业收入中位数(港元)	**Median Monthly Earnings (HKD)**	**11000**	**11300**	**12000**	**13000**	**13400**

注：数字是根据每年1月至12月进行的“综合住户统计调查”结果，以及由政府统计处与跨部门人口分布推算小组共同编制按区议会分区划分年中人口估计数字而编制。

Notes: Figures are compiled based on data collected in the General Household Survey from January to December of the year concerned as well as the mid-year population estimates by District Council district compiled jointly by the Census and Statistics Department and an inter-departmental Working Group on Population Distribution Projections.

7-14 按行业划分督导级(不包括经理级与专业雇员)及以下雇员的工资指数
Wage Indices for Employees up to Supervisory Level

(1992年9月=100) (September 1992 = 100)

行业主类	Industry Section	2010	2011	2012	2013	2014
名义工资指数	**Nominal Wage Index**					
制造	Manufacturing	153.7	170.0	172.8	180.9	191.1
进出口贸易、批发及零售	Import/Export, Wholesale and Retail Trades	173.5	188.1	195.1	198.8	204.7
运输	Transportation	153.9	161.8	166.4	173.2	181.7
住宿及餐饮服务活动①	Accommodation and Food Service Activities①	135.8	150.6	163.2	169.4	176.8
金融及保险活动	Financial and Insurance Activities	177.9	190.3	201.8	207.5	215.4
地产租赁及保养管理	Real Estate Leasing and Maintenance Management	167.1	186.6	199.8	219.2	223.6
专业及商业服务	Professional and Business Services	162.0	185.8	192.7	208.3	221.3
个人服务	Personal Services	196.3	222.0	240.7	253.8	271.9
所有选定行业②	All Selected Industries②	163.1	178.3	187.5	195.2	203.3
实际工资指数③	**Real Wage Index③**					
制造	Manufacturing	107.0	112.4	109.6	110.0	108.7
进出口贸易、批发及零售	Import/Export, Wholesale and Retail Trades	120.7	124.3	123.7	120.9	116.5
运输	Transportation	107.1	106.9	105.5	105.3	103.4
住宿及餐饮服务活动①	Accommodation and Food Service Activities①	94.5	99.6	103.5	103.0	100.6
金融及保险活动	Financial and Insurance Activities	123.8	125.8	128.0	126.2	122.5
地产租赁及保养管理	Real Estate Leasing and Maintenance Management	116.3	123.3	126.7	133.2	127.2
专业及商业服务	Professional and Business Services	112.8	122.8	122.2	126.6	125.9
个人服务	Personal Services	136.6	146.7	152.6	154.3	154.6
所有选定行业②	All Selected Industries②	113.5	117.9	118.9	118.7	115.7

注：指有关年度12月份的数字。

①住宿服务包括酒店、宾馆、旅舍及其他提供短期住宿服务的机构单位。

②指“劳工收入统计调查”内工资统计调查所涵盖的所有行业，包括并没有列出其统计数字的电力及燃气供应业、污水处理及废弃物管理业与出版活动业。

③实际工资指数是以名义工资指数扣除以2009/10年为基期的甲类消费价格指数而计算出来。

Notes: Figures refer to December of the year.

①Accommodation services cover hotels, guesthouses, boarding houses and other establishments providing short term accommodation.

②Figures refer to all industries covered by the wage enquiry of the Labour Earnings Survey, including the electricity and gas supply industry, sewerage and waste management activities industry and publishing activities industry, the statistics of which are not separately shown.

③The Real Wage Indices are derived by deflating the Nominal Wage Indices by the 2009/10-based Consumer Price Index (A).

7-15 消费价格指数(2009年10月-2010年9月=100)
Consumer Price Indices (Oct. 2009 - Sep. 2010=100)

项　目	Item	权　数 Weight	2010	2011	2012	2013	2014
综合消费价格指数	**Composite Consumer Price Index**						
总指数	**All Items**	**100.00**	**100.7**	**106.0**	**110.3**	**115.1**	**120.2**
食品	Food	27.45	100.9	108.0	114.2	119.3	124.2
外出用膳	Meals Bought away from Home	(17.07)	100.6	105.9	111.6	116.5	121.8
食品(不包括外出用膳)	Food(Excluding Meals Bought away from Home)	(10.38)	101.4	111.4	118.6	123.8	128.1
住屋①	Housing①	31.66	100.6	107.8	113.9	121.5	129.6
私人房屋租金	Private Housing Rent	(27.14)	100.5	107.7	115.1	122.3	129.6
公营房屋租金	Public Housing Rent	(2.05)	101.3	113.4	105.3	122.1	144.5
电力、燃气及水	Electricity, Gas and Water	3.10	103.6	99.2	91.1	97.3	111.9
烟酒	Alcoholic Drinks and Tobacco	0.59	100.1	117.2	120.7	122.5	130.5
衣履	Clothing and Footwear	3.45	100.5	107.3	110.6	112.4	113.4
耐用物品	Durable Goods	5.27	98.7	95.0	93.7	89.7	86.6
杂项物品	Miscellaneous Goods	4.17	100.6	104.4	106.7	109.1	111.6
交通	Transport	8.44	100.8	105.2	108.3	110.8	113.0
杂项服务②	Miscellaneous Services②	15.87	100.7	104.2	107.1	111.1	114.4
教育服务	Educational Services	(4.37)	100.5	103.0	105.8	109.8	114.1
资讯及通讯服务	Information and Communications Services	(2.40)	100.4	97.9	95.2	95.1	97.7
医疗服务	Medical Services	(2.74)	100.7	104.5	107.6	111.1	114.4
甲类消费价格指数	**Consumer Price Index (A)**						
总指数	**All Items**	**100.00**	**100.8**	**106.4**	**110.3**	**115.9**	**122.4**
食品	Food	33.68	100.9	108.4	115.0	120.3	125.3
外出用膳	Meals Bought away from Home	(19.23)	100.6	106.0	111.9	117.0	122.6
食品(不包括外出用膳)	Food(Excluding Meals Bought away from Home)	(14.45)	101.3	111.5	119.1	124.7	129.0
住屋①	Housing①	32.19	100.7	108.6	113.5	122.6	133.2
私人房屋租金	Private Housing Rent	(24.78)	100.6	107.9	115.6	123.5	132.0
公营房屋租金	Public Housing Rent	(5.49)	101.3	113.4	105.3	122.0	144.5
电力、燃气及水	Electricity, Gas and Water	4.36	104.7	100.2	89.1	95.5	112.6
烟酒	Alcoholic Drinks and Tobacco	0.91	100.2	119.2	123.4	125.1	133.9
衣履	Clothing and Footwear	2.60	100.1	106.5	110.3	112.8	113.3
耐用物品	Durable Goods	3.73	98.5	94.4	92.7	88.7	85.4
杂项物品	Miscellaneous Goods	3.87	100.5	103.5	106.3	109.7	112.9
交通	Transport	7.22	100.5	103.6	106.4	108.4	111.3
杂项服务②	Miscellaneous Services②	11.44	100.5	102.7	104.5	107.7	110.8
教育服务	Educational Services	(3.35)	100.4	102.6	105.2	109.2	113.4
资讯及通讯服务	Information and Communications Services	(3.19)	100.4	98.1	95.6	95.7	98.2
医疗服务	Medical Services	(2.06)	100.6	104.2	107.2	110.5	113.9
乙类消费价格指数	**Consumer Price Index (B)**						
总指数	**All Items**	**100.00**	**100.6**	**105.8**	**110.4**	**114.9**	**119.8**
食品	Food	27.16	100.9	107.9	114.4	119.4	124.4
外出用膳	Meals Bought away from Home	(17.90)	100.6	106.0	111.9	116.6	121.9
食品(不包括外出用膳)	Food(Excluding Meals Bought away from Home)	(9.26)	101.4	111.6	119.2	124.6	129.1

7-15 续表 continued

项 目	Item	权 数 Weight	2010	2011	2012	2013	2014
住屋①	Housing①	31.43	100.5	107.7	114.5	121.6	129.2
私人房屋租金	Private Housing Rent	(28.13)	100.6	107.9	115.3	122.4	130.0
公营房屋租金	Public Housing Rent	(0.72)	101.3	113.6	105.3	122.4	144.8
电力、燃气及水	Electricity, Gas and Water	2.84	103.2	98.5	91.7	97.8	111.1
烟酒	Alcoholic Drinks and Tobacco	0.56	100.1	117.3	120.7	122.5	130.4
衣履	Clothing and Footwear	3.45	100.2	106.4	109.9	112.3	112.7
耐用物品	Durable Goods	5.73	98.6	94.7	93.7	89.3	85.9
杂项物品	Miscellaneous Goods	4.17	100.7	104.8	107.2	109.4	111.6
交通	Transport	8.35	100.7	104.7	107.7	110.1	112.3
杂项服务②	Miscellaneous Services②	16.31	100.6	104.3	107.2	111.0	114.2
教育服务	Educational Services	(4.62)	100.4	102.7	105.4	109.3	113.3
资讯及通讯服务	Information and Communications Services	(2.34)	100.4	97.7	94.9	94.7	97.2
医疗服务	Medical Services	(2.84)	100.6	104.5	107.8	111.3	114.8
丙类消费价格指数	**Consumer Price Index (C)**						
总指数	**All Items**	**100.00**	**100.6**	**105.8**	**110.1**	**114.3**	**118.3**
食品	Food	20.87	100.9	107.3	112.7	117.1	121.8
外出用膳	Meals Bought away from Home	(13.55)	100.7	105.4	110.5	115.3	120.4
食品(不包括外出用膳)	Food(Excluding Meals Bought away from Home)	(7.32)	101.4	110.7	116.7	120.6	124.3
住屋①	Housing①	31.36	100.4	107.1	113.6	120.1	126.1
私人房屋租金	Private Housing Rent	(28.45)	100.4	107.4	114.2	121.0	126.9
电力、燃气及水	Electricity, Gas and Water	2.03	101.7	98.1	95.0	101.0	111.6
烟酒	Alcoholic Drinks and Tobacco	0.29	100.0	111.4	112.9	115.0	120.9
衣履	Clothing and Footwear	4.39	101.1	108.8	111.5	112.2	114.3
耐用物品	Durable Goods	6.39	99.0	95.7	94.3	90.6	88.1
杂项物品	Miscellaneous Goods	4.49	100.6	104.9	106.7	108.2	110.4
交通	Transport	9.93	101.1	107.0	110.6	113.7	115.3
杂项服务②	Miscellaneous Services②	20.25	100.7	105.0	108.7	113.2	116.9
教育服务	Educational Services	(5.15)	100.6	103.7	106.8	110.8	115.6
资讯及通讯服务	Information and Communications Services	(1.62)	100.4	97.8	95.0	94.8	97.4
医疗服务	Medical Services	(3.38)	100.8	104.5	107.8	111.1	114.5

注：①除“私人房屋租金”及“公营房屋租金”外，“住屋”类别还包括“管理费及其他住屋杂费”和“保养住所材料”。而丙类消费物价指数中的“住屋”类别并不包括“公营房屋租金”。

②“杂项服务”类别包括“教育服务”、“资讯及通讯服务”、“医疗服务”及其他杂项服务。

Notes : ①Apart from "Private Housing Rent" and "Public Housing Rent", the "Housing" section also includes "Management Fees and Other Housing Charges" and "Materials for House Maintenance". For CPI(C), the "Housing" section does not include "Public Housing Rent".

②"Miscellaneous Services" section includes "Educational Services", "Information and Communications Services", "Medical Services" and other miscellaneous services.

三、澳门特别行政区人口和就业统计数据

III.Population and Employment Data of Macao Special Administrative Region

7-16 人口主要指标
Main Demographic Indicator

项　　目	Item	2010	2011	2012	2013	2014
年中人口 (万人)	Mid-year Population (10 000 persons)	53.7	55.0	56.8	59.2	62.2
出生率 (‰)	Crude Birth Rate (‰)	9.5	10.6	12.9	11.1	11.8
死亡率 (‰)	Crude Death Rate (‰)	3.3	3.4	3.2	3.2	3.1
婴儿死亡率 (‰)	Infant Mortality Rate (‰)	2.9	2.9	2.5	2.0	2.0
自然增长率 (‰)	Natural Growth Rate (‰)	6.2	7.3	9.6	7.9	8.7
总和生育率	Total Fertility Rate	1.1	1.2	1.4	1.2	1.2
登记结婚 (宗)	Registered Marriages (case)	3103	3545	3783	4153	4085
离婚 (宗)	Registered Divorces (case)	889	998	1147	1172	1308
项　　目	Item	2007-2010	2008-2011	2009-2012	2010-2013	2011-2014
出生时平均预期寿命(岁)	Life Expectancy at Birth (years)	82.3	82.4	82.6	82.6	82.9
男	Male	79.2	79.2	79.3	79.3	79.6
女	Female	85.3	85.5	85.8	85.8	86.0

7-17 经济活动人口及失业状况
Labour Force and Unemployment

项　　目	Item	2008	2009	2010	2011	2012	2013	2014
劳动人口 (万人)	Labour Force (10 000 persons)	32.7	32.3	32.4	33.6	35.0	36.8	39.5
男	Male	17.3	16.6	16.5	17.1	18.1	18.9	20.7
女	Female	15.4	15.7	15.9	16.5	16.9	17.9	18.7
就业人口 (万人)	Employed Population (10 000 persons)	31.7	31.2	31.5	32.8	34.3	36.1	38.8
失业人口 (万人)	Unemployed Population (10 000 persons)	1.0	1.1	0.9	0.9	0.7	0.7	0.7
失业率 (%)	Unemployment Rate (%)	3.0	3.5	2.8	2.6	2.0	1.8	1.7

7-18 按行业划分的就业人口

Employed Population by Industry

单位：万人 (10 000 persons)

行　　业	Industry	2009	2010	2011	2012	2013	2014
总数	**Total**	**31.19**	**31.48**	**32.76**	**34.32**	**36.10**	**38.81**
制造业	Manufacturing	1.64	1.52	1.28	1.03	0.90	0.74
水电及气体生产供应业	Electricity, Gas & Water Supply	0.09	0.09	0.13	0.15	0.15	0.11
建筑业	Construction	3.18	2.71	2.82	3.23	3.53	5.25
批发及零售业	Wholesale & Retail Trades	4.08	4.14	4.34	4.23	4.47	4.52
酒店及饮食业	Hotels, Restaurants & Similar Activities	4.32	4.28	4.61	5.30	5.43	5.48
运输、仓储及通信业	Transport, Storage & Communications	1.62	1.82	1.60	1.60	1.59	1.92
金融业	Financial Intermediation	0.73	0.73	0.81	0.82	0.93	1.07
不动产及工商服务业	Real Estate & Business Activities	2.53	2.75	2.80	2.43	2.76	3.04
公共行政及社保事务	Public Administration & Social Security	1.97	2.14	2.30	2.51	2.57	2.55
教育	Education	1.18	1.15	1.23	1.31	1.43	1.48
医疗卫生及社会福利	Health & Social Welfare	0.75	0.81	0.85	0.86	0.91	1.01
文娱博彩及其他服务业	Recreational, Cultural, Gaming & Other Services	7.37	7.54	8.20	8.95	9.34	9.40
家务工作	Domestic Work	1.60	1.74	1.68	1.80	2.03	2.19
其他及不详	Others and Unknown	0.12	0.07	0.10	0.09	0.06	0.07

7-19 按行业划分的月工作收入中位数

Median Monthly Employment Earnings by Industry

单位：澳门元 (MOP)

行　　业	Occupation	2010	2011	2012	2013	2014
总数	**Total**	**9000**	**10000**	**11300**	**12000**	**13300**
制造业	Manufacturing	5700	6500	7500	8500	9000
水电及气体生产供应业	Electricity, Gas & Water Supply	16000	17500	16000	18000	21000
建筑业	Construction	9500	10100	11700	12000	13000
批发及零售业	Wholesale & Retail Trade	7500	8000	9000	10000	10000
酒店及饮食业	Hotels, Restaurants & Similar Activities	7000	7500	8300	8800	10000
运输、仓储及通信业	Transport, Storage & Communications	8500	10000	11000	12300	13000
金融业	Financial Intermediation	13000	12000	14000	16000	17000
不动产及工商服务业	Real Estate & Business Activities	6500	7000	8000	9000	9500
公共行政及社保事务	Public Administration & Social Security	19500	20700	25000	27200	30000
教育	Education	14000	15000	16000	19000	20000
医疗卫生及社会福利	Health & Social Welfare	10000	12000	15000	18200	16000
文娱博彩及其他服务业	Recreational, Cultural, Gaming & Other Services	12000	13000	14500	15300	17000
家务工作	Domestic Work	2900	3000	3100	3400	3500

7-20 消费物价指数

Consumer Price Index

2013年10月至2014年9月=100 (10/2013-09/2014=100)

项 目	Items	权数 Weight	2010	2011	2012	2013	2014
综合消费价格指数	**Composite Consumer Price Index**						
总指数	**Global Index**	**100.00**	**80.50**	**85.17**	**90.37**	**95.35**	**101.11**
食品及非酒精饮料	Food and Non-alcoholic Beverages	28.97	76.19	82.39	89.41	95.34	101.16
烟酒	Alcoholic Beverages and Tobacco	0.92	70.00	70.83	92.29	97.43	100.56
服装、鞋	Clothing and Footwear	6.46	87.75	93.66	96.71	98.67	100.55
住房及燃料	Housing and Fuels	26.70	75.02	77.60	82.85	91.09	101.95
家居设备及用品	Household Goods and Furnishings	3.29	81.46	85.16	91.00	96.00	100.53
医疗	Health	3.06	80.78	85.69	90.67	96.55	101.03
交通	Transport	10.96	86.76	94.34	96.82	98.76	100.75
通讯	Communications	2.53	119.65	106.88	102.42	100.07	99.76
康乐及文化	Recreation and Culture	4.79	85.89	90.31	92.61	96.81	100.98
教育	Education	2.91	95.94	97.40	97.63	96.26	98.51
其他商品及服务	Miscellaneous Goods and Services	9.41	82.66	90.15	95.38	97.34	100.72
甲类消费价格指数	**Consumer Price Index (A)**						
总指数	**Global Index**	**100.00**	**79.56**	**83.94**	**89.32**	**94.76**	**100.99**
食品及非酒精饮料	Food and Non-alcoholic Beverages	29.62	76.16	82.39	89.46	95.44	101.13
烟酒	Alcoholic Beverages and Tobacco	0.90	69.58	70.32	92.10	97.35	100.46
服装、鞋	Clothing and Footwear	6.43	87.17	92.91	96.15	98.35	100.44
住房及燃料	Housing and Fuels	27.76	76.12	78.59	83.17	91.26	102.03
家居设备及用品	Household Goods and Furnishings	3.26	83.14	86.95	91.97	96.24	100.45
医疗	Health	3.02	78.75	83.70	88.90	95.71	100.93
交通	Transport	9.75	86.43	93.74	96.85	98.91	100.72
通讯	Communications	2.63	119.56	107.00	102.30	100.03	99.74
康乐及文化	Recreation and Culture	4.73	86.04	90.72	93.44	96.91	100.74
教育	Education	2.99	93.84	96.31	97.37	96.06	98.43
其他商品及服务	Miscellaneous Goods and Services	8.91	80.54	86.61	91.68	95.39	100.59
乙类消费价格指数	**Consumer Price Index (B)**						
总指数	**Global Index**	**100.00**	**79.87**	**84.65**	**89.99**	**94.83**	**100.42**
食品及非酒精饮料	Food and Non-alcoholic Beverages	23.51	76.13	82.36	89.35	95.25	101.19
烟酒	Alcoholic Beverages and Tobacco	1.05	70.79	71.77	93.23	98.30	101.41
服装、鞋	Clothing and Footwear	6.69	87.58	93.37	96.59	98.54	100.45
住房及燃料	Housing and Fuels	17.84	74.03	76.68	82.70	90.96	101.83
家居设备及用品	Household Goods and Furnishings	3.54	80.94	84.50	90.56	95.88	100.53
医疗	Health	3.45	80.96	86.19	91.38	97.09	101.13
交通	Transport	21.05	85.20	93.28	96.47	98.59	100.67
通讯	Communications	1.71	120.25	107.02	102.37	100.03	99.74
康乐及文化	Recreation and Culture	5.28	86.54	91.08	93.21	97.20	101.35
教育	Education	2.20	96.16	97.55	97.58	95.90	98.25
其他商品及服务	Miscellaneous Goods and Services	13.67	81.75	89.03	94.18	96.21	99.44

Consumer Price Index

四、台湾省人口和就业统计数据

IV.Population and Employment Data of Taiwan Province

7-21 面积和人口主要指标

Main Indicators of Area and Population

项　　目	Item	2010	2011	2012	2013	2014
土地面积（万平方公里）	Area (10 000 sq.km)	3.6	3.6	3.6	3.6	3.6
户籍登记人口数（万人）	Year-end Population (10 000 persons)	2316.2	2322.5	2331.6	2337.4	2343.4
男	Male	1163.5	1164.6	1167.3	1168.5	1169.8
女	Female	1152.7	1157.9	1164.3	1168.9	1173.6
粗出生率 (‰)	Crude Birth Rate (‰)	7.21	8.48	9.86	8.53	8.99
粗死亡率 (‰)	Crude Death Rate (‰)	6.30	6.59	6.63	6.68	7.00
人口自然增长率 (‰)	Natural Population Growth Rate (‰)	0.91	1.88	3.23	1.85	1.98
一般生育率 (‰)	Fertility Rate (‰)	27	32	38	32	34
结婚率 (对/千人)	Marriage Rate (couple/1000 persons)	6.00	7.13	6.16	6.32	6.38
离婚率 (对/千人)	Divorce Rate (couple/1000 persons)	2.51	2.46	2.41	2.30	2.27
期望寿命 (岁)	Life Expectancy at Birth (year old)					
男	Male	76.13	75.96	76.43	76.69	
女	Female	82.55	82.63	82.82	83.25	
人口的年龄分布 (%)	Age-specific Distribution (%)					
0-14岁	0-14	15.65	15.08	14.63	14.32	13.99
15-64岁	15-64	73.61	74.04	74.22	74.15	74.03
65岁及以上	65 and Over	10.74	10.89	11.15	11.53	11.99
性别比 (女=100)	Sex Ratio (female=100)	100.94	100.57	100.26	99.96	99.68
人口密度(人/平方公里)	Population Density (persons/sq.km)	640.0	641.7	644.2	645.8	647.5

资源来源：台湾省《统计月报》（以下各表同）。

Source: Monthly Statistics Bulletin, Taiwan Province. The same applies in the following tables.

7-22 劳动力和就业状况
Labour Force and Employment

项　　目	Item	2008	2009	2010	2011	2012	2013	2014
劳动力人口　(万人)	Labour Force (10 000 persons)	1085.3	1091.7	1107.0	1120.0	1134.1	1144.5	1153.5
男	Male	617.3	618.0	624.2	630.4	636.9	640.2	644.1
女	Female	468.0	473.7	482.8	489.6	497.2	504.3	509.4
就业人数　(万人)	Employment (10 000 persons)	1040.3	1027.9	1049.3	1070.9	1086.0	1096.7	1107.9
男	Male	590.2	577.6	588.0	600.6	608.3	611.6	616.6
女	Female	450.1	450.2	461.3	470.2	477.7	485.1	491.3
就业者行业构成　(%)	Distribution of Employment by Industry(%)	100.0	100.0	100.0	100.0	100.0	100.0	100.0
农、林、渔、牧业	Agriculture, Forestry, Fishery and Animal Husbandry	5.1	5.3	5.2	5.1	5.0	5.0	5.0
工业	Industry	36.8	35.8	35.9	36.3	36.2	36.2	36.2
矿业及土石采取业	Mining and Quarrying	0.06	0.05	0.04	0.04	0.04	0.04	0.04
制造业	Manufacturing	27.7	27.1	27.3	27.5	27.4	27.2	27.1
电力及燃气供应业	Electricity, Gas	0.3	0.3	0.3	0.3	0.3	0.3	0.3
用水供应及污染整治业	Water Supply and Pollution Management	0.7	0.7	0.7	0.7	0.8	0.8	0.7
建筑业	Construction	8.1	7.7	7.6	7.8	7.8	7.9	8.0
服务业	Services	58.0	58.9	58.8	58.6	58.8	58.9	58.8
批发及零售业	Wholesale and Retail Trades	17.0	16.9	16.6	16.5	16.6	16.6	16.5
运输及仓储业	Transport, Storage, Communications	4.0	3.9	3.9	3.8	3.8	3.9	3.9
金融及保险业	Finance, Insurance	4.0	4.0	4.1	4.0	3.9	3.8	3.8
咨讯及通讯传播	Information and Communication	2.0	2.0	2.0	2.0	2.1	2.1	2.2
住宿及餐饮业	Hotels and Restaurants	6.6	6.7	6.9	6.8	6.9	7.1	7.2
教育服务业	Education	5.8	6.0	5.9	5.9	5.8	5.8	5.8
公共行政	Public Administration	3.3	3.7	3.7	3.6	3.5	3.5	3.4
失业人数　(万人)	Unemployment (10 000 persons)	45.0	63.9	57.7	49.1	48.1	47.8	45.7
失业率　(%)	Unemployment Rate (%)	4.1	5.9	5.2	4.4	4.2	4.2	4.0

7-23 居民消费价格分类指数

Consumer Price Indices

2011年=100 (2011=100)

年 份 Year	总指数 General Index	食品 Food	服装 Clothing	居住 Housing	交通&通讯 Transportation & Communications	医药保健 Medicines and Medical Care	教育娱乐 Education and Entertainment	杂项 Miscellaneous
2006	93.5	87.4	92.8	96.6	96.0	91.3	99.4	90.1
2007	95.2	89.9	95.4	97.5	97.7	94.9	100.0	91.7
2008	98.5	97.6	96.3	99.0	99.9	97.0	101.3	93.3
2009	97.7	97.2	95.6	98.7	95.9	97.6	99.5	95.8
2010	98.6	97.8	97.2	99.2	98.6	98.2	99.5	98.6
2011	100.0	100.0	100.0	100.0	100.0	100.0	100.0	100.0
2012	101.9	104.2	102.5	101.1	100.4	100.9	100.7	102.3
2013	102.7	105.5	102.3	102.1	100.9	102.1	101.0	102.7
2014	103.9	109.4	103.6	102.9	99.7	102.7	100.9	104.3

Consumer Price Indices

第八部分

Chapter Eight

2014 年人口变动和劳动力调查制度说明及主要指标解释

Explanatory Notes on Main Statistical Indicators

一、2014年人口变动情况抽样调查制度说明

(一)总说明

1. 调查目的

为了准确、及时地掌握全国和各省（自治区、直辖市）人口变动以及人口计划执行情况，为国家和省级人民政府制定国民经济和社会发展计划、掌握人口增长情况提供可靠的人口数据，为宏观调控提供依据，根据国办发[1992]57号文件的要求，进行2014年人口变动情况抽样调查。

2. 调查对象和登记原则

本次调查对象为抽中调查小区内具有中华人民共和国国籍的人。调查以户为单位进行，既调查家庭户，也调查集体户。应在抽中调查小区内各户登记的人包括：①2014年10月31日晚居住在本户的人；②户口在本户，2014年10月31日晚未居住在本户的人。

抽中调查小区内2013年11月1日至2014年10月31日死亡的人口要登记《死亡人口调查表》。

抽中调查小区所在村、居委会（社区）要填写《2014年村、居委会（社区）基本情况》。

3. 调查项目

《人口变动情况抽样调查表》

(1)按户填报的项目有：

户编号、户别、应在本户登记的人数、本户2013年11月1日至2014年10月31日出生人口、本户2013年11月1日至2014年10月31日死亡人口、住宅类型、住房来源、主要饮用水来源、市政排水系统、生活垃圾处理系统和厕所类型共11个项目。

(2)按人填报的项目有：

姓名、与户主关系、性别、出生年月、民族、调查时点居住地、户口登记地、在本地（市）居住时间、离开户口登记地时间、离开户口登记地原因、户口性质和承包土地情况、一年前常住地、一年常住地类型、是否识字、受教育程度、学业完成情况、一年内工作状况、参加社会保险情况、婚姻状况、夫妇独生情况、家庭生育意愿、生育子女数和2013年11月1日至2014年10月31日生育情况共24个项目。

《死亡人口调查表》

填报的项目有户编号、姓名、性别、出生年月、死亡月份。

《2014年村、居委会（社区）基本情况》

填报项目有户籍人口数、常住人口数、行政区域面积、拥有耕地面积、地形地貌、管道供水情况、主要饮用水来源、市政排水系统、生活垃圾处理系统、住户厕所主要类型、本村、居委会（社区）是否已取消农业户口、非农业户口，统一登记为居民户口。

4. 调查标准时间

本次调查的标准时间为2014年11月1日0时。

5. 抽样方法

以全国为总体，各省（自治区、直辖市）为子总体，按照多阶段、分层、整群、概率比例的方法进行抽样设计，在2011年建立的样本轮换框中，根据样本按比例轮换的要求选取本次调查的样本，调查小区为最终样本单位。全国约调查4800个调查小区。

调查的调查小区样本由国家统一抽取下发。

6. 调查的组织实施

(1)组织领导。本次调查在当地政府的领导下，以统计部门为主组织实施，并在基层组织的协助下，选派调查员到抽中的调查小区，进行入户登记。各级统计部门要积极争取有关部门的支持和配合，确保调查

数据质量。

(2)调查指导员、调查员的选聘、培训与管理。调查指导员、调查员的选聘工作由县级统计机构负责。调查指导员、调查员主要从政府统计系统和基层组织人员中选调，也可从社会招聘，应尽可能保持调查员队伍的稳定。各级统计机构要加强对调查员的培训，应尽可能减少培训层次，以提高培训效果。各级统计机构要加强对调查员工作的监督检查。

(3)调查的宣传工作。为使调查工作顺利进行，各级统计部门和调查工作人员要向调查样本点所在地政府领导做好宣传工作，讲明抽样调查的意义，特别要讲清抽样调查数据对本地、县、乡、村没有代表性，不作为考核本地、县、乡、村人口情况和政绩的依据；要做好对被调查户的宣传工作，使他们解除思想顾虑，如实申报调查资料。

(4)调查摸底、入户登记与复查工作。调查员要按照要求，对所负责调查小区开展调查摸底工作，在此基础上，进行入户登记工作。入户登记完毕后，要采取议查和个别访问的方法认真进行复查。

(5)调查表的报送。调查员在完成登记、复查工作后，要将调查表以调查小区为单位收集，填写调查小区封面，按照调查小区封面、《2014 年村、居委会（社区）基本情况》、《人口变动情况抽样调查表》、《死亡人口调查表》的顺序整理,装入包装袋，交调查指导员统一报县级统计机构。县级统计机构报送调查表方式由各省（自治区、直辖市）统计局根据需要确定。

7. 质量控制和事后质量抽查

为了保证人口变动调查的质量，各级统计机构应对调查各阶段进行质量控制，并开展事后质量抽查工作。质量控制工作由县级统计机构组织，采用检查、督导等方式进行。地级以上统计机构要对下一级的调查工作进行抽查，具体内容是调查人员的配备、培训以及调查工作的规范性和工作质量。事后质量抽查工作由省级统计机构统一组织，对抽中的调查小区开展入户调查登记，并进行编码、录入工作。比对和汇总工作由国家统计局人口和就业统计司负责。

8. 数据处理与资料管理

(1)数据录入和汇总程序由国家统计局人口和就业统计司负责统一编制并下发。

(2)调查数据的录入工作由各省（自治区、直辖市）统计局人口就业处按照规定的格式和要求组织实施。

(3)各省（自治区、直辖市）统计局人口就业处要在规定的时间内，做好有关资料的报送工作：

a.摸底数据。2014 年 11 月 2 日前，将调查摸底数据（户主姓名底册中 6、7、10、11 项的合计数、出生人口、死亡人口）报国家统计局人口和就业统计司专项调查处。

b.调查原始数据。2014 年 12 月 8 日前，各省以在线方式将调查原始数据报送到人口变动情况调查数据处理系统。

(4)全国数据由国家统计局人口和就业统计司负责汇总，各省（自治区、直辖市）的数据要按照国家统一的部署和安排进行汇总。调查数据需经国家统计局审定后方可使用。

(5)报送推算的主要数据。各省（自治区、直辖市）对 2014 年年底本地常住人口总量；出生率、死亡率；城镇人口比重；0-14 岁、15-64 岁、65 岁及以上三个年龄段的常住人口数做初步推算，于 2014 年 12 月 20 日前将初步测算结果及测算方法的简要说明通过电子邮件或传真的方式报送国家统计局人口和就业统计司专项调查处。

(6)数据处理完成后，调查表和原始数据由各省（自治区、直辖市）统计局人口就业处负责妥善管理。

9. 调查工作要求

(1)为了保证全国调查数据的范围、分类和计算方法的统一性，各地区必须严格执行调查制度的规定。遇到特殊情况要向上级有关部门请示，不得按照个人的理解擅自处理。

(2)调查员要对其所负责的调查小区的数据质量负责，如果发现调查数据有不实的情况，必须返工重做。

(3)调查员、调查指导员以及各级统计机构及其工作人员都要按照《统计法》的规定，对调查结果、特别是被调查户的情况保守秘密，不得向调查机构以外的任何单位和个人泄漏。

(4)各省（自治区、直辖市）统计局人口就业处要在 2015 年 3 月 1 日前，将本次调查的工作总结报国家统计局人口和就业统计司。

（二）调查表式

2014 年人口变动情况抽样调查表

表　　号：R 1 0 1 表
制表机关：国 家 统 计 局
文　　号：国统字[2014]59号
有效期至：2 0 1 5 年 6 月

本户地址：________县(市、区)________乡(镇、街道)________村(居)委会________调查小区

H1. 户编号	H2. 户别	H3. 应在本户登记的人数		H4. 本户2013年11月1日至2014年10月31日出生人口	H5. 本户2013年11月1日至2014年10月31日死亡人口	H6. 住宅类型	H7. 住房来源	H8. 主要饮用水来源	H9. 市政排水（生活污水）系统	H10. 生活垃圾处理系统	H11. 厕所类型
	1. 家庭户 2. 集体户	2014年10月31日晚居住在本户的人数： ____人	户口在本户，2014年10月31日晚未居住在本户的人数： ____人	男____人 女____人	男____人 女____人	1. 普通住宅 2. 集体宿舍和工棚 } 3. 工作地住宿 } R1 4. 无住宅 }	1. 租赁廉租房、公租房 2. 租赁其他住房 3. 自建住房 4. 购买经适房、两限房 5. 购买商品房 6. 其他	1. 经过市政净化设施统一处理的自来水 2. 受保护的井水和泉水 3. 不受保护的井水和泉水 4. 江河湖泊水 5. 其他	1. 与市政联网的污水处理系统 2. 社区自建的明（暗）沟排水（经处理） 3. 社区自建的明（暗）沟排水（未经处理） 4. 其他	1. 运送到市政垃圾处理站或转运站 2. 简单掩埋或焚烧处理 3. 其他	1. 水冲式卫生厕所（冲入下水道、化粪池和厕坑） 2. 水冲式非卫生厕所（冲入其他地方） 3. 卫生旱厕 4. 普通旱厕 5. 其他
□□□	□	□□	□□	□ □	□ □	□	□	□	□	□	□

每个人都填报											2013年11月前出生者填报	
R1. 姓名	R2. 与户主关系	R3. 性别	R4. 出生年月	R5. 民族	R6. 调查时点居住地	R7. 户口登记地	R8. 在本地（市）或直辖市居住时间	R9. 离开户口登记地时间	R10. 离开户口登记地原因	R11. 户口性质和承包土地情况	R12. 一年前常住地	R13. 一年前常住地类型
	0. 户主 1. 配偶 2. 子女 3. 父母 4. 岳父母或公婆 5. 祖父母 6. 媳婿 7. 孙子女 8. 兄弟姐妹 9. 其他	1. 男 2. 女	____年 ____月	____族	1. 本调查小区 2. 本乡(镇、街道)其他调查小区 3. 本县(市、区)其他乡(镇、街道) 4. 其他县(市、区)，请填写下面地址 5. 港澳台或国外 □	1. 本调查小区→R9 2. 本乡（镇、街道）其他调查小区→R9 3. 本县(市、区)其他乡（镇、街道）→R9 4. 其他县（市、区），请填写下面地址 5. 户口待定→R12 □	1. 不满半年 2. 半年及以上 ____年	1. 没有离开户口登记地→R11 2. 不满半年 3. 半年及以上 ____年	1. 务工经商 2. 工作调动 3. 学习培训 4. 随迁家属 5. 投亲靠友 6. 拆迁或搬家 7. 寄挂户口 8. 婚姻嫁娶 9. 其他	1. 农业，有承包土地 2. 农业，无承包土地 3. 非农业	1. 本调查小区→R14 2. 本乡（镇、街道）其他调查小区 3. 本县（市、区）其他乡（镇、街道） 4. 本地（市）其他县（市、区） 5. 本省其他地（市） ____地（市） 6. 省外：____	1. 城区 2. 城乡结合区 3. 镇中心区 4. 镇乡结合区 5. 特殊区域 6. 乡中心区 7. 其他村（社区） 8. 港澳台或国外
			□□□□		____省(区、市)____地(市)____县(市、区)							
□□	□	□	□□	□□	□□□□□□		□	□□	□	□□	□	□□ □

2011年11月前出生者填报			1999年11月前出生者填报				1963年11月至1999年10月出生者填报		1963年11月至1999年10月出生的妇女填报		
R14. 是否识字	R15. 受教育情况	R16. 学业完成情况	R17. 一年内工作状况	R18. 参加社会养老保险情况	R19. 参加社会医疗保险情况	R20. 婚姻状况	R21. 夫妇为独生子女情况	R22. 家庭生育意愿	R23. 生育子女数	R24. 2013年11月1日至2014年10月31日生育情况	
1. 是 2. 否	1. 未上过学→R17 2. 学前教育（结束） 3. 小学 4. 初中 5. 普通高中 6. 中职 7. 大学专科 8. 大学本科 9. 研究生	1. 在校→R19 2. 毕业 3. 肄业 4. 辍学 5. 其他	1. 务农 2. 务农兼非农工作 3. 非农工作 4. 未就业	1. 城镇职工基本养老保险 2. 城镇居民社会养老保险 3. 新型农村社会养老保险 4. 城乡居民基本养老保险 5. 机关事业单位养老保险 6. 未参加	1 职工基本医疗保险 2 城镇居民基本医疗保险 3 新型农村合作医疗 4 城乡居民基本医疗保险 5. 公费医疗 6. 未参加	1. 未婚（结束） 2. 初婚有配偶 3. 再婚有配偶 4. 离婚 } R23 5. 丧偶 }	1. 双独 2. 单独，女方为独生子女 3. 单独，男方为独生子女 4. 均非独生子女	打算生育（或再生育）孩子时间： 1. 一年内 2. 两年内 3. 三年内 4. 四年及以后 5. 想生，未计划 6. 不想生	生育过（活产）： 男____人 女____人 其中现在存活： 男____人 女____人	1. 未生育→（结束） 2. 有生育 生育月份： ____月 婴儿性别： 1. 男 2. 女 属于第____孩	（12个月内生育两个以上孩子的第二个孩子的状况） 生育月份： ____月 婴儿性别： 1. 男 2. 女
□	□	□	□	□	□	□	□	□	□□□□	□□□□□	□□ □

本户共________张，本张是第________张

每 个 人 都 填 报											2013 年 11 月前出生者填报	
R1. 姓名	R2. 与户主关系	R3. 性别	R4. 出生年月	R5. 民族	R6. 调查时点居住地	R7. 户口登记地	R8. 在本地(市)或直辖市居住时间	R9. 离开户口登记地时间	R10. 离开户口登记地原因	R11. 户口性质和承包土地情况	R12. 一年前常住地	R13. 一年前常住地类型
	1. 配偶 2. 子女 3. 父母 4. 岳父母或公婆 5. 祖父母 6. 媳婿 7. 孙子女 8. 兄弟姐妹 9. 其他	1. 男 2. 女	______年 ______月	______族	1. 本调查小区 2. 本乡(镇、街道)其他调查小区 3. 本县(市、区)其他乡(镇、街道) 4. 其他县(市、区),请填写下面地址 5. 港澳台或国外	1. 本调查小区→R9 2. 本乡(镇、街道)其他调查小区→R9 3. 本县(市、区)其他乡(镇、街道)→R9 4. 其他县(市、区),请填写下面地址 5. 户口待定→R12	1. 不满半年 2. 半年及以上 ______年	1. 没有离开户口登记地→R11 2. 不满半年 3. 半年及以上 ______年	1. 务工经商 2. 工作调动 3. 学习培训 4. 随迁家属 5. 投亲靠友 6. 拆迁或搬家 7. 寄挂户口 8. 婚姻嫁娶 9. 其他	1. 农业,有承包土地 2. 农业,无承包土地 3. 非农业	1. 本调查小区→R14 2. 本乡(镇、街道)其他调查小区 3. 本县(市、区)其他乡(镇、街道) 4. 本地(市)其他县(市、区) 5. 本省其他地(市) ______地(市) 6. 省外:______	1. 城区 2. 城乡结合区 3. 镇中心区 4. 镇乡结合区 5. 特殊区域 6. 乡中心区 7. 其他村(社区) 8. 港澳台或国外
					______省(区、市)______地(市)______县(市、区)							

2011 年 11 月前出生者填报		1999 年 11 月前出生者填报					1963 年 11 月至 1999 年 10 月出生者填报		1963 年 11 月至 1999 年 10 月出生的妇女填报		
R14. 是否识字	R15. 受教育情况	R16. 学业完成情况	R17. 一年内工作状况	R18. 参加社会养老保险情况	R19. 参加社会医疗保险情况	R20. 婚姻状况	R21. 夫妇为独生子女情况	R22. 家庭生育意愿	R23. 生育子女数	R24. 2013 年 11 月 1 日至 2014 年 10 月 31 日生育情况	
1. 是 2. 否	1. 未上过学→R17 2. 学前教育(结束) 3. 小学 4. 初中 5. 普通高中 6. 中职 7. 大学专科 8. 大学本科 9. 研究生	1. 在校→R19 2. 毕业 3. 肄业 4. 辍学 5. 其他	1. 务农 2. 务农兼非农工作 3. 非农工作 4. 未就业	1. 城镇职工基本养老保险 2. 城镇居民社会养老保险 3. 新型农村社会养老保险 4. 城乡居民基本养老保险 5. 机关事业单位养老保险 6. 未参加	1. 职工基本医疗保险 2. 城镇居民基本医疗保险 3. 新型农村合作医疗 4. 城乡居民基本医疗保险 5. 公费医疗 6. 未参加	1. 未婚(结束) 2. 初婚有配偶 3. 再婚有配偶 4. 离婚 } R23 5. 丧偶 } R23	1. 双独 2. 单独,女方为独生子女 3. 单独,男方为独生子女 4. 均非独生子女	打算生育(或再生育)孩子时间: 1. 一年内 2. 两年内 3. 三年内 4. 四年及以后 5. 想生,未计划 6. 不想生	生育过(活产): 男______人 女______人 其中现在存活: 男______人 女______人	1. 未生育→(结束) 2. 有生育 生育月份: ______月 婴儿性别: 1. 男 2. 女 属于第____孩	(12 个月内生育两个以上孩子的第二个孩子的状况) 生育月份: ______月 婴儿性别: 1. 男 2. 女

每 个 人 都 填 报											2013 年 11 月前出生者填报	
R1. 姓名	R2. 与户主关系	R3. 性别	R4. 出生年月	R5. 民族	R6. 调查时点居住地	R7. 户口登记地	R8. 在本地(市)或直辖市居住时间	R9. 离开户口登记地时间	R10. 离开户口登记地原因	R11. 户口性质和承包土地情况	R12. 一年前常住地	R13. 一年前常住地类型
	2. 子女 3. 父母 4. 岳父母或公婆 5. 祖父母 6. 媳婿 7. 孙子女 8. 兄弟姐妹 9. 其他	1. 男 2. 女	______年 ______月	______族	1. 本调查小区 2. 本乡(镇、街道)其他调查小区 3. 本县(市、区)其他乡(镇、街道) 4. 其他县(市、区),请填写下面地址 5. 港澳台或国外	1. 本调查小区→R9 2. 本乡(镇、街道)其他调查小区→R9 3. 本县(市、区)其他乡(镇、街道)→R9 4. 其他县(市、区),请填写下面地址 5. 户口待定→R12	1. 不满半年 2. 半年及以上 ______年	1. 没有离开户口登记地→R11 2. 不满半年 3. 半年及以上 ______年	1. 务工经商 2. 工作调动 3. 学习培训 4. 随迁家属 5. 投亲靠友 6. 拆迁或搬家 7. 寄挂户口 8. 婚姻嫁娶 9. 其他	1. 农业,有承包土地 2. 农业,无承包土地 3. 非农业	1. 本调查小区→R14 2. 本乡(镇、街道)其他调查小区 3. 本县(市、区)其他乡(镇、街道) 4. 本地(市)其他县(市、区) 5. 本省其他地(市) ______地(市) 6. 省外:______	1. 城区 2. 城乡结合区 3. 镇中心区 4. 镇乡结合区 5. 特殊区域 6. 乡中心区 7. 其他村(社区) 8. 港澳台或国外
					______省(区、市)______地(市)______县(市、区)							

2011 年 11 月前出生者填报		1999 年 11 月前出生者填报					1963 年 11 月至 1999 年 10 月出生者填报		1963 年 11 月至 1999 年 10 月出生的妇女填报		
R14. 是否识字	R15. 受教育情况	R16. 学业完成情况	R17. 一年内工作状况	R18. 参加社会养老保险情况	R19. 参加社会医疗保险情况	R20. 婚姻状况	R21. 夫妇为独生子女情况	R22. 家庭生育意愿	R23. 生育子女数	R24. 2013 年 11 月 1 日至 2014 年 10 月 31 日生育情况	
1. 是 2. 否	1. 未上过学→R17 2. 学前教育(结束) 3. 小学 4. 初中 5. 普通高中 6. 中职 7. 大学专科 8. 大学本科 9. 研究生	1. 在校→R19 2. 毕业 3. 肄业 4. 辍学 5. 其他	1. 务农 2. 务农兼非农工作 3. 非农工作 4. 未就业	1. 城镇职工基本养老保险 2. 城镇居民社会养老保险 3. 新型农村社会养老保险 4. 城乡居民基本养老保险 5. 机关事业单位养老保险 6. 未参加	1. 职工基本医疗保险 2. 城镇居民基本医疗保险 3. 新型农村合作医疗 4. 城乡居民基本医疗保险 5. 公费医疗 6. 未参加	1. 未婚(结束) 2. 初婚有配偶 3. 再婚有配偶 4. 离婚 } R23 5. 丧偶 } R23	1. 双独 2. 单独,女方为独生子女 3. 单独,男方为独生子女 4. 均非独生子女	打算生育(或再生育)孩子时间: 1. 一年内 2. 两年内 3. 三年内 4. 四年及以后 5. 想生,未计划 6. 不想生	生育过(活产): 男______人 女______人 其中现在存活: 男______人 女______人	1. 未生育→(结束) 2. 有生育 生育月份: ______月 婴儿性别: 1. 男 2. 女 属于第____孩	(12 个月内生育两个以上孩子的第二个孩子的状况) 生育月份: ______月 婴儿性别: 1. 男 2. 女

申报人(签字):　　本户电话:□□□□□□□□□□□　　调查员(签字):　　填报日期:2014 年 11 月　日

死亡人口调查表

（2013年11月1日至2014年10月31日死亡的人登记）

表　　号：R 1 0 2 表
制表机关：国 家 统 计 局
文　　号：国统字[2014] 59 号
有效期至：2 0 1 5 年　6　月

地址：＿＿＿＿县（市、区）＿＿＿＿乡（镇、街道）＿＿＿＿村（居）委会＿＿＿＿调查小区

S1．户编号	S2．姓名	S3．性别	S4．出生年月	S5．死亡月份
□□□	□□	1.男 2.女 □	＿＿＿＿年 ＿＿＿＿月 □□□□　□□	＿＿＿＿月 □□
□□□	□□	1.男 2.女 □	＿＿＿＿年 ＿＿＿＿月 □□□□　□□	＿＿＿＿月 □□
□□□	□□	1.男 2.女 □	＿＿＿＿年 ＿＿＿＿月 □□□□　□□	＿＿＿＿月 □□
□□□	□□	1.男 2.女 □	＿＿＿＿年 ＿＿＿＿月 □□□□　□□	＿＿＿＿月 □□
□□□	□□	1.男 2.女 □	＿＿＿＿年 ＿＿＿＿月 □□□□　□□	＿＿＿＿月 □□
□□□	□□	1.男 2.女 □	＿＿＿＿年 ＿＿＿＿月 □□□□　□□	＿＿＿＿月 □□

调查员（签字）：

二、2014 年劳动力调查制度说明

(一)总说明

1.调查目的

为及时、准确地反映我国城乡劳动力资源、就业和失业人口的总量和结构情况，为政府准确判断就业形势，制定和调整就业政策，改善宏观调控，加强就业服务提供依据。根据《国务院办公厅关于建立劳动力调查制度的通知》(国办发[2004]72 号)的要求，建立劳动力调查制度。

2.调查频率和范围

劳动力调查的频率分为年度劳动力调查和月度劳动力调查。

年度劳动力调查的调查范围是抽中的我国大陆地区的城镇和乡村的 16 岁及以上人口。

月度劳动力调查的调查范围是各直辖市，各省（自治区）省会（首府）城市，各计划单列市以及唐山市、大同市、包头市、鞍山市、吉林市、牡丹江市、苏州市、徐州市、无锡市、温州市、台州市、芜湖市、泉州市、景德镇市、烟台市、洛阳市、焦作市、宜昌市、株洲市、东莞市、佛山市、三亚市、柳州市、绵阳市、宜宾市、遵义市、玉溪市、宝鸡市和天水市抽中的城镇和乡村 16 岁及以上人口。

城镇是按国务院于 2008 年 7 月 12 日国函[2008]60 号批复的《统计上划分城乡的规定》中划定的城市和镇，其余地域为乡村。

3.登记对象

劳动力调查以户为单位进行登记，既调查家庭户，也调查集体户。应在被抽中户中登记的人是：

(1)调查时点居住在本户已满 16 周岁的人；

(2)本户家庭成员中，离开本乡、镇、街道不满半年且已满 16 周岁的人。

4.调查项目

年度和月度劳动力调查项目一致，年度劳动力调查表号为 R201，月度劳动力调查表号为 R203。劳动力调查项目分为按户填报的项目和按人填报的项目。

(1)按户填报的项目有户编号、户别、调查时点居住在本户的人口数、调查时点居住在本户已满 16 周岁的人口数、本户家庭成员中离开本乡镇街道且已满 16 周岁的人口数等 5 个项目。

(2)按人填报的项目有姓名、与户主关系、性别、出生年月、户口登记地、住本户时间、离开户口登记地原因、户口性质、受教育程度、婚姻状况、是否为取得收入而工作、工作单位或经营活动类型、就业身份、是否签订劳动合同、未工作原因、是否想工作、是否寻找工作、未寻找工作原因、当前能否工作、不能工作的原因、行业、职业、参加社会保险情况等 25 个项目。

5.调查时点

年度劳动力调查的标准时间为每年的 9 月 10 日零时；登记时间为每年的 9 月 10 日—14 日。

月度劳动力调查 2015 年 10 月份的标准时间为 10 月 15 日零时，入户登记时间为 15 日—19 日；其他月份的标准时间为每月 10 日零时，入户登记时间为每月 10 日—14 日。

6.抽样方法和样本量

(1)年度劳动力调查

年度劳动力调查的抽样设计，采用分层、多阶段、概率比例抽样的方法抽取调查样本。国家统计局人口和就业统计司依照第六次人口普查提供的抽样框，抽取各省、自治区、直辖市的村级样本；各省、自治区、直辖市统计局人口就业处组织基层统计机构在已抽中的村级样本中抽取住户样本。

样本抽取工作已经在2010年人口普查后完成，2015年使用的样本组可参见《全国劳动力调查抽样方案》。

(2)月度劳动力调查

按照二阶段、分层、概率比例抽样的办法抽取调查样本。非直辖市每季度样本1800户，分配在三个月内调查，每月调查600户；直辖市每季度样本量为3600户，每月调查1200户。季度间样本户按照更换20%的比例进行轮换。

样本抽取工作已经在2010年人口普查后完成，2015年各月使用的样本组可参见《大城市月度劳动力调查抽样方案》。

(3)各省、自治区、直辖市统计局人口和就业处要在调查前，将调查样本核实后的详细变动情况报国家统计局人口和就业统计司。

7.调查的组织实施

(1)年度劳动力调查与月度劳动力调查结合进行，65个大城市按要求，组织月度劳动力调查，以7、8、9月三个月全部调查数据作为本省级调查数据，参与本省级和全国劳动力调查数据的汇总，不再另行组织年度调查。其他地区则按本制度要求，组织年度劳动力调查。

(2)年度劳动力调查由各省、自治区、直辖市统计局的人口和就业统计机构负责组织实施，在基层组织的协助下，采取派调查员入户登记的方式，对被抽中的住户进行调查。月度劳动力调查工作由各省、自治区、直辖市统计局组织各调查城市统计局实施。

(3)调查员的选调由县级政府统计机构负责。调查员主要从政府统计系统和基层组织人员中选调，也可从社会招聘。调查员的数量，原则上按一个社区（居委会、村委会）一名调查员进行配备。调查指导员应由乡、镇、街道统计人员担任。

(4)调查指导员、调查员的培训和管理。各级统计机构要加强对调查员的培训，应尽可能减少培训层次，以提高培训效果。在培训过程中，除对调查项目和摸底方法进行讲解外，还应注重加强对调查技巧的培训。调查员和调查指导员，不得由未经培训的人员承担调查任务。各级统计机构要加强对调查员工作的监督检查。调查指导员、调查员的选调和培训工作可参见《调查指导员和调查员的选聘、培训和管理规则》。

(5)宣传工作。在入户登记前，要在社区张贴由国家统计局统一印制的《公告》，并将《致调查户的一封信》发放到被调查户。

(6)样本核实、入户登记和复查。入户登记前，区县统计局要组织调查员对应调查的住户样本进行核实，如有变动应根据相关规则进行更新并向上级统计机构报送更新情况。入户登记时要对被抽中的所有住户（居住单元）逐一进行调查，对应在本户登记的人口不得漏登，对调查项目要仔细询问，认真核对，确保调查数据的质量；在调查登记结束后，要认真进行复查，复查的重点是“F11.您在调查时点前一周是否为取得收入而工作了 1 小时以上?”、“F17.近三个月内您采取过以下哪种方式寻找工作？”、“F19.如有适合的工作，您能否在两周内开始工作?”等项目。样本核实、入户登记和复查的具体要求，参见《样本核实、登记、复查规则》。

(7)调查表编码。调查表编码分专项编码和非专项编码两部分，非专项编码由调查员在登记、复查、逻辑审核无误后进行，专项编码由县级统计机构组织经过培训的专项编码员集中进行。编码工作的具体要求，参见《编码规则》。

(8)调查表的报送。调查员在完成登记、复查和非专项编码工作后，将调查表以社区居委会（村委会）为单位，加上封面一并装入包装袋后，报县（市、区）统计机构。县（市、区）统计机构调查表报送方式由各省、自治区、直辖市根据需要确定。

(9)为加强对调查过程的管理，各省应建立电话核查和入户回访制度。选取不少于 10%的户进行电话核查，不少于5%的户进行入户回访。人口和就业统计司委托国家统计局景气中心，重点对月度劳动力调查进行电话回访。电话回访按月进行，每6个月对65个大城市回访一遍。具体电话回访工作可参见《大城市劳动力调查电话回访方案》。

8.数据处理、资料上报与管理

(1)国家统计局人口和就业统计司负责数据录入程序和汇总程序的编制和下发。2015 年劳动力调查的数据处理平台和 PDA 的使用，人口和就业统计司将根据具体实施情况另行部署。

(2)调查数据的录入工作由各省、自治区、直辖市统计局人口和就业统计机构按照规定的格式和要求，组织实施。

(3)各省、自治区、直辖市统计局要对本省级调查数据进行汇总并对本省级劳动力主要数据进行推算。

(4)各省、自治区、直辖市统计局人口和就业处要按照规定的格式，上报以下数据：

调查原始数据：年度劳动力调查数据，将录入、审核无误的调查原始数据，于 12 月 15 日前报国家统计局人口和就业统计司；月度劳动力调查数据，每月 25 日 17：00 前，10 月份为 30 日 17：00 前。

最终住户样本清单：随调查原始数据一同上报国家统计局人口和就业统计司。

调查推算数据：年度劳动力调查的推算数据包括：分城乡的 16 岁及以上人口、就业人口和失业人口，共六个指标。以电子邮件方式于 12 月 31 日前报国家统计局人口和就业统计司。

基础数据：以电子邮件方式于 2016 年 1 月 31 日前报国家统计局人口和就业统计司。上报本省 2015 年分城乡的总人口、本省劳动力调查的大城市 2015 年分城乡的总人口。

(5)数据管理。数据录入工作完成以后，调查表和原始数据存放在各省、自治区、直辖市统计局人口和就业统计机构。各省、自治区、直辖市统计局人口和就业统计机构要指派专人登记，建立必要的防火、防盗、防虫、防潮等措施，妥善进行保管。管理期限为两年。

(二)调查表式

劳 动 力 调 查 表

根据《**中华人民共和国统计法**》的规定，公民有义务提供国家统计调查所需要的情况；我们对您提供的信息负有保密义务。

201 年 月

表 号： R201（R203）表
制定机关： 国 家 统 计 局
文 号： 国统字(2014)59号
有效期至： 2016年1月

应在本户登记的人：

（一） 调查时点居住在本户已满16周岁的人；
（二） 本户人口中，离开本乡（镇、街道）不满半年且已满16周岁的人。

本户地址：______县（市、区）______乡（镇、街道）______社区居委会（村委会）____住户组

H1. 户编号	H2. 户别	H3. 调查时点居住在本户的人口数	H4. 调查时点居住本户，已满16周岁的人口数	H5. 本户人口中，已满16周岁，离开本乡、镇、街道不满半年的人口数
______号	1. 家庭户 2. 集体户	共 ______人 其中： 男 ______人 女 ______人	共 ______人 其中： 男 ______人 女 ______人	共 ______人 其中： 男 ______人 女 ______人
□□□	□	□□ □□ □□	□□ □□ □□	□□ □□ □□

调查员（签字）：

申报人（签字）： 申报人在本户人记录中的编码：____ □□

本户电话：□□□□□□□□□□□

填报日期：20 年 月 日

以下填写已满 16 周岁，调查时点居住在本户或本户人口中离开本乡、镇、街道不满半年的人的情况

F1. 姓名	F2. 与户主关系	F3. 性别	F4. 出生年月	F5. 户口登记地
	0. 户主 1. 配偶 2. 子女 3. 父母 4. 岳父母或公婆 5. 祖父母 6. 媳婿 7. 孙子女 8. 兄弟姐妹 9. 其他	1. 男 2. 女	________年 ________月	1. 户口在本乡（镇、街道），住本户→F8 2. 户口在本乡（镇、街道），离开本户不满半年→F8 3. 本县（市、区）其他乡（镇、街道） 4. 本地（市）其他县（市、区） 5. 本省其他地（市） 6. 外省 7. 户口待定→F9
□□	□	□	□□□□ ⁝ □□	□

F6. 住本户时间	F7. 离开户口登记地原因	F8. 户口性质	F9. 受教育程度	F10. 婚姻状况
1. 住本户半年以上 2. 住本户不满半年，离开户口登记地半年以上 3. 住本户不满半年，离开户口登记地不满半年 4. 不住本户，离开本户不满半年	1. 搬家 2. 婚姻嫁娶 3. 投亲靠友 4. 探亲访友 5. 上学 6. 短期学习或培训 7. 工作调动或务工经商 8. 寄挂户口 9. 找工作 10. 其他	1. 农业 2. 非农业	1. 未上过学 2. 小学 3. 初中 4. 高中 5. 大学专科 6. 大学本科 7. 研究生	1. 未婚 2. 有配偶 3. 离婚 4. 丧偶
□	□□	□	□	□

F11. 您在调查时点前一周是否为取得收入而工作了 1 小时以上?	F12. 您目前的工作单位或经营活动属于以下哪种类型?	F13. 您目前的就业身份属于以下哪一类?	F14. 您是否与用人单位或雇主签订了劳动合同?
1. 是 上周工作时间（包括加班时间和兼职时间） ______小时 2. 在职，正休假学习、临时停工或季节性歇业 3. 未做任何工作→F15	1. 土地承包者 →F21 2. 机关团体事业单位 }→F14 3. 国有及国有控股企业 }→F14 4. 集体企业 5. 个体工商户 6. 私营企业 7. 外商、港澳台投资企业 8. 其他类型单位 9. 其他	1. 雇员 2. 雇主 }→F21 3. 自营劳动者 }→F21 4. 家庭帮工 }→F21	1. 是，已签有固定期限合同 期限____个月 2. 是，已签无固定期限（长期）合同 3. 否 （1–3）→F21
□ □□	□	□	□ □□

本户共登记_____ 人，第_____ 人

F15. 您在调查时点前一周未工作是什么原因?	F16. 您目前是否想工作?	F17. 近三个月内您采取过以下哪种方式寻找工作?	F18. 您未找工作是什么原因?
1. 在校学习(**结束**) 2. 丧失劳动能力→**F23** 3. 毕业后未工作 4. 因单位原因失去原工作 5. 因本人原因失去原工作 6. 承包土地被征用 7. 离退休 8. 料理家务 9. 其他 □	1. 想 2. 不想 □	1. 在职业介绍机构登记 2. 委托亲戚朋友找工作 3. 应答或刊登广告 4. 浏览招聘广告 5. 参加招聘会 6. 为自己经营做准备 7. 其他 (1–7 →**F19**) 8. 未找工作 □	1. 参加培训 2. 照顾家庭 3. 健康原因暂时无法工作 4. 总也找不到适合的工作 5. 等待开始新的工作 6. 想找，还未找 7. 不想工作 8. 其他 □

F19. 如有适合的工作，您能否在两周内开始工作?	F20. 您不能在两周内开始工作是什么原因?	F21. 您上周或失去工作前在什么单位工作? （行业）
1. 能 连续未工作时间 ________月 →**F21** 2. 否 □ □□	1. 参加培训 2. 照顾家庭 3. 健康原因暂时无法工作 4. 其他个人或家庭原因 5. 其他 (1–5 →**F23**) □	1. 详细单位名称 主要产品或从事的主要业务 2. 从未工作→**F23** □ □□

F22. 您上周或失去工作前做什么具体工作? （职业）	F23. 您参加了以下哪项养老保险?	F24. 您参加了以下哪项医疗保险?	F25. 您是否参加了失业保险?
从事的具体工作 □□	1. 基本养老保险 2. 城镇居民社会养老保险 3. 新型农村社会养老保险 4. 退休后的养老金由单位发放 5. 商业养老保险 6. 未参加 □	1. 职工基本医疗保险 2. 城镇居民基本医疗保险 3. 新型农村合作医疗 4. 单位报销 5. 商业医疗保险 6. 未参加 □	1. 参加 2. 未参加 □

（三）抽样方案

为了保证劳动力调查的主要指标失业率、就业率和劳动参与率等对全国和各省、自治区、直辖市有较好的代表性，劳动力调查以全国为总体，以省、自治区、直辖市（以下简称省级单位）为次总体进行样本设计。

1. 样本量和设计要求

(1)年度劳动力调查

全国劳动力调查的样本量约为 15 万户，人数为 47 万人。各省级单位调查的样本量约在 4000-6000 户，1.2-1.8 万人。

(2)月度劳动力调查

非直辖市季度调查户数约为 1800 户，每个月调查为 600 户。直辖市季度调查户数为 3600 户，每个月月调查为 1200 户。

调查城市每个月在村级单位内进行样本轮换。样本轮换以住户组为单位，即每个住户组为一个轮换组。当住户组进入一个完整的轮换周期后，每个住户组每隔 2 个月调查一次，一年调查 5 次后退出调查。每季度在每个村级单位调查 15 个住户组，每个住户组约为 4 户，共 60 户（15×4），分 3 个交叉子样本，每个子样本 20 户，5 个住户组，每月调查一个子样本，每季度调查 3 个子样本，合计调查 60 户。当轮换步骤完全实施后，季度间有 80%的样本重复调查，同一季度内月度间无重复样本，年度间的同月有 20%的重复样本。

(3)设计要求

样本设计要求全省调查失业率的相对误差控制在 15%左右，省内大城市、非大城市分类的调查失业率相对误差控制在 20%左右。（t =1.64，把握程度为 90％）。

2. 抽样方法

(1)两级抽样

各省级采用分层、概率比例的抽样方法。根据 2010 年人口普查普查区资料整理的劳动力调查抽样框，第一级抽村级单位，第二级在抽中的村级单位中抽取住户组。

人口就业统计司负责抽取第一级样本，即村级样本。各省负责审核抽中村级单位样本的代表性，以及一些村级单位所在的地域可能发生的拆迁变动情况，最终确定抽取村级单位样本。省负责在抽中的村级单位中，抽取调查住户组。

(2)分层方法

分层的原则应尽可能使层内各单位之间调查指标的差异减小，各层间调查指标的差异增大，以便降低总体的抽样误差。根据分层原则来确定分层标志，选择与调查指标失业率相关性较强的指标进行分层。

通过收集与劳动力调查相关的普查数据，分析本省的经济活动人口特征，考虑用综合指标对非省会区域进行分层排队。综合指标可利用 2010 年普查得到多项与就业失业水平相关的指标计算。如城乡人口比重，非农业人口比重、城镇化率、户籍率、集体户人口比重、16 岁以上人口比例、从事第二、三产业人口比例、就业率、劳动力参与率和失业率。

分层按市、镇、乡，市中心区、城乡结合区，镇中心区、镇乡结合区， 乡中心区和村庄划分，同时考虑村级单位的人口规模。

(3)抽取住户

a.利用2010年人口普查普查区和普查小区图的建筑物编号和相应的户列的住户清单

b.在抽中村级单位中，画住宅建筑物示意图，进行住宅建筑物户数统计和编号

c.抽取住户样本

I. 先将社区的住户按4户一组分为若干住户组。

II. 随机等距抽取15个住户组。

III. 将抽取每15个住户组分成3个交叉子样本。每个子样本有5个住户组，共15个住户组。

三 、主要统计指标解释

人口数 指一定时点、一定地区范围内有生命的个人总和。年度统计的年末人口数指每年12月31日24时的人口数。年度统计的全国人口总数内未包括香港、澳门特别行政区和台湾省以及海外华侨人数。

城镇人口和乡村人口 城镇人口是指居住在城镇范围内的全部常住人口；乡村人口是除上述人口以外的全部人口。

出生率(又称粗出生率) 指在一定时期内(通常为一年)一定地区的出生人数与同期内平均人数(或期中人数)之比，用千分率表示。本资料中的出生率指年出生率，其计算公式为：

$$出生率=\frac{年出生人数}{年平均人口}\times 1000‰$$

式中：出生人数指活产婴儿，即胎儿脱离母体时(不管怀孕月数)，有过呼吸或其他生命现象。年平均人数指年初、年底人口数的平均数，也可用年中人口数代替。

死亡率(又称粗死亡率) 指在一定时期内(通常为一年)一定地区的死亡人数与同期内平均人数(或期中人数)之比，用千分率表示。本资料中的死亡率指年死亡率，其计算公式为：

$$死亡率=\frac{年死亡人数}{年平均人口}\times 1000‰$$

人口自然增长率 指在一定时期内(通常为一年)人口自然增加数(出生人数减死亡人数)与该时期内平均人数(或期中人数)之比，用千分率表示。计算公式为：

$$人口自然增长率=\frac{(本年出生人数-本年死亡人数)}{年平均人数}\times 1000‰$$

$$=人口出生率-人口死亡率$$

总抚养比 也称总负担系数。指人口总体中非劳动年龄人口数与劳动年龄人口数之比。通常用百分比表示。说明每100名劳动年龄人口大致要负担多少名非劳动年龄人口。用于从人口角度反映人口与经济发展的基本关系。计算公式为：

$$GDR=\frac{(P_{0-14}+P_{65+})}{P_{15-64}}\times 100\%$$

其中：GDR 为总抚养比；

P_{0-14} 为0-14岁少年儿童人口数；

P_{65+} 为65岁及65岁以上的老年人口数；

P_{15-64} 为15-64岁劳动年龄人口数。

老年人口抚养比 也称老年人口抚养系数。指某一人口中老年人口数与劳动年龄人口数之比。通常用百分比表示。用以表明每100名劳动年龄人口要负担多少名老年人。老年人口抚养比是从经济角度反映人口老化社会后果的指标之一。计算公式为：

$$ODR=\frac{P_{65+}}{P_{15-64}}\times 100\%$$

其中：ODR 为老年人口抚养比；

P_{65+} 为65岁及65岁以上的老年人口数；

P_{15-64}为15-64岁的劳动年龄人口数。

少年儿童抚养比 也称少年儿童抚养系数。指某一人口中少年儿童人口数与劳动年龄人口数之比。通常用百分比表示。以反映每100名劳动年龄人口要负担多少名少年儿童。计算公式为：

$$CDR = \frac{P_{0-14}}{P_{15-64}} \times 100\%$$

其中：CDR为少年儿童抚养比；

P_{0-14}为0～14岁少年儿童人口数；

P_{15-64}为15～64岁劳动年龄人口数。

经济活动人口 指在16周岁及以上，有劳动能力，参加或要求参加社会经济活动的人口。包括就业人员和失业人员。

就业人员 指在一定年龄以上，有劳动能力，为取得劳动报酬或经营收入而从事一定社会劳动的人员。具体指年满16周岁，为取得报酬或经营利润，在调查周内从事了1小时（含1小时）以上的劳动或由于学习、休假等原因在调查周内暂时处于未工作状态，但有工作单位或场所的人口。

单位就业人员 指报告期末最后一日24时在本单位中工作，并取得工资或其他形式劳动报酬的人员数。该指标为时点指标，不包括最后一日当天及以前已经与单位解除劳动合同关系的人员，是在岗职工、劳务派遣人员及其他就业人员之和。就业人员不包括：

(1)离开本单位仍保留劳动关系，并定期领取生活费的人员；

(2)利用课余时间打工的学生及在本单位实习的各类在校学生；

(3)本单位因劳务外包而使用的人员。

城镇私营和个体就业人员 城镇私营就业人员指在工商管理部门注册登记，其经营地址设在县城关镇(含县城关镇)以上的私营企业就业人员，包括私营企业投资者和雇工。城镇个体就业人员指在工商管理部门注册登记，并持有城镇户口或在城镇长期居住，经批准从事个体工商经营的就业人员，包括个体经营者和在个体工商户劳动的家庭帮工和雇工。

在岗职工 指在本单位工作且与本单位签订劳动合同，并由单位支付各项工资和社会保险、住房公积金的人员，以及上述人员中由于学习、病伤、产假等原因暂未工作仍由单位支付工资的人员。在岗职工还包括：

(1)应订立劳动合同而未订立劳动合同人员(如使用的农村户籍人员)；

(2)处于试用期人员；

(3)编制外招用的人员；

(4)派往外单位工作，但工资仍由本单位发放的人员(如挂职锻炼、外派工作等情况)。

工资总额 指根据《关于工资总额组成的规定》(1990年1月1日国家统计局发布的一号令)进行修订，在报告期内(季度或年度)直接支付给本单位全部从业人员的劳动报酬总额。包括计时工资、计件工资、奖金、津贴和补贴、加班加点工资、特殊情况下支付的工资，是在岗职工工资总额、劳务派遣人员工资总额和其他从业人员工资总额之和。

工资总额是税前工资，包括单位从个人工资中直接为其代扣或代缴的房费、水费、电费、住房公积金和社会保险基金个人缴纳部分等。

工资总额不论是计入成本的还是不计入成本的，不论是以货币形式支付的还是以实物形式支付的，均应列入工资总额的计算范围。

平均工资 指单位就业人员在一定时期内平均每人所得的货币工资额。它表明一定时期职工工资收入的高低程度，是反映就业人员工资水平的主要指标。计算公式为:

$$平均工资=\frac{报告期就业人员工资总额}{报告期就业人员平均人数}$$

平均工资指数 指报告期就业人员平均工资与基期就业人员平均工资的比率，是反映不同时期就业人员货币工资水平变动情况的相对数。计算公式为:

$$平均工资指数=\frac{报告期就业人员平均工资}{基期就业人员平均工资}\times 100\%$$

平均实际工资指数 就业人员平均实际工资指扣除物价变动因素后的就业人员平均工资。就业人员平均实际工资指数是反映实际工资变动情况的相对数，表明就业人员实际工资水平提高或降低的程度。计算公式为:

$$平均实际工资指数=\frac{报告期就业人员平均工资指数}{报告期城镇居民消费价格指数}\times 100\%$$

城镇登记失业人员 指有非农业户口，在一定的劳动年龄内(16周岁至退休年龄)，有劳动能力，无业而要求就业，并在当地劳动保障部门进行失业登记的人员。

城镇登记失业率 城镇登记失业人员与城镇单位就业人员(扣除使用的农村劳动力、聘用的离退休人员、港澳台及外方人员)、城镇单位中的不在岗职工、城镇私营业主、个体户主、城镇私营企业和个体就业人员、城镇登记失业人员之和的比。

Explanatory Notes on Main Statistical Indicators

Total Population refer to the total number of people alive at a certain point of time within a given area. The annual statistics on total population is taken at midnight, the 31st of December, not including residents in Hong Kong SAR, Macao SAR, Taiwan Province and overseas Chinese national residing abroad.

Urban Population and Rural Population Urban population refer to all people residing in cities and towns, while rural population refer to population other than urban population.

Birth Rate (or Crude Birth Rate) refers to the ratio of the number of births to the average population (or mid-period population) during a certain period of time (usually a year), expressed in per thousand. Birth rate in the yearbook refers to annual birth rate. The following formula is used:

$$\text{Birth Rate} = \frac{\text{Number of Births in the Year}}{\text{Annual Average Number of Population}} \times 1000‰$$

Where: Number of births refers to live births, i.e. when a baby has breathed or showed any vital phenomena regardless of the length of pregnancy.

Annual average number of population is the average of the number of population at the beginning of the year and that at the end of the year. Sometimes it is substituted by the mid-year population.

Death Rate (or Crude Death Rate) refers to the ratio of the number of deaths to the average population (or mid-period population) during a certain period of time (usually a year), expressed in per thousand. Death rate in the yearbook refers to annual death rate. The following formula is used:

$$\text{Death Rate} = \frac{\text{Number of Deaths in the Year}}{\text{Annual Average Number of Population}} \times 1000‰$$

Natural Growth Rate of Population refers to the ratio of natural increase in population (number of births minus number of deaths) in a certain period of time (usually a year) to the average population (or mid-period population) of the same period, expressed in ‰. The following formula is applied:

$$\text{Natural Growth Rate of Population} = \frac{(\text{Number of Births} - \text{Number of Deaths})}{\text{Annual Average Number of Population}} \times 1000‰$$

$$= \text{Birth Rate} - \text{Death Rate}$$

Gross Dependency Ratio also called gross dependency coefficient, refers to the ratio of non-working-age population to the working-age population, express in percent. Describing in general the number of non-working-age population that every 100 people at working ages will take care of, this indicator reflects the basic relation between population and economic development from the demographic perspective. The gross dependency ratio is calculated with the following formula:

$$GDR = \frac{P_{0\text{-}14} + P_{65}}{P_{15-64}} \times 100\%$$

Where: GDR is the gross dependency ratio,

$P_{0\text{-}14}$ is the population of children aged 0-14,

P_{65+} is the elderly population aged 65 and over,

$P_{15\text{-}64}$ is the working-age population aged 15-64.

Old Dependency Ratio also called old dependency coefficient, refers to the ratio of the elderly population to the working-age population, express in percent. It describes the number of the elderly population that every 100 people at working ages will take care of. Old dependency ratio is one of the indicators reflecting the social implication of population aging from the economic perspective. The old dependency ratio is calculated with the following formula:

$$ODR = \frac{P_{65+}}{P_{15-64}} \times 100\%$$

Where: ODR is the old dependency ratio,

P_{65+} is the elderly population aged 65 and over,

$P_{15\text{-}64}$ is the working-age population aged 15-64.

Children Dependency Ratio also called children dependency coefficient, refers to the ratio of the children population to the working-age population, express in percent. It describes the number of children population that every 100 people at working ages will take care of. The children dependency ratio is calculated with the following formula:

$$CDR = \frac{P_{0-14}}{P_{15-64}} \times 100\%$$

Where: CDR is the children dependency ratio,

$P_{0\text{-}14}$ is the children population aged 0-14,

$P_{15\text{-}64}$ is the working-age population aged 15-64.

Economically Active Population refers to the population aged 16 and over who are capable of working, are participating in or willing to participate in economic activities, including employed persons and unemployed persons.

Employed Persons refers to persons above a specified age who had labour capacity and performed some social work for compensation or business gains. Specifically, it refers to all persons, aged 16 and over, who performed some work for compensation or business gains for one hour or more during the reference period; or who had work units or sites but were temporarily not at work during the reference period.

Persons Employed in Various Units refer to the total number of employees who work at his units and obtain wages or other forms of payment at the end of the reference period. This indicator is a kind of time point index and it equals to the sum of the number of employed staff and workers, labor dispatch personnel and other employed persons. Employed persons do not include:

1) persons who have left their working units while keeping their labour contract (employment relation) unchanged and receiving regular alimony;

2) students who do part-time jobs in spare time and all kinds of enrolled students who do internship in various units;

3) persons employed due to labor outsourcing;

4) persons who dissolve labor contracts with their units on the last day of reference period or before.

Persons Employed in Private Enterprises and Self-Employed Individuals in Urban Areas Persons employed in private enterprises refer to the persons employed in the private enterprises which have been registered at the departments of industrial and commercial administration for which the business operation are situated at a county town (i.e. a town where the county government is located), or at urban areas with administrative hierarchy higher than a county town. The self-employed individuals in urban areas refer to persons who hold the certificates of residence in urban areas or have resided in the urban areas for a long time and have been registered at the departments of industrial and commercial administration and approved to be engaged in individual industrial or commercial business, including self-employed persons as well as helpers and hired laborers who work in individual households.

Employed Staff and Workers refer to persons who signed labor contracts with working units and working units would pay wages, social insurance and housing funds for them. Persons who have their work posts but are temporarily absent from work for reasons of study or on sick, injury or maternal leave and still receive wages from their working units are also included. Employed staff and workers also include:

1) Persons who should have signed the labor contracts but not (like people with rural household registration);

2) Employees on probation;

3) Employees beyond the staffing quota;

4) Employees who are sent to other working units but still obtain wages from their original units (situations like on-the-job placement, expatriated assignment, etc.)

1) Employed Staff and Workers do not include: Dispatched personnel who work and are paid directly by the working units; they shall be counted into "labour dispatch personnel" of the working units;

2) Personnel through labor outsourcing, they shall be counted into "employed staff and workers" of the units which contracted them.

Total Wage Bill It is revised according to the "Provision of Composition of Total Wages" (Order No.1 by National Bureau of Statistics on January, 1st, ,1990), total wage bill refers to the total remuneration payment to all employed persons in various units during the reporting period (by quarter or by year), including hourly-paid wages, piece-rate wages, bonuses, allowance and subsidies, overtime wages and wages paid under special circumstances. It equals to the sum of total wages of employed staff and workers, dispatch labors and other employed persons.

Total wage bill is pre-tax wages, including the room charges, utility bills, housing funds and social insurance paid or withheld by employee's units.

Total wage bill, whether or not included in cost, whether or not paid in money or in kind, shall be included in the calculation of total wage.

Average Wage refers to the average per capita wage in money terms during a certain period of time for employed persons. It shows the general level of wage income of staff and worker during a certain period of time, one major indicator to reflect the wage level. It is calculated as follows:

$$\text{Average Wage}=\frac{\text{Total Wage Bill of Employed Persons at Reference Time}}{\text{Average Number of Persons Employed at Reference Time}}$$

Average Wage Indices refers to the ratio of average wage of employed persons the reference period to that at the base period, which reflects the change of wage of employed persons at the different period. It is calculated as follows:

$$\text{Average Wage Indices}=\frac{\text{Average Wage of Employed Persons at Reference Time}}{\text{Average Wage of Persons Employed at Base Period}}\times 100\%$$

Average Real Wage Indices average real wage of employed persons refers to the average wage of employed persons after removing the effects of the price changes and average real wage indices of employed persons refers to the change of real wage, which reflects the relative increasing or decreasing level of real wage of employed persons ,which is calculated as follows:

$$\text{Average Wage Indices}=\frac{\text{Average Wage of Employed Persons at Reference Time}}{\text{Average Wage of Persons Employed at Base Period}}\times 100\%$$

Registered Unemployed Persons in Urban Areas refer to the persons with non-agricultural household registration at certain working ages (16 years old to retirement age), who are capable of working, unemployed and willing to work, and have been registered at the local employment service agencies to apply for a job.

Registered Unemployment Rate in Urban Areas refers to the ratio of the number of the registered unemployed persons to the sum of the number of persons employed in various units (minus the employed rural labour force, re-employed retirees, and Hong Kong, Macao, Taiwan or foreign employees), laid-off staff and workers in urban units, owners of private enterprises in urban areas, owners of self-employed individuals in urban areas, employees of private enterprises in urban areas, employee of self-employed individuals in urban areas, and the registered unemployed persons in urban areas.